...erarbeiten

..., in dem ihr **auf drei**
...vendet und vertieft.
...e Doppelseiten zur
...Ergebnisse in der
...n.

...den Niveau (G).
...iveau (M).
...Niveau (E).

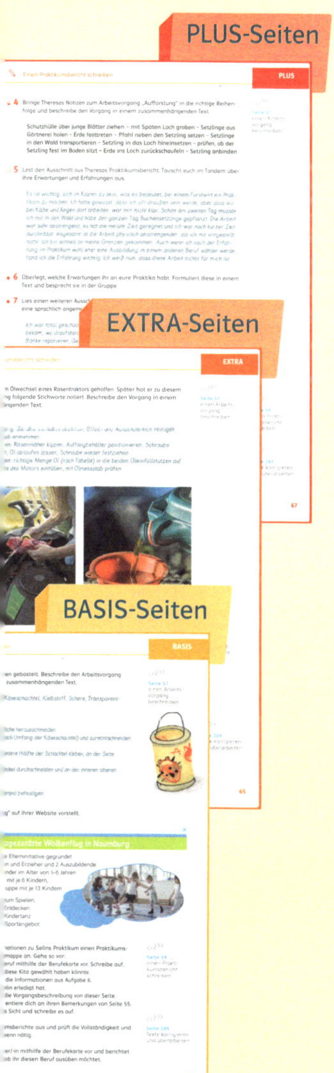

Mit dem Leseschlüssel Texte lesen und verstehen

Um lange Texte gut lesen und verstehen zu können, kannst du folgende Technik nutzen.

Vor dem Lesen

1. Sieh dir die Bilder an.
2. Lies die Überschrift.
3. Vermute, worum es in dem Text gehen könnte.

Beim Lesen

1. Lies den Text.
2. Notiere unbekannte Begriffe und kläre sie.
3. Formuliere W-Fragen zum Text.
4. Lies den Text ein weiteres Mal.
5. Finde die Textstellen, die Antworten auf die W-Fragen geben.

Nach dem Lesen

1. Beantworte die W-Fragen.
2. Fasse den Inhalt zusammen.
3. Prüfe, ob deine Vermutungen zutreffen.

1. Auflage 1 5 4 3 2 1 | 26 25 24 23 22

Alle Drucke dieser Auflage sind unverändert und können im Unterricht nebeneinander verwendet werden.
Die letzte Zahl bezeichnet das Jahr des Druckes.

Autorinnen und Autoren: Benny Alze, Petra Breuer-Küppers, Nicole Janicki, Yvonne Krohe, Lina Küppers, Sylvie Kurutz Franziska Maaß, Sabine Meier-Schulz, Kirsten Müller, Stefan Schäfer, Sandra Schicht, Christa Schürmann, Florian Stockhause, Christiane Vatter-Wittl
Beratung: Hanna Sauerborn, Stefan Schäfer

Entstanden in Zusammenarbeit mit dem Projektteam des Verlages.

Layoutkonzept: know idea gmbh, Freiburg
Umschlaggestaltung: KOMA AMOK® Kunstbüro für Gestaltung, Stuttgart
Illustrationen: Marion Goedelt, Berlin; Liliane Oser, Hamburg; Schwarwel, Leipzig; Sabine Wiemers, Düsseldorf
Satz: Anne Lehmann Leipzig
Reproduktion: Meyle+Müller GmbH+Co. KG, Pforzheim
Druck: Passavia Druckservice GmbH & Co. KG, Passau

Printed in Germany
Erscheint unter ISBN 978-3-12-313545-3

Erarbeitet von:
Benny Alze
Petra Breuer-Küppers
Nicole Janicki
Yvonne Krohe
Lina Küppers
Sylvie Kurutz
Franziska Maaß
Sabine Meier-Schulz
Kirsten Müller
Stefan Schäfer
Sandra Schicht
Christa Schürmann
Florian Stockhause
Christiane Vatter-Wittl

deutsch.kombi plus 9

Differenzierende Ausgabe

Ernst Klett Verlag
Stuttgart · Leipzig · Dortmund

Inhalt

Inhalt

	GRUNDLAGEN	TRAINING	DIFFERENZIERTER ARBEITSBEREICH: BASIS	EXTRA	PLUS

Fantasie und Wirklichkeit: Literatur in ihrer Zeit

1 Was ist schön?

Erörterungen schreiben

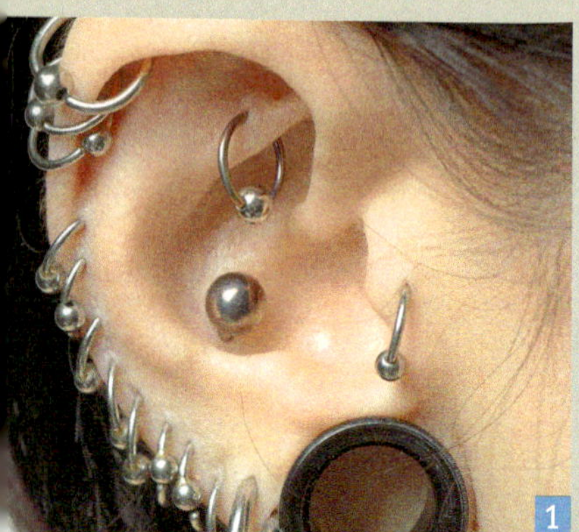

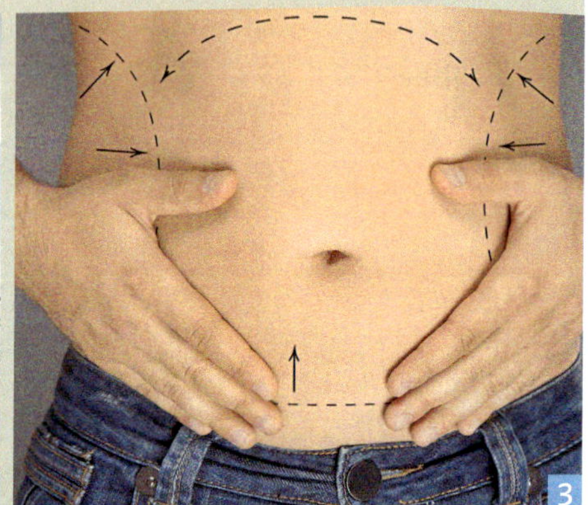

Das lernst du jetzt:

- Informationen zu einem Thema sammeln
- Argumente aus linearen und nichtlinearen Texten entnehmen
- eine Erörterung schreiben
- adressatengerecht schreiben
- Rechtschreibstrategien und Rechtschreibregeln anwenden
- Regeln der Getrennt- und Zusammenschreibung erkennen und anwenden
- Texte Korrektur lesen und überarbeiten

1 Seht euch die Bilder auf Seite 6 an. Beschreibt sie und tauscht euch zu den folgenden Fragen aus. Begründet eure Meinung.
- Was empfindet ihr als schön und was nicht?
- Was würdet ihr gern ausprobieren?
- Was würdet ihr niemals ausprobieren?

2 Ab welchem Alter sind Schönheitsoperationen, Tätowierungen und Piercings in Deutschland erlaubt? Klärt die rechtliche Situation.

3 Tauscht euch über die folgenden Fragen aus:

Würdet ihr an eurem Körper etwas verändern wollen? Was und warum?

4 Besprecht, welche Rolle eure äußere Erscheinung für euch spielt und wer euch dabei beeinflusst.

5 Stellt euch vor, ihr wollt euch ein Tattoo stechen lassen und müsst eure ablehnenden Eltern davon überzeugen. Bereitet das Gespräch als Rollenspiel vor:
- Bildet Gruppen und verteilt die Rollen der Eltern und der/des Jugendlichen.
- Bildet eine Beobachtergruppe.
- Versetzt euch in die Personen hinein und überlegt, wie ihr überzeugend euren Standpunkt vertreten könnt.
- Spielt die Situation und diskutiert die Streitfrage.
- Wertet anschließend mit den Beobachtern das Spiel aus. Lasst euch ein begründetes Feedback geben, wessen Argumente am überzeugendsten waren.

6 Seht euch die Karikatur an und tauscht euch über ihren Inhalt aus.

RGS **7** Welche Schreibung ist korrekt? Entscheidet und nennt die Rechtschreibstrategie, die euch geholfen hat.

Markenklamotten – Markenklamoten

Körperbilt – Körperbild

gefehrlich – gefährlich

Statussymbol – Statusymbol

Hautschmuck: schön oder nicht?

Menschen haben schon immer ihre Haut mit Bildern oder anderem Schmuck verziert. Damit wurden Informationen und Botschaften vermittelt, wie eine Gruppenzugehörigkeit oder das Erreichen eines Lebensabschnitts. Heute gibt es weitere Gründe für ein Tattoo oder Piercing. Doch warnen auch kritische Stimmen vor den Risiken.

○ **1** Seht euch die folgenden Bilder an. Tauscht euch in der Klasse über das Thema Körperschmuck aus.

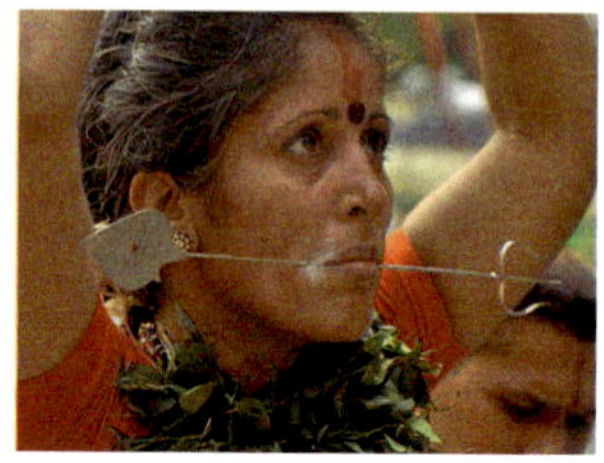
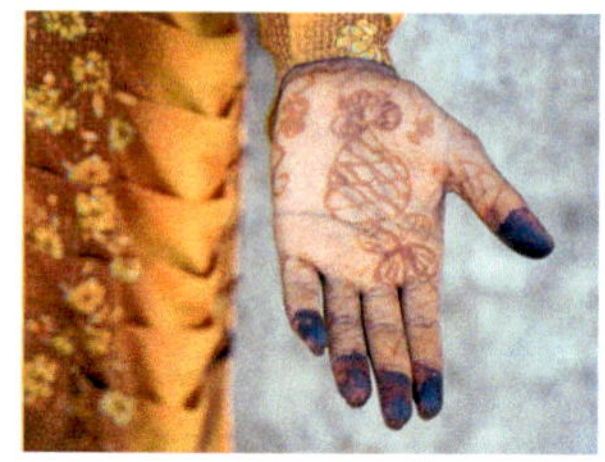

○ **2** Welche Bedeutung haben Tattoos und Piercings heute? Stellt Vermutungen über Gründe und Absichten der Träger an. Orientiert euch an den folgenden Wörtern.

Tradition | Aufmerksamkeit | Protest | Zugehörigkeit | Schönheitsideal | Erinnerung

Seite 280 Leseschlüssel für Sachtexte

○ **3** Lies die folgenden Texte und sieh dir das Diagramm an. Mache Notizen zum Inhalt.

A **Auszug aus einem Interview mit dem Juristen Urban Slamal im Online-Tätowiermagazin (TM) vom 28.02.2014**

TM Herr Slamal, ist es verboten, jemanden vor seinem 18. Geburtstag zu tätowieren?

US Das ist nicht per se[1] verboten. Allerdings müsste der Tätowierer Regelungen beachten. Zivilrechtlich[2] geht er mit dem Kunden einen Vertrag ein, und der heißt: Tattoo gegen Geld. Ein solcher Vertrag kann auch mit einem Jugendlichen geschlossen werden, solange der das Tattoo aus seinem Taschengeld finanzieren kann. Strafrechtlich[3] ist für den Tätowierer von wesentlicher Bedeutung, dass der Kunde wirksam in die Körperverletzung einwilligt. Und da gibt es keine klare Altersgrenze. Entscheidend ist vielmehr, ob er geistig dazu in der Lage ist, die Folgen abzuschätzen.

TM Wie viel Geld ein Jugendlicher zur freien Verfügung hat und wie reif er geistig ist, kann deutlich variieren. Wann ist ein Tätowierer auf der sicheren Seite?

US Das Sicherste ist, nur Personen zu tätowieren, die das 18. Lebensjahr vollendet haben. Zuverlässig einzuschätzen, wie viel Geld ein Minderjähriger zur Verfügung und welche geistige Reife er hat, ist in der Praxis geradezu unmöglich.

[1] per se: an sich
[2] zivilrechtlich: betrifft das Zivilrecht (als Teil des deutschen Rechts)
[3] strafrechtlich: betrifft das Strafrecht (als Teil des deutschen Rechts)

B **marla 102 (im Tätowierforum)**

Hey Leute, seid vorsichtig mit den Tattoos! Ich habe mir vor drei Jahren eine Rose stechen lassen und bin nicht mehr glücklich damit. Erstens sah sie auf der Vorlage viel schöner aus als auf meiner Haut und zweitens bin ich gar nicht mehr so verrückt nach Rosen. Jetzt habe ich Angst, das Tattoo entfernen zu lassen. Was mache ich, wenn es sich nicht vollständig entfernen lässt?

C **Tim, 17 Jahre (im Tätowierforum)**
Durch meinen Vater habe ich schon immer ein Interesse an Tattoos. Er hat einen Anker mit den Initialen meiner Mutter auf dem Unterarm. Das hat mir schon gefallen, als ich noch klein war. Als ich 13 war, wollte ich auch ein Tattoo, aber das haben meine Eltern verboten. Ich soll warten, bis ich 18 bin. Mit 16 hatte ich sie dann überredet und ließ mir mit ihrer Erlaubnis einen Fisch auf den Oberarm stechen. Wir haben ein Studio ausgesucht, sie haben alles geprüft und waren beruhigt.

D **Anteil an Körperschmuck bei Männern und Frauen (ab 16 Jahren) in Deutschland**

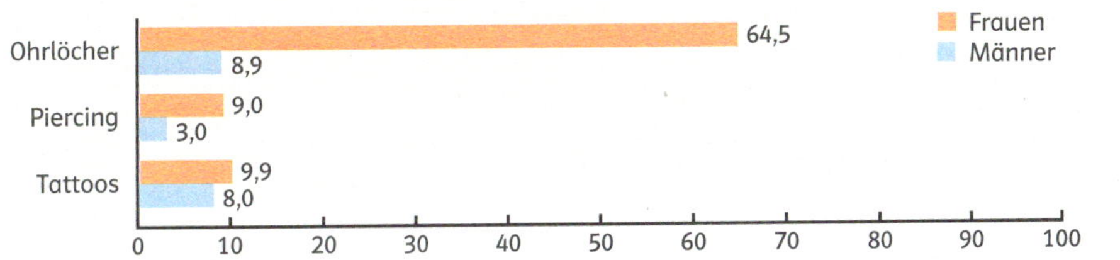

Quelle: Ruhr-Uni Bochum, 2014, Angaben in Prozent

Seite 81
Diagramme untersuchen und auswerten

E **Pro und kontra Tattoos**
In Deutschland sind Tattoos besonders bei jungen Erwachsenen sehr beliebt. Diplom-Psychologe Dirk Hofmeister führt dafür drei Gründe an: 1. Identitätsbildung, 2. äußere Einflüsse, 3. Selbstständigkeit. Junge Menschen seien sehr experimentierfreudig, orientierten sich eher an Vorbildern und wollen von ihren Eltern unabhängig sein. Insgesamt ist auch die gesellschaftliche Akzeptanz größer geworden. Die Risiken sind jedoch geblieben. Es existiert keine Institution, die Studios und Tatöwierer überprüft oder Hygienestandards festlegt. Auch die Farben, die in der Haut eingekapselt und nicht mehr abbaubar sind, unterliegen keiner Kontrolle, sodass Allergien und andere Unverträglichkeiten möglich sind. Die Entscheidung für ein Tattoo ist meist endgültig, da selbst mit modernsten Lasermethoden nicht immer eine vollständige Entfernung möglich ist.
(S. Aurich, in: Hurra Tattoo Blog vom 30.11.2018)

4 Tauscht euch im Tandem über die Texte aus. Klärt die folgenden Fragen:
- Spricht sich die Autorin oder der Autor für oder gegen Körperschmuck aus?
- Welche Gründe geben Autorin oder Autor für ihre Meinung an?

5 Übernimm die Tabelle. Notiere aus allen Texten Pro- und Kontra-Argumente.

Text/Beleg	Pro-Argumente	Kontra-Argumente
A	*unter 18 Jahren: nicht verboten.*	*unter 18 Jahren: könnte als Körperverletzung strafrechtlich verfolgt werden*
…	…	…

6 Recherchiere weitere Argumente zum Thema. Ergänze deine Tabelle.

7 Wie stehst du zu Körperschmuck? Ergänze deine Argumente in der Tabelle.

Körperschmuck für jeden?

Du hast dir anhand verschiedener Materialien eine Meinung zum Thema Körperschmuck gebildet. Jetzt sollst du eine Erörterung erarbeiten, in der du dich mit dem Verbot oder der Erlaubnis von Körperschmuck, zum Beispiel Tätowierung und Piercing, bei Jugendlichen beschäftigst.

○ **1** Tauscht euch in der Klasse zum Thema Körperschmuck aus.
- Was sollte eurer Meinung nach erlaubt bzw. verboten sein?
- Was sollte von der Erlaubnis der Eltern abhängen und was nicht?
- Wer darf über den Körper entscheiden?

○ **2** Lies die folgende Frage und bilde dir eine Meinung dazu.

Soll Körperschmuck (Tätowierung/Piercing) ohne Einverständnis der Eltern vor dem 18. Lebensjahr erlaubt sein?

○ **3** Lies noch einmal deine Tabelle von Seite 9. Markiere die Argumente, die zu deinem Standpunkt passen.

○ **4** Formuliere jetzt deinen Standpunkt und begründe ihn.

○ **5** Recherchiere weitere Informationen und Argumente für deine Meinung.

TIPP
Gib bei Internetquellen die Adresse und das Recherchedatum an.

◒ **6** Übernimm die folgende Tabelle und notiere die recherchierten Argumente mit Textbelegen. Gib die genaue Fundstelle mit Autorin oder Autor, Titel, Erscheinungsort, Erscheinungsjahr und Seitenzahl an.

Argument (mit Textbeleg)	Beispiel	Gegenargument
geistige Reife lässt sich schwer einschätzen (Urban Slamal, in: https://..., 05.12.2018)	*Das Motiv, das man sich mit 14 Jahren aussucht, gefällt einem später vielleicht nicht mehr.*	...
...	...	...

Merke
Zitieren

Mit Textzitaten kann man **Aussagen belegen** und **bekräftigen**. Wörtliche Zitate setzt man in **Anführungszeichen**. Die Fundstelle wird in **Klammern** angegeben.

Man nennt **Autorin oder Autor**, **Titel**, **Erscheinungsort**, **Erscheinungsjahr** und **Seitenzahl**. Bei Internetquellen die **Internetadresse** und das **Recherchedatum**.
→ „…“ (Max Müller: Das Piercing, Bonn, Musterverlag 2018, S. 8)
→ „…“ (Urban Slamal, in: https://www.taetowiermagazin.de/szene/titel+tattoos+unter+18+jahre_142.html, 05.12.2018)

7 Wenn du eine Erörterung schreibst, solltest du mögliche Gegenargumente berücksichtigen. Bereite dich so darauf vor:

- Lies noch einmal deine Tabelle von Seite 9 und die Argumente, die nicht deine Meinung stützen.
- Notiere dann die Argumente, die gegen deine Argumente sprechen in deiner Tabelle von Aufgabe 6.
- Überlege dir weitere Gegenargumente und trage sie in die Tabelle ein.

Kontra-Argument		Gegenargument/Entkräftung
Die gesundheitlichen Risiken werden in jungen Jahren oft nicht ernst genommen.	→	Risiken können immer auftreten und nehmen mit dem Alter nicht ab. Sie können durch Wissen und Informieren vermieden werden.

Pro-Argument		Gegenargument/Entkräftung
Eltern haben kein Recht, über den Körper ihrer Kinder zu bestimmen.	→	Eltern haben eine Verantwortung für ihre Kinder bis diese 18 Jahre alt sind. Sie müssen sich auch kümmern, wenn ihre Kinder krank werden, z. B. durch Tattoos.

8 Sieh dir alle Argumente in der Tabelle von Aufgabe 6 noch einmal an, wäge sie gegeneinander ab und korrigiere deinen Standpunkt, wenn nötig.

9 Ordne nun alle Argumente für deinen Standpunkt nach ihrer Überzeugungskraft. Beginne mit dem schwächsten Argument und ende mit dem stärksten.

Seite 270 wichtige und starke Argumente

Arbeitstechnik
Eine Erörterung vorbereiten

In einer Erörterung setzt du dich mit einer kontroversen Fragestellung auseinander. Du versuchst, deinen Standpunkt unter Berücksichtigung von Gegenargumenten zu entwickeln und darzulegen.

Vorbereitung
1. Kläre, was die **Aufgabenstellung** von dir verlangt. Stelle fest, zu welcher Fragestellung oder zu welchem Thema du schreiben sollst.
2. Beschaffe **Informationen zum Thema** (Texte, Statistiken, Bilder) und notiere wichtige Aussagen.
3. Werte die Materialien aus, indem du **Pro- und Kontra-Argumente** in einer Tabelle sammelst. Ergänze eigene Argumente.
4. Wäge die Argumente gegeneinander ab und finde einen **eigenen Standpunkt**.
5. Formuliere **Argumente mit passenden Beispielen** für deinen Standpunkt. Beachte mögliche Gegenargumente.
6. **Ordne** deine Argumente nach ihrer Überzeugungskraft.

Kannst du überzeugen?

Schreibe jetzt deine Erörterung zum Thema „Soll Körperschmuck (Tätowierung/Piercing) ohne Einverständnis der Eltern vor dem 18. Lebensjahr erlaubt sein?" Lege deine Meinung dar und stütze sie mit den erarbeiteten Argumenten.

Seite 270
eine lineare Erörterung verfassen

○ **1** Beginne deine Erörterung mit der **Einleitung**, in der du zum Thema hinführst und die konkrete Fragestellung formulierst. Beginne mit einem Beispiel oder einer interessanten Frage. Du kannst A, B oder C wählen.

A *In der Schule haben wir heute lang über die Frage diskutiert „Soll Körperschmuck ohne Einverständnis der Eltern unter 18 Jahren erlaubt sein?". Jetzt möchte ich gern meine Meinung dazu sagen ...*

B *Ich finde es sehr merkwürdig, dass die Gesetze zum Thema Körperschmuck vor der Volljährigkeit nicht eindeutig sind. ...*

C *Schon immer habe ich mich gefragt, warum nicht jeder frei entscheiden darf, was er mit seinem eigenen Körper macht. ...*

Satzverknüpfungen mit:
außerdem, weiterhin, zudem, ebenfalls, ebenso

○ **2** Schreibe nun den **Hauptteil** deiner linearen Erörterung. Gehe so vor:
- Formuliere am Anfang deinen Standpunkt.
- Beginne die Argumentation mit dem schwächsten Argument und schließe mit dem stärksten Argument ab.
- Nutze deine Tabelle von Seite 10 und das Ergebnis von Aufgabe 9 auf Seite 11.
- Verknüpfe die Argumente so miteinander, dass sie auch untereinander nachvollziehbar sind. Nutze die Formulierungshilfen.
- Gehe auf mindestens ein Gegenargument ein und versuche es zu entkräften.

Zunächst einmal ...	*Zusätzlich kann angeführt werden, dass ...*
Zuerst ist darauf zu achten, dass ...	*Nicht weniger wichtig ist ...*
An erster Stelle wäre zu nennen ...	*Ebenso zu beachten ist ...*
Von noch größerer Bedeutung ist ...	*Dazu gehört auch ...*
Noch wichtiger aber ist ...	*Darüber hinaus bleibt auch zu bedenken ...*
Besonders wichtig erscheint mir ...	*Ein weiterer Gesichtspunkt ist ...*
Ein weiteres wichtiges Argument für .../gegen ist ...	*Das wichtigste Argument ist aber ...*

○ **3** Verfasse einen **Schluss**. Orientiere dich an folgenden Begriffen.

Position kurz zusammenfassen | *persönlicher Wunsch* | *Aufruf* | *Schlussfolgerung* | *Bezug zur Einleitung*

Seite 289
Texte korrigieren und überarbeiten

◒ **4** Lies deine Erörterung durch und überprüfe deinen Text mithilfe der Checkliste von Seite 15. Korrigiere und überarbeite ihn, wenn nötig.

In Klasse 8 hast du lineare Erörterungen genutzt, um deinen Standpunkt zu einem Thema mit Argumenten und Beispielen zu begründen. Noch überzeugender kannst du argumentieren und deinen eigenen Standpunkt darstellen, indem du auch die Gegenargumente aufgreifst und darstellst.

5 Lest die folgenden Begriffserklärungen und erläutert in der Gruppe den Unterschied zwischen einer linearen und einer dialektischen Erörtung.

lineare Erörterung: Eine Fragestellung wird von einem Standpunkt aus betrachtet. Um diesen zu stützen, werden Argumente und Beispiele mit zunehmender Wichtigkeit aufeinander aufgebaut. Vor dem stärksten eigenen Argument sollten mögliche Gegenargumente, Nachteile oder Grenzen des Themas berücksichtigt werden.

dialektische Erörterung: Eine Fragestellung wird von zwei verschiedenen Standpunkten aus betrachtet. Pro- und Kontra-Argumente (je mit Beispielen) werden abwechselnd oder im Block gegeneinander abgewogen.

6 Seht euch das folgende Modell für eine dialektische Argumentation an. Es zeigt das **Pingpong-Prinzip**. Erläutert in der Gruppe, wie dieses Prinzip funktioniert.

TIPP
Achtet auf die Abfolge der Pro- und Kontra-Argumente.

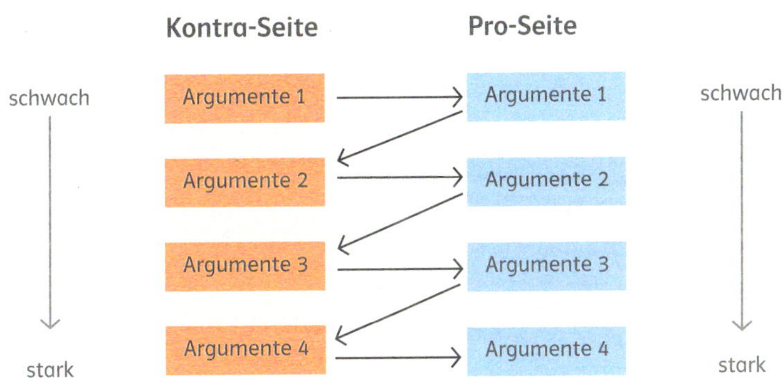

7 Sortiere die Argumente aus deiner Tabelle von Seite 9 nach dem Pingpong-Prinzip. Nummeriere sie vorher von schwach zu stark, z. B.

TIPP
Achte darauf, dass die Pro- und Kontra-Argumente zueinander passen.

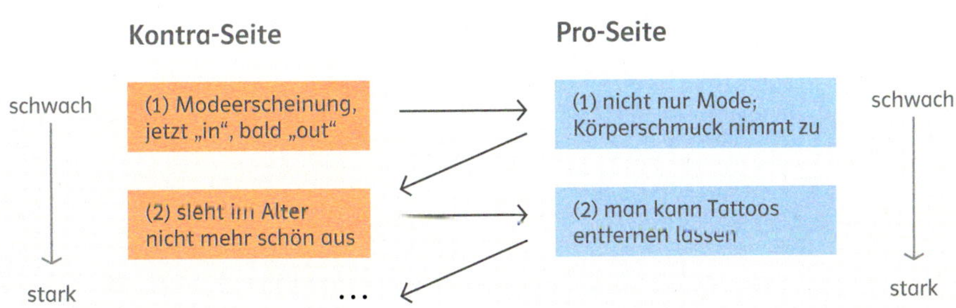

8 Formuliert im Tandem eure Argumente in der Reihenfolge des Pingpong-Prinzips. Nutzt Überleitungen, z. B. *Es wird behauptet, dass Tattoos und Piercings Modeerscheinungen seien, die sich rasch änderten. Was zum Zeitpunkt der Entscheidung noch „in“ sei, könne bald „out“ sein (schwächstes Kontra-Argument). Ich denke aber und beobachte, dass Tattoos und Piercings inzwischen als normaler Körperschmuck anzusehen und weit verbreitet sind. (Entkräftung durch ein Pro-Argument).*

Pingpong oder Sanduhr?

Neben dem Pingpong-Prinzip, das die Argumente und Gegenargumente abwechselnd und von schwach zu stark aufführt, gibt es noch das Sanduhr-Prinzip.

1 Seht euch in der Gruppe auch das folgende Modell an. Erläutert den typischen Aufbau einer dialektischen Erörterung nach dem **Sanduhr-Prinzip**.

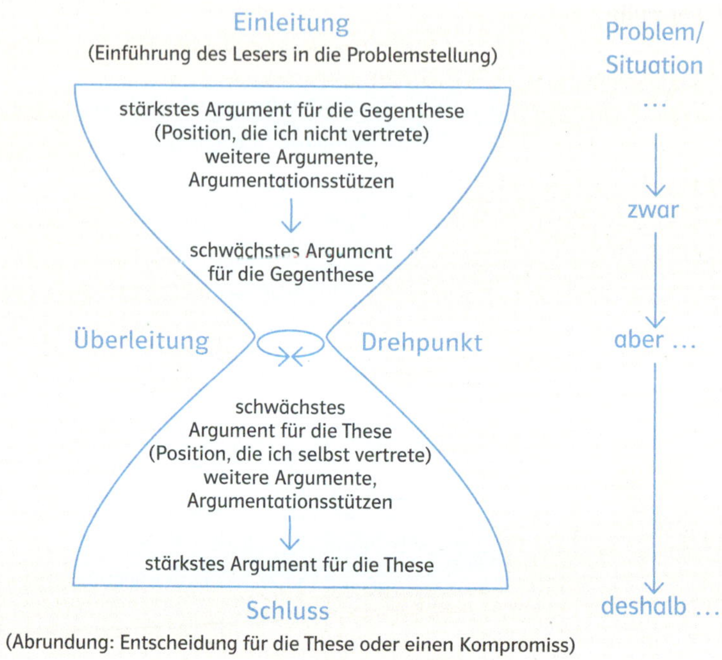

TIPP
Achte darauf, dass die Pro- und Kontra-Argumente zueinander passen.

2 Sortiere die von dir gesammelten Argumente aus der Tabelle von Seite 9 nach dem Sanduhr-Prinzip, z. B. *Gegenargument 1: Eltern tragen bis zum 18. Lebensjahr die Verantwortung für ihre Kinder. → Gegenargument 2: Junge Menschen nehmen gesundheitliche Risiken oft nicht so ernst. ... Argument 1: Eltern haben kein Recht, über den Körper ihrer Kinder zu bestimmen. → Argument 2: Risiken können immer auftreten. Man kann sie durch Wissen und Informieren vermeiden.*

3 Formuliert im Tandem eure Argumente in der Reihenfolge des Sanduhr-Prinzips. Nutzt Überleitungen, z. B. *Es ist gesetzlich geregelt, dass Eltern eine Verantwortung für ihre Kinder haben, bis diese 18 Jahre alt sind (stärkstes Argument der Gegenthese) ... Zum Schluss wird häufig angeführt, dass Tattoos und Piercings nur Modeerscheinungen und schnell wieder „out" seien. (schwächstes Argument der Gegenthese) ... Ich vertrete dagegen die Ansicht, dass ... (Überleitung zum schwächsten Argument für meine These).*

Zwar ... / Dem steht gegenüber, dass ... /
Dagegen sollte ... / Dem steht entgegen, dass ... /
Nicht nur ... man muss auch ... / Ähnlich wie ... / Anders als ... /
Trotz ..., sollte man aber beachten ... / Einerseits ... andererseits

4 Welche der beiden Erörterungsformen würdet ihr eher nutzen? Diskutiert in der Klasse die Vor- und Nachteile von Pingpong- und Sanduhr-Prinzip.

5 Entscheide dich nun für ein Prinzip und bereite deine Erörterung zum Thema „Körperschmuck unter 18 Jahren ohne Erlaubnis der Eltern?" vor. Überprüfe dazu noch einmal deine Argumente.

6 Schreibe zuerst eine **Einleitung** zu deiner Erörterung. Führe den Leser zum strittigen Thema hin, z. B. durch ein Zitat oder einen aktuellen Bezug.

7 Schreibe den **Hauptteil**. Gehe so vor:
- Formuliere deine Argumentation nach dem Pingpong- oder Sandhur-Prinzip. Nutze dafür deine Vorarbeiten.
- Stütze deine Argumente durch Beispiele und Belege.
- Verknüpfe die Argumente sinnvoll. Nutze die Formulierungen von Seite 14.

8 Formuliere einen **Schluss**. Du kannst darin
- Bezug auf deine Einleitung nehmen,
- ein Fazit oder eine Schlussfolgerung ziehen,
- eine Forderung (Appell) mit deinen Wünschen formulieren.

9 Prüft im Tandem eure Erörterungen und überarbeitet sie, wenn nötig. Nutzt die folgende Checkliste dazu.

Seite 289
Texte korrigieren und überarbeiten

Checkliste
Eine Erörterung prüfen

- ☑ Wortwahl, Stil, Form passen zum Anlass und zum Adressaten.
- ☑ Regeln der Rechtschreibung und Zeichensetzung wurden beachtet.
- ☑ Tempusform Präsens wurde beachtet.
- ☑ Aufbau einer Erörterung ist eingehalten.
- ☑ Struktur und Inhalt des Erörterungsprinzips sind korrekt angewandt.
- ☑ Argumente sind logisch, passend gewichtet und sinnvoll miteinander verknüpft.
- ☑ Argumente sind mit überzeugenden Beispielen und Zitaten belegt.

Arbeitstechnik
Eine dialektische Erörterung verfassen

In einer dialektischen Erörterung setzt du dich mit unterschiedlichen Meinungen zu einem Thema auseinander. Du legst deinen Standpunkt begründet dar und berücksichtigst dabei auch die Gegenargumente.

1. Nenne in der **Einleitung** das **Thema** deiner Erörterung und nutze für die Hinführung ein Zitat oder einen aktuellen Bezug.
2. Formuliere im **Hauptteil** deine dialektische Argumentation nach dem Pingpong- oder dem Sanduhr-Prinzip. Belege deine Argumente mit Beispielen und verknüpfe sie.

Pingpong-Prinzip
↓
schwächstes Argument der Gegenthese
→ schwächstes Argument für die These
stärkstes Argument der Gegenthese
→ stärkstes Argument für die These

Sanduhr-Prinzip
↓
stärkstes bis schwächstes Argument der Gegenthese
schwächstes bis stärkstes Argument für die These

3. Am **Schluss** ziehst du ein Fazit oder formulierst eine Forderung.

Test
D01

Unters Messer?

Was sind Schönheitsoperationen? Das sind chirurgische Eingriffe, die medizinisch nicht notwendig sind. Sie werden durchgeführt, um das äußere Erscheinungsbild eines Menschen zu „verschönern“, um zum Beispiel den ästhetischen Normen einer Gesellschaft besser zu entsprechen.

○ **1** Tauscht euch in der Gruppe darüber aus, was ihr unter Schönheitsoperationen versteht. Nennt Beispiele.

○ **2** Seht euch die Bilder an. Tauscht euch in der Gruppe darüber aus, ob es sich dabei um medizinisch notwenige Operationen handeln könnte.

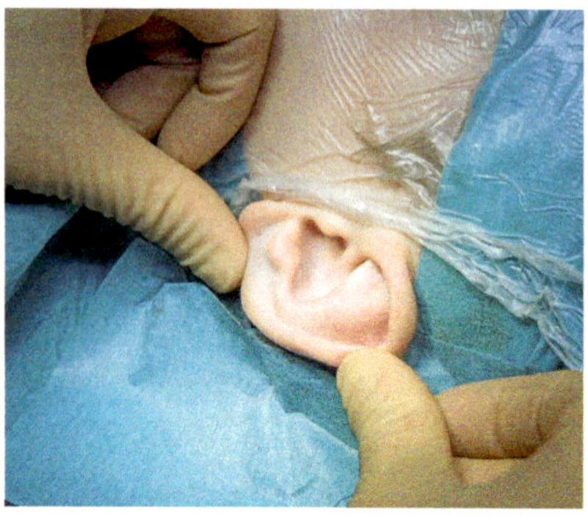

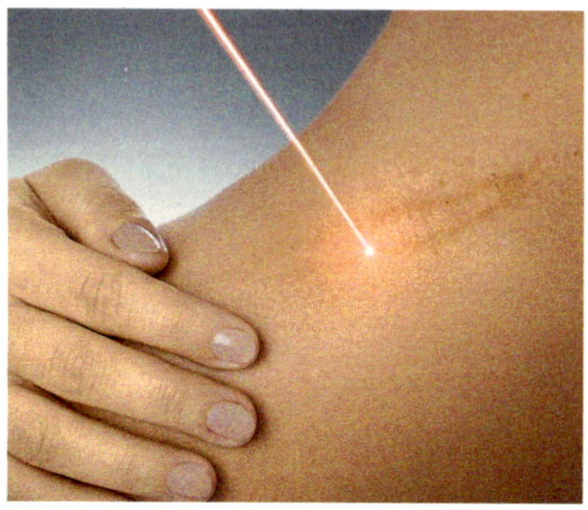

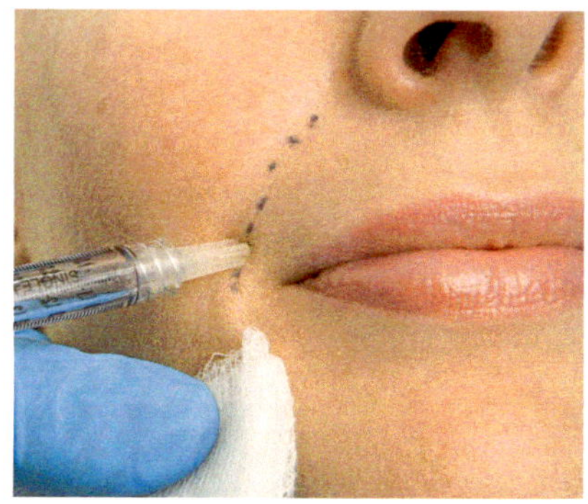

○ **3** Klärt in der Gruppe, was ihr unter „medizinisch notwendig“ versteht.

Seite 11
eine Erörterung vorbereiten

○ **4** Sammelt in der Gruppe Argumente für und gegen Schönheitsoperationen.

○ **5** Lege eine Pro- und Kontra-Tabelle wie in Aufgabe 5 auf Seite 9 an. Schreibe alle genannten Argumente hinein.

Seite 280
Leseschlüssel für Sachtexte

○ **6** Lies den folgenden Text.

A **Schönheitsoperationen bei Kindern und Jugendlichen**

Untersuchungen haben ergeben, dass bereits jedes fünfte Kind in Deutschland zwischen 10 und 14 Jahren darüber nachdenkt, seinen Körper operativ verändern zu lassen. Bisher genügte die Erlaubnis beider Erziehungsberechtigten, nun wollen SPD und Union das per Gesetz ändern und Schönheitsoperationen ohne Gutachten verbieten. Vertreter des Kinderschutzbundes befürworten dies, Chirurgen und Sexualtherapeuten halten den Plan für sinnlos – ein Pro und Kontra.

Pro
Reine Schönheitsoperationen bei Kindern und Jugendlichen unter 18 Jahren sind Körperverletzung, deshalb sollte man sie verbieten. Auch, wenn die Risiken bei den Eingriffen für Kinder durch kürzere Heilungsphasen geringer sind als jene für Erwachsene, gilt zu bedenken, dass der Körper noch nicht in erforderlichem Maße ausgewachsen ist und sich noch stark verändern kann. So z. B. verändert sich die Nase im Laufe der Pubertät noch deutlich. Natürlich muss es nach wie vor Ausnahmen geben, wenn es bei einem Kind Fehlbildungen gibt oder es beispielsweise nach einem Unfall schwere Brandverletzungen mit wulstigen Narben hat.

Aber wenn es um die Operation einer gesunden Nase geht, die nur etwas zu groß erscheint, muss ein Gutachter hinzugezogen werden. Ohne gutachterliche Einschätzung sollte kein Operateur einen ästhetischen Eingriff bei Kindern vornehmen dürfen. Die Heranwachsenden machen eine körperliche Findungsphase durch, in der sich viele nicht so annehmen können, wie sie von Natur aus sind. Laut dem LBS-Kinderbarometer[1] sind schon zehn Prozent der 9- bis 14-jährigen Mädchen mit ihrer Brust unzufrieden. Durch Medien, wie z. B. Superstarshows im Fernsehen, wird ein Druck aufgebaut, den Freundinnen oder die Clique noch verstärken können. Es wächst außerdem das Bewusstsein, dass eine Schönheits-OP eine ganz normale Angelegenheit sei. Wir sollten besser Kindern und Jugendlichen helfen ein gutes Selbstbewusstsein aufzubauen.
Sicher würde ein Verbot die Rechte von Eltern beschneiden, aber ist die Unversehrtheit[2] des Kindes nicht höher zu bewerten? Zumal manche Eltern zu schwach sind, um ihrem Kind die Grenzen aufzuzeigen, oder selbst auf diese Schönheitsideale setzen. Aus diesen Gründen muss der Staat Partei für das Wohl der Kinder und Jugendlichen ergreifen und verbindliche soziale Normen, klare Kriterien und Maßnahmen entwickeln, um bei Schönheitsoperationen ohne medizinisches Gutachten gerichtlich vorgehen zu können. Noch ist es nicht so wie in den USA, wo manche Jugendliche zum 18. Geburtstag einen Gutschein für eine Nasenbegradigung oder Brustvergrößerung erhalten. Aber auch unsere Gesellschaft toleriert den Schönheitswahn und verstärkt den Druck auf die Kinder. Wir fordern daher ein Gesetz, dass Kinder und Jugendliche besser schützt.

Kontra
Wie sollte denn so ein Gesetz aussehen? Wer kann einschätzen, wie groß der Leidensdruck bei einem Kind ist, das von seinen Mitschülern aufgrund eines großen Muttermales gehänselt wird? Solch ein Gesetz würde nur eine Flut von Klagen nach sich ziehen, weil es praktisch nicht anwendbar wäre. Womit würden wir uns denn genau strafbar machen? Wenn wir die abstehenden Ohren eines Kindes korrigieren oder einem junge Mädchen die Brust verkleinern, weil ihr zu großer Busen eine Fehlhaltung der Wirbelsäule verursacht? Die Grenze zwischen Schönheit und Seelenpein[3] zu ziehen, ist nicht leicht. Der eine Jugendliche kann seine schiefe Nase akzeptieren, der andere findet sich damit furchtbar und hält sie für den Grund seiner Ausgrenzung.
Das alles liegt an dem Schönheitsbild in unserer Gesellschaft, wie es hauptsächlich von den Medien gebildet wird. Zudem suggerieren die Medien, ästhetische Eingriffe bei Jugendlichen wären etwas Alltägliches, hingegen betragen sie laut der DGPRÄC[4] höchstens 2 %, wovon 80 % Ohrenanlegen sind. Mit staatlicher Reglementierung kann man so etwas nicht korrigieren, da hilft nur Aufklärung. In den Schulen können überzogene Schönheitsbilder im Unterricht diskutiert und beurteilt werden, damit deutlich wird, wie willkürlich sie sind. Die Beschäftigung mit Schönheitsidealen anderer Völker und Kulturen hilft zu begreifen, wie subjektiv und unterschiedlich diese definiert werden. Ausstrahlung, Stolz und Selbstbewusstsein sind wichtiger, als eine krumme Nase zu begradigen. Die Justiz kann mit einem Gesetz die Entscheidung über eine Schönheitsoperation keineswegs lösen und Operationswillige eher noch in liberalere Nachbarländer treiben. Die Entscheidung muss in den Händen von Eltern und Ärzten verbleiben.

[1] LBS-Kinderbarometer: Befragung von 9- bis 14-Jährigen durch die Bausparkasse

[2] Unversehrtheit: unverletzt

[3] Seelenpein: seelisches Leiden

[4] DGPRÄC: Deutsche Gesellschaft der Plastischen, Rekonstruktiven und Ästhetischen Chirurgen

○ **7** Tauscht euch im Tandem über die Meinungen im Text aus. Ergänzt die Argumente für und gegen Schönheitsoperationen in euren Tabellen.

Ein wenig nachhelfen?

TIPP
Gib die Textquellen an.

Seite 10 Zitieren

Seite 81 Diagramme untersuchen und auswerten

○ **1** Lies die persönliche Meinung von Timon und sieh dir das Diagramm an. Ergänze in deiner Tabelle von Seite 16 weitere Argumente.

B **Timon, 16 Jahre alt**
Was mache ich, wenn ich 18 werde? Mir endlich meinen größten Wunsch erfüllen: Meine Segelohren anlegen lassen. Ich wünsche mir, dass meine Ohren nicht mehr so auffallen. Ob meine Haare kurz oder lang sind, immer sieht es komisch aus. Eine Mütze hilft auch nicht, weil sie an den Ohren so ausbeult. Ich hoffe, dass sich nach der Operation niemand mehr über meine Ohren lustig macht.
(aus dem Blog „Wie werde ich schöner?“, 30.11.2021)

C

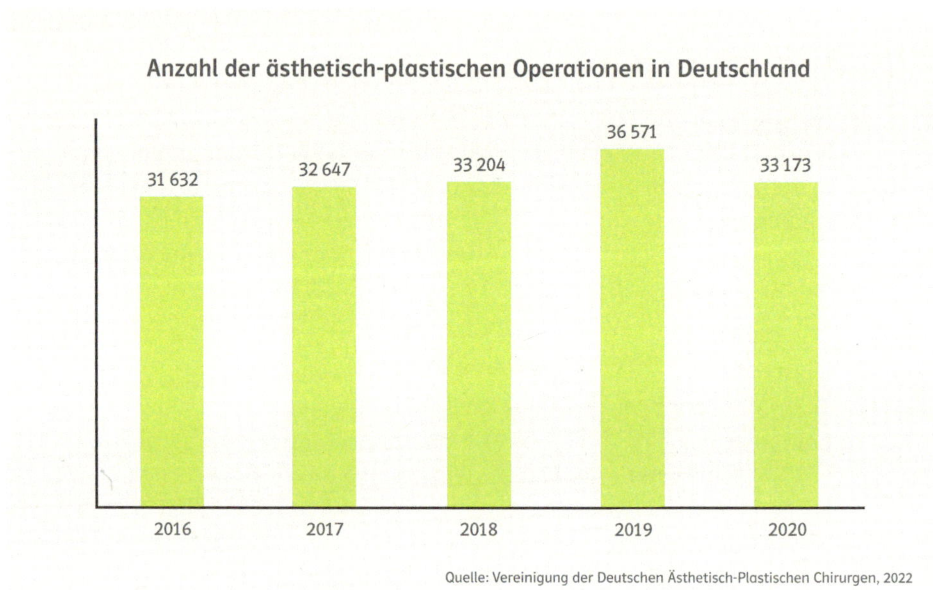

○ **2** Ergänze weitere Argumente für und gegen Schönheitsoperationen in deiner Tabelle. Nutze die folgenden Begriffe.

Kosten | *Individualität geht verloren* | *bleibende Schäden* | *Selbstbewusstsein steigern* | *größere Zufriedenheit*

○ **3** Sieh dir die Argumente in deiner Tabelle an. Bilde dir eine Meinung.

◒ **4** Bist du für oder gegen Schönheitsoperationen? Schreibe deinen Standpunkt auf. Gehe so vor:

- Lies noch einmal die Argumente in deiner Tabelle. Wäge ab, welche Seite du eher vertreten kannst.
- Begründe deinen Standpunkt mit drei Argumenten und Beispielen, z. B. *Mit einer Schönheits-OP wäre ich zufriedener mit meinem Äußeren. Ich würde mir nicht ständig Gedanken über meine Makel machen und könnte so selbstbewusster auftreten.*
- Sieh dir nun die Gegenargumente in deiner Tabelle an. Entscheide dich für die zwei stärksten und entkräfte sie.

○ **5** Ordne nun alle Argumente für deinen Standpunkt nach ihrer Überzeugungskraft. Beginne mit dem schwächsten Argument und ende mit dem stärksten.

Seite 270
wichtige und starke Argumente

○ **6** Schreibe jetzt in folgenden Schritten deine Erörterung zum Thema:

Sollte es ein Verbot von Schönheitsoperationen für Jugendliche geben?

Seite 270
eine lineare Erörterung verfassen

1. Schritt: Beginne deine Erörterung mit der **Einleitung**, in der du zum Thema und zur konkreten Fragestellung hinführst. Beginne mit einem Beispiel oder einer interessanten Frage, z.B.

Schön und interessant aussehen ist wichtig. Aber zu welchem Preis?

Was hat Schönheit mit Selbstbewusstsein zu tun?

2. Schritt: Schreibe nun den **Hauptteil** deiner Erörterung. Gehe so vor:
- Formuliere am Anfang deinen Standpunkt.
- Beginne deine Argumentation mit dem schwächsten Argument und schließe mit dem stärksten Argument ab.
- Nutze deine Pro- und Kontra-Tabelle und die Ergebnisse aus Aufgabe 4.
- Verknüpfe die Argumente so miteinander, dass sie auch untereinander nachvollziehbar sind. Nutze die Formulierungshilfen von Seite 12.
- Gehe auf mindestens ein mögliches Gegenargument ein und versuche es zu entkräften.

3. Schritt: Schreibe einen **Schluss**. Fasse darin deine Position kurz zusammen, äußere einen Wunsch, ziehe eine Schlussfolgerung oder beziehe dich auf die Einleitung.

◒ **7** Lies deine Erörterung durch und prüfe den Text. Nutze die Checkliste von Seite 15. Korrigiere und überarbeite ihn, wenn nötig.

Seite 289
Texte korrigieren und überarbeiten

○ **8** Lest eure Erörterungen in der Gruppe vor. Gebt einander ein Feedback, ob eure Argumentationen überzeugend waren.

Seite 269
Feedback

◒ **9** Stelle dir vor, deine Freundin oder dein Freund möchte sich die Nase operieren lassen, weil sie oder er einen kleinen Höcker hat. Schreibe eine E-Mail oder einen Brief, in dem du sie oder ihn von deiner Meinung zu diesem Thema überzeugst. Verwende deine Erörterung und orientiere dich an den folgenden Begriffen.

TIPP
Achte auf Textart und Adressat.

Grußformel · *Standpunkt* · *Anlass* · *Anrede* · *Begründung* · *Appell*

○ **10** Informiert die Klasse über das Thema Schönheitsoperationen. Diskutiert die Möglichkeiten und Gefahren dieser Eingriffe.

Was hältst du von Modeblogs?

Viele Menschen schauen sich regelmäßig im Internet Modeblogs oder -vlogs[1] an und lassen sich über die neuesten Modetrends informieren. Anfangs präsentierten vor allem private Hobbyblogger ihre Lieblingsklamotten, inzwischen werben Spezialisten mit ganzen Kollektionen für die großen Modemarken.

[1] Vlog: Videoblog

○ **1** Die Abbildung zeigt ein Beispiel für einen Modeblog. Tauscht euch in der Gruppe über die Startseite des Modeblogs aus. Nennt den Namen des Blogs, die Themen und die mögliche Zielgruppe.

https://www.everystyle.com

EVERYSTYLE
Der Fashion- und Lifestyle-Blog für Männer

Home | Fashion | Beauty | Lifestyle | Travel | Contact | About

Sonnenbrillen: Eckig ist das neue Rund!
Eckige Sonnenbrillen sind wieder voll im Trend. Das sagen uns die großen Modelabels und Promis wie Kendall Jenner, die damit ihren 90er-Jahre-Look perfekt abrunden. Wie der Trend auch bei Männern funktioniert und worauf es bei eckigen Brillen ankommt, erfahrt ihr in diesem Beitrag.

Bärte, Bärte, Bärte!
In der Mode ein echter Evergreen: Der Bart. Schnurrbart, Voll- oder Dreitagebart sind die Klassiker, doch es gibt nahezu unendliche Möglichkeiten einen Bart zu tragen und zu frisieren. Die aktuellen Bart-Trends und Pflegeprodukte zeigen wir dir hier.

Die 10 besten Outdoor-Sportarten
Outdoor-Sport wird immer beliebter – und das nicht nur wegen der Corona-Pandemie. Draußen Sport zu machen kann richtig cool sein! Wir stellen dir hier die 10 besten Outdoor-Sportarten vor. Noch besser: Wir verraten dir auch, wie du dabei etwas Geld sparen kannst. Los geht's!

○ **2** Welche Modeblogs kennt ihr? Nennt und beschreibt sie in der Gruppe.

◒ **3** Welche Rolle spielen Modeblogs in eurem Alltag? Tauscht euch im Tandem darüber aus, beantwortet die Fragen und macht euch Notizen.
- Wie oft und wann seht ihr euch einen Modeblog oder -vlog an?
- Wie wirkt sich der Modebeitrag auf euer Leben aus? Wie beeinflusst er euch?
- Welche Wirkung haben die Bilder und Texte auf euch?

◒ **4** Vergleicht im Tandem Modezeitschriften mit Modeblogs. Nennt Gemeinsamkeiten und Unterschiede. Nutzt die folgenden Begriffe.

Persönlichkeit | Aktualität | Zielgruppe | Verfügbarkeit | Einflussmöglichkeiten

Seite 11
eine Erörterung vorbereiten

○ **5** Sammelt in der Gruppe Argumente für und gegen Modeblogs.

○ **6** Lege eine Pro- und Kontra-Tabelle an und notiere die genannten Argumente.

7 Lies den folgenden Text und sieh dir das Diagramm an. Notiere die Argumente für oder gegen Modeblogs in deiner Tabelle.

Seite 280 Leseschlüssel für Sachtexte

A **Interview mit der Bloggerin Franzi W. (FW) im StreetstyleMag (SMag)**

SMag Hallo Franzi! Du hast in einem Online-Artikel über deine Abneigung zu Fashion-Blogs geschrieben und warum du diese nicht mehr lesen möchtest. Warum?

FW Ich will nicht sagen, dass früher alles besser war, doch das Bloggen über Mode und Beauty hat eine Richtung angenommen, die ich schlecht finde. Als viele Leute anfingen zu bloggen, also 2009 rum, war das 'ne coole, tolle Alternative zu den üblichen Sichtweisen der Zeitschriften und Magazine. Jede und jeder konnte seinen Style präsentieren, Entwicklungen kommentieren, hatte ähnliche finanzielle Voraussetzungen, war kreativ und vor allem war es persönlich. Man hatte plötzlich virtuelle Freunde mit Persönlichkeit und Geschmack.

SMag Und was genau hat sich daran geändert?

FW Bloggen war damals die schönste Nebensache, der man jede Menge Zeit gewidmet hat. Man hat es gemacht, weil man Spaß daran hatte, weil man sich mitteilen und austauschen wollte. Seit etwa 2013 ist das anders: Sponsoring und Product Placement, also am Ende das Geld, treiben jetzt die Blogger und Bloggerinnen an. Denn wer kann sich schon die vorgestellten High Fashion-Teile leisten? Viele der Blogger haben auch aus genau diesem Grund aufgehört, weil sie eben keine unpersönlichen Verkäufer oder Werbeträger irgendwelcher Produkte sein wollen, die bei näherem Hinsehen aufgesetzte Marketingkampagnen sind.

SMag Du kritisierst damit auch, dass Blogger und Bloggerinnen für dich nicht mehr authentisch sind.

FW Genau, dass man mit Vorsicht im Netz agiert und genau überlegt, was man von sich preisgibt, ist nicht die Frage. Doch dass es mittlerweile Lob von den Followern gibt, wenn man sich ungeschminkt oder mit normalen „Makeln" zeigt, ist doch Ausdruck dafür, dass auch die Bloggerwelt eine geschönte Realität abbildet.

SMag Und was wünschst du dir? Was müsste anders werden, damit Modeblogs wieder einen Mehrwert für Normalos wie uns haben und nicht der verlängerte Arm der unerreichbaren Glitzerwelt sind?

FW Mut, Authentizität, Unabhängigkeit, Normalität.

SMag Danke! (StreetstyleMag vom 14.01.2022)

B

Anzahl der Werbekooperationen[3] von Modebloggern in Deutschland 2015

Seite 81 Diagramme untersuchen und auswerten

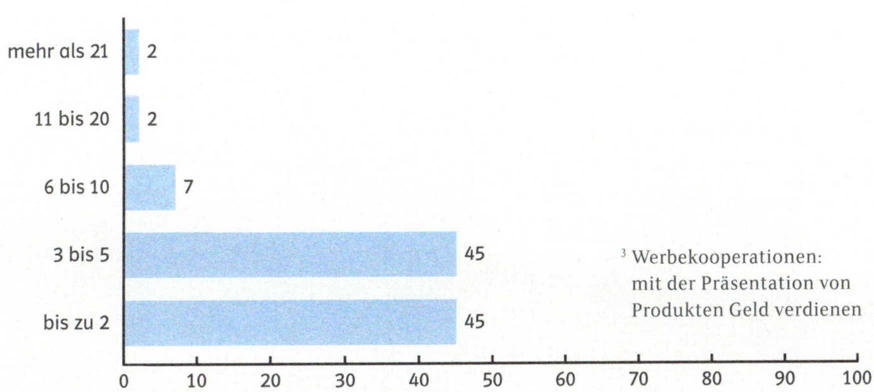

[3] Werbekooperationen: mit der Präsentation von Produkten Geld verdienen

Quelle: styleranking © Statista 2018, Angaben in Prozent

Ich lasse mich leiten

Seite 10
Zitieren

1 Lies den folgenden Blogbeitrag. Ergänze die Argumente für oder gegen Modeblogs in deiner Pro- und Kontra-Tabelle.

C **Fünf gute Gründe, Fashion Blogs zu lesen!**

Viele von euch lesen wahrscheinlich regelmäßig den ein oder anderen Fashion Blog. Vielleicht seid ihr auch schon einmal in die Situation gekommen, dass jemand von euch wissen wollte, was ein Modeblog überhaupt ist und inwiefern er sich von einer Modezeitschrift unterscheidet. Wir vom Style Blogazine Who is Mocca? widmen uns heute diesem Thema und haben hier einige der Vorteile und Besonderheiten von Mode- und Lifestyle Blogs für euch zusammengefasst! [...]

Will man heute das Wort Blog definieren, hat man unzählige Möglichkeiten. Es gibt nämlich beinahe so viele Themenschwerpunkte, persönliche Motivationen und Geschäftsmodelle, wie es Blogger gibt. Natürlich könnte man das Konzept Modeblog schon mehr oder weniger mit einem Vergleich zur analogen Variante, dem Fashion Magazin, beschreiben, aber das reicht eben nicht ganz aus. Denn neben den typischen Inhalten eines Modemagazins wie High End Fashion, Modetrends, Fashion Shows und Streetstyle geht es bei einem Style Blog auch um die persönlichen Eindrücke und Ideen der Blogger!

Fünf gute Gründe, Fashion Blogs zu lesen!

1. die persönliche Note: unverwechselbarer, individueller Stil [...]
2. topaktuell: täglich neue Beiträge [...]
3. echte Spezialisten: meist eine einzige Person mit Spezialwissen [...]
4. erprobte Tipps: basieren auf persönlichen Erfahrungen [...]
5. alles online: passende Verlinkungen [...]

(aus: Online Blogazine Who is Mocca? vom 17.10.2018)

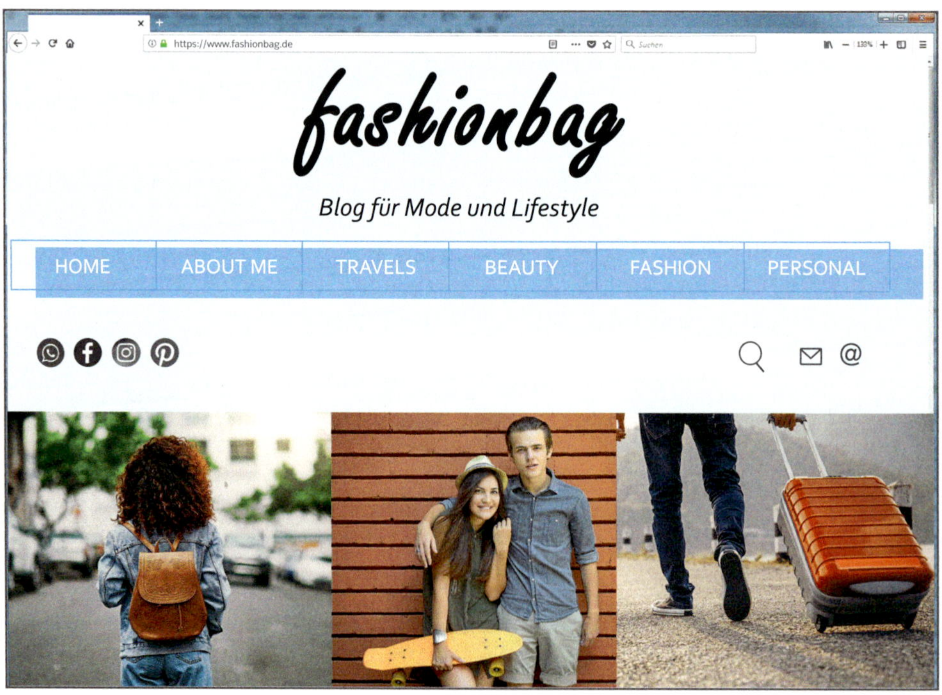

2 Sieh dir alle Argumente in deiner Tabelle an und bilde dir eine eigene Meinung zum Thema Modeblogs.

3 Bist du für oder gegen Modeblogs? Formuliere deinen Standpunkt und begründe ihn mit mindestens drei Argumenten und Beispielen dazu.

4 Sieh dir noch einmal das Pingpong- und das Sanduhr-Prinzip auf den Seiten 13 und 14 an. Wähle ein Prinzip für deine Erörterung aus.

5 Bereite deine Erörterung vor, indem du alle Argumente nach ihrer Überzeugungskraft und dem gewählten Prinzip ordnest.

6 Schreibe jetzt mithilfe deiner Arbeitsergebnisse eine Erörterung zur Frage „Ist es sinnvoll, Modeblogs zu lesen?". Gehe so vor:
- Nenne in der **Einleitung** das Thema, führe mit einem Beispiel zur Fragestellung hin.
- Schreibe den **Hauptteil**. Formuliere deine Argumentation nach dem Pingpong- oder Sanduhr-Prinzip. Stütze deine Argumente durch Beispiele und Belege und verknüpfe die Argumente sinnvoll.

Seite 15
eine dialektische Erörterung verfassen

Anfang einer Argumentation für/gegen Modeblogs

Pingpong- Prinzip	Sanduhr-Prinzip
(schwächstes Argument der Gegenthese) *Es wird behauptet, dass das wirklich Wichtige unter der Menge an Beiträgen nicht mehr erkennbar ist.*	*(stärkstes Argument der Gegenthese)* *Zwar weiß man nie, wie viel eigener Stil hinter den Links und Beiträgen steckt oder ob Firmen dafür Geld zahlen …*
↓	↓
(schwächstes Argument für die These) *Das stimmt vielleicht, aber man liest ja meist das Neueste zuerst und will wissen, was gerade eben aktuell ist.*	*(stärkstes Argument für die These)* *… doch man muss ja nichts kaufen und es ist praktisch, dass man nicht lang nach den Artikeln suchen muss.*
…	…

- Formuliere den **Schluss**. Äußere Wünsche oder Anregungen. Formuliere eine Schlussfolgerung oder eine Frage, die einen weiteren Austausch anstoßen könnte.

7 Lies deine Erörterung durch und überprüfe deinen Text mithilfe der Checkliste von Seite 15. Korrigiere und überarbeite ihn, wenn nötig.

Seite 289
Texte korrigieren und überarbeiten

8 Lest eure Erörterungen in der Gruppe vor. Gebt einander ein Feedback, ob eure Argumentationen überzeugend waren.

Seite 269
Feedback

9 Schreibe einen Kommentar für einen Modeblog, in dem du deine begründete Meinung zum Thema Modeblog äußerst. Verwende deine Erörterung dazu.

Seite 275
Kommentar

10 Informiert die Klasse über das Thema Modeblogs. Nennt Vor- und Nachteile dieser Art der Kommunikation und besprecht, welchen Einfluss Modeblogs oder -vlogs auf euch haben.

TIPP
Achte auf Textart und Adressat.

Fit sein ist in

Wie werde und wie bleibe ich fit – das beschäftigt heute viele Menschen. Sei es, um sich gesund, attraktiv und leistungsfähig zu fühlen oder um Gleichgesinnte zu treffen. Doch was ist zu viel, wo beginnt der Fitnesswahn?

1 Seht euch die beiden Abbildungen auf dieser Doppelseite an. Tauscht euch in der Gruppe darüber aus und beantwortet dann die folgenden Fragen:
- Was versteht ihr unter fit sein und Fitness?
- Wie sind eure Erfahrungen mit Fitness?
- Wie steht ihr zu intensivem Fitnesstraining?

Seite 11 eine Erörterung vorbereiten

2 Sammelt in der Gruppe Argumente für und gegen intensives Fitnesstraining.

3 Trage alle genannten Argumente in eine Pro- und Kontra-Tabelle ein. Ergänze die Argumente mit möglichen Beispielen.

Seite 280 Leseschlüssel für Sachtexte

Seite 10 Zitieren

4 Lies die folgenden Texte. Notiere die Pro- und Kontra-Argumente aus den Texten in deiner Tabelle.

A *Uwe Lehmann*

Fitnesswahn und Selbstoptimierung sind der Megatrend

Man sieht sie überall: auf Waldwegen, in Parks, selbst auf den vollen Straßen der Großstadt: Menschen im Fitnesswahn. Sie laufen, hangeln, sprinten, beugen, stemmen, schwitzen und messen sich – und das meist allein. Es gab Zeiten, da trafen sich die Leute zum Fußball oder Frisbee werfen auf der Wiese oder zum Schlittschuhlaufen auf dem See, gemeinsam Spaß haben war wichtig. Jetzt geht es vor allem um den perfekten durchtrainierten Körper, um definierte Muskeln, bei Männern und Frauen. Selbstoptimierung ist angesagt, der Körper wird zum Arbeitsgegenstand und Statussymbol. Fit sein heißt fit aussehen. Sport- und vor allem Werbeindustrie haben den Trend längst entdeckt. Die Zahl der Fitnessstudios erhöht sich stetig, Apps mit speziellen Workouts und neue Trainingsmethoden wie Freeletics, bei der nur mit dem Eigengewicht des Körpers trainiert wird, boomen. Es wird von Sportfanatikern berichtet, die sich mit spezieller Sportnahrung und Schmerzmitteln so gut auskennen wie einige Spitzensportler. Trotzdem wird der Fitnesstrend von Ärzten und Gesundheitsexperten begrüßt. Menschen, die Sport treiben, lebten gesünder und beugten Krankheiten und Übergewicht vor. Sie wären fit, leistungsfähig, selbstbewusster, zufriedener und glücklicher. Körperliche Fitness würde auch andere Lebensbereiche positiv beeinflussen. Das gelte aber nur, wenn man es nicht übertreibt. Übermäßiges Training birgt einige gesundheitliche Risiken, zum Beispiel Überlastung des Herz-Kreislauf-Systems oder Schädigung von Gelenken und Knochen durch zu große Belastung.

Doch wo bleibt der Spaß und wo beginnt der Fitnesswahn? Ist das Erreichen der körperlichen Fitness auch wieder nur eine leistungsorientierte Betätigung, wie man sie aus dem Arbeitsleben kennt? Und ab wann ist man sportsüchtig? Wo bleiben Freude und Geselligkeit?

Glücklicherweise gibt es die entspannten Menschen noch, die auf der Slackline im Park balancieren, spazieren gehen, jonglieren oder einfach nur mit ihren Kindern Federball spielen. (Der Sporttag online vom 14.12.2018)

B Auszug aus einem Interview mit dem Sozial- und Körperhistoriker Jürgen Martschukat mit Stefanie Sippel aus ZEIT Online vom 10.06.2018

ZEIT Online (Z) [...] Warum ziehen so viele Menschen Erfüllung daraus, permanent an sich zu arbeiten?

Martschukat (M) Erst einmal würde ich gar nicht abstreiten, dass Fitness auch Spaß macht. Wenn Menschen an sich arbeiten, verspüren sie Erfolg. Sie fühlen sich bestätigt, arbeiten an ihrer eigenen Attraktivität, fühlen sich dadurch stärker, ausgeglichen und wettbewerbsfähiger. Sie werden zu jemandem, der schön, attraktiv und erfolgreich ist.

Z Woher kommt dieser Drang, produktiv zu sein?

M Produktivität ist ein zentrales Kriterium kapitalistischer Gesellschaften. Das ist in unserem Gesellschaftssystem angelegt. Streben nach Produktivität ist positiv besetzt, gilt als gut für die Gesellschaft. Es sichert eine gute Position in der Wettbewerbsgesellschaft. [...]

Z Und Fitness ist der Ausweis dieser Produktivität?

M Genau. Fitness ist mehr als die Fähigkeit, erfolgreich Sport zu treiben. Fitness ist ein permanentes Arbeiten an sich und seiner eigenen Leistungsfähigkeit. Fitness hilft uns auch, die Anforderungen aus anderen Lebensbereichen, die an uns gerichtet werden, erfolgreich zu bewältigen.

Z Indem wir durchtrainierte, gesunde Menschen gezeigt bekommen, wird uns das ja auch täglich in den Medien präsentiert.

M Ja. Politik, Regierungsprogramme und Medien greifen da ineinander. Schauen Sie in den Spiegel oder DIE ZEIT, die sind voll mit Ratschlägen zu Ernährung und Selbstverantwortung für die Gesundheit. [...]

Zwanghaft trainieren?

○ **1** Lies auch die folgenden Texte. Ergänze weitere Argumente für oder gegen intensives Fitnesstraining in deiner Tabelle aus Aufgabe 3 auf Seite 24.

C **Neue Zielgruppen in die Studios!**

„Couchpotato war gestern, ihr wollt schön, muskulös und vor allem fit sein?“ Mit Sätzen wie diesen will nun auch die Fitnesskette Shape u up! Jugendliche ab 15 Jahren als Zielgruppe gewinnen und die Nutzung seiner Fitnessstudios für diese Altersklasse öffnen. Ziel ist es, sportliche Aktivitäten auf einfachem Weg in den Alltag der Jugendlichen zu integrieren. Dazu geht das Unternehmen auch neue Wege und möchte neben dem klassischen Gerätetraining Kurse über Livestream anbieten, die gleich von zu Hause aus genutzt werden können. Young-Trainer Luca erklärt: „Wir haben Umfragen ausgewertet und die Jugendlichen wissen, dass regelmäßige sportliche Aktivität und sinnvolles Training gut und wichtig für den Körper sind. Doch in dieser Zielgruppe ist auch der Mehrwert für den Kopf, sprich das Selbstwertgefühl, nicht zu vergessen. Jeden Tag sehen sie in den sozialen Medien, welch hohen Stellenwert ein gesunder und trainierter Körper hat und wir wollen sie darin unterstützen, aufrechter zu gehen, sich wohler zu fühlen, stärker und einfach selbstbewusster zu sein. Junge Menschen sind auf der Suche, wollen ausprobieren – das können sie bei uns.“ Erreichen will das Unternehmen das mit vergünstigten Tarifen, kostenlosen Probetrainings, individueller Betreuung, Online-Kursen zu Fitnesstrends sowie Beratung zu Ernährung und Gesundheit. (Meldung aus „Branchenverein Fitness“, 04/2021, S. 54)

D **Präventivprogramm gegen Medikamentenmissbrauch**

Im Auftrag des Bundesgesundheitsministeriums wurde zwischen 2013 und 2015 das Präventionsprogramm „No roids inside“[1] zum Thema Medikamentenmissbrauch in Fitnessstudios durchgeführt. Ergebnisse des Programms zeigen, dass Medikamente zur Steigerung der Leistung und des Muskelaufbaus bei Studiobesuchern in Deutschland weit verbreitet sind: Man geht von 5 % aus, was ca. 350 000–400 000 Konsumenten entspricht. Auch die Menge der immer wieder vom Zoll sichergestellten Waren sprechen für eine hohe Nachfrage. Sowohl die Besitzer von Fitnessstudios, als auch das Trainingspersonal spielen hinsichtlich der Akzeptanz oder Ablehnung leistungssteigernder Substanzen eine wichtige Rolle. Vor allem aber über Mittrainierende kommen Konsumenten in Kontakt mit legalen und illegalen Substanzen, die in sozialen Netzwerken oder auf dem Schwarzmarkt erhältlich sind und verbreitet werden. Konkrete Daten zum Konsum leistungssteigernder Substanzen gibt es bislang nicht, da Fitnessstudios nicht kontrolliert werden und das Anti-Doping-Gesetz vor allem Spitzensportler in Wettkämpfen betrifft. Die Einnahme dieser Substanzen ist in Deutschland nicht strafbar, birgt aber zahlreiche gesundheitliche Risiken.
Mitglieder und Mitarbeitende von 15 Fitnessstudios in ganz Deutschland wurden in Interviews und Umfragen zu gesunder Ernährung, Anabolika-Nebenwirkungen sowie gesundem Training befragt und erfuhren in Seminaren mehr darüber. Einbezogen wurden auch Ärztinnen und Ärzte sowie Apothekenmitarbeitende, die als – absichtlich oder unabsichtlich – Beteiligte bei Medikamentenmissbrauch eine Rolle spielen.

[1] „No roids inside“: (engl.): wörtlich übersetzt: keine Steroide drin

Anzahl der Einnahme verbotener Substanzen in einem Jahr

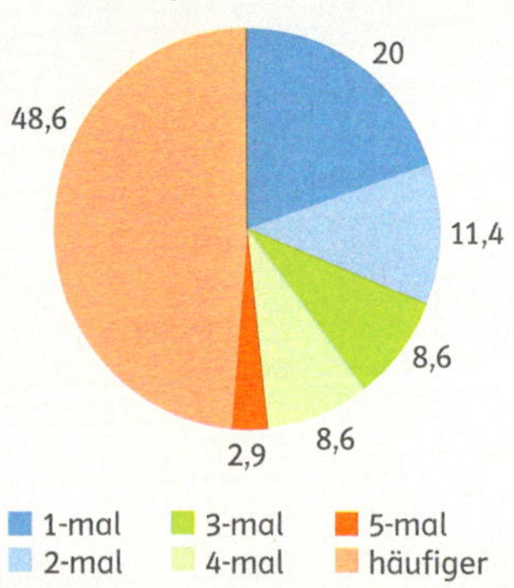

Angaben in Prozent, n=35
Quelle: Katholische Hochschule NRW 2015

2 Werte das folgende Diagramm aus. Nutze die Daten für deine Argumentation und notiere sie als Argumente ebenfalls in deiner Tabelle.

Seite 81 Diagramme untersuchen und auswerten

E

Mitglieder in deutschen Fitnessstudios (in Mio.)

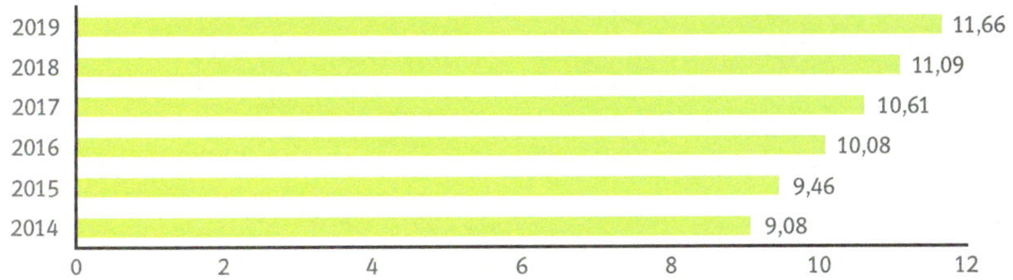

Quelle: Deloitte; DSSV; Deutsche Hochschule für Prävention und Gesundheitsmanagement

3 Sieh dir nun die Argumente in deiner Tabelle an. Bilde dir eine Meinung zum Thema intensives Fitnesstraining.

TIPP Recherchiere weitere Argumente.

4 Sieh dir noch einmal das Pingpong- und das Sanduhr-Prinzip auf den Seiten 13 und 14 an. Wähle ein Prinzip für deine Erörterung aus.

Seite 11 eine Erörterung vorbereiten

5 Bereite deine dialektische Erörterung zu folgendem Thema vor:

Intensives Fitnesstraining – Chancen und Risiken dieser Entwicklung

Ordne dazu alle Argumente nach ihrer Überzeugungskraft und dem gewählten Prinzip.

Seite 270 wichtige und starke Argumente

6 Schreibe eine **Einleitung** für deine Erörterung, in der du zum Thema und zur Fragestellung hinführst.

Seite 15 eine dialektische Erörterung verfassen

7 Schreibe den **Hauptteil** der Erörterung. Gehe so vor:
- Beginne mit dem Standpunkt, den du nicht vertrittst.
- Formuliere deine Argumentation nach dem Pingpong- oder Sanduhr-Prinzip.
- Stütze deine Argumente durch Beispiele und Belege und verknüpfe die Argumente sinnvoll. Nutze dazu die Formulierungen aus Aufgabe 2 von Seite 12.

8 Schreibe einen **Schluss**, in dem du dich auf die Einleitung beziehst, die Argumentation zusammenfasst und eine Schlussfolgerung ziehst.

9 Lies deine Erörterung durch und überprüfe deinen Text. Korrigiere und überarbeite ihn, wenn nötig. Nutze die Checkliste von Seite 15.

Seite 289 Texte korrigieren und überarbeiten

10 Lest eure Erörterungen in der Gruppe vor. Gebt einander ein Feedback, ob eure Argumentationen überzeugend waren.

Seite 269 Feedback

11 Schreibe einen Leserbrief an die Schülerzeitung, in dem du die gegenteilige Meinung zu deiner Erörterung zum Thema Fitness vertrittst.

Seite 274 Leserbrief

12 Informiert die Klasse über das Thema intensives Fitnesstraining. Besprecht Vor- und Nachteile dieser Art der sportlichen Betätigung.

Mach dich fit – in der Rechtschreibung!

Seite 287
Rechtschreib-strategien

1 Diktiert einander im Tandem die folgenden Wörter. Sprecht dabei langsam Silbe für Silbe.

Selbstdarstellungsplattformen *Mediengesellschaft* *Bildbearbeitungsprogramme* *Schönheitsstudios* *Muskelmassen* *gesundheitsgefährdend* *Schlankheitspillen*

2 Prüft im Tandem, ob ihr die Wörter richtig geschrieben habt und korrigiert sie, wenn nötig.

3 Lest im Tandem die folgenden Sätze. Sprecht die Wörter mit den Lücken deutlich, dann hört ihr, ob der Buchstabe einmal oder doppelt eingesetzt werden muss. Schreibt die Wörter auf und ergänzt die Buchstaben.

a Seit Monaten bin ich dem Fitnesswahn absolut verfa___(l/ll)en.
b Wegen meines fü___(l/ll) igen Körpers wurde ich oft gehänselt.
c Darum habe ich beschlo___(s/ss)en, im A___(l/ll)tag mehr Sport zu treiben.
d Wie vie___(l/ll)e andere Menschen auch ste___(m/mm)e ich Gewichte im Fitness-studio.
e Dort im Studio sind Leute aus sämtlichen A___(l/ll)ters-kla___(s/ss)en vertre___(t/tt)en.
f Obwohl ich seit zwei Mo___(n/nn)aten eifrig trainiere, kann ich noch keine ne___(n/nn)enswerten Veränderungen an meinem Körper festste___(l/ll)en.

4 Setze den richtigen Buchstaben ein. Verlängere dazu das Wort, indem du die Pluralform bildest. Schreibe auf, z. B. *Erfolg → Erfolge, …*

g oder k? Erfol___ – Klimmzu___ – Hantelban___ – Kriti___ – Vorsprun___

d oder t? Laufban___ – Diä___ – Gerä___ – Vorbil___ – Gesellschaf___

5 Schreibe mit den folgenden Verben jeweils einen Satz in der zweiten und dritten Person Singular, z. B. *Du folgst keinen Ernährungsregeln. / Er folgt …*

folgen *verbringen* *lügen* *beruhigen* *drängen* *erledigen* *sich anstrengen* *pflegen* *fliegen*

6 Verlängere die Lückenwörter im folgenden Text. Schreibe sie dann korrekt auf, z. B. *die Hosenbünde → der Hosenbund, ...*

Wenn der Hosenbun ___ (d/t) zu en ___ (g/k) wird, ist es an der Zei ___ (d/t), wieder regelmäßi ___ (g/k) Spor ___ (d/t) zu treiben und sich gesun ___ (d/t) zu ernähren. Bewegun ___ (g/k) ist dabei ein guter We ___ (g/k), um konsequen ___ (d/t) gegen Fettpolster vorzugehen. Wer sich aber mit aller Gewal ___ (d/t) zum Abnehmen zwin ___ (g/k)t, um einem verzerrtes Bil ___ (d/t) vom perfek ___ (d/t) geformten Körper zu entsprechen, sich unnöti ___ (g/k) einschrän ___ (g/k)t und sich ständi ___ (g/k) mit seiner Ernährun ___ (g/k) beschäfti ___ (g/k)t, kann davon kran ___ (g/k) werden.

TIPP
Verlängere so:
- Substantiv → Plural
- Verb → Infinitiv
- Adjektiv → Komparativ

7 Schreibt die folgenden Lückenwörter auf und ergänzt im Tandem die fehlenden Buchstaben. Prüft dabei, von welchem Wort ihr die richtige Schreibung ableiten könnt, z. B. *kräftig – Kraft, ...*

ä oder e? kr ___ ftig – ___ nden – Ern ___ hrung –sch ___ dlich – f ___ rben – ver ___ ndern – ___ her

äu oder eu? h ___ fig – h ___ te – t ___ er – k ___ flich – anf ___ ern – Bed ___ tung – überz ___ gen

8 Sprich die stimmhaften s-Laute ganz deutlich.

Hose *Sucht* *Stressabbau* *Schweiß* *Gesäß* *Fleiß*
Bänderriss *Maßstab* *Selbstbewusstsein*

9 Übernehmt im Tandem die Tabelle und tragt die Wörter aus Aufgabe 8 richtig ein. Unterstreicht den s-Laut im Wort.

stimmhafter s-Laut (weich/summend)	**stimmloser s-Laut** (zischend)
Hose, ...	...

TIPP
Beachtet, dass ihr manche Wörter mehrfach eintragen müsst.

10 Vergleicht in der Klasse die Wörter mit stimmlosem s-Laut in euren Tabellen. Stellt eine Regel für die Schreibung des s-Lautes auf.

Vor ss ist der Vokal immer ...
Vor ß steht immer ...

TIPP
Achtet auf den Vokal vor dem s-Laut.

11 Schreibt man s, ss oder ß? Schreibe die Lückenwörter aus dem Text richtig auf.

Für junge Erwachsene hat das äu ___ ere Erscheinungsbild eine gro ___ e Bedeutung. Der Gang ins Fitne ___ studio und exze ___ ives Training sind dabei noch kein Grund zur Sorge. Doch immer mehr Jugendliche sind nahezu be ___ e ___ en davon, ihr Fitne ___ ideal zu erreichen. Sie wollen einen mu ___ kulö ___ en Körper durch Leibe ___ übungen erreichen.

Genug trainiert?

1 Diktiert euch im Tandem abwechselnd die folgenden Wortgruppen und schreibt sie auf. Kontrolliert euch danach gegenseitig.

ANDERERÖFFNUNGSFEIERTEILNEHMEN VORMPODESTSTEHENBLEIBEN

SCHLANGESTEHEN DURCHDENWALDLAUFEN

INDIEUNTERKUNFTHINEINGEHEN

TOLLEGERÄTEAUSPROBIEREN

DABEISEIN

EINENWETTKAMPFDURCHFÜHREN

NEUESPORTLERKENNENLERNEN SICHDIENEUESTESPORTMODEANSEHEN

2 Übernimm die Sätze und schreibe die Wörter und Wortgruppen in der richtigen Schreibweise auf.

a Auch ich möchte darauf ___, mich im Alltag mehr zu bewegen. (acht/geben)
b Darum will ich auch lieber ___ als ___. (Rad/fahren, Auto/fahren)
c Morgen mache ich zum ersten Mal Bankdrücken an der Maschine. Man muss ___. Mein Trainer wird zur Sicherheit ___. (dabei/sitzen)
d Mein Training war sehr hart. Aber ich werde mit einem Muskelkater ___. ___ dann auch die leichten Schmerzen. (davon/kommen)
e Das Training macht mir Spaß und ich werde ___. Das habe ich für mich entschieden und ___ ich. (dabei/bleiben)

3 Klärt im Tandem die Schreibung folgender Wörter und Wortgruppen mithilfe eines Nachschlagewerks. Verwendet die Wörter oder Wortgruppen in Sätzen, z. B. *Du kannst mich jederzeit anrufen. Zu jeder Zeit kannst Du mich anrufen.*

jederzeit – ... jeder Zeit
seinerzeit – ... seiner Zeit
zurzeit – zur Zeit ... – zu der Zeit
derzeit – ... der Zeit
einmal – ein ... Mal
vielmal – viele Male
hundertmal – hundert Mal
wievielmal – wie viel Mal
dabei sein – dabeibleiben – dabeisitzen

4 Lest die Beschreibungen verschiedener Fitnessgeräte für Zuhause. Schreibt die Sätze ab und setzt die Wörter und Wortgruppen richtig ein. Überprüft eure Ergebnisse im Tandem und erratet die Geräte mithilfe der Silben.

Heim | teln | ner | ge | Step | en | Fas | Ru | Han | per | Spross | wand | zien | trai | rol | der | rät | le

a Wer schon ___ (einmal/ein Mal) welche in der Hand hatte, weiß, wie effektiv das Heben und Senken für die Armmuskeln ist. Gerät: ___

b Diese Geräte helfen nicht dabei ___ (Platz/zu/sparen), sind aber aus vielen Wohnungen nicht mehr ___ (weg/zu/denken). Beide sind ursprünglich Outdoor-Geräte für Straße und Wasser. Gerät: ___, ___

c Wohnt man nicht in einem Hochhaus und nutzt ständig die Treppe, kann man ___ (sicher gehen/sichergehen) mit diesem Gerät auf wenig Platz eine ausdauernde Beinmuskulatur zu entwickeln. Gerät: ___

d Dieses schmale hölzerne Gerät ist leicht zu ___ (hand/haben) und es lassen sich viele Übungen zur Kräftigung von Arm- und Bauchmuskulatur ___ (zusammen/stellen). Gerät: ___

e ___ (So lange/solange) man nicht zu stark aufdrückt, ist dieses Gerät eine Wohltat beim Massieren der Muskeln und soll diese bis in die Tiefe lockern. Vorsicht ist ___ (denn noch/dennoch) geraten. Gerät: ___

5 Lies Hakims Bewerbungsschreiben. Schreibe die Wörter und Wortgruppen richtig in dein Heft.

Von: ha@kim.com
An: t.wist@fit.de
Betreff: Bewerbung Ausbildungsplatz Fitnesstrainer
Senden

Sehr geehrter Herr Wist,

hiermit möchte ich mich auf die von Ihnen ausgeschriebene Ausbildungsstelle zum Fitnesstrainer bewerben.
„Es wird nicht leichter, aber du wirst stärker" hat mein Boxtrainer mir immer wieder gesagt, wenn ich am Boden lag. Für Erfolg im Boxring wie überhaupt ein ___ (Leben lang/lebenlang) ist gute körperliche Fitness sehr wichtig. Dies auch anderen Menschen ___ (nahe/zu/bringen), ist mein großes Anliegen und die Motivation, mich auf Ihre Anzeige ___ (hin/zu/bewerben).
Ich trainiere seit meinem 10. Lebensjahr im Boxclub und seit 5 Jahren zusätzlich im Fitnessstudio, ___ (darüber/hinaus) bin ich zuständig für das Training unserer kleinen Boxanfänger. Das macht mir großen Spaß und es ist ___ (jedes Mal/jedesmal) sehr schön, ihre Fortschritte ___ (zu/sehen). Ich beherrsche die Funktions- und Einsatzweise der üblichen Geräte eines Fitnessstudios, und auch die Einweisung und Durchführung von Kursen sind für mich einfach ___ (zu/hand/haben), da ich bereits mehrfach in den Ferien als Aushilfstrainer eingesprungen bin.
Es ist mir ein Anliegen, den Kunden motivierend und mit Fachwissen beim Erreichen ihrer Ziele zur Seite ___ (zu/stehen), ___ (selbst/redend) ohne sie dabei ___ (bloß/zu/stellen). Das dafür nötige Talent wird mir zumindest ___ (nach/gesagt).

Ich freue mich auf Ihre Rückmeldung.
Hakim Batah

Durch Fehler lernen

1 Schreibe folgende Wörter und Wortgruppen richtig auf. Ordne anschließend die entsprechende Regel zu. Du kannst ein Nachschlagewerk verwenden.

a EINKAUFENGEHEN, SPAZIERENFAHREN, SCHREIBENLERNEN
b AUTOFAHREN, KLAVIERSPIELEN, RADFAHREN
c DASEIN, HINÜBERSEIN, DABEISEIN
d GESUNDWERDEN, GUTFINDEN, LAUTLACHEN
e ZUMACHEN, ZULÄCHELN, ZUSCHLIESSEN
f AUFMACHEN, UNTERSCHREIBEN, VORHALTEN
g HINAUSWERFEN, DAVONEILEN, HINÜBERSCHAFFEN

1 *Verbindungen aus Adverb und Verb werden zusammengeschrieben, wenn die Betonung auf dem Adverb liegt.*

2 *Verbindungen aus Substantiv und Verb werden getrennt geschrieben.*

3 *Verbindungen aus Adjektiv und Verb werden getrennt geschrieben.*

4 *Verbindungen aus zwei Verben werden getrennt geschrieben.*

5 *Verbindungen aus Präposition und Verb werden zusammengeschrieben.*

6 *Verbindungen mit dem Verb „sein" werden getrennt geschrieben.*

2 Ergänze zu jeder Verbindung zwei weitere Beispiele. Wähle dann fünf Wörter aus und verwende sie in einem Satz.

Verbindung	Regel	Beispiele
Substantiv + Verb	*getrennt schreiben*	*Eis essen, Vorfahrt haben*
Verb + Verb	...	...
Verb + „sein"	...	...
Ajektiv + Verb	...	...
Adverb + Verb	...	...
Präposition + Verb	...	...

3 Getrennt oder zusammen? Schreibt die Sätze ab und setzt die Verben ein. Überprüft eure Ergebnisse im Tandem.

a Bezüglich seiner Sportsucht hatte Claudio lange ___ (schwarz + sehen).
b Zahlreiche Hilfsangebote hatte er nicht ___ (wahr + nehmen).
c Er hatte gedacht, dass er ___ (gesund + bleiben) würde.
d Nun hat er psychologische Hilfe ___ (an + nehmen) und sich ___ (krank + schreiben) lassen.

4 Lies den folgenden Text, in dem Rechtschreibfehler grün markiert sind.

Seite 287
das lange i

Häute treumen vile junge Frauen von einem Gank zum Schönheitschirurgen. Sie wolen liber so aussehen wie die schönen, makellosen Frauen, die sie teglich im Internet sehen. Sie wollen auf den sozialen Netzwerken beser ankomen und deshalp eusern sie imer heufiger den Wunsch, sich operieren zu lasen, obwohl Operationen meißt gefehrlich sind. Dabei zeigen die Bilder im Netz gar nicht die Wirklichkeid, sondern sind in den meisten Felen mit Filtern überarbeited. Und auserdem ist es durch Operationen gar nicht möglich, sein Euseres an ein bearbeitetes Foto anzugleichen. Nicht immer sind die Betroffenen mit dem Ärgebniß der Operation und ihrer Verenderung zufriden. Ursache ist heufik eine falsche Erwartunk. Manche finten sich nach der Behantlung nicht schöner. Damit das nicht passirt, sollte man sich vorher vom Arzd alle Einzelheiten genau erkleren lasen.

5 Korrigiert im Tandem die Fehler im Text. Übernehmt dazu die Tabelle und ordnet die Fehler den Fehlertypen zu. Nennt dann die Strategie, die euch bei der richtigen Schreibung geholfen hat.

Fehlertypen	Beispiele aus dem Text	Rechtschreibstrategie
Doppelkonsonant	*wollen, …*	*Mitsprechen (wol-len)*
gleichklingende Buchstaben am Wortende	*Gang, …*	*… (→ Gänge)*
ä oder e/ äu oder eu	*heute, …*	…
i/ie-Schreibung	*viele, …*	*ie bei langem i-Laut*
s-Schreibung	…	*wenn s-Laut stimmlos: nach kurzem Vokal: ss nach langem Vokal: ß*

6 Diktiert einander abwechselnd im Tandem den folgenden Text.

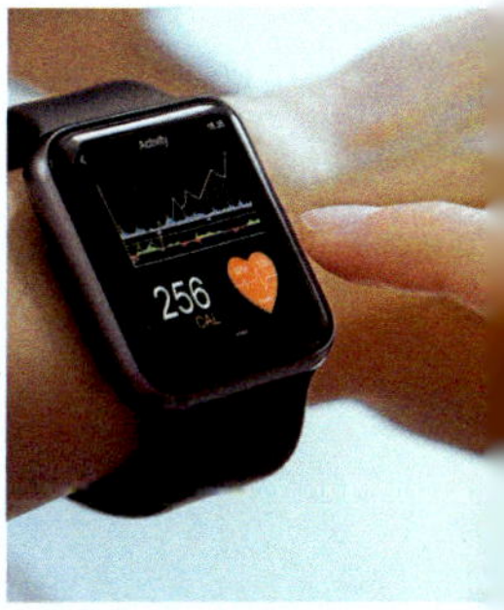

Tobias will über seine körperliche Fitness genaue Aussagen treffen können. Deshalb trägt er am Handgelenk ein Fitnessarmband. Das Gerät zählt die Schritte, die er täglich geht, und zeigt an, wie viele Kalorien er verbrennt. Es misst alle Bewegungen, ganz gleich ob er Treppen steigt, spazieren geht oder stillsitzt. Eigentlich will er die Kontrolle über seinen Körper nicht völlig an die Technik abgeben. Denn er weiß am besten, wie viel Sport seinem Körper guttut. Trotzdem trägt er sein Armband regelmäßig, weil es ihm sehr gefällt. Außerdem ist er neugierig und möchte täglich wissen, wie viel er sich bewegt hat.

7 Überprüfe den Text deines Tandempartners mithilfe der Vorlage. Markiere die Fehler.

8 Sieh dir deinen Text mit den Korrekturen an. Prüfe, zu welchem Fehlertyp deine Fehler gehören. Korrigiere sie mithilfe der Strategien. Schreibe sie dann korrigiert in die passende Tabellenspalte.

2 So kommst du zum Ziel

Berufsorientierung: Bewerbung und Vorstellungsgespräch

Das lernst du jetzt:

- Stellenanzeigen untersuchen
- Informationen zu verschiedenen Berufen und Berufsfeldern sammeln
- Bewerbungen für Ausbildungsplätze schreiben
- Vorstellungsgespräche vorbereiten und durchführen
- Großschreibung anwenden

1 Seht euch die Fotos auf Seite 34 an. Nennt die abgebildeten Berufe und ordnet sie den folgenden Berufsfeldern zu.

Handel *Bau* *Gesundheit* *Verwaltung* *Maschinenbau* *Dienstleistung* *Landwirtschaft*

2 In den vergangenen Schuljahren habt ihr einige Berufe kennengelernt. Tauscht euch darüber aus und beantwortet dabei die folgenden Fragen:
- Welche Berufe habt ihr in eurer Berufekartei dokumentiert?
- Welche Berufe habt ihr im Rahmen der Berufsorientierung erkundet?
- In welchen Berufen habt ihr Praktika absolviert?

3 Berufe mit ähnlichen Tätigkeiten werden Berufsfeldern zugeordnet. Ermittelt, welche Berufsfelder es gibt. Nutzt dazu Informationen der Bundesagentur für Arbeit, z. B. im Berufenet.

4 Übernehmt die Tabelle und gestaltet sie als Plakat. Hängt es in euer Klassenzimmer und ergänzt weitere Berufsfelder.

Handel	Dienst-leistung	Bau	Gesundheit	Landwirt-schaft	Verwaltung	...
Drogist/ Drogistin	*Koch/Köchin*	*Architekt/ Architektin*	...	...	...	...
...	...	...	...	...	...	...

5 Vervollständigt eure Tabelle immer weiter. Ordnet die Berufe den Berufsfeldern zu. Schreibt in die Tabelle:
- die Berufe von den Fotos auf Seite 34,
- die Berufe aus Aufgabe 2,
- eure Wunschberufe,
- Berufe eurer Familienmitglieder, Freunde und Bekannten.

6 Bildet Kleingruppen. Jede Gruppe nimmt sich ein Berufsfeld vor, findet dazu jeweils fünf weitere Berufe und trägt diese in die Tabelle ein.

7 Seht euch eure Wunschberufe genauer an. Tauscht euch zu den Fragen aus:

Zu welchem Berufsfeld gehört der Beruf? *Welche Tätigkeiten werden ausgeübt?* *Welche Fähigkeiten benötigt man?*

RGS **8** Untersucht in den folgenden Sätzen das Wort, das einmal klein- und einmal großgeschrieben ist. Erklärt, warum das Wort im zweiten Satz großgeschrieben wird.

Die Bäckerin und der Konditor verzieren die Torten mit Zuckerguß.

Beim Verzieren der Torten muss der Konditor niesen.

Wir suchen engagierte Auszubildende

Du willst eine Ausbildung machen. Aber wo findest du Stellenanzeigen dafür? Im Stellenmarkt der örtlichen Tageszeitungen oder in der Jobbörse im Internet. Der Besuch von Ausbildungsmessen lohnt ebenfalls, denn dort stellen sich Firmen vor und suchen gezielt nach Auszubildenden.

○ **1** Lies die folgende Stellenanzeige.

Innovation-Informatik GmbH Mühlhausen

Ausbildung zum Industriekaufmann (m/w/d)

Du arbeitest gerne am PC und hast Interesse am Kontakt mit Kunden und Lieferanten? Dann ist der Beruf

der/des Industriekauffrau /-manns

genau der Richtige für dich.

Wir suchen für das **Ausbildungsjahr 2022** engagierte Auszubildende.

Als Industriekauffrau/-mann unterstützt du sämtliche Unternehmensprozesse aus betriebswirtschaftlicher Sicht, von der Auftragsanbahnung bis zum Kundenservice nach Auftragsrealisierung. Dazu gehört neben dem Schreiben von Angeboten und Erfassen von Aufträgen auch die Einholung von Angeboten für Zukaufteile und deren Bestellung, damit Kundenaufträge erfüllt werden können.

Was du wissen solltest:
Dauer: 3 Jahre

Duale Ausbildung im Betrieb und in der Berufsschule in Sinsheim

Durchlauf der folgenden Abteilungen im Betrieb: Empfang, Auftragsverwaltung, Vertrieb, Einkauf, Personal, Buchhaltung

Voraussetzungen:
- Mittlere Reife oder Hochschulreife
- gute Leistungen in Deutsch, Mathematik und Englisch
- MS-Office-Kenntnisse (Word, Excel)
- Organisationstalent und Kommunikationsstärke

Weiterbildungsmöglichkeiten:
- Fachwirt/-in

Wir freuen uns über deine vollständige und aussagekräftige Bewerbung mit Anschreiben, Lebenslauf und den letzten zwei Zeugnissen.

Innovation-Informatik GmbH, Personal-Abt., Neue Str. 5, 69242 Mühlhausen, Tel.: +49 62 22 123 45

TIPP
Recherchiert weitere unbekannte Begriffe.

○ **2** Klärt in der Klasse, was die unterstrichenen Abkürzungen und Begriffe bedeuten. Nutzt das Wörterbuch oder Internet dazu.

○ **3** Untersucht im Tandem die Stellenanzeige. Übernehmt die Tabelle und ergänzt Tabellenspalten. Notiert alle Informationen, die ihr der Stellenanzeige entnehmen könnt.

Informationen über die Ausbildung	Informationen über das Unternehmen	Informationen über die Anforderungen
Beruf: ... *Ausbildungsart: ...* *Dauer: ...* ...	*Name: ...* ...	*Schulabschluss: ...* *Kompetenzen: ...* ...

MK 4 Recherchiert im Tandem weitere Informationen zur Ausbildung als Industriekauffrau oder Industriekaufmann.

Arbeitsorte | *weitere Anforderungen* | *Höhe der Ausbildungsvergütung*

TIPP
Seht euch den passenden Steckbrief im Berufenet an.

5 Was interessiert dich außerdem? Formuliere weitere Fragen zur Ausbildung als Industriekauffrau/-mann? Recherchiere dazu.

6 Zu welchem Berufsfeld gehört der Beruf Industriekauffrau/-mann? Nennt in der Klasse das Berufsfeld und weitere Berufe, die dazu zählen.

7 Lege für den Beruf Industriekauffrau/-mann eine Berufekarte an. Ergänze damit die Berufekartei.

Seite 284
Berufekarte

MK 8 Seht euch in örtlichen Tageszeitungen oder regionalen Wochenzeitschriften Stellenanzeigen für Ausbildungsplätze an. Wählt eine aus und untersucht sie in der Kleingruppe. Verwendet die Tabelle aus Aufgabe 3 und beantwortet die folgenden Fragen:

Wo ist die Firma ansässig, die die Ausbildung anbietet?
Kennt ihr die Firma, die die Ausbildung anbietet?
Würdet ihr euch dort bewerben? Begründet eure Meinung.
Woran müsst ihr denken, wenn ihr euch dort bewerben wollt?

9 Sieh dir die Stellenanzeige von Seite 36 und die Anzeige von Aufgabe 8 an. Notiere, welche Voraussetzungen zwingend nötig (ein „Muss“) sind und welche eher zu den „Kann“-Anforderungen zählen.

Merke
Stellenanzeigen

In **Stellenanzeigen** erhält man **Informationen** über:
- die **Ausbildung** (Beruf, Ausbildungsart, Unternehmen, Schule, Ort, Zeitpunkt, Dauer, Ablauf, Inhalte, Weiterbildung)
- das **Unternehmen** (Name, Struktur, Arbeitsinhalte, Kontaktdaten, Ansprechpartner, Erwartungen an die Bewerbung, Bewerbungsfrist)
- die **Anforderungen** (Schulabschluss, Kompetenzen, Kenntnisse, Erfahrungen, persönliche Eigenschaften)

Bei den **Anforderungen** an die Bewerber unterscheidet man in:
- **Muss-Kriterien**, wie z. B. den Schulabschluss (sie werden meist so beschrieben → … wird vorausgesetzt, … unbedingt notwendig, … wird erwartet, erforderlich sind …, Voraussetzung ist …)
- **Kann-Kriterien**, wie z. B. praktische Erfahrungen (sie werden meist so beschrieben → idealerweise …, … wären von Vorteil, bevorzugt werden Bewerber …, … wünschenswert wäre …)

Ich bin geeignet, weil ...

Du hast eine passende Stellenanzeige gefunden und willst dich bewerben. Lege eine Bewerbungsmappe an. Sie sollte das Bewerbungsschreiben, ein Deckblatt, einen Lebenslauf mit Foto und die Anlagen enthalten.

○ **1** Lies Tizians Bewerbungsschreiben auf die Stellenanzeige von Seite 36.

Tizian Meyer
Karlstr. 10
69234 Dielheim
Tel: 062 22 – 678 90
tizianmeyer@bewerbung.de

Innovation-Informatik GmbH
Personal-Abt.
Neue Str. 5
69242 Mühlhausen

14. Januar 2022

Bewerbung um einen Ausbildungsplatz als Industriekaufmann im Ausbildungsjahr 2022/2023

Sehr geehrte Damen und Herren,

wie ich Ihrer Stellenanzeige im „Mühlhausener Tageblatt" entnehmen konnte, bieten Sie für das kommende Jahr einen Ausbildungsplatz als Industriekaufmann an. Ich bin daran sehr interessiert und möchte mich dafür bewerben.

Für den kaufmännischen Beruf habe ich mich entschieden, weil ich gern mit Menschen arbeiten möchte. Die sehr unterschiedlichen Aufgabenbereiche wie Kundenbetreuung, Marketing und Einkauf versprechen eine abwechslungsreiche Tätigkeit und passen zu meinen betriebswirtschaftlichen Interessen.
In der Schule bekleide ich zurzeit das Amt des 3. Schülersprechers, das Mitgestalten des Schullebens und der Kontakt zu meinen Mitschülern machen mir große Freude.
Gern übernehme ich Verantwortung und bin sehr zuverlässig, so wurde ich zuletzt zum Jugendobmann der hiesigen Feuerwehr gewählt.
Ich arbeite gern am PC und kenne mich mit MS-Office gut aus.
Ihre Firma ist mir auf dem Azubi-Informationstag besonders wegen der freundlichen und aufgeschlossenen Mitarbeiter aufgefallen.

Derzeit besuche ich die neunte Klasse der Karl-Müller-Gesamtschule in Mühlhausen und schließe sie voraussichtlich im Sommer 2022 mit der Mittleren Reife ab. Zu meinem besten Fächern gehören Deutsch, Mathematik und Wirtschaft.

Über eine Einladung zu einem persönlichen Gespräch würde ich mich sehr freuen.

Mit freundlichen Grüßen
Tizian Meyer

Anlagen:
tabellarischer Lebenslauf
Kopie der beiden letzten Schulzeugnisse

○ **2** Notiert im Tandem die Bestandteile eines Bewerbungsschreibens.

3 Untersucht in der Gruppe das Bewerbungsschreiben von Tizian. Beantwortet dabei die folgenden Fragen und belegt mit Textstellen.
- Wie begründet Tizian seine Bewerbung?
- Wie begründet Tizian seine Eignung für den Beruf?
- Überzeugen euch die Begründungen? Formuliert und begründet eure Meinungen.
- Welche Gründe für die Berufswahl könnte man außerdem angeben?

4 Schreibe nun deine eigene Bewerbung. Gehe so vor:
- Suche eine Stellenanzeige für die Ausbildung zu deinem Wunschberuf.
- Überlege, wie du deine Berufswahl begründen kannst. Beachte deine bisherigen Erfahrungen, deine Stärken und Kompetenzen. Mache dir dazu Notizen.
- Schreibe eine Bewerbung zur Stellenanzeige. Beachte Aufbau und äußere Form.

TIPP
Orientiere dich an Tizians Bewerbungsschreiben.

5 Tauscht im Tandem eure Bewerbungen aus und überprüft sie nach folgenden Kriterien. Gebt einander Feedback und überarbeitet, wenn nötig.

äußere Form | *Vollständigkeit* | *Rechtschreibung* | *ausreichende Begründung des Berufswunsches*

Seite 289
Texte korrigieren und überarbeiten

Seite 269
Feedback

Arbeitstechnik

Eine Bewerbung für einen Ausbildungsplatz schreiben

Schreibe deine Bewerbung nach folgendem **Aufbau**:

1. **Kopf der Bewerbung**:
   - Adressen von **Absender** und **Empfänger** (Firma) sowie **Datum**
   - **Betreffzeile** → Bewerbung um einen Ausbildungsplatz als …
   - höfliche **Anrede** → Sehr geehrte Damen und Herren …; Sehr geehrte Frau …; Sehr geehrter Herr …
2. **Einleitung**:
   - **Grund** des Anschreibens (Wahl des Ausbildungsbetriebes begründen)
3. **Hauptteil**:
   - Begründung des **Berufswunschs**
   - Begründung der **Wahl des Betriebes**
   - Begründung deiner **Eignung** und deines **Interesses** (deine Eigenschaften, Stärken, Interessen und Fähigkeiten, die zu dem Beruf passen)
   - **Schulsituation** und **Schulabschluss** (Klasse, Schulform, voraussichtlicher Abschluss und Abschlussjahr, beste Fächer)
4. **Schluss**:
   - **Einladungswunsch** zu einem Vorstellungsgespräch
5. **Grußformel** → Mit freundlichen Grüßen
6. eigenhändige **Unterschrift**
7. **Anlagen**: tabellarischer Lebenslauf, Kopie des letzten Schulzeugnisses

Formale **Gestaltungsregeln** beachten:
- eine gut lesbare **Schrift** verwenden (z. B. Arial oder Tahoma)
- **Schriftgröße** 11 oder 12 Punkt
- **Zeilenabstand** 1,5 zeilig
- **Seitenränder** 2,5 bis 3 cm
- Bestandteile der Bewerbung durch **Leerzeilen** und **Absätze** trennen

Warum haben Sie sich bei uns beworben?

Deine Bewerbung hat überzeugt, du bist zu einem Vorstellungsgespräch eingeladen. Die Personalleitung will dich kennenlernen und herausfinden, ob du in den Betrieb passt und für die Ausbildung geeignet bist. Das ist eine besondere Situation, auf die du dich vorbereiten solltest.

○ **1** Die Personalleiterin Frau Wolf stellt Tizian Fragen im Vorstellungsgespräch. Lies die Fragen und die möglichen Antworten.

Schildern Sie mir doch kurz, was Sie bisher gemacht haben.

a *Wenn es sein muss, das hab ich doch schon in den Lebenslauf geschrieben.*
b *Ich gehe noch in die Schule und kann deshalb nicht viel erzählen.*
c *Im Moment besuche ich noch die 9. Klasse. Im letzten Praktikum habe ich in der Firma meines Vaters gearbeitet. Dort habe ich Arbeiten in der Verwaltung übernommen.*

Weshalb haben Sie sich für die Ausbildung zum Industriekaufmann entschieden?

a *Mir ist nichts anderes eingefallen. Da ich aber gerne am Computer sitze, dachte ich mir, das wär' was für mich.*
b *Ich möchte Industriekaufmann werden, weil ich gerne am PC arbeite und Kontakt mit Kunden möchte. Beim Azubi-Infotag habe ich interessante Einblicke in die Ausbildung bekommen.*
c *Der Vater meines besten Freundes ist auch Industriekaufmann und der kommt nach Feierabend immer ganz entspannt nach Hause. Deswegen dachte ich mir, das wäre auch für mich das Richtige.*

◒ **2** Wie sollte Tizian antworten? Wählt die passende Antwort aus und begründet in der Gruppe eure Meinung.

3 Sieh dir die folgenden Fähigkeiten (Kompetenzen) an. Notiere, welche in deinem Wunschberuf wichtig sind.

Zuverlässigkeit – Einsatzbereitschaft – Belastbarkeit – Gewissenhaftigkeit – Konzentrationsfähigkeit – Zielstrebigkeit – Fleiß – Kritikfähigkeit – Höflichkeit – Freundlichkeit – Teamfähigkeit – Pünktlichkeit – Durchsetzungsfähigkeit – Einfühlsamkeit – Selbstdisziplin – Flexibilität – Sprachgewandtheit – Lernbereitschaft – Kommunikationsfähigkeit – Selbstständigkeit

TIPP
Recherchiere unbekannte Begriffe im Wörterbuch oder Internet.

4 Lies die Fragen, die in einem Vorstellungsgespräch häufig gestellt werden.

Fragen zur Person:
- Womit beschäftigen Sie sich in Ihrer Freizeit?
- Wie viel Zeit verbringen Sie täglich am Computer?
- Was sind Ihre Stärken und Schwächen?
- Was sind Ihre Eigenschaften und Fähigkeiten?
- Was sind Ihre Lieblingsfächer und warum?

Fragen zum Lebenslauf:
- Warum sollten wir uns für Sie entscheiden?
- Wo konnten Sie schon praktische Erfahrungen sammeln?

Fragen zur Berufswahl:
- Was sind Ihre persönlichen Ziele für die Zukunft?
- Was reizt Sie an diesem Ausbildungsberuf?
- Welche Vor- und Nachteile hat der Beruf Ihrer Meinung nach?

Fragen zum Unternehmen:
- Wie sind Sie auf unsere Firma aufmerksam geworden?
- Wie und wo haben Sie sich über uns informiert?
- Was wissen Sie bereits über die Firma?
- Warum haben Sie sich gerade bei uns beworben?

5 Notiere dir zu den Fragen aus Aufgabe 4 Antworten, die deinen Wunschberuf und die Stellenanzeige von Aufgabe 4 auf Seite 39 betreffen.

TIPP
Nutze die Begriffe aus Aufgabe 3.

6 Was könnte in einem Vorstellungsgespräch außerdem gefragt werden? Ergänzt im Tandem die Tabelle mit weiteren Fragen. Notiert eure Antworten.

7 Überlegt in der Klasse, wie ihr auf Fragen reagiert, die ihr nicht gern beantworten möchtet, z. B. wenn sie zu persönlich sind. Schreibt höfliche Formulierungen auf.

8 Notiert im Tandem Fragen, die ihr der Personalleitung stellen würdet, z. B.

Wie sind die Arbeitszeiten geregelt?
Wie sind die Übernahmechancen?
Gibt es eine Lehrwerkstatt?
...

9 Spielt jetzt im Tandem ein Vorstellungsgespräch als Frage-Antwort-Spiel. Verwendet die Fragen aus den Aufgaben 4 und 6 sowie eure Antworten.

TIPP
Tauscht die Rollen.

Verhalten im Vorstellungsgespräch

Du bist jetzt auf alle Fragen, die in einem Vorstellungsgespräch gestellt werden können, gut vorbereitet. Jetzt musst du nur noch das Richtige anziehen und dich korrekt verhalten. Aber wie geht das?

○ **1** Wie sollte man in einem Vorstellungsgespräch auftreten? Tauscht euch in der Klasse darüber aus, wie ihr einen guten Eindruck hinterlassen könnt. Notiert Stichworte zu Kleidung, Aussehen, Verhalten und Körpersprache an der Tafel.

○ **2** Sieh dir jetzt die Bilder von Schülerinnen und Schülern an, die zu einem Vorstellungsgespräch eingeladen sind.

○ **3** Beurteilt in der Gruppe die Kleidung, die Körperhaltung und das Verhalten der abgebildeten Bewerberinnen und Bewerber. Gebt Tipps, was gut ist und was sie noch besser machen können.

TIPP
Deutet die Situationen nur an.

○ **4** Wie würdet ihr euch für ein Vorstellungsgespräch anziehen und wie würdet ihr auftreten? Lasst euch in eurer Kleidung bei der Begrüßung und im Gespräch fotografieren. Tauscht euch dann in der Klasse darüber aus und gebt einander Tipps.

TIPP
Nutzt eure Tipps aus den Aufgaben 3 und 4.

○ **5** Überlegt in der Klasse, was bei einem Vorstellungsgespräch angebracht ist und was nicht. Übernehmt die folgende Tabelle und füllt sie aus.

Aussehen/Kleidung		**Körpersprache**		**Verhalten**	
☺	☹	☺	☹	☺	☹
saubere Schuhe	*ungekämmt*	*Blickkontakt halten*	*Arme verschränken*	*pünktlich sein*	*undeutlich sprechen*
…	…	…	…	…	…

○ **6** Überlegt euch, wie ihr euch auf ein Vorstellungsgespräch vorbereiten müsst. Legt dazu in der Klasse eine Checkliste an.

Checkliste
Ein Vorstellungsgespräch vorbereiten

- ☑ Termin bestätigen
- ☑ Bewerbungsmappe, Stift, Papier mitnehmen
- ☑ Kleidung auswählen (sauber, angemessen …)
- ☑ …

Seite 286
ein Vorstellungsgespräch vorbereiten

7 Was führt in Vorstellungsgesprächen zum Erfolg? Der folgenden Satz stammt aus einer Untersuchung darüber. Lies den Satz und überlege, was damit gemeint ist.

Motivation spielt oft eine größere Rolle als Talent!

8 Was bedeutet Motivation? Wie kann es euch gelingen, eure Motivation im Vorstellungsgespräch auszudrücken? Tauscht euch in der Klasse darüber aus.

9 Bildet Vierergruppen und bereitet ein Vorstellungsgespräch als Rollenspiel vor. Geht so vor:
- Verteilt die Rollen: Bewerber/-in, Personalleiter/-in, zwei Beobachter/-innen.
- Wählt einen eurer Wunschberufe aus oder nehmt den Beruf von Seite 36. Wichtig ist, dass ihr über die Ausbildung und den Beruf gut informiert seid.
- Klärt, um welche Ausbildung es sich handelt und in welcher Firma das Vorstellungsgespräch spielen soll.
- Legt Rollenkarten für die Akteure und Akteurinnen an. Nutzt alle Informationen zum Beruf und orientiert euch an den Fragen und Antworten von Seite 41.
- Legt Beobachtungsbögen für das Verhalten der Bewerberin oder des Bewerbers an.

TIPP
Achtet auf die Reihenfolge:
1. Begrüßung
2. Vorstellung
3. Fragen/ Antworten
4. Verabschiedung

Seite 270
Rollenspiel

	gut gelungen	nicht so gut gelungen
Vor dem Gespräch – anmelden – anklopfen – …	…	…
Gesprächsverlauf – begrüßen – sich vorstellen – …	…	…
Körpersprache – Körperhaltung – Blickkontakt – …	…	…
Sprech- und Ausdrucksweise	…	…

- Die Akteure und Akteurinnen bereiten sich allein auf ihre Rollen vor.
- Spielt nun das Vorstellungsgespräch in der Gruppe.
- Gebt der Bewerberin oder dem Bewerber ein Feedback.

Test
D02

Seite 269
Feedback

TIPP
Nehmt eure Vorstellungsgespräche mit dem Handy auf und beurteilt euer eigenes Auftreten.

10 Wiederholt das Vorstellungsgespräch mit wechselnden Rollen und Gruppen.

Handwerker werden immer gebraucht

Simona möchte gern eine Ausbildung in einem Handwerksberuf absolvieren. Beim Girls' Day hat sie verschiedene Berufe im Berufsfeld Metall/Maschinenbau kennengelernt und Gefallen daran gefunden. Eine Stellenanzeige für die Ausbildung zur Zerspanungsmechanikerin hat sie auch schon entdeckt.

TIPP
Nutzt ein Wörterbuch oder das Internet.

Seite 37
Stellenanzeige

1 Lest die Stellenanzeige. Klärt im Tandem die Bedeutung der Fachbegriffe sowie der Begriffe, die euch unbekannt sind.

Pro Metall Kamenz
Präzision ist deine Stärke?
Dann bist du bei uns genau richtig.

PROMetall Kamenz

Ausbildung zum Zerspanungsmechaniker (w/m)
mit Fachrichtung Frästechnik

Was dich erwartet:
- du lernst, wie man Präzisionsbauteile aus Metall mit den spanenden Verfahren wie Drehen, Fräsen und Bohren herstellt
- du lernst die CNC-Sprache, sodass du selbstständig große Fräs- oder Drehmaschinen programmieren, einrichten und bedienen kannst
- eine duale Ausbildung in 3,5 Jahren in unserer Firma und der Berufsschule

Was du mitbringst:
- Mittlerer Schulabschluss
- technisches Verständnis und handwerkliches Geschick
- Sorgfalt und Verantwortungsbewusstsein
- Teamfähigkeit

Bewirb dich jetzt für das Ausbildungsjahr 2022/23!

Bewerbungen bitte persönlich, per E-Mail oder Post an:
info@prometall-kamenz.de
Pro Metall
Herrn Hermann Müller
Am Roten Bügel 27–31
01917 Kamenz
Tel.: +49 03578 12345678

MK ○ **2** Informiere dich im Internet über den Beruf der Zerspanungsmechanikerin oder des Zerspanungsmechanikers. Lege eine Berufekarte dazu an.

Seite 284 Berufekarte

○ **3** Simona möchte sich bei der Firma Pro Metall bewerben. Die Notizen für ihre Bewerbung sind leider durcheinandergeraten. Schreibe sie ab und bringe sie in die richtige Reihenfolge für eine Bewerbung.

Girls' Day | *handwerkliche Fähigkeiten* | *9. Klasse Oberschule Bischofswerda* | *Stellenanzeige in der Jobbörse* | *Firma Pro Metall mit Bus gut zu erreichen* | *Simona Lehmann, Wichtelstraße 17, 01877 Bischofswerda* | *Interesse für Technik* | *Gruppenleiterin bei den Pfadfindern* | *Lieblingsfächer Physik und Werken* | *Bewerbung um einen Ausbildungsplatz als Zerspanungsmechanikerin* | *im Praktikum (Unternehmen für Grillgeräte) erste Einblicke in Berufsfeld* | *gute Ergebnisse im technischen Zeichnen*

○ **4** Schreibe für Simona eine Bewerbung für den Ausbildungsplatz als Zerspanungsmechanikerin. Orientiere dich dabei an der Stellenanzeige und verwende die Notizen aus Aufgabe 3.

Seite 39 eine Bewerbung schreiben

◒ **5** Tauscht im Tandem eure Bewerbungen aus. Überprüft sie mithilfe des Arbeitstechnik-Kastens von Seite 39. Gebt einander ein Feedback und überarbeitet eure Bewerbung, wenn nötig.

Seite 289 Texte korrigieren und überarbeiten

○ **6** Was gehört außer dem Bewerbungsschreiben in die Bewerbungsmappe? Liste alle Bestandteile auf.

Seite 269 Feedback

○ **7** Simona wird zum Vorstellungsgespräch eingeladen. Hilf ihr bei der Vorbereitung, indem du Tipps zu folgenden Kriterien formulierst.

Kleidung | *Begrüßung* | *Verhalten während des Gesprächs* | *Verabschiedung*

○ **8** Bildet zwei Gruppen. Eine Gruppe überlegt sich Fragen, die der Personalleiter an Simona stellt. Die zweite Gruppe überlegt sich Fragen, die Simona dem Personalleiter stellt.

○ **9** Verteilt die Rollen (Simona, Personalleiter, Beobachter/-in) und spielt das Vorstellungsgespräch als Rollenspiel. Gebt einander Feedback. Wechselt die Rollen.

Seite 270 Rollenspiel

○ **10** Stellt den Beruf Zerspanungsmechaniker/-in der Klasse vor. Verwendet eure Berufekarten. Tauscht euch dann über das Berufsfeld Metall/Maschinenbau aus.

Genauigkeit ist gefragt

Elias hat auf der Ausbildungsmesse einen interessanten Ausbildungsberuf entdeckt. Er möchte sich für die Ausbildung zum Technischen Produktdesigner bewerben und hat eine Stellenanzeige dafür gefunden.

Seite 37 Stellenanzeige

○ **1** Lies die Stellenanzeige. Kläre anschließend die Bedeutung der unbekannten Wörter.

Silver Technology AG

SILVER Technology AG

Wir bieten an:

Ausbildung zum Technischen Produktdesigner (w/m) 2022

Sie lieben das genaue Arbeiten, haben eine hohe Auffassungsgabe und ein gutes räumliches Vorstellungsvermögen? Dann ist dieser Beruf genau das Richtige für Sie. Bewerben Sie sich auf eine Ausbildungsstelle zum Technischen Produktdesigner.

Ihre Aufgaben:
Als Technischer Produktdesigner entwerfen und konstruieren Sie in Zusammenarbeit mit Konstrukteuren und mithilfe eines CAD-Systems Bauteile, Baugruppen und Maschinen nach Kundenwunsch. Hierbei beachten Sie die jeweils gültigen Zeichnungsnormen und tragen die richtigen Maße in die Zeichnungen ein.
Das Erstellen von Stücklisten gehört ebenso zu Ihren Aufgaben wie die Auswahl geeigneter Werkstoffe.

Ihr Profil:
Sie haben die Schule erfolgreich abgeschlossen (Mittlere Reife oder Hochschulreife).
Mathematik, Physik und Zeichnen machen Ihnen Spaß.
Sie verfügen über ein gutes technisches Verständnis, sind sorgfältig, gewissenhaft, zuverlässig und teamfähig.

Wir freuen uns auf Ihre Bewerbung.

Bewerbung an:
Silver Technology AG
An der Alten Gasse 9
01683 Nossen
Tel.: +49-035242-12 345

Seite 283 Berufekarte

○ **2** Informiere dich im Internet über den Beruf der Technischen Produktdesignerin oder des Technischen Produktdesigners. Lege eine Berufekarte dazu an.

MK ○ **3** Recherchiere, in welchen Bereichen Technische Produktdesigner oder -designerinnen tätig werden können.

◒ **4** Schreibe jetzt Elias' Bewerbung für die Ausbildung zum Technischen Produktdesigner. Gehe so vor:
- Orientiere dich an der Stellenanzeige und überlege, wie Elias darauf eingehen könnte.
- Notiere Gründe, Interessen und Fähigkeiten, die Elias besitzen könnte und die zu dem Beruf passen.
- Denke dir alle weiteren Angaben (Adressen, Schulsituation) selbst aus.
- Schreibe die Bewerbung. Du kannst dich an den folgenden Satzanfängen orientieren.

Elias ...

Silver Technology ...

Bewerbung ...

Sehr geehrte ...,

auf der Ausbildungsmesse habe ich ...
Ich arbeite gerne am ... und baue gerne Modelle.
In der Schule ...
Ich übernehme gern ...
Da mir Ihre Firma ...
Derzeit besuche ich ...
Über eine Einladung zu ...

Mit freundlichen ...

Anlagen

◒ **5** Überprüft im Tandem eure Bewerbungsschreiben und gebt einander ein Feedback. Überarbeitet, wenn nötig.

○ **6** Elias wird zum Vorstellungsgespräch eingeladen. Bereitet im Tandem das Gespräch vor, indem ihr mögliche Fragen und Antworten darauf notiert.

◒ **7** Verteilt in der Gruppe die Rollen (Elias, Personalleiter/-in, Beobachter/-in) und spielt das Vorstellungsgespräch als Rollenspiel. Gebt einander ein Feedback. Wechselt die Rollen.

○ **8** Stellt den Beruf Technische/-r Produktdesigner/-in der Klasse vor. Verwendet eure Berufekarten. Tauscht euch dann darüber aus, in welchen Bereichen man in diesem Beruf eingesetzt werden kann.

Seite 39
eine Bewerbung schreiben

Seite 289
Texte korrigieren und überarbeiten

Seite 269
Feedback

TIPP
Orientiert euch an den Fragen auf Seite 41.

Seite 270
Rollenspiel

Mein Hobby wird mein Beruf!

Alissa liebt das Lesen und die Literatur. Sie möchte später unbedingt in einem Beruf arbeiten, der etwas mit Büchern zu tun hat. In einer Onlinebörse für Ausbildungsplätze findet sie eine Stellenanzeige für eine Ausbildung zur Buchhändlerin.

TIPP
Recherchiert dazu auch im Internet.

1 In welchen Berufen arbeitet man mit Büchern oder für Bücher? Seht euch im Tandem das Berufsfeld an und macht euch Notizen dazu.

Seite 37 Stellenanzeige

2 Lies die Stellenanzeige. Untersuche sie hinsichtlich der Muss- und Kann-Kriterien. Notiere die entsprechenden Formulierungen in einer Tabelle.

DAS GUTE BUCH – Buchhandlung Chemnitz

Ausbildung zum Buchhändler (m/w)

Über uns: Wir sind eine aufstrebende Buchhandlung mit Familientradition. Unsere Buchhandlung gibt es bereits seit 40 Jahren an zwei Standorten.

Unsere Anforderungen: Sie passen gut zu uns, wenn Sie pünktlich, gewissenhaft, zuverlässig und ehrlich sind. Idealerweise können Sie gut im Team arbeiten und sind an kaufmännischen Themen und natürlich an Büchern interessiert. Wir setzen hohe Eigeninitiative und Aufgeschlossenheit voraus. Bei der Gestaltung der Leseecken und Schaufenster können Sie ihrer Kreativität freien Lauf lassen. Wünschenswert wären Kritikfähigkeit und selbstständiges Arbeiten.
Wenn Sie einen guten Mittleren Bildungsabschluss oder die (Fach-)Hochschulreife erzielt haben, freuen wir uns sehr über Ihre Bewerbung.

Wir bieten Ihnen eine interessante, anspruchsvolle, aber auch abwechslungsreiche Ausbildung in einem modern geführten Familienunternehmen.

Sind Sie an einer Ausbildung bei uns interessiert? Dann schicken Sie Ihre Bewerbungsunterlagen per Post, per E-Mail oder füllen Sie das Online-Formular aus.

DAS GUTE BUCH
Mario Willers
Zum Stadtacker 22
09130 Chemnitz
Tel.: 0371-123456789
m.willers@dasgutebuch-chemnitz.de

Seite 284 Berufekarte

3 Informiere dich im Internet über den Beruf der Buchhändlerin oder des Buchhändlers. Lege eine Berufekarte dazu an.

Seite 39 eine Bewerbung schreiben

4 Schreibe Alissas Bewerbung für die Ausbildung zur Buchhändlerin. Gehe so vor:
- Orientiere dich an der Stellenanzeige und notiere Gründe, Interessen und Fähigkeiten, die Alissa besitzen könnte und die zu dem Beruf passen.
- Denke dir alle weiteren Angaben (Adressen, Schulsituation) selbst aus.

5 Überprüft im Tandem eure Bewerbungsschreiben und gebt einander ein Feedback. Überarbeitet, wenn nötig.

6 In der Stellenanzeige werden drei Möglichkeiten angeboten, wie man sich bewerben kann. Nenne die drei Formen der Bewerbung.

7 Seht euch die beiden Online-Bewerbungen im Tandem an. Vergleicht sie miteinander und mit der schriftlichen Bewerbung.

www

www.das-gute-bu.de

Persönliche Angaben

Anrede*	× Frau Mann	*Pflichtfelder
Vorname*	Alissa	
Nachname*	Schmidt	
Geburtsdatum*	18.05.2008 Datumsformat: TT.MM.JJJJ	
E-Mail-Adresse*	alissaschmidt@contact.de	
Straße*	Gartenstraße 8	

Von: alissaschmidt@contact.de
An: m.willers@dasgutebuch-chemnitz.de
Anhang: Bewerbung.doc; Lebenslauf.pdf; Zeugnisse.pdf
Betreff: Bewerbung Alissa Schmidt für die Ausbildung zur Buchhändlerin

Senden

Sehr geehrter Herr Willers,
anbei übersende ich Ihnen meine Bewerbungsunterlagen für die von Ihnen ...
Mit freundlichen Grüßen
Alissa Schmidt

Gartenstr. 8
...

8 Beantwortet in der Gruppe die Fragen zu den drei Bewerbungsformen.
- Wer entscheidet, in welcher Form man sich bewirbt?
- Wie muss das Bewerbungsschreiben aussehen und wie wird es versendet?
- Welche Vor- und Nachteile haben die drei Formen der Bewerbung für die Bewerber und die Firmen?

9 Bereitet im Tandem Alissas Vorstellungsgespräch vor.

10 Spielt in der Gruppe das Vorstellungsgespräch als Rollenspiel (Alissa, Personalleiter/-in, Beobachter/-in). Gebt einander ein Feedback. Wechselt die Rollen.

11 Stellt den Beruf Buchhändler/-in der Klasse mithilfe eurer Berufekarten vor. Erläutert die elektronischen Formen der Bewerbung und nennt die Vor- und Nachteile.

Seite 289
Texte korrigieren und überarbeiten

Seite 269
Feedback

TIPP
Recherchiert Informationen zum Online-Formular im Internet.

TIPP
Orientiert euch an den Fragen auf Seite 41.

Seite 270
Rollenspiel

Groß oder klein?

Seite 287
Signale für Großschreibung

1 Lies den folgenden Text.

In diesem Schuljahr haben wir zwei Praktika absolviert. Das erste Praktikum fand im Herbst statt. Von Montagmorgen bis Freitagmittag waren wir in den Betrieben und konnten dort mitarbeiten. Für einige Mitschüler war beim ersten Praktikum nichts Brauchbares dabei. Doch auch das hat etwas Gutes, denn nun wissen sie, in welchen Berufen sie später nicht arbeiten möchten. Im folgenden Praktikum, das im Frühjahr stattfand, war es im Allgemeinen dann schon leichter. Das lange Stehen und die ungewohnten Arbeitszeiten machten uns jetzt weniger aus. Der Vormittag war immer besonders spannend, weil man immer die neuen Aufgaben zugewiesen bekam. Meistens wussten wir nicht, was die Mitarbeiter für uns vorbereitet hatten. Das ist schon eine Umstellung, wenn man sonst in der Schule ist und dort jede Woche fast gleich abläuft. Vielen hat ihr Praktikum gefallen. Einige haben eine mündliche Zusage für einen Ausbildungsplatz bekommen. Sie müssen sich jetzt bewerben und für das Vorstellungsgespräch üben. Beim Üben helfen ihnen die Mitschüler.

2 Seht euch in der Gruppe die markierten Wörter an. Gebt zu jedem Wort eine Erklärung ab, warum es großgeschrieben wird. Wendet die Artikel- oder Adjektivprobe an, z. B.

Frage: Warum wird „Herbst" großgeschrieben?
Antwort: Weil ein Artikel mit Präposition davor steht („im") und man ein Adjektiv davor setzen kann, z. B. im schönen Herbst, der schöne Herbst …

Seite 288
Zeitangaben

3 Groß oder klein? Entscheidet im Tandem. Formuliert dann einen vollständigen Satz mit dem jeweiligen Wort, z. B. *Der Freitag wird ein besonderer Tag.*

der freitag – freitags

morgen – ab morgen

dienstags – jeden dienstag

heute mittag – am montagmittag

eines abends – abends

am abend – morgen abend

4 Erläutert im Tandem anhand der Beispiele aus Aufgabe 3, wann Zeitangaben groß- und wann kleingeschrieben werden.

Seite 293
Anrede-pronomen

5 Schreibe die folgende E-Mail ab und ergänze die passenden Anredepronomen.

Sehr geehrte Frau Müller,
anbei übersende ich ▬ meine Bewerbungsunterlagen für die von ▬ ausgeschriebene Ausbildung zur Bankkauffrau. In der Anlage finden ▬ das Anschreiben, meinen Lebenslauf und meine beiden letzten Schulzeugnisse.
Leider konnte ich ▬ Anzeige nicht entnehmen, wann die Ausbildung starten soll. Bitte informieren ▬ mich noch darüber.
Über eine Rückmeldung von ▬ Seite freue ich mich sehr.

6 Lies die folgende Stellenanzeige.

Deutschland, Schweden oder Neuseeland? Reisen wird immer beliebter. Aber wer plant die Reise? Die Kolleginnen und Kollegen aus der Tourismusbranche. Interesse? Dann machen Sie doch eine

Ausbildung zur Tourismuskauffrau oder zum Tourismuskaufmann

Ob nach Heidelberg, in die Fränkische Schweiz, ans Kap Hoorn, auf den Spuren von Mark Twain, zur Spanischen Treppe in Rom, ins Gasthaus Zum Schwan oder nur um die Ecke ins Hotel Am Weiher, unser Reisebüro ist immer dabei. Und Sie bald auch!

Bewerbungen an:
Reisebüro Ab in die Sonne
Hermine Thalheim
Karl-Müller-Straße 10
14469 Potsdam

7 Übernimm die Tabelle und schreibe alle Eigennamen aus der Anzeige in die richtige Tabellenspalte.

Seite 288
Eigennamen

Personennamen	Namen von Firmen, Organisationen ...	geografische Namen	Namen von Straßen, Plätzen, Gebäuden
...	*Reisebüro Ab in die Sonne, ...*	...	...

8 Schreibe in jede Tabellenspalte mindestens fünf eigene Beispiele.

9 Schreibe die Sätze ab. Achte auf die richtige Groß- und Kleinschreibung.

morgen fängt jana ihren ferienjob im reisebüro gute reise in der freiberger innenstadt in der großen kirchstraße an. sie erzählt: „immer montags bekomme ich aufgaben für die woche und am freitagnachmittag habe ich frei. ich freue mich schon darauf viel neues zu lernen. gespannt bin ich, welche ziele die freiberger so haben – chinesische oder berliner mauer, rotes oder totes meer? sicher erfahre ich viel über seltene reiseziele auf der ganzen welt. nach feierabend kann ich dann in der buchhandlung in der franz-von-assisi-straße in bildbänden stöbern."

Thüringer Bratwurst und Schweizer Käse

1 Im folgenden Anschreiben an einen Betrieb fehlen die Anredepronomen. Schreibe den Text ab und ergänze.

Sehr geehrter Herr Rübsam,

____ Anzeige im Stettiner Anzeiger habe ich gelesen. Dort bieten ____ einen Ausbildungsplatz zum Automobilkaufmann an, auf den ich mich gern bewerben möchte. Ich habe ____ Firma bereits im letzten Jahr kennengelernt, als mein Vater ein neues Auto bei ____ gekauft hat. Damals bekam ich von einem ____ Mitarbeiter einige Einblicke in die Werkstatt und die restlichen Abteilungen ____ Firma. Das fand ich sehr spannend. Ich würde mich freuen, wenn ____ mich zu einem Vorstellungsgespräch einladen könnten.

Mit freundlichen Grüßen
Paul Engel

2 Pauls Bewerbungsschreiben geht noch weiter. Allerdings ist nun alles kleingeschrieben. Schreibe den Text in der richtigen Groß- und Kleinschreibung auf.

ich bin sehr kontaktfreudig und arbeite gerne am pc. für autos interessiere ich mich ebenfalls schon seit vielen jahren. gerne übernehme ich auch verantwortung, so engagiere ich mich beim technischen hilfswerk und rechne mir gute chancen zur wahl des jugendleiters aus, wenn im herbst neuwahlen sind.
in den praktika, die ich bereits absolviert habe, wurden stets meine aufgeschlossenheit und schnelle auffassungsgabe gelobt, sodass ich mir auch schwierigere arbeiten zum beispiel in der datenverarbeitung oder beim erlernen von verkaufsstrategien zutraue.

3 Unterstreiche im Text aus Aufgabe 2 alle Wörter, die du großgeschrieben hast.

4 Erklärt einander im Tandem, nach welchen Regeln ihr die Wörter großgeschrieben habt.

5 Lies den folgenden Text.

wer gern wandert, wird die sächsische schweiz lieben! das beliebteste ausflugsziel ist die basteibrücke in der nähe des sächsischen orts rathen. die malerische kulisse, die sich wanderern von der basteibrücke bietet, lockt jährlich wanderfans aus aller welt an. aber es gibt noch viel mehr zu sehen: vom lichtenhainer wasserfall, dem teufelsturm oder der erstaunlichen felsformation wilde hölle – für alle liebhaber atemberaubender natur und eines nahezu unendlichen ausblicks ist etwas dabei. um den erhalt der natur und der wege kümmert sich die nationalparkwacht. nur einen katzensprung entfernt, kurz hinter der tschechischen grenze, in der böhmischen schweiz laden die zeidler eisfälle und der obere karlsstein besonders trittfeste ausflügler zu ausgiebigen wanderungen ein.

6 Schreibe den Text aus Aufgabe 5 in der richtigen Groß- und Kleinschreibung ab.

7 Überprüft eure Texte im Tandem. Korrigiert, wenn nötig.

8 Übernimm die Tabelle. Suche aus dem Text von Aufgabe 5 alle Eigennamen heraus und schreibe sie in die richtige Tabellenspalte.

Ortsnamen	Namen von Institutionen, Organisationen …	geografische Namen	Namen von Straßen, Plätzen, Gebäuden
…	…	*Oberpfälzer Jura,* …	…

9 Ordne den Begriffen die geografischen Namen zu. Schreibe sie auf, z. B.
a Stuttgarter Zeitung, …

a Zeitung
b Rostbratwurst
c Stadtmusikanten
d Münster
e Kirschtorte
f Platz
g Dom

Freiburg, *Köln*, *Thüringen*, *Stuttgart*, *Potsdam*, *Bremen*, *Schwarzwald*

10 Lies den folgenden Text.

Von den Schweizer Alpen zu den sächsischen Felsen
Die Schweizer Bergwelt gibt es nicht nur in der Schweiz, bekannt sind die Böhmische Schweiz, die Fränkische Schweiz, die Holsteinische Schweiz und die Sächsische Schweiz. Der Name Sächsische Schweiz entstand im 18. Jahrhundert durch zwei Schweizer Künstler, dies sich beim Anblick der Sandsteinfelsen an ihre Schweizer Heimat erinnerten. Die sächsischen Bergsteiger entwickelten die Region erst Anfang des 20. Jahrhunderts zum Kletterparadies.

11 Übernehmt die Tabelle. Schreibt die Eigennamen aus dem Text aus Aufgabe 10 hinein. Formuliert im Tandem für jede Tabellenspalte eine Regel.

von geografischen Namen abgeleitete Adjektive auf		von geografischen Namen abgeleitete Wörter auf
-isch (Kleinschreibung)	-isch (Großschreibung)	-er
…	…	…

12 Gestaltet in der Gruppe einen verrückten Reiseführer, in dem ihr witzige Reiseziele vorstellt. Verwendet möglichst viele Eigennamen für Museen, Übernachtungsmöglichkeiten, Sportattraktionen usw.

3 So war mein Praktikum

Berufsorientierung: Praktikumsbericht

Das lernst du jetzt:
- Arbeitsvorgänge beschreiben
- Praktikumsberichte schreiben
- eine Praktikumsmappe zusammenstellen
- Wünsche und Ziele im Leben formulieren
- Wörter klassifizieren

1 Theresa, Leon, Selin und Jan haben ihr Praktikum absolviert und tauschen sich jetzt darüber aus. Lest die Sprechblasen auf Seite 54 und den folgenden Dialog.

Theresa Ich habe bei uns im Ort beim Forstwirt gearbeitet. Wir waren fast jeden Tag im Wald unterwegs. Und wo hast du gearbeitet?
Jan Ich habe mein Praktikum in einem Altenheim gemacht. Es hat mir gut gefallen, weil es sehr abwechslungsreich war. Die alten Leute waren sehr nett zu mir. Was hast du gemacht, Leon, und wie war es?
Leon Ich habe in einem Betrieb gearbeitet, der Landmaschinen repariert. Das war echt cool, weil ich an einem alten Motor für einen Mähdrescher ganz alleine rumschrauben durfte. Der Meister hat mir auch ganz viel erklärt. Und du, Selin?
Selin Ich habe in meinem alten Kindergarten gearbeitet. Da habe ich viele Erzieher von früher wieder getroffen und konnte die Arbeit aus deren Perspektive sehen.
Leon Das klingt alles toll, hat euch aber auch was nicht gut gefallen?
Theresa Mein Praktikum war nicht so mein Ding. Im Wald war es oft kalt und nass – ich hatte mir das ganz anders vorgestellt.
Jan Das ist ja doof. Was hast du denn dann gemacht?
Theresa Ich habe mit meinem Chef überlegt, welche Arbeiten für mich eher in Frage kämen. Ich habe dann bei der Bearbeitung der Holzbestellungen geholfen. Das hat mir viel mehr Spaß gemacht. Und wie war's bei euch so?
Jan Bei mir war es oft hektisch. Gerade um die Essenszeit musste ich mich beeilen, sodass ich mich gar nicht mehr um die Heimbewohner kümmern konnte.
Leon Bei mir war es so, dass ich bei ganz vielen Maschinen und Reparaturen nicht helfen durfte, weil ich entweder zu jung war oder zu wenig Wissen hatte. Dadurch musste ich häufig allein arbeiten. Das hat schon manchmal genervt.
Selin Ich fand es echt schwierig, wenn alle Kinder auf einmal was von mir wollten und alle gleichzeitig geredet haben. Das war manchmal sehr laut.

2 Legt eine Tabelle zu den folgenden Begriffen an. Füllt sie mithilfe der Informationen aus dem Gespräch für jeden Jugendlichen aus.

Name *Betrieb* *Beruf* *Tätigkeiten* *Einschätzung*

3 Welche Erwartungen habt ihr an euer Praktikum. Tauscht euch darüber aus. Beantwortet dabei die folgenden Fragen:
- In welchem Beruf wollt ihr ein Praktikum absolvieren?
- Wo wollt ihr euch bewerben oder habt euch schon beworben?
- Was interessiert euch an dem Praktikum?
- Worauf freut ihr euch? Worüber macht ihr euch Sorgen?
- Wie reagiert ihr, wenn euch etwas während eures Praktikums nicht gefällt?

RGS **4** Bildet zu den folgenden Wörtern weitere Wörter aus der Wortfamilie. Übernehmt die Tabelle und schreibt sie hinein.

sprechen *Befehl* *malerisch* *Gespräch* *verstehen* *flüssig*

Verb	Substantiv	Adjektiv
sprechen, …	*Sprache, …*	*sprachlich, …*

Typische Arbeitsvorgänge

Jan hat sein Praktikum in einem Altenheim absolviert. Altenpflegerinnen und Altenpfleger unterstützen, betreuen und pflegen ältere Menschen, die im täglichen Leben nicht mehr gut allein zurechtkommen.

○ **1** Tauscht euch in der Klasse über den Beruf Altenpfleger/-in aus. Nennt und beschreibt Tätigkeiten, die in diesem Beruf ausgeübt werden.

Seite 284
Berufekarte

○ **2** Recherchiert in der Gruppe weitere Informationen zum Beruf Altenpfleger/-in und legt eine Berufekarte dazu an.

○ **3** Seht euch die folgende Abbildung an und lest die Übersicht. Klärt im Tandem unbekannte Begriffe, die Funktion der verwendeten Geräte und die Bezeichnung der abgebildeten Tätigkeit.

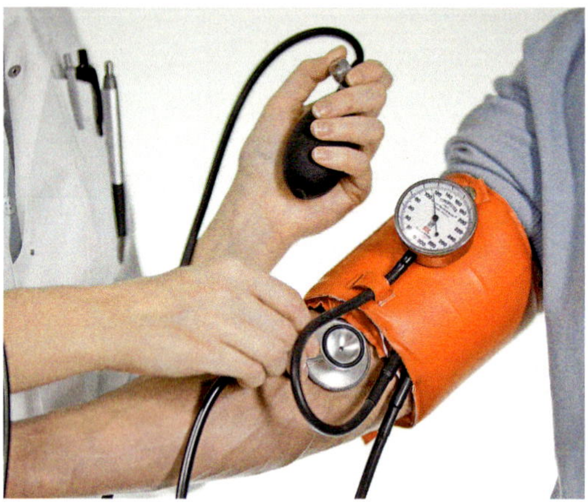

Tätigkeit: ...
Ort: Behandlungszimmer
Benötigte Gegenstände: Stethoskop/Blutdruckmanschette
Reihenfolge: 1. Ventil am Manometer öffnen – 2. Manschette anlegen – 3. Ventil schließen – 4. „Oliven" des Stethoskops in die Ohren stecken – 5. Speichenarterie ertasten – 6. Manschette aufpumpen – 7. Schallkopf in Ellenbeuge anlegen – 8. Ventil vorsichtig öffnen – 9. den ersten Ton wahrnehmen (= systolischer Blutdruckwert) – 10. Manschettendruck ablesen – 11. Manschettendruck weiter reduzieren – 12. letzten Ton wahrnehmen (= diastolischer Blutdruckwert) – 13. Ventil vollständig öffnen – 14. Manschette entfernen

TIPP
Verwende für deine Notizen die Stichworte aus Aufgabe 2.

○ **4** Sieh dir die folgenden Bilder an. Bringe sie in die richtige Reihenfolge und mache dir dann Notizen zum Ablauf des Blutdruckmessens.

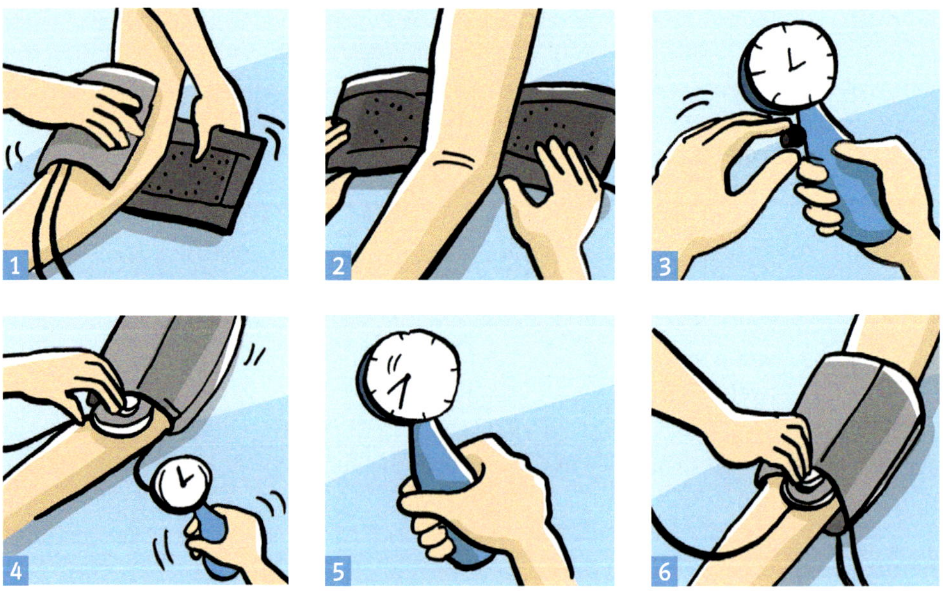

5 Beschreibt mündlich im Tandem die Tätigkeit des Blutdruckmessens mithilfe eurer Notizen. Gebt einander ein Feedback.

Seite 269 Feedback

6 Verfasse nun eine Beschreibung des gesamten Arbeitsvorgangs des Blutdruckmessens. Gehe so vor:
- Nenne die Tätigkeit, die du beschreiben willst.
- Zähle dann die Arbeitsmittel auf. Nenne den Ort, an dem die Tätigkeit stattfindet.
- Erkläre, wozu diese Tätigkeit dient.
- Beschreibe dann Schritt für Schritt den gesamten Arbeitsablauf mithilfe deiner Notizen aus Aufgabe 4. Verwende das Präsens und unpersönliche Formen wie das Passiv oder die man-Form, z. B. *das Ventil wird geöffnet/geschlossen – man öffnet/schließt das Ventil ...*
- Du kannst folgende Satzanfänge verwenden:

Seite 292 Passiv

Man braucht/benötigt ...
Die Tätigkeit dient zu .../Man kann damit ...
Zuerst/als Erstes ...
Anschließend ...
Als Nächstes ...
Dann/Danach ...
Schließlich/Zum Schluss .../Als Letztes ...

7 Lest einander im Tandem eure Beschreibungen vor. Überprüft, ob
- der Zweck der Tätigkeit genannt wird,
- der Ablauf in der richtigen Reihenfolge beschrieben wurde,
- so genau beschrieben wurde, dass man sich die Tätigkeit gut vorstellen kann,
- im Präsens und in unpersönlicher Form geschrieben wurde.

8 Überarbeite deine Vorgangsbeschreibung, wenn nötig.

Arbeitstechnik

Einen Arbeitsvorgang beschreiben

1. Nenne zuerst die **Tätigkeit**, notwendige **Arbeitsmittel**, den **Ort** sowie den **Zweck**, den diese Tätigkeit hat.
2. Beschreibe anschließend in **Arbeitsschritten** den Arbeitsablauf in der richtigen **zeitlichen Reihenfolge**. Verwende die passenden **Fachwörter** und schreibe **sachlich** und **genau**.
3. Mache die **zeitliche Abfolge** durch entsprechende Wörter und Wortgruppen **deutlich**.
   → zuerst ..., als Nächstes ..., anschließend ..., zum Schluss ...
4. Schreibe im **Präsens**.
5. Verwende unpersönliche Formulierungen wie das **Passiv** oder die **man-Form**.
   → Die Manschette wurde dem Patienten angelegt.
   → Man legt als Nächstes dem Patienten die Manschette an.

Im Altenheim „Sonnenhof"

○ **1** Lies die folgenden Informationen zum Altenheim „Sonnenhof", die Jan in einem Interview mit dem Leiter des Heims bekommen hat.

Das Altenheim „Sonnenhof" in Riesa gehört mit seinen etwa 700 Pflegeplätzen und 300 Angestellten zu einem der größeren Unternehmen der Branche und der Region. Neben der Ausbildung zur Altenpflegerin oder zum Altenpfleger bietet die Einrichtung unter anderem Ausbildungsplätze in der Alten-, Gesundheits- und Krankenpflege sowie in der Verwaltung. Das Heim bietet Pflege in allen Pflegestufen sowie Kurzzeitpflege an. Der Komplex verfügt über etwa 500 Einzelzimmer und 100 Doppelzimmer.

○ **2** Lies einen Tagesbericht aus Jans Praktikum.

Mittwoch, 13. März

Uhrzeit	*Tätigkeiten*
6:30 Uhr	*Dienstbeginn: Schichtleitung teilt Aufgaben zu: Versorgung der Bewohner – Körperpflege/Anziehen – ich begleite Altenpfleger Felix, wir betreuen zuerst Herrn Wolf*
7:00 Uhr	*Altenpflegerin Mona und ich: Vorbereitung des Frühstücks für Bewohner – Mona: stellt Medikamente für Bewohner zusammen, ich verteile – Unterstützung beim Essen – ich helfe dabei – Füttern von Herrn Müller*
8:30 Uhr	*Abräumen des Frühstücksgeschirrs*
9:30 Uhr	*Herr Lang steht heute später auf – wird von mir und Felix versorgt – Hilfe bei Vorbereitung der Tabletts für das Mittagessen – Mitarbeiter bereiten Medikamente vor*
11 Uhr	*Mitarbeiter verteilen Medikamente – Blutdruck messen – darf ich nicht machen/gucke bei Lucie zu*
11:30 Uhr	*Mittagessen – ich helfe Frau Lang beim Essen*
12:15 Uhr	*Abräumen des Mittagessens – Hilfe für Bewohner, die Mittagsschlaf halten möchten, sich hinzulegen – Hilfe bei Toilettengängen durch Altenpfleger Kurt – ich spiele Karten mit Herrn Müller – Spaziergang mit Felix und Frau Akar*
13:30 Uhr	*Übergabe an den Spätdienst: Der Frühdienst berichtet, was es Neues gibt und was vorgefallen ist, damit der nachfolgende Dienst gut informiert ist.*
14:00 Uhr	*Schichtende*

Seite 286
Tagesbericht

TIPP
Achte darauf, dass du nur über die Aufgaben berichtest, die Jan erledigt hat.

◒ **3** In einem Tagesbericht notiert man für einen Praktikumstag alle Aufgaben, die man erledigt hat, mit Uhrzeiten und Arbeitsmitteln. Prüft im Tandem, ob Jans Tagesbericht korrekt ist. Notiert Verbesserungsvorschläge und ergänzt fehlende Informationen.

○ **4** Schreibe nun mithilfe der Notizen von Jan und deinen Ergänzungen sowie Verbesserungen einen ausführlichen Tagesbericht.

5 Jan hat in Stichworten sein Praktikum bewertet. Lies seine Notizen.

ich bin geschafft – der Job ist echt heavy – superfrüh anfangen – morgens hektisch: in einer Stunde, den Bewohnern beim Anziehen helfen, danach sofort in die Küche, um Marie beim Frühstückmachen und Austeilen zu unterstützen – danach gechilltеste Zeit mit Bewohnern: rausgehen, vorlesen, Gesellschaftsspiele machen – cooler Job, weil ich so viel machen kann – die alten Leute lieben mich

6 Tauscht euch in der Gruppe darüber aus, ob Jans Formulierungen in einen Praktikumsbericht passen. Begründet eure Meinung.

7 Formuliere aus Jans Stichworten zur Bewertung ganze Sätze. Schreibe in einer sprachlich angemessenen Form.

8 Schreibe nun mithilfe aller Informationen zu Jans Praktikum einen Praktikumsbericht und lege eine Praktikumsmappe an. Gehe so vor:
- Stelle in einer Einleitung den Beruf mithilfe der Berufekarte vor. Schreibe auf, warum Jan diesen Beruf und dieses Altenheim gewählt haben könnte.
- Informiere über das Altenheim. Nutze die Informationen aus Aufgabe 1.
- Beschreibe alle Arbeiten, die Jan erledigt hat.
- Ergänze den Tagesbericht aus Aufgabe 4, die Vorgangsbeschreibung aus Aufgabe 6 von Seite 57 und die Bewertung aus Aufgabe 7.
- Überlege dir ein Fazit aus Jans Sicht und schreibe es auf.

9 Tauscht im Tandem eure Praktikumsberichte aus und prüft die Vollständigkeit und Ausführung. Überarbeitet dann, wenn nötig.

TIPP
Beachte den Unterschied zwischen Jugend- und Standardsprache.

TIPP
Denke dir fehlende Angaben aus.

Seite 289
Texte korrigieren und überarbeiten

Arbeitstechnik
Einen Praktikumsbericht schreiben

Für deinen Praktikumsbericht kannst du eine **Praktikumsmappe** anlegen, in der du alle Bestandteile eines Praktikumsberichts sammelst. Gestalte ein **Deckblatt** und lege ein **Inhaltsverzeichnis** an. Schreibe dann den Bericht in folgender **Reihenfolge**:
1. Nenne in einer **Einleitung** den **Beruf** und den **Praktikumsbetrieb** und **begründe**, warum du beides gewählt hast.
2. Stelle das **Unternehmen** vor. Nenne alle **Fakten** und **Zahlen**, die du dazu ermitteln konntest (Branche, Ausbildungsberufe, Anzahl der Beschäftigten usw.).
3. Stelle deinen **Tätigkeitsbereich** vor.
   - Beschreibe **Aufgaben**, die du erledigt hast.
   - Beschreibe einen Arbeitstag in einem tabellarischen (Ort, Zeit, Tätigkeit, Arbeitsmittel) oder ausführlichen **Tagesbericht**.
   - Beschreibe einen **Arbeitsvorgang** ausführlich.
4. **Werte** das Praktikum **aus**. Notiere, wie dir das Praktikum insgesamt und wie dir die erledigten Aufgaben gefallen haben.
5. Ziehe ein **Fazit**. Erkläre, ob du in diesem **Beruf** oder **Betrieb** später arbeiten möchtest. Nimm Bezug auf deine **Erwartungen** vor dem Praktikum.
6. Verwende **Materialien** wie Fotos, Werbeflyer oder Interviews mit Mitarbeitern.
7. Überprüfe die **sprachliche Form** deines Praktikumsberichts (Sachlichkeit, Präteritum, korrekte Rechtschreibung).

Museum des Lebens

Ein berühmter Schauspieler, eine erfolgreiche Wissenschaftlerin, eine große Familie, ein Haus auf einer Südseeinsel – ihr habt bestimmt Vorstellungen von eurem Traumberuf und eurem zukünftigen Leben. Stellt euch vor, ihr bringt eure Lebensziele und Wünsche zu Papier und macht sie, wie Bilder in einem Museum, jedermann zugänglich. Ihr könntet von Bild zu Bild gehen und eure Vorstellungen beschreiben.

○ **1** Welche Ereignisse oder Personen waren in eurem bisherigen Leben besonders wichtig? Bringt Fotos mit und stellt sie in einem Museumsrundgang aus. Erzählt davon und tauscht euch darüber aus.

○ **2** Seht euch die folgenden Bilder an und beschreibt sie. Klärt in der Klasse, welches Ereignis abgebildet ist und in welcher Lebensphase sich die Personen gerade befinden.

1

2

3

4

5

6

○ **3** Stellt euch euer Leben in 20 Jahren vor. Welche Bilder hängen in eurem Museum? Beschreibt sie und tauscht euch in der Klasse darüber aus.

○ **4** Übernimm die folgende Liste und fülle sie mit deinen Wünschen für deine Zukunft aus.

Schule/Ausbildung/Beruf: ...

Reisen/Auslandsaufenthalt: ...

Lebensort: ...

Freunde/Familie: ...

Hobbies: ...

andere Wünsche: ...

○ **5** Was möchtest du unbedingt in deinem Leben tun oder erreichen? Sieh dir deine Liste an und wähle den wichtigsten Wunsch aus. Überlege, wie du dir diesen Wunsch erfüllen kannst. Schreibe auf, was du dafür tun musst.

○ **6** Tauscht euch in einer Gruppe über eure Wünsche aus Aufgabe 5 aus. Besprecht, was ihr tun müsst, damit eure Wünsche in Erfüllung gehen.

○ **7** Seht euch jetzt im Tandem den ersten Punkt in der Liste an. Notiert, welche Berufe ihr später gern ausüben möchtet und welche Ausbildung dafür nötig ist.

◒ **8** Stelle deinen Traumberuf vor. Wähle A oder B.

A Erstelle zu deinem Traumberuf eine Collage. Gehe so vor:
- Notiere alles, was dir zu deinem Traumberuf einfällt: Aufgaben, Vorteile, Arbeitsorte, Stärken und Fähigkeiten, die man benötigt.
- Sammle Material, das du für die Umsetzung benötigst.
- Gestalte mit deinen Materialien und Schrift einen großen Bogen Papier.

B Drehe über deinen Traumberuf ein Video. Gehe so vor:
- Notiere alles, was dir zu deinem Traumberuf einfällt: Aufgaben, Vorteile, Arbeitsorte, Stärken und Fähigkeiten, die man benötigt.
- Lege fest, was du an Material und Ausstattung für die Umsetzung benötigst.
- Schreibe ein kurzes Drehbuch, indem du genau festhältst, an welcher Stelle du Bilder und Texte platzierst.
- Drehe das Video mit einem Handy oder einer Kamera.

○ **9** Organisiert in der Klasse einen Museumsrundgang mit euren Collagen und Videos. Tauscht euch darüber aus, wie ihr eure Träume verwirklichen könnt.

Test D03

In der Kita „Wolkenflug“

Selin hat sich für einen Kindergarten als Praktikumsbetrieb entschieden. Sie hat erwartet morgens zu basteln, mittags ein Schlaflied zu singen und nachmittags Verstecken zu spielen. Der Alltag der Erzieherinnen und Erzieher beinhaltet aber viel mehr. Die individuelle Förderung, Beobachtung und Beurteilung der Entwicklung der Kinder ist sehr wichtig.

○ **1** Seht euch die Bilder in der Gruppe an und tauscht euch über den Beruf und die verschiedenen Tätigkeiten von Erzieherinnen und Erziehern aus.

Seite 284 Berufekarte

○ **2** Recherchiert im Tandem weitere Informationen zu dem Beruf Erzieher/-in und legt eine Berufekarte dafür an.

MK

TIPP
Achtet auf die verschiedenen Einsatzmöglichkeiten in diesem Beruf.

Seite 286 Tagesbericht

○ **3** Lies den ausführlichen Tagesbericht von Selin.

Mein Arbeitstag in der Kindertagesstätte Wolkenflug am 12. März:
Der Arbeitstag begann am Morgen um 7:30 Uhr. Wir bereiteten mit den Kindern als Erstes das gemeinsame Frühstück vor. Gegen 8:30 Uhr, nachdem ich das Geschirr abgeräumt hatte, besprachen die Erzieherinnen und ich in einem Stuhlkreis die Aktivitäten dieses Tages. Um 9:00 Uhr begannen wir mit dem Basteln der Laternen. Ich habe ab 10:30 Uhr die Kinder, die mit dem Basteln fertig waren, zum Kindertanz in den großen Saal begleitet. Um 12:00 Uhr gab es für alle Kinder Mittagessen, das wir gemeinsam hin- und abräumten. Die jüngeren Kinder haben wir anschließend für den Mittagsschlaf vorbereitet. Ich half ihnen beim Waschen, Zähneputzen und Umziehen und habe eine Geschichte vorgelesen. Während diese Kinder schliefen, habe ich das Bastelzimmer aufgeräumt und leise mit den anderen Kindern gespielt. 14:00 Uhr habe ich das Vesper in der Küche vorbereitet: Obst und Früchtebrot aufgeschnitten. Ab 14:30 Uhr haben alle Kinder im Garten gespielt. Ich habe ihnen dort Sport- und Spielgeräte ausgegeben und ihr gemeinsames Spiel beobachtet.

○ **4** Übernimm die Tabelle und erstelle einen tabellarischen Tagesbericht für Selin.

Tagesbericht vom Dienstag, 12. März		
Zeit/Ort	**Tätigkeiten**	**Arbeitsmittel**
7:30 Uhr Küche (Kita Wolkenflug)	*– Vorbereitung des Frühstücks (Brot schneiden, ...)*	*– Teller, Messer, Brot, ...*
...	...	...

5 Selin hat mit den Kindern Laternen gebastelt. Beschreibe den Arbeitsvorgang mithilfe der Stichworte in einem zusammenhängenden Text.

<u>Material</u>: Lineal, Bleistift, runde Käseschachtel, Klebstoff, Schere, Transparentpapier, Teelicht, Draht
<u>Arbeitsschritte</u>:
- *Bastelmaterial zurechtlegen*
- *aus Deckel der Käseschachtel Fläche herausschneiden*
- *Transparentpapier abmessen (nach Umfang der Käseschachtel) und zurechtschneiden*
- *Transparentpapier bemalen*
- *Transparentpapier rund um die untere Hälfte der Schachtel kleben, an der Seite zusammenkleben*
- *Umrandung des Käseschachteldeckel durchschneiden und an den inneren oberen Laternenrand kleben*
- *Teelicht auf Bodenmitte kleben*
- *Metallbügel am oberen Laternenrand befestigen*

Seite 57
einen Arbeitsvorgang beschreiben

6 Lies, wie sich die Kita „Wolkenflug“ auf ihrer Website vorstellt.

www.wolkenflug-naumburg.de

Kindertagesstätte Wolkenflug in Naumburg

Über unsere Kita:	· 2008 als private Elterninitiative gegründet · 10 Erzieherinnen und Erzieher und 2 Auszubildende · 50 Plätze für Kinder im Alter von 1–6 Jahren · Krippengruppe mit je 6 Kindern, Kindergartengruppe mit je 13 Kindern
Angebote:	· Platz und Zeit zum Spielen, Forschen und Entdecken · 1 × pro Woche Kindertanz · 3 × pro Woche Sportangebot

7 Schreibe nun mithilfe aller Informationen zu Selins Praktikum einen Praktikumsbericht und lege eine Praktikumsmappe an. Gehe so vor:
- Stelle in einer Einleitung den Beruf mithilfe der Berufekarte vor. Schreibe auf, warum Selin diesen Beruf und diese Kita gewählt haben könnte.
- Informiere über die Kita. Nutze die Informationen aus Aufgabe 6.
- Beschreibe alle Arbeiten, die Selin erledigt hat.
- Ergänze den Tagesbericht und die Vorgangsbeschreibung von dieser Seite.
- Werte Selins Praktikum aus. Orientiere dich an ihren Bemerkungen von Seite 55.
- Überlege dir ein Fazit aus Selins Sicht und schreibe es auf.

Seite 59
einen Praktikumsbericht schreiben

8 Tauscht im Tandem eure Praktikumsberichte aus und prüft die Vollständigkeit und Ausführung. Überarbeitet dann, wenn nötig.

Seite 289
Texte korrigieren und überarbeiten

9 Stellt der Klasse den Beruf Erzieher/-in mithilfe der Berufekarte vor und berichtet von Selins Praktikum. Besprecht, ob ihr diesen Beruf ausüben möchtet.

Bei „Landmaschine Seller"

Leon absolvierte sein Praktikum bei einem Unternehmen, das landwirtschaftliche Maschinen repariert. Damit die hoch technisierten Maschinen auch funktionieren, sind Landmaschinenmechanikerinnen und -mechaniker notwendig. Die zehn festangestellten Mitarbeiter des mittelständischen Unternehmens „Landmaschine Seller" in Neustadt verfügen über viel technisches Wissen und handwerkliche Geschicklichkeit, da sie Motoren und Getriebe von landwirtschaftlichen Maschinen und Geräten warten. Das können Heu- oder Ackerbaumaschinen, Futter-, Gemüsebau- und Forstmaschinen sein. Das Familienunternehmen existiert schon seit mehr als 40 Jahren und genießt in der Gegend einen guten Ruf.

○ **1** Sieh dir die Bilder an, die Tätigkeiten einer Landmaschinenmechanikerin oder eines Landmaschinenmechanikers zeigen.

◒ **2** Beschreibt im Tandem mithilfe der folgenden Begriffe die dargestellten Tätigkeiten.

Traktor – Ölauffangbehälter – Achse – Rasentraktor – Ölwechsel – Motorhaube – Radlader – Luftfilter – Radmuttern

Seite 284 Berufekarte

○ **3** Recherchiert im Tandem weitere Informationen zu dem Beruf Landmaschinenmechaniker/-in und legt eine Berufekarte dafür an. (MK)

Seite 286 Tagesbericht

◒ **4** Leon hat sich Notizen zu einem Tagesablauf gemacht. Schreibe mithilfe dieser Angaben einen ausführlichen Tagesbericht.

7:00 Uhr Arbeitsanfang: – Werkstatthalle ca. 50 Meter lang und ca. 30 Meter breit – bis 8:30 Uhr bei Reparatur eines Traktormotors zugeschaut und den Erklärungen des Meister zugehört – 8:30 Uhr zwei Rohre aus Traktormotor an den Schnittkanten glattgefeilt – 8:30–10:00 Uhr Handreichungen bei Reparatur des Traktormotors – Einölen verschiedener Motorteile – 10:00–12:00 Uhr Aufräumen des Geräteschranks und Säubern der Arbeitsplätze – 12:00 Uhr Mittagessen – 12:30–13:30 Uhr Azubi Lennard beim Ölwechsel der drei Mähdrescher Claas Consul geholfen – 13:30–14:30 Uhr mit Azubi Lennard die Rundballenpressen mit Druckluft gereinigt – bis 15:00 Uhr aufgeräumt und sauber gemacht – 15:00 Uhr Arbeitsende

5 Leon hat beim Ölwechsel eines Rasentraktors geholfen. Später hat er zu diesem Arbeitsvorgang folgende Stichworte notiert. Beschreibe den Vorgang in einem zusammenhängenden Text.

Ölwechsel:
1. *Vorbereitung: Zündkerzenkabel abziehen, Ölfüll- und Ablassbereich reinigen, Ölmessstab entnehmen*
2. *Öl ablassen: Rasenmäher kippen, Auffangbehälter positionieren, Schraube aufdrehen, Öl ablaufen lassen, Schraube wieder festziehen*
3. *Öl einfüllen: richtige Menge Öl (nach Tabelle) in die beiden Öleinfüllstutzen auf jeder Seite des Motors einfüllen, mit Ölmessstab prüfen*

Seite 57 einen Arbeitsvorgang beschreiben

6 Schreibe nun mithilfe aller Informationen zu Leons Praktikum einen Praktikumsbericht und lege eine Praktikumsmappe an. Gehe so vor:
- Stelle in einer Einleitung den Beruf mithilfe der Berufekarte vor. Schreibe auf, warum Leon diesen Beruf und dieses Unternehmen gewählt haben könnte.
- Informiere über das Unternehmen. Nutze die Informationen vom Anfang der Seite 64.
- Beschreibe alle Arbeiten, die Leon erledigt hat.
- Ergänze den Tagesbericht aus Aufgabe 4 und die Vorgangsbeschreibung aus Aufgabe 5.
- Werte Leons Praktikum aus. Orientiere dich an seinen Bemerkungen von Seite 55.
- Überlege dir ein Fazit aus Leons Sicht und schreibe es auf.

Seite 59 einen Praktikumsbericht schreiben

7 Tauscht im Tandem eure Praktikumsberichte aus und prüft die Vollständigkeit und Ausführung. Überarbeitet dann, wenn nötig.

Seite 289 Texte korrigieren und überarbeiten

8 Stellt der Klasse den Beruf Landmaschinenmechaniker/-in mithilfe der Berufekarte vor und berichtet von Leons Praktikum. Tauscht euch dann darüber aus, ob ihr diesen Beruf ausüben möchtet.

Im Forstamt Brühlen

Theresa hat sich für ein Praktikum beim Forstamt der Stadt Brühlen entschieden. Die Stadt hat vier Forstwirte und eine Auszubildende angestellt, die sich um ein großes Waldgebiet kümmern. Theresa lernt, dass die Forstwirte für ein ausgeglichenes Ökosystem in den Wäldern verantwortlich sind. Sie erledigen alle zum Erhalt und zur Nutzung des Waldes erforderlichen Aufgaben. Sie haben ein umfassendes Wissen zu Pflanzen- und Baumkunde und können forstwirtschaftliche Geräte bedienen. Ein Aufgabengebiet umfasst die Pflanzung, Pflege und das Fällen von Bäumen. Dabei kommen Motorsäge, Axt, Seilwinde und Schlepper zum Einsatz.

○ **1** Seht euch die folgenden Bilder an. Erklärt im Tandem, auf welche Tätigkeiten der Forstwirte sie hinweisen. Macht euch Notizen.

1

2

3

4

Seite 284 Berufekarte

MK ○ **2** Recherchiere weitere Informationen zum Beruf Forstwirt/-in und lege eine Berufekarte dafür an.

Seite 286 Tagesbericht

Seite 274 Mindmap

◒ **3** Theresa hat sich in einer Mindmap ihren Tagesablauf notiert. Schreibe mithilfe dieser Angaben einen ausführlichen Tagesbericht.

14. März
- 7:00–7:30 Uhr Waldhütte: Besprechung in der Werkstatt/ Werkzeug vorbereiten
- 7:30–10:00 Uhr Wald: Aufbereitung der gefällten Bäume (entasten, zurechtschneiden mit Handsäge)
- 10:00–10:30 Uhr Kaffeepause
- 10:30–12:30 Uhr Hilfe bei Abtransport der gefällten Bäume
- 12:30–13:00 Uhr Mittagspause
- 13:00–15:00 Uhr Waldhütte: Hilfe beim Säubern der Werkzeuge und der Werkstatt

4 Bringe Theresas Notizen zum Arbeitsvorgang „Aufforstung“ in die richtige Reihenfolge und beschreibe den Vorgang in einem zusammenhängenden Text.

Schutzhülle über junge Blätter ziehen – mit Spaten Loch graben – Setzlinge aus Gärtnerei holen – Erde festtreten – Pfahl neben den Setzling setzen – Setzlinge in den Wald transportieren – Setzling in das Loch hineinsetzen – prüfen, ob der Setzling fest im Boden sitzt – Erde ins Loch zurückschaufeln – Setzling anbinden

Seite 57 einen Arbeitsvorgang beschreiben

5 Lest den Ausschnitt aus Theresas Praktikumsbericht. Tauscht euch im Tandem über ihre Erwartungen und Erfahrungen aus.

Es ist wichtig, sich im Klaren zu sein, was es bedeutet, bei einem Forstwirt ein Praktikum zu machen. Ich hatte gewusst, dass ich oft draußen sein werde, aber dass wir bei Kälte und Regen dort arbeiten, war mir nicht klar. Schon am zweiten Tag musste ich mit in den Wald und habe den ganzen Tag Buchensetzlinge gepflanzt. Die Arbeit war sehr anstrengend, es hat die meiste Zeit geregnet und ich war nach kurzer Zeit durchnässt. Insgesamt ist die Arbeit physisch anstrengender, als ich mir vorgestellt hatte. Ich bin schnell an meine Grenzen gekommen. Auch wenn ich nach der Erfahrung im Praktikum wohl eher eine Ausbildung in einem anderen Beruf wählen werde, fand ich die Erfahrung wichtig. Ich weiß nun, dass diese Arbeit nichts für mich ist.

6 Überlegt, welche Erwartungen ihr an eure Praktika habt. Formuliert diese in einem Text und besprecht sie in der Gruppe.

7 Lies einen weiteren Ausschnitt aus Theresas Praktikumsbericht. Formuliere ihn in eine sprachlich angemessene Form um.

Ich war total geschockt, als ich am ersten Tag von meinem Chef meinen Einsatzplan bekam, wo draufstand, was ich in meinem Praktikum alles machen sollte: Zäune und Bänke reparieren, Geräte schleppen, Bäume pflanzen. Das war voll krass. Morgens bin ich immer super früh hierherkommen, dann habe ich die schweren Motor- und Baumsägen in den Transporter geschleppt. War schon echt anstrengend. Dann sind wir zum Beispiel zu den Waldkulturen gefahren und haben im strömenden Regen den Zaun repariert. Das war echt ätzend. Ich war klitschnass. Außerdem waren mir die Geräte auch einfach zu schwer. Das Praktikum war am Anfang doof. Dann habe ich mit meinem Chef gesprochen und konnte mehr im Büro arbeiten. Das hat mehr Spaß gemacht.

8 Schreibe nun mithilfe aller Informationen zu Theresas Praktikum einen Praktikumsbericht und lege eine Praktikumsmappe an. Beachte folgende Punkte:

Tagesbericht – Beruf – Fazit – Gründe für Wahl – Auswertung – Unternehmen – Tätigkeiten – Vorgangsbeschreibung

Seite 59 einen Praktikumsbericht schreiben

9 Tauscht im Tandem eure Praktikumsberichte aus und prüft die Vollständigkeit und Ausführung. Überarbeitet dann, wenn nötig.

Seite 289 Texte korrigieren und überarbeiten

10 Stellt der Klasse den Beruf Forstwirt/-in mithilfe der Berufekarte vor und berichtet von Theresas Praktikum. Besprecht, ob ihr diesen Beruf ausüben möchtet.

Wörter verändern sich – oder nicht

Seite 290
Wortarten

1 Lies den folgenden Text.

In meinem Betriebspraktikum lernte ich die Arbeit einer Fachkraft für Veranstaltungstechnik kennen. Während ___ Zeit wurde ich einem ___ zugeteilt. Von ihm ließ ich mir alle Aufgaben, die zu erledigen waren, genau erklären. Ich ___ schnell, dass das ___ Interesse eine ___ Voraussetzung für das Erlernen dieses ___ ist. Insgesamt ___ mir mein Praktikum ___ als gedacht, weil ich an tollen Veranstaltungen teilnehmen konnte.

2 Schreibt den Text ab. Setzt im Tandem die Wörter auf den Kärtchen in der richtigen Form in den Text ein.

Auszubildender *technisch* *besser* *Beruf* *wichtig* *diese* *merken* *gefallen*

3 Bestimme die Wortarten der Wörter aus Aufgabe 2. Übernimm die Tabelle und trage die Wörter ein.

Substantiv	Adjektiv	Verb	Pronomen
(der) Auszubildende, …	…	…	…

4 Beschreibt im Tandem, wie sich die Wörter aus Aufgabe 2 verändern, wenn sie in den Text eingesetzt werden. Erklärt, wodurch die Veränderung hervorgerufen wird.

5 Übernimm die folgende Tabelle und ordne die Wörter auf den Kärtchen ein.

für *weil* *auf* *jetzt* *dass* *vielleicht*

Adverb	Konjunktion	Präposition
…	…	…

6 Vergleicht im Tandem die Wörter in der Tabelle in Aufgabe 4 mit den Wörtern in der Tabelle in Aufgabe 5. Erklärt, worin sich die Wörter unterscheiden.

7 In jeder Wortreihe stehen Wörter einer Wortart. Nennt im Tandem jeweils die Wortart und findet in jeder Reihe das Wort, das nicht passt.

a klein – gut – neu – ein – fein – lieb – mild – wild
b tadeln – loben – toben – oben – schmeicheln – schimpfen
c munter – unter – hinter – vor – zwischen – wegen
d und – weil – dass – muss – oder – obwohl – denn
e wann – wenn – wo – wer – wie – was – welcher
f morgen – dort – gestern – heute – sorgen – unten

Alles Familie!

1 Ordne die unten stehenden Wörter getrennt nach Wortarten in die Tabelle ein. Ergänze dann die jeweilige Wortart.

umleiten *Gehalt* *gesetzlich* *Einleitung* *Eintrag* *überleiten*
Versetzung *verleiten* *haltbar* *einsetzbar* *Übertragung* *Verhalten*
behalten *umsetzen* *vertraglich* *tragbar*

…	…	…
umleiten, …	…	…

2 Übernimm die folgende Tabelle. Zerlege die Wörter aus Aufgabe 1 in ihre Wortbausteine und schreibe die Bausteine in die jeweilige Tabellenspalte.

Präfix	Wortstamm	Suffix
um-	*leit*	*-en*
…	…	…

3 Ordne jetzt die Wörter aus Aufgabe 1 nach Wortfamilien. Schreibe alle Wörter einer Wortfamilie auf und unterstreiche den Wortstamm, z. B. *umleiten, Einleitung, überleiten, …*

4 Bilde zu jeweils einem Wortstamm mit den angegebenen Präfixen und Suffixen möglichst viele Wörter. Schreibe sie auf, z. B. *beachten, Verachtung, …*

Präfix	Wortstamm	Suffix
be-	acht	-bar
ver-	folg	-lich
er-	wirk	-haft
nach-	teil	-los
zu-		-sam
		-er
		-en
		-ung
		-ig

Ein Lebenslauf ist ein Schriftstück ...

1 Ein Schüler hat einen Notizzettel für den Beruf als Veranstaltungstechniker angefertigt. Erklärt im Tandem, wie er vorgegangen ist.

Arbeitsorte – Bild- und Tonstudio, Veranstaltungen (Messen, Konzerte, ...)
Tätigkeiten – Aufbau der Technik, Bild- und Tonschnitt, Ausleuchtung, ...
Arbeitsmittel – Bühnentechnik, Gerüst, Mischpult, Scheinwerfer, ...

2 Findet in der Gruppe zu jeder Wortreihe einen Oberbegriff. Schreibt ihn auf.

a Lehrer, Jurist, Kaufmann, Arzt, Koch, Dolmetscher, Architekt
b Vorname, Nachname, Bewerbungsfoto, Geburtsdatum, Schulausbildung
c Computer, Monitor, Drucker, Scanner, Maus, Tastatur
d Buch, Zeitung, Plakat, DVD, Fernsehen, CD-ROM

3 Finde zu jedem Oberbegriff mindestens drei Unterbegriffe. Schreibe sie auf.

a Wortart
b Baumart
c Schule
d Freizeitaktivität
e Unterrichtsfach
f Haustier

4 Lest die unten stehenden Definitionen. Erklärt im Tandem, wie bei der Definition der Begriffe vorgegangen wurde.

a Ein Assessment-Center ist ein Personalauswahlverfahren, bei dem die Bewerber gemeinsam bestimmte Aufgaben lösen müssen.
b Ein Praktikumsbericht ist ein Bericht, in welchem Verlauf und Inhalte eines Praktikums dargestellt werden.
c Bewerbungsunterlagen sind Dokumente, die für eine Bewerbung erforderlich sind.
d Ein Lebenslauf ist ein Schriftstück, in dem die für die Berufslaufbahn wichtigsten Daten zusammengefasst sind.
e Ein Arbeitszeugnis ist ein Gutachten, in welchem ein Beschäftigter beurteilt wird.

5 Sieh dir die markierten Wörter in Aufgabe 4 an. Übernimm die unten stehende Tabelle und trage jeweils den Oberbegriff und den dazugehörigen Unterbegriff ein.

Oberbegriff	Unterbegriff	weitere Unterbegriffe
Personalauswahlverfahren	*Assessment-Center*	*Bewerbungsgespräch, Eignungstest, ...*
...	...	...

6 Findet in der Gruppe weitere Unterbegriffe zu den Oberbegriffen in der Tabelle und ergänzt sie.

Das Gegenteil ist der Fall

Seite 296
Synonyme und Antonyme

1 Die Wörter in den Reihen haben dieselbe oder eine ähnliche Bedeutung. Lest im Tandem die Wortreihen und findet das Wort, das nicht in die Reihe passt. Begründet eure Meinung.

a sagen – meinen – entgegnen – verstehen – sprechen – erwidern
b super – prima – toll – eifrig – cool – spitze – fantastisch
c miserabel – mies – abscheulich – fürchterlich – furchtsam
d lecker – appetitlich – wohlschmeckend – salzig – köstlich – schmackhaft

2 Erstelle ein Wortfeld zu einem Wort deiner Wahl, z. B. *Hunger, Appetit, Kohldampf …*

3 Vergleicht im Tandem die folgenden Wörter in ihrer Bedeutung. Erklärt, worin sich die Bedeutung der einzelnen Wörter unterscheidet.

a Gruppe – Team – Clique – Bande
b interessant – spannend – aufregend – faszinierend
c hinbekommen – erledigen – bewältigen – meistern
d Herausforderung – Schwierigkeit – Problem – Konflikt

4 Bilde Sätze mit den Wörtern aus Aufgabe 3, aus denen die unterschiedliche Bedeutung der Wörter hervorgeht. Schreibe sie auf, z. B. *Ich buchte eine Italienreise für eine Gruppe Senioren. Beim Bedienen der Kunden waren meine Kollegen und ich ein starkes Team.*

Seite 297
Denotation und Konnotation

5 Notiert im Tandem zu folgenden Wörtern die Grundbedeutung (Denotation) und die Nebenbedeutung (Konnotation). Erklärt den Unterschied.

Schweinestall *Flasche* *kalt* *Heimat*

6 Findet in der Gruppe Synonyme zu den folgenden Verben und schreibt sie auf, z. B. *durchführen: realisieren, verwirklichen …*

durchführen *reinigen* *reparieren* *lernen*

7 Ordne jedem Wort der linken Seite ein Wort der rechten Seite so zu, dass ein Gegensatzpaar (Antonyme) entsteht. Notiere die Wortpaare.

a theoretisch	1 ungefährlich
b großzügig	2 erholsam
c riskant	3 praktisch
d langweilig	4 geizig
e anstrengend	5 einfach
f kompliziert	6 spannend

8 Schreibe zu jedem Gegensatzpaar einen Satz auf, in dem die beiden Wörter verwendet werden, z. B. *Im theoretischen Teil meines Praktikums bekam ich viele Informationen, die dann für die praktische Arbeit wichtig waren.*

So viele Wörter

1 Lies den folgenden Text.

In vielen Firmen sind Einstellungs- und Eignungstests ein wichtiger Teil des Bewerbungsverfahrens. Beim Einstellungstest muss der Anwärter Aufgaben zu unterschiedlichen Themengebieten lösen. Beim Eignungstest will der Betrieb prüfen, ob der Kandidat die Anforderungen für den Beruf erfüllt. Der Bewerber muss hier auch praktische Aufgaben meistern. Ziel dieser Tests ist es, die Bewerber objektiv einzuschätzen. Die Tests erleichtern es dem Unternehmen zu erkennen, wer von den Ausbildungsplatzbewerbern am besten geeignet ist. Die besten Bewerber werden zu einem persönlichen Gespräch eingeladen, das im Unternehmen selbst stattfindet. Die Kandidaten müssen dann in der mündlichen Vorstellung überzeugen.

2 Übernimm die Tabellen. Ordne die markierten Wörter aus dem Text ein.

Substantiv	Artikel	Adjektiv	Verb	Pronomen
...	...	...	...	...

Adverb	Konjunktion	Präposition
...	...	...

3 Finde im Text aus Aufgabe 1 Synonyme zu folgenden Wörtern. Schreibe sie auf.

a der Bewerber: *der Anwärter, der Kandidat, ...*
b der Ausbildungsbetrieb: ...
c bewältigen: ...
d herausfinden: ...

4 Schreibe jeweils das Gegenteil der folgenden Begriffe auf, z. B. *wenig – viel, ...*

TIPP
Du findest die Gegenteile im Text in Aufgabe 1.

wenig | *ungeeignet* | *schriftlich* | *theoretisch* | *subjektiv* | *erschweren*

5 Schreibe die Wortgruppen ab und setze dabei die folgenden Präpositionen ein.

mit – für – an – auf – für – um – auf – von

a Voraussetzung ___ eine Lehre
b sich ___ ein Praktikum bewerben
c sich ___ den Aufgaben beschäftigen
d abhängig ___ der Tagesform
e sich ___ bestimmte Kenntnisse beziehen
f Garantie ___ Erfolg
g ___ der Betriebsversammlung teilnehmen
h sich ___ ein Praktikum vorbereiten

6 Formuliere zu jeder Wortgruppe aus Aufgabe 5 einen ganzen Satz und schreibe ihn auf, z. B. *Ein gut bestandener Eignungstest ist Voraussetzung für eine Lehre.*

7 Findet im Tandem zu den markierten Wörtern jeder Reihe einen Oberbegriff. Ergänzt die Sätze mit den Oberbegriffen.

a Möchtest du Wasser oder Saft trinken? Wir haben aber auch warme ▬.
b Ich habe meiner Mutter Rosen geschenkt. Sie liebt ▬.
c Kannst du mir die Teller und die Gläser bringen? Das ▬ steht im Küchenschrank ganz oben.
d Verschiedene Zangen findest du im Kasten mit dem ▬.

8 Übernimm die Tabelle. Ordne die folgenden Wörter den Wörtern in der Tabelle mit jeweils ähnlicher Bedeutung richtig zu.

mitteilen *streiten* *entscheiden* *besprechen* *empfehlen* *informieren* *anregen* *eine Entscheidung treffen*

berichten	diskutieren	vorschlagen	beschließen
mitteilen, ...	...	...	...

9 Unterstreiche den Wortstamm der folgenden Wörter. Bilde mithilfe von Präfixen und Suffixen neue Wörter zur Wortfamilie und schreibe sie auf, z. B. *Be-werb-er: Werb-ung, ge-werb-lich, er-werb-en, ...*

Bewerber *Einstellung* *erkennen* *einladen*

10 Ordnet im Tandem die Beispiele richtig zu. Notiert jeweils den Buchstaben und die Zahl, z. B. *a2, ...*

a Oberbegriff und Unterbegriff
b Antonyme (Gegenteile)
c Wortfamilie
d Wortfeld
e Synonym

1 Notiz – Anmerkung
2 Unterrichtsfach – Deutsch
3 laufen – schlendern – schleichen
4 offen – geschlossen
5 schließen – Schließung – anschließen

4 Ernährung in der Zukunft

Sachtexte und Diagramme analysieren

1

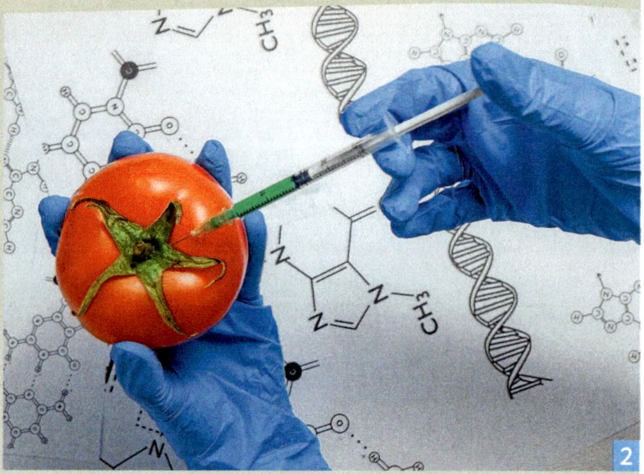

2

3

4

Das lernst du jetzt:

- Sachtexte lesen und erschließen
- eine Sachtextanalyse vorbereiten und schreiben
- Diagramme untersuchen und auswerten
- Satzglieder untersuchen und bestimmen

1 Seht euch die Bilder auf Seite 74 an. Besprecht, in welchem Zusammenhang sie zum Kapitelthema stehen. Beantwortet dabei die folgenden Fragen:
- Welche der abgebildeten Nahrungsmittel kennt ihr und würdet ihr probieren?
- Welche der abgebildeten Nahrungsmittel könnten in der Zukunft eine wichtige Rolle spielen? Begründet eure Meinung.
- Wie stellt ihr euch die Ernährung der Zukunft vor?

2 Lest die drei Sachtexte zum Thema „Algen – Lebensmittel der Zukunft".

A **Alge** (lat. *alga*), im Wasser lebendes, pflanzenartiges Lebewesen, das Fotosynthese betreibt. Zu den Algen zählen z. B. die auch als Seetang bezeichneten Braunalgen, Grünalgen und Rotalgen. Makroskopische Meeresalgen (Makroalgen) werden seit alters her wirtschaftlich genutzt: In China, Japan und auf einigen pazifischen Inseln dienen sie auch der menschlichen Ernährung. Meist handelt es sich um blattartige Grünalgen (z. B. *Monostroma*-Arten), die als Suppen- und Gemüsebeilage gegessen werden.

B **Was spricht für Algen als Nahrungsmittel?** Zunächst einmal stecken Algen voller gesunder Nährstoffe. Sie enthalten viel Protein, wenig Fett, viele Mineralstoffe und Omega-3-Fettsäuren – kaum ein anderes Lebensmittel kann das auf einmal bieten. Dagegen steht aber die Tatsache, dass genau diese hohe Konzentration an Nährstoffen, z. B. an Jod, für den Menschen auch gesundheitsschädigend sein kann.

C **Es lebe die Alge!** Testen Sie unsere neuen Algenprodukte – damit können Sie Ihren Speiseplan auf raffinierte Weise erweitern und spielend Ihren Tagesbedarf an Mineralien, Proteinen und Omega-3-Fettsäuren decken! Unsere Produkte sind rein biologisch und ohne Zusatzstoffe hergestellt – und durch ihren günstigen Preis für jeden erschwinglich! Greifen Sie zu!

3 Was habt ihr über Algen erfahren? Tauscht euch über den Inhalt der Texte aus.

4 Woran erkennt man Sachtexte, z. B. im Unterschied zu literarischen Texten? Sammelt und notiert Merkmale an der Tafel.

5 Nennt die Textarten, zu denen die Sachtexte aus Aufgabe 2 gehören könnten.

6 Ordnet den drei Sachtexten die folgenden Absichten oder Funktionen zu:

informieren *appellieren* *argumentieren*

7 Erläutert, an welchen Merkmalen im Text ihr die Absicht oder die Funktion jeweils erkannt habt.

RGS **8** Ermittelt und bestimmt im folgenden Satz alle Satzglieder.

Die Algen werden von den Mitarbeitern zu Pulver verarbeitet.

Insekten als Lebensmittel?

Seite 280
Leseschlüssel für Sachtexte

1 Stelle Vermutungen an, worum es in dem folgenden Sachtext geht. Sieh dir das Bild an und lies die Überschrift.

2 Was wisst ihr über dieses Thema? Tauscht euch in der Gruppe über eure Vermutungen aus Aufgabe 1 und euer Wissen zum Thema aus.

3 Überfliege den Text oder höre ihn dir an. Lies die Anfänge der Abschnitte, wichtige Wörter und bekannte Begriffe.
A01

Holger Müller

Ein Hoch auf die Heuschrecke – eine Bereicherung des Speiseplans

Heuschreckenburger und Grillensalat – was sich anhört wie der neueste Trend, ist allerdings mehr als nur eine Modeerscheinung in Sachen Ernährung. Das Essen von Insekten sollte auch hier in Europa alltäglich werden und als Alternative zum Verzehr der bekannten Fleischsorten praktiziert werden.

Biologen und Ernährungswissenschaftler nennen Argumente, warum ein Umsteigen auf Insekten als Fleischersatz in der Zukunft notwendig ist: „Es leben immer mehr Menschen auf der Erde, 2030 werden es schätzungsweise über neun Milliarden sein. Die wollen alle etwas zu essen haben, vorzugsweise Fleisch, da es eiweißhaltig ist und unsere Ernährung ausgewogen macht." Allerdings werden die althergebrachten Eiweißlieferanten wie Rinder, Schweine und Geflügel nicht mehr ausreichen, um den Hunger der Menschen zu stillen. Daher sollen Insekten einen immer größeren Stellenwert in unserer Ernährung einnehmen. Sie können unseren Fleischkonsum in der Zukunft ergänzen und für Abwechslung auf dem Speiseplan sorgen.

Fakt ist, dass Insekten sehr eiweißhaltig und gesund sind. Sie sind reich an Ballaststoffen, Mineralien, Vitaminen und ungesättigten Fettsäuren, die für den menschlichen Körper sehr wichtig sind. Außerdem enthalten sie wenig Kohlenhydrate und Fette.

Ein besonders wichtiges Argument für Insekten als Lebensmittel ist ihre Umweltverträglichkeit. Die Produktion von Insekten gilt als wesentlich günstiger als die Zucht von Rindern und Schweinen. Zum einen benötigen Insekten nicht so viel Platz zum Heranwachsen – so kann auf wenig Raum viel produziert werden. Zum anderen wachsen Insekten viel schneller und auch ihr Wasserbedarf ist wesentlich geringer. Im Vergleich zur Rinderzucht benötigen Insekten nur einen Bruchteil der Futtermenge, bis sie – wie Rinder – ihre Schlachtreife erreicht haben. Damit sparen sie Rohstoffe und Energie, die zur Produktion der Futtermittel verwendet werden können. Außerdem pflanzen sich Insekten schneller fort und verbrauchen aufgrund ihrer Körpertemperatur, die sie als wechselwarme Tiere ihrer Umgebung anpassen können, ebenfalls weniger Energie – sie sind also alles andere als Energiediebe. „Zudem produzieren Insekten während der Aufzucht nicht so viele Treibhausgase wie Rinder, Schweine und Geflügel“, so ein Biologe, „sie stoßen im Vergleich wesentlich weniger Kohlendioxid und Ammoniak aus.“ Und diese Tatsache ist gut für die Umwelt und damit auch für die Menschen – also ein weiterer Pluspunkt für Insekten als Nahrungsmittel. Insekten können auch außerhalb des tropischen Klimas gezüchtet werden, sodass sich sowohl die Transportkosten reduzieren als auch die Transportwege zu den Verbrauchern minimieren.

In Spanien entstand eine der ersten Insektenfarmen Europas, die sich auf das Heranziehen von Mehlwürmern und Fliegen- und Heuschreckenarten für den menschlichen Verzehr spezialisiert hat. In einigen europäischen Ländern, auch in Deutschland, gibt es erste Restaurants und Supermärkte, die Speisen mit oder aus Insekten verkaufen – sogar Eis mit Insekten ist im Angebot. „Wir sind auf dem richtigen Weg – und wer mal eine Heuschrecke probiert hat, wird seine Abneigung dank des herrlich nussigen Aromas ganz schnell verlieren“, meint ein Ernährungswissenschaftler. (Insekten-Journal v. 03.07.2021)

4 Gliedere den Text in fünf Sinnabschnitte. Notiere die Zeilenzahlen.

5 Notiere die Begriffe, die dir unbekannt sind. Kläre ihre Bedeutung aus dem Textzusammenhang oder mithilfe des Lexikons oder Internets.

6 Lies den Text jetzt gründlich. Notiere die wichtigsten Aussagen aus jedem Abschnitt.

7 Beantwortet im Tandem die folgenden Fragen zum Text:
- Warum ist das Essen von Insekten eine gute Alternative zum Verzehr der bekannten Fleischsorten?
- Warum ist die Insektenzucht umweltverträglicher als die von Rindern, Schweinen oder Geflügel?

8 Welche weiteren Fragen beantwortet der Text? Formuliert im Tandem zu jedem Abschnitt mindestens eine Frage und notiert die Antworten in einer Tabelle, z. B.

Abschnitt	Fragen	Antworten
1	*Was ist mehr als nur eine Modeerscheinung?*	*Lebensmittel aus Insekten*
2	...	...

9 Formuliere jetzt Überschriften für die einzelnen Sinnabschnitte und ordne sie dann deinen Zeilenzahlen aus Aufgabe 4 zu.

10 Sieh dir noch einmal den Sachtext an. Entscheide, welche Absicht oder Funktion (informieren, appellieren, argumentieren) er hat und begründe.

11 Fasst nun den Inhalt des Textes mit eigenen Worten zusammen. Verwendet eure Abschnittüberschriften und eure Tabellen. Stellt einander in der Gruppe den Inhalt des Textes vor.

TIPP
Du kannst dich an den Absätzen im Text orientieren.

TIPP
Den Textzusammenhang erfasst du, wenn du die Sätze vor und nach dem unbekannten Wort liest.

Seite 281
Funktionen von Sachtexten

Ein Hoch auf die Heuschrecke

Willst du einen Sachtext sehr gut verstehen, kannst du in einer Sachtextanalyse Inhalt, Aufbau und Absichten des Textes untersuchen und zusammenfassen. Dann gelingt es dir auch besser, andere ausführlich über die Aussagen des Textes zu informieren.

○ **1** Lies den gesamten Text von Seite 76/77 noch einmal.

○ **2** Verfasse jetzt eine Sachtextanalyse. Beginne mit der **Einleitung**. Vervollständige dazu den folgenden Einleitungssatz:

Der ▬ (Textart) ▬ (Titel) von ▬ (Autor) erschienen am ▬ (Erscheinungsdatum) im ▬ (Quelle) handelt von ▬ (Thema).

○ **3** Bereite den **Hauptteil** vor. Formuliere zuerst die Kernaussage des Textes. Verwende die folgenden Begriffe.

Insekten – *eiweißreich* – *gesund* – *viele Mineralien* – *umweltverträglich* – *Ersatz für Fleisch* – *Fleischhunger stillen* – *auf Speiseplan* – *Insektenfarm* – *Spanien* – *Deutschland*

○ **4** Welche Meinung äußert der Autor zum Thema? Lies dazu den ersten Abschnitt des Textes (Zeilen 1–9) und ergänze den folgenden Satzanfang.

Der Autor ist der Meinung, dass ...

◒ **5** Wie begründet der Autor seine Meinung? Lest die Abschnitte 2 bis 4 (Zeilen 10–44) des Textes. Übernehmt die Tabelle und füllt sie im Tandem aus.

Abschnitt	Argumente aus dem Text	Ausformulierung der Argumente mit eigenen Worten
Z. 10–21	*viele Menschen – Fleisch von Rindern usw. reicht nicht – Insekten können Hunger stillen*	*Insekten könnten dazu dienen, den Hunger der wachsenden Weltbevölkerung zu stillen.*
Z. 22–	...	...
...	...	...

TIPP
Achtet auf die Funktion des Sachtextes.

◒ **6** Überlegt in der Gruppe, welche Absicht der Autor mit dem Text verfolgt und an welche Leser er sich richten könnte. Macht euch Notizen dazu.

auffordern – überzeugen – aufklären – kritisieren – werben – erläutern – bewerten – kommentieren – informieren

7 Sachtexte erkennt man auch an ihrer Sprache. Untersucht im Tandem den Text von Seite 76/77 nach den folgenden sprachlichen Mitteln. Übernehmt dann die Tabelle und füllt sie aus.

auffällige Komposita/Wortzusammensetzungen – wörtliche Rede/Zitate – Fachwörter – Aufzählungen – Nominalstil[1]

sprachliche Mittel	Beispiele aus dem Text
auffällige Komposita	*Heuschreckenburger (Z. 1), ...*
...	...

TIPP
Überlegt, welche Absicht deutlich wird.

[1] Nominalstil: sprachlicher Stil, der durch die Häufung von Substantiven gekennzeichnet ist

Seite 281
sprachliche Mittel in Sachtexten

8 Schreibe nun den **Hauptteil** deiner Sachtextanalyse. Fasse dazu deine Ergebnisse aus den Aufgaben 3 bis 7 zusammen.

9 Lies die folgenden Bewertungen des Textes. Wähle eine aus, die deiner Meinung nach zu dem Text passt, und begründe deine Entscheidung.

Der Autor stellt in seinem Text sehr ausführlich dar, warum Insekten als Alternative zu Fleisch in der Zukunft sehr sinnvoll sind.

Der Autor informiert zwar ausführlich über Insekten als Nahrungsmittel der Zukunft, erklärt aber nicht, wie sie als Nahrungsmittel verwendet und zubereitet werden können.

10 Formuliert und begründet nun eure eigenen Meinungen zum Thema. Stellt sie einander im Tandem vor. Überlegt euch dann Fragen, die sich außerdem zu diesem Thema ergeben.

11 Schreibe den **Schluss** deiner Sachtextanalyse. Fasse dazu deine Ergebnisse aus den Aufgaben 9 bis 10 zusammen.

12 Überprüft eure Sachtextanalysen im Tandem. Gebt euch ein Feedback.

Seite 289
Texte korrigieren und überarbeiten

Seite 269
Feedback

Arbeitstechnik
Eine Sachtextanalyse schreiben

1. Schreibe eine **Einleitung**. Nenne Autorin/Autor, Titel, Thema, Textart, Erscheinungsdatum und die Quelle des Textes.
2. Verfasse den **Hauptteil**.
   - Fasse den Inhalt des Textes abschnittweise zusammen.
   - Nenne die Kernaussage des Textes.
   - Formuliere die Meinung und Absicht der Autorin/des Autors und belege sie mit Argumenten bzw. Informationen.
   - Nenne die charakteristischen sprachlichen Mittel und erläutere, wie sie die Absicht der Autorin/des Autors unterstützen.
3. Schreibe einen **Schluss**. Beurteile den Text, stelle weitere Fragen, notiere deine eigene Meinung zum Thema und begründe sie.

Esst mehr Grillen!

○ **1** Lies den folgenden Zeitungsartikel.

Kai Kupferschmidt
Maden für Milliarden
[...] Insekten waren früher auch in Europa Teil der Nahrung. Schon die Römer und Griechen aßen Heuschrecken und andere Krabbeltiere. Und Maikäfersuppe war in Deutschland noch im 19. Jahrhundert ein beliebtes Rezept. Trotzdem hatten Insekten in Europa nie denselben Stellenwert wie in anderen Gegenden der Welt. [...] Heute erregen Insekten bei den meisten Europäern Ekel. „Die westliche Sicht ist, dass Insekten krankheitsübertragende Tiere sind, und sie zu essen, ist ein Tabu“, sagt Alan Yen, der im Auftrag des Bundesstaates Victoria in Australien an essbaren Insekten forscht. [...]

Seite 281 Funktionen von Sachtexten

◒ **2** Überprüft den Text im Tandem und ordnet ihm eine der folgenden Ansichten oder Funktionen zu. Erläutert und begründet eure Entscheidung.

informieren | *argumentieren* | *appellieren*

○ **3** Sieh dir das folgende Diagramm an und lies die Überschrift.

Treibhausgas-Emissionen verschiedener Nutztiere (in kg CO_2)

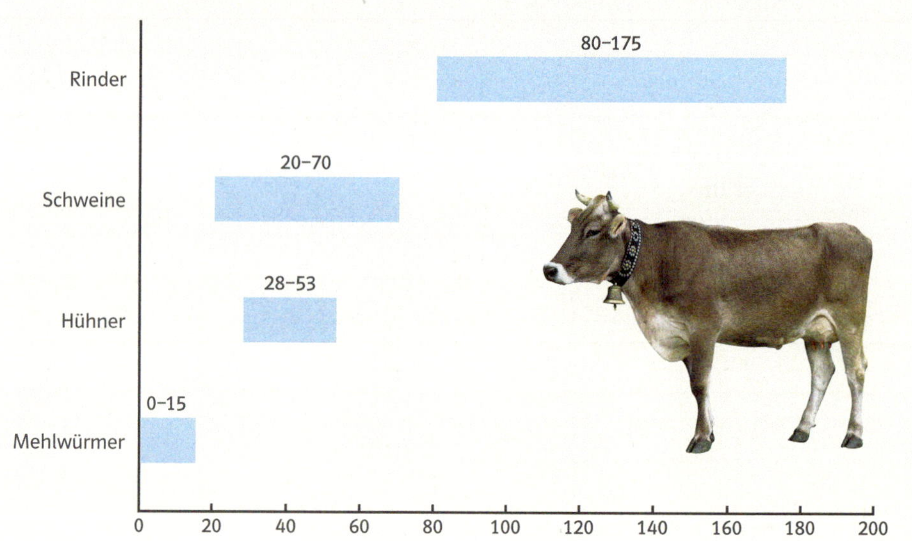

nach: FACT SHEET #01, ACADEMIA SUPERIOR, Linz 2017 (diverse Quellen)

Seite 282 Diagrammformen

○ **4** Verschaffe dir einen ersten **Überblick** über das Diagramm.
- Gib an, worüber das Diagramm informiert.
- Nenne die Diagrammform.
- Gib die Quelle an, aus der die Daten stammen.

○ **5** Klärt im Tandem, was „Treibhausgas-Emission“ und „kg CO_2“ bedeuten.

6 **Untersuche** nun das Diagramm **genauer**. Mache dir Notizen.
- Nenne die Beschriftungen und die Maßeinheit, die angegeben sind.
- Nenne die Werte, die du ablesen kannst.
- Vergleiche die Angaben.

7 **Beschreibe** jetzt das Diagramm. Fasse die Aussagen zu folgenden Stichworten zusammen.

Inhalt und Aussagen des Diagramms | *erkennbare Entwicklungen* | *mögliche Ergänzungen* | *ungeklärte Fragen*

8 **Wertet** im Tandem das Diagramm **aus**. Beantwortet dabei die folgenden Fragen mündlich:
- Welchen Vorteil hat die Ernährung mit Mehlwürmern?
- Welche Schlussfolgerungen kann man aus den Daten ziehen?

9 Schreibe einen kurzen Text zur Auswertung des Diagramms, in dem du deine Ergebnisse aus den Aufgaben 4 bis 8 verwendest.

10 Setzt im Tandem den Sachtext von den Seiten 76/77 und das Diagramm aus Aufgabe 3 in Beziehung. Klärt, ob das Diagramm die Aussagen des Textes unterstützt oder ihnen widerspricht. Begründet eure Meinung.

11 Diskutiert in der Klasse das Thema „Insekten als Lebensmittel der Zukunft“.

Arbeitstechnik
Diagramme untersuchen und auswerten

1. **erster Überblick**
   - Lies die Überschrift und alle zusätzlichen Angaben.
   - Nenne das Thema des Diagramms.
   - Nenne die Diagrammform.
   - Gib die Quelle an, aus der die Daten stammen.
2. **genauere Untersuchung**
   - Kläre unbekannte Begriffe.
   - Gib an, welche Angaben gemacht werden und worauf sie sich beziehen.
   - Vergleiche die Daten. Beachte den höchsten und den niedrigsten Wert, untersuche Trends und Unterschiede.
3. **Diagramm beschreiben**
   - Fasse alle Einzelaussagen zusammen. Beantworte folgende Fragen:
   - Was hast du durch das Diagramm erfahren?
   - Welche Entwicklungen kannst du erkennen?
   - Welche Ergänzungen sind denkbar/wünschenswert?
   - Welche Fragen werden nicht geklärt?
4. **Diagramm auswerten**
   - Erkläre und bewerte die Ergebnisse deiner Untersuchung.
   - Leite Schlussfolgerungen ab.

Test D04

Wenn das Essen aus dem Müll kommt

Seite 280
Leseschlüssel für Sachtexte

○ **1** Stelle Vermutungen an, worum es in dem folgenden Sachtext geht. Sieh dir das Bild an und lies die Überschrift.

○ **2** Was wisst ihr über dieses Thema? Tauscht euch in der Gruppe über eure Vermutungen aus Aufgabe 1 und euer Wissen zum Thema aus.

○ **3** Überfliege den folgenden Artikel oder höre ihn dir an. Lies die Anfänge der Abschnitte, wichtige Wörter und bekannte Begriffe.

A02

Victoria Scherff

Containern: wenn Menschen Essen aus dem Müll retten

Mülltauchen, Dumpstern oder Containern – es gibt viele Bezeichnungen dafür, dass Menschen in den Müllcontainern von Supermärkten nach Essbarem suchen. Die „Mülltaucher“ sparen dadurch aber nicht nur eine Menge Geld, sondern machen auch auf ein gesellschaftliches Problem aufmerksam: die maßlose Lebensmittelverschwendung.

Frische Äpfel, diverse Joghurtsorten, abgepackte Bohnen, Salat, Tomaten und Schokoriegel – all das wäre für den Müll bestimmt, wenn nicht Menschen wie Sonja (Name geändert) aus Berlin in die Container der Supermärkte steigen und Essbares herausfischen würden. Mülltauchen ist hip: In sozialen Netzwerken tauschen sich Gleichgesinnte aus, geben Tipps, verabreden sich zum Containern und posten Bilder ihrer „Beute“ und dem daraus zubereiteten Essen.
Die dort gezeigten Bilder sehen denen von herkömmlichen Einkäufen zum Verwechseln ähnlich. Es sind jedoch Lebensmittel, die entweder kurz vor dem Mindesthaltbarkeitsdatum (MHD) stehen oder kleinere Mängel wie Druckstellen aufweisen – abgesehen davon sind sie aber noch verzehrbar. […]
Dass sie einmal im Müll nach Essbarem suchen würde, hätte die 26-Jährige vor ein paar Jahren nicht gedacht. Als Sonja vor zwei Jahren fürs Studium nach Norddänemark zog, begleitete sie Freunde zu dem in der Uni-Szene bekannten sogenannten „Brotmülleimer“. Ciabatta, Vollkornbrot und Schoko-Croissants: „So viele frische Sachen, die nicht gespendet wurden.“ Sonja war schockiert, „wie viel da drin war“, und ging künftig regelmäßig für die Brotversorgung der WG zum Brotmülleimer. […]
Im Bereich Lebensmittelspenden gibt es keine gemeinsame EU-Politik, die Mitgliedsstaaten gestalten den politischen Rahmen selbst. Oft spielt die Haftungsfrage eine Rolle, etwa beim Schließen der öffentlichen Kühlschränke in Berlin. […] Daher würden Supermärkte dazu tendieren, überflüssige Lebensmittel eher wegzuwerfen als sie an karitative Einrichtungen abzugeben, bemerkt eine vergleichende Studie zu Lebensmittelspenden. „In der EU herrscht Verwirrung bezüglich der Möglichkeiten, Lebensmittel zu spenden, deren MHD abgelaufen

ist." [...] Dennoch sei es in zahlreichen Mitgliedsstaaten immer noch teurer, überschüssige Lebensmittel zu spenden, als sie wegzuwerfen, resümiert die Studie.

Es ist juristisch umstritten, ob Containern und das Sich-Bedienen aus Abfallcontainern Diebstahl ist. Der Abfall gehört den Supermärkten theoretisch so lange, bis er abgeholt wird. Im Jahr 2012 verurteilte das Amtsgericht Düren zwei Personen wegen Hausfriedensbruch und Diebstahl, nachdem sie Lebensmittel aus Containern eines Supermarktes genommen hatten. Das Landgericht Aachen hob das Urteil später auf, nachdem der Marktleiter den Strafantrag zurückzog [...].

Es ist jedenfalls „Vorsicht geboten, tendenziell dürfte es sich um Diebstahl handeln", schreibt Rechtsanwalt Jan Twachtmann dazu im Rechtsfragenblog. Er verweist weiterhin auf den Hausfriedensbruch und die mögliche Sachbeschädigung: „Container [stehen] in der Regel auf dem Privatgrundstück des Supermarktes [...], der häufig umzäunt oder der Container sogar abgeschlossen ist. Sowohl das Eindringen in ein befriedetes Besitztum als auch die Sachbeschädigung (hier des Schlosses) sind strafbar." Durch die vorsichtigen Formulierungen schimmert eine klare Aussage: Wer den Müll von Supermärkten mitnimmt, muss gegenwärtig mit einer strafrechtlichen Verfolgung rechnen.

Seit 1988 hat sich das Sortiment in Supermärkten fast verdreifacht. Für Sonja ist das eine Überforderung, der sie durchs Containern entgeht. „Ich glaube, dass man mit weniger Produkten gut leben kann, das Angebot ist viel zu groß." Statt wie früher irgendetwas im Supermarkt mitzunehmen, ernährt sie sich nun hauptsächlich von Obst, Gemüse und Getreide. [...] Sonja sagt, sie habe nun eine ganz andere Einstellung zum Essen. Sie hofft, dass sich durch solche Aktionen die öffentliche Wahrnehmung ändert – und mehr Projekte gegen Lebensmittelverschwendung entstehen. [...] (Online-Plattform „Utopia", 18. Juli 2016)

○ **4** Gliedere den Text in Sinnabschnitte. Notiere die Zeilenzahlen.

TIPP
Du kannst dich an den Absätzen im Text orientieren.

○ **5** Notiere die Begriffe, die dir unbekannt sind, und kläre ihre Bedeutung.

○ **6** Lies den Text jetzt gründlich. Notiere die wichtigsten Aussagen aus jedem Abschnitt.

◒ **7** Beantwortet im Tandem die folgenden Fragen zum Text:
- Welche Motivation steht hinter dem Containern?
- Wie ist die rechtliche Bewertung des Containerns?

◒ **8** Überlegt im Tandem, welche weiteren Fragen der Text beantwortet. Formuliert zu jedem Abschnitt mindestens eine Frage und die Antwort. Ihr könnt euch an folgenden Stichworten orientieren:

rechtliche Lage | *Gründe* | *Definition* | *Europäische Union* | *Art der Lebensmittel*

○ **9** Formuliere Überschriften für die Sinnabschnitte aus Aufgabe 4.

◒ **10** Fasst nun in der Gruppe den Inhalt des Textes mit eigenen Worten zusammen.

Gegen die Verschwendung

1 Lies den gesamten Text von Seite 82/83 noch einmal.

Seite 79
eine Sachtextanalyse schreiben

2 Verfasse jetzt eine Sachtextanalyse. Beginne mit der **Einleitung**. Nenne Textart, Titel, Autorin, Erscheinungsjahr, Quelle und Thema.

3 Bereite den **Hauptteil** vor. Welche der folgenden Kernaussagen zum Text findest du passend? Nenne sie, begründe deine Entscheidung und schreibe sie auf.

Containern hilft gegen Lebensmittelverschwendung.

Containern ist Diebstahl und kann strafrechtlich verfolgt werden.

Containern ist ein Abenteuer für hippe Menschen.

Seite 281
Funktionen von Sachtexten

4 Untersucht im Tandem, mit welcher Absicht die Autorin den Text verfasst hat. Formuliert die Absicht und beachtet dabei die Funktion des Textes (informieren, appellieren, argumentieren). Begründet eure Meinung.

TIPP
Legt eine Tabelle wie auf Seite 79 an.

5 Welche sprachlichen Mittel hat die Autorin in ihrem Artikel verwendet? Untersucht im Tandem den Text und notiert Beispiele für Fachwörter, Zitate, auffällige Komposita, Aufzählungen und Nominalstil.

Seite 281
sprachliche Mittel in Sachtexten

6 Schreibe nun den **Hauptteil** deiner Sachtextanalyse. Fasse dazu deine Ergebnisse aus den Aufgaben 3 bis 5 zusammen.

7 Lies die folgenden Bewertungen des Textes. Wähle diejenige aus, die deiner Meinung nach zu dem Text passt. Begründe deine Entscheidung.

Die Autorin berichtet in ihrem Text zwar ausführlich vom Containern, es wird aber nicht deutlich, wie sie selbst dazu steht.

Die Autorin informiert darüber, wie das Containern funktioniert. Sie erläutert außerdem die Beweggründe dafür, die EU-Regelungen und beschreibt die rechtliche Situation.

Die Autorin weckt mit ihrem Artikel das Interesse am Containern, könnte aber noch näher erläutern, in welchen Städten und bei welchen Supermärkten sich das Containern lohnt.

8 Formuliert und begründet eure eigenen Meinungen zum Thema. Stellt sie einander in der Gruppe vor. Überlegt euch dann Fragen, die sich noch zu diesem Thema ergeben.

9 Schreibe den **Schluss** deiner Sachtextanalyse. Verwende dazu deine Ergebnisse der Aufgaben 7 und 8.

○ **10** Überprüft eure Sachtextanalysen im Tandem. Gebt einander ein Feedback.

Seite 289
Texte korrigieren und überarbeiten

○ **11** Sieh dir das folgende Diagramm an und lies die Überschrift.

Seite 269
Feedback

Seite 81
Diagramme untersuchen und auswerten

Zusammensetzung der vermeidbaren Lebensmittelabfälle aus 6000 privaten Haushalten in Deutschland im Zeitraum von Januar bis Dezember 2020

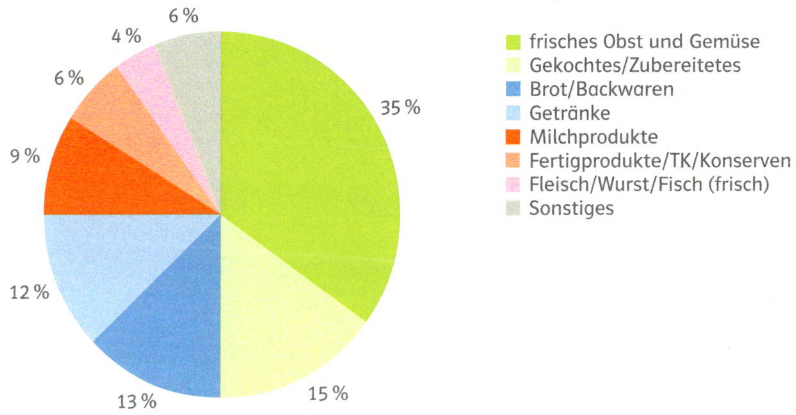

Quelle: GfK, 2021

○ **12** Verschaffe dir einen ersten **Überblick** über das Diagramm.
- Gib an, worüber das Diagramm informiert.
- Nenne die Diagrammform.
- Gib die Quelle an, aus der die Daten stammen.

Seite 282
Diagramm-formen

○ **13** **Untersuche** nun das Diagramm **genauer**. Mache dir Notizen.
- Nenne die Beschriftungen und die Maßeinheiten, die angegeben sind.
- Nenne die Werte, die du ablesen kannst.
- Kläre die Begriffe „vermeidbar“ und „Fertigprodukte“.
- Vergleiche die Angaben.

◒ **14** **Beschreibt** im Tandem das Diagramm. Fasst die Aussagen zu folgenden Stichworten zusammen.

Inhalt und Aussagen des Diagramms | *mögliche Ergänzungen* | *ungeklärte Fragen*

◒ **15** **Wertet** im Tandem das Diagramm **aus**. Beantwortet dabei die Fragen:
- Welche Lebensmittel werden am häufigsten weggeworfen?
- Welche Schlussfolgerungen kann man aus den Daten ziehen?

◒ **16** Schreibe einen kurzen Text zur Auswertung des Diagramms, in dem du deine Ergebnisse aus den Aufgaben 12 bis 15 verwendest.

○ **17** Informiert die Klasse über das Thema „Containern“. Diskutiert, was man gegen die Lebensmittelverschwendung tun kann.

Super, super Superfood!

Seite 280 Leseschlüssel für Sachtexte

○ **1** Stelle Vermutungen an, worum es in dem folgenden Sachtext geht. Sieh dir das Bild an und lies die Überschrift.

○ **2** Was wisst ihr über dieses Thema? Tauscht euch in der Gruppe über eure Vermutungen aus Aufgabe 1 und euer Wissen zum Thema aus.

○ **3** Überfliege den folgenden Artikel oder höre ihn dir an. Lies die Anfänge der Abschnitte, wichtige Wörter und bekannte Begriffe.

A03

Superfood: Hype um Früchte und Samen

Sie heißen Açaí, Chia, Goji, Maqui oder Moringa und es gibt einen regelrechten Hype um diese Früchte und Samen. Was genau steckt dahinter? [...] Superfoods sind schon seit einiger Zeit auf dem Markt. Dennoch gibt es bisher keine offizielle Definition oder gesetzliche Regelung. Als „Superfoods“ angeboten werden meist natürliche und exotische Lebensmittel mit größeren Mengen an Vitaminen und/oder Mineralstoffen sowie sekundären Pflanzenstoffen.

Sie werden selten frisch, sondern meist getrocknet, als Püree oder Extrakt angeboten. Auch als Anreicherung in funktionellen Lebensmitteln (etwa Brötchen mit Chiasamen) oder in Kapsel- und Pulverform als Nahrungsergänzungsmittel sind sie auf dem Markt. Superfoods finden des Weiteren Einsatz als Zutat für besonders „gesunde“ Rezepte (zum Beispiel Müslis, Smoothies, Smoothie-Riegel). [...]

Oft sind zahlreiche Verarbeitungsschritte nötig, um das Superfood genießbar zu machen, etwa Extraktion, Trocknung, Zugabe von reichlich Zucker und Aromen.

Meist sind Superfoods pflanzliche Lebensmittel, die von Natur aus hohe Gehalte an einzelnen Mikronährstoffen, Enzymen und sekundären Pflanzenstoffen aufweisen. Die frischen Super-Beeren, -Körner oder -Blätter sind anfänglich meist reich an wertvollen Inhaltsstoffen, doch der Transportweg von den Anbaugebieten in exotischen Ländern bis in den deutschen Supermarkt ist lang. Die Produkte werden oft zu früh geerntet, teilweise stark verarbeitet oder liegen wochenlang in Schiffscontainern. Es ist daher fraglich, wie viel von den beworbenen Inhaltsstoffen tatsächlich beim Verbraucher ankommt. Eine ausgewogene Nährstoffaufnahme lässt sich durch eine pflanzenbetonte vielfältige Ernährung sicherstellen. Es reicht nicht aus, sich in der Ernährung auf wenige Superfoods zu konzentrieren.

Superfoods werden allerlei gesundheitsfördernde Eigenschaften zugeschrieben. Meist sollen sie verschiedenen Krankheiten vorbeugen und zudem satt und schlank machen. Besonders herausgestellt wird ihr antioxidatives Potenzial. Für

diese gesundheitsfördernden Eigenschaften fehlen weitgehend wissenschaftliche Nachweise. Die meisten Aussagen zu Superfoods stammen von gewerblichen Anbietern, einzelnen Beratern oder Interessengruppen. Dabei überwiegen Anekdoten und Erfahrungsberichte. Scharlatanerie ist weit verbreitet. Gesicherte Daten zu Enzymgehalt oder den Mengen einzelner sekundärer Pflanzenstoffe fehlen in der Regel. Auch bei Superfood-haltigen Nahrungsergänzungsmitteln ist der ausgelobte Gesundheitsnutzen meist nicht wissenschaftlich nachgewiesen und die genaue Zusammensetzung oft nicht bekannt. Die in den Produkten hervorgehobenen Vitamine und Mineralstoffe sind oft künstlich hinzugefügt.
Bei der Entscheidung für ein Superfood sollte man neben Aspekten der Gesundheit unbedingt auch den Einfluss von Superfood auf die Umwelt und Gesellschaft in den Anbauregionen bedenken. Es kommt immer wieder vor, dass als Superfood verkaufte Beeren, Samen, Algen oder getrocknete Pflanzen mit Pestiziden, Schwermetallen [...] oder Mineralöl belastet sind.
Superfoods können – sofern sie nicht gerade in Kapselform verzehrt werden – den Speiseplan durchaus bereichern und ganz neue Geschmackserlebnisse vermitteln. Ein gesundheitlicher Mehrwert im Vergleich mit der Vielzahl heimischer Gemüse und Früchte ist aber nicht zu erwarten.
Anstelle der Açaí-Beere können heimische dunkle Beeren (Brom-, Holunder-, Heidel- und Apfelbeere) sowie Kirsche, rote Weintraube und Rotkohl gegessen werden, die ebenfalls mit hohen Gehalten an antioxidativ wirkenden Stoffen punkten. [...] Besonders reich an sekundären Pflanzenstoffen sind auch Zwiebelgewächse (Zwiebel, Porree, Schnittlauch, Knoblauch), alle Kohlarten, Rettiche, Hülsenfrüchte und Zitrusfrüchte, native Pflanzenöle, Kerne und Nüsse, aber auch Kartoffeln und (Vollkorn-)Getreide. Das meiste davon gibt es aus heimischem Anbau. (Verbraucherzentrale, 13.01.2017)

4 Gliedere den Text in Sinnabschnitte. Notiere die Zeilenzahlen.

5 Notiere die Begriffe, die dir unbekannt sind, und kläre ihre Bedeutung.

6 Lies den Text jetzt gründlich. Notiere die wichtigsten Aussagen aus jedem Abschnitt.

7 Beantworte schriftlich die folgenden Fragen zum Text:
- Was ist Superfood?
- Welche Kritik gibt es an Superfood?

8 Überlegt im Tandem, welche weiteren Fragen der Text beantwortet. Formuliert dafür zu jedem Abschnitt mindestens eine Frage und die Antwort.

9 Formuliere Überschriften für die einzelnen Sinnabschnitte und ordne sie dann deinen Zeilenzahlen aus Aufgabe 4 zu.

10 Der Text nennt nur wenige Argumente, die für Superfood sprechen. Recherchiert im Tandem weitere Argumente, die für eine Ernährung mit Superfood-Lebensmittel plädieren. Schreibt sie auf.

11 Fasst in der Gruppe den Inhalt des Textes mit eigenen Worten zusammen. Tauscht euch anschließend über eure eigene Haltung zu Superfood aus.

Superfood – klingt gut

TIPP
Wenn Autor/in fehlen, dann schreibe „von einem unbekannten Autor".

Seite 79
eine Sachtextanalyse schreiben

1 Lies den gesamten Text von Seite 86/87 noch einmal.

2 Verfasse jetzt eine Sachtextanalyse. Beginne mit der **Einleitung**.

3 Bereite den **Hauptteil** vor. Formuliere die Kernaussage des Textes. Du kannst dich an folgenden Begriffen orientieren.

wichtige Inhaltsstoffe | *besser heimische Gemüse und Früchte* | *Meinung der Autorin oder des Autors* | *Schadstoffbelastung* | *gesundheitsfördernde Wirkung nicht nachgewiesen* | *vielfältige Ernährung* | *neue Geschmackserlebnisse*

4 Notiere, welche Meinung zu Superfood im Text vertreten wird.

5 Die Autorin oder der Autor nennt verschiedene Argumente für und gegen Superfood. Findet im Tandem die Pro- und Kontra-Argumente heraus und schreibt sie auf.

Seite 281
Funktionen von Sachtexten

6 Untersuche, mit welcher Absicht die Autorin oder der Autor diesen Text verfasst hat. Beachte die Funktion des Textes. Begründe deine Meinung.

Seite 281
sprachliche Mittel in Sachtexten

7 Welche sprachlichen Mittel wurden im Artikel verwendet? Untersucht im Tandem den Text und notiert Beispiele für Fachwörter, Aufzählungen, auffällige Komposita und Nominalstil. Erklärt ihre Wirkung.

8 Erläutert im Tandem, wie die Sprache die Absicht der Autorin oder des Autors unterstützt.

9 Schreibe nun den **Hauptteil** deiner Sachtextanalyse. Fasse dazu deine Ergebnisse aus den Aufgaben 3 bis 8 zusammen.

10 Bewerte den Artikel in einem kurzen Text. Du kannst folgende Satzanfänge verwenden:

Die Verbraucherzentrale stellt in ihrem Text sehr ausführlich dar, warum …
Die Verbraucherzentrale informiert zwar ausführlich über Superfoods, erklärt aber nicht ausführlich genug, …
Die Verbraucherzentrale weckt mit ihrem Text das Interesse an Superfoods, könnte aber noch näher erläutern, …

11 Formuliert und begründet eure Meinungen zum Thema. Stellt sie dann in der Gruppe vor. Überlegt euch gemeinsam Fragen, die sich noch zu diesem Thema ergeben.

12 Schreibe den **Schluss** deiner Sachtextanalyse. Verwende die Ergebnisse aus den Aufgaben 10 und 11.

13 Überprüft eure Sachtextanalysen im Tandem. Gebt einander ein Feedback.

14 Sieh dir das folgende Diagramm an und lies die Überschrift.

Seite 289 Texte korrigieren und überarbeiten

Seite 269 Feedback

Seite 81 Diagramme untersuchen und auswerten

Der Hype um Superfoods

Umsatz mit sogenannten Superfoods im Lebensmitteleinzelhandel (in 1000 Euro)*

* inkl. Drogeriemärkte Quelle: IRI

Seite 282 Diagrammformen

15 Verschaffe dir einen ersten **Überblick** über das Diagramm.
- Gib an, worüber das Diagramm informiert.
- Nenne die Diagrammform und die Quelle.

16 **Untersuche** nun das **Diagramm** genauer. Mache dir Notizen.
- Nenne Beschriftungen, Maßeinheiten und ablesbare Werte.
- Kläre unbekannte Begriffe.
- Vergleiche die Angaben.

17 **Beschreibt** im Tandem das Diagramm. Fasst die Aussagen zusammen.

18 **Werte** das Diagramm **aus**. Schreibe einen kurzen Text dazu. Kläre, welche Schlussfolgerungen man aus den Daten ziehen kann.

19 Setze den Sachtext von den Seiten 86/87 und das Diagramm in Beziehung. Kläre, ob das Diagramm die Aussagen des Textes unterstützt oder ihnen widerspricht. Begründe deine Meinung.

20 Informiert die Klasse über das Thema „Superfoods“. Diskutiert eure Meinungen zu diesem Thema.

Gibt es die Gen-Tomate?

Seite 280
Leseschlüssel für Sachtexte

○ **1** Stelle Vermutungen an, worum es in dem folgenden Sachtext geht. Sieh dir das Bild an und lies die Überschrift.

○ **2** Was wisst ihr über dieses Thema? Tauscht euch in der Gruppe aus.

○ **3** Überfliege den Text oder höre ihn dir an. Lies die Anfänge der Abschnitte, wichtige Wörter und bekannte Begriffe.

A04

Lebensmittel in Deutschland grundsätzlich gentechnikfrei

Gentechnik in Lebensmitteln ist für viele Verbraucher ein sensibles Thema. Denn über 80 Prozent der Deutschen möchten keine gentechnisch veränderten Lebensmittel kaufen. Deshalb gibt es grundsätzlich keine gentechnisch veränderten Lebensmittel in den Regalen. Das „Ohne Gentechnik"- Siegel des Bundesverbraucherministeriums schafft zudem mehr Sicherheit für Verbraucher.
Bei so gekennzeichneten Lebensmitteln werden besonders hohe Anforderungen gestellt, dass keine gentechnisch veränderten Bestandteile darin vorhanden sind. Das freiwillige Logo „Ohne Gentechnik" hat sich erfolgreich etabliert und schafft zusätzliche Transparenz für die Verbraucher. Untersagt ist hier auch die Verwendung von mit Hilfe von Gentechnik hergestellter Enzyme oder Zusatzstoffe wie Vitamine, Aminosäuren oder Aromen.
Für tierische Produkte wie Fleisch, Milch oder Eier gilt: Die Tiere dürfen nicht mit gentechnisch veränderten Futtermitteln gefüttert werden. [...] Erlaubt sind aber Futtermittelzusätze wie Vitamine, Aminosäuren oder Enzyme, bei deren Herstellung gentechnisch veränderte Mikroorganismen eingesetzt wurden. Zulässig ist auch, die Tiere mit gentechnisch hergestellten Arzneimitteln oder Impfstoffen zu behandeln.
Das Europäische Recht schreibt grundsätzlich eine Kennzeichnungspflicht vor, wenn ein Lebensmittel mehr als 0,9 Prozent gentechnisch veränderte Bestandteile enthält. Agrarprodukte, deren gentechnisch veränderte Bestandteile zufällig oder technisch unvermeidbar sind, und die den Grenzwert 0,9 Prozent nicht überschreiten, müssen hingegen nicht gekennzeichnet werden. [...] Nicht kennzeichnungspflichtig sind nach europäischem Gentechnik-Recht hingegen etwa Fleisch, Milch, Eier von Tieren, die Futtermittel aus gentechnisch veränderten Pflanzen erhalten haben. Die Bundesregierung setzt sich für einen umfassenden Verbraucherschutz auch auf europäischer Ebene und damit für eine lückenlose Kennzeichnung auch bei der Herstellung mit Gentechnik ein.

In Deutschland werden seit 2012 keine gentechnisch veränderten Pflanzen kommerziell angebaut. Die „Gen-Tomate" etwa gibt es also nicht.
Nach Europäischem Recht muss eine gentechnisch veränderte Pflanze strenge Bedingungen erfüllen, um eine Genehmigung für den kommerziellen Anbau zu erhalten. Dazu gehört insbesondere der Nachweis, dass von der Pflanze nach aktuellem wissenschaftlichen Erkenntnisstand keine schädlichen Auswirkungen für Mensch, Tier und Umwelt ausgehen. Zudem muss ein Verfahren verfügbar sein, mit dem die gentechnisch veränderte Pflanze jederzeit identifiziert und auch in Saatgut, Lebens- und Futtermitteln nachgewiesen werden kann. [...]
Weltweit werden derzeit vor allem fünf Kulturarten angebaut, die gentechnisch verändert wurden: Sojabohnen, Mais, Baumwolle, Raps und Zuckerrüben. Die wichtigsten Erzeuger sind die USA, Argentinien, Brasilien, Indien, China und Kanada. Diese Agrarprodukte dürfen jedoch nur in die EU eingeführt werden, wenn sie eine der derzeit 50 Importzulassungen besitzen.
Viele dieser Pflanzen werden überwiegend als Futtermittel verwendet. Lebensmittel hingegen enthalten – wenn überhaupt – nur Verarbeitungsprodukte aus diesen Pflanzen. Zum Beispiel Fette, Öle oder Stärke.
Ein Großteil der Futtermittel für Nutztiere in Deutschland – vor allem Weizen, Gerste, Mais, Gräser – wird in Deutschland und damit gentechnikfrei angebaut. Bei eiweißreichen Futtermitteln kann die heimische Erzeugung jedoch den Bedarf nicht decken. Deutschland und die EU importieren deshalb vor allem rund 35 Millionen Tonnen zum größten Teil gentechnisch veränderte Sojabohnen aus Nord- und Südamerika pro Jahr.
Nach dem heutigen Stand der Forschung wirken sich gentechnisch veränderte Futtermittel nicht nachteilig auf Milch, Fleisch oder Eier der Tiere aus. Die gentechnisch veränderten Nahrungsbestandteile werden – genau wie nicht gentechnisch veränderte – bereits im Verdauungstrakt in kleine Bruchstücke zerlegt. Es wird als äußerst unwahrscheinlich eingeschätzt, dass die gentechnisch veränderten Futterbestandteile wie DNA oder Proteine dazu führen, dass Resistenzen übertragen oder Allergien ausgelöst werden können.

(Die Bundesregierung/Verbraucherschutz, 08.10.2013)

○ **4** Gliedere den Text in Sinnabschnitte mit Zeilenangaben.

○ **5** Notiere die Begriffe, die dir unbekannt sind, und kläre ihre Bedeutung.

○ **6** Lies den Text jetzt gründlich. Notiere die wichtigsten Aussagen aus jedem Abschnitt.

◒ **7** Beantworte die folgenden Fragen zum Text schriftlich.
- Wie verbreitet sind in Deutschland gentechnisch veränderte Pflanzen?
- Woran erkennt man, dass Produkte frei von Gentechnik sind?

◒ **8** Überlegt im Tandem, welche Fragen der Text beantwortet. Formuliert die Fragen und beantwortet sie, z. B. *Bedeutet „gentechnikfrei" wirklich „frei von Gentechnik"?*

○ **9** Formuliere Überschriften für die Sinnabschnitte.

◒ **10** Fasst in der Gruppe den Inhalt des Textes mit eigenen Worten zusammen.

Genfood – Wo ist das Problem?

Seite 79
eine Sachtextanalyse schreiben

○ **1** Lies den gesamten Text von Seite 90/91 noch einmal. Verfasse jetzt eine Sachtextanalyse. Beginne mit der **Einleitung**.

○ **2** Bereite jetzt den **Hauptteil** vor. Formuliere die Kernaussage des Textes.

TIPP
Recherchiert z. B. beim Bund für Umwelt und Naturschutz, dem Online-Netzwerk Campact oder bei Greenpeace.

◒ **3** Setzt euch in der Gruppe mit der Meinung des Textes der Bundesregierung auseinander. Geht so vor:
- Tauscht euch darüber aus, welche Meinung der Text über Genfood vermittelt.
- Notiert die Argumente für die Unbedenklichkeit von Genfood aus dem letzten Abschnitt (Zeilen 51–57).
- Recherchiert im Internet nach kritischen Haltungen zur Gentechnik. Macht euch Notizen.
- Stellt die Meinung der Bundesregierung und die der Kritiker gegenüber. Wägt die Argumente gegeneinander ab.
- Erarbeitet euch eine eigene Haltung zum Thema Genfood.
- Formuliert die Absichten, die die Bundesregierung und die Kritiker mit ihren Aussagen verfolgen könnten.

Seite 281
Funktionen von Sachtexten

○ **4** Nenne die Funktion des Textes.

Seite 281
sprachliche Mittel in Sachtexten

◒ **5** Untersuche die sprachlichen Mittel im Sachtext von den Seiten 90/91. Notiere Beispiele für Fachwörter, Nominalstil, Aufzählungen und Passivsätze.

◒ **6** Erläutert im Tandem, wie die Sprache des Sachtextes die Absicht der Autorin oder des Autors unterstützt.

TIPP
Untersucht Wortschatz, Satzbau und Informationsdichte.

◒ **7** Lest den Sachtext noch einmal. Erläutert im Tandem, woran man Fachsprache erkennt.

◒ **8** Schreibe nun den **Hauptteil** deiner Sachtextanalyse. Fasse dazu deine Ergebnisse aus den Aufgaben 3 bis 7 zusammen.

● **9** Bewerte den Artikel der Bundesregierung in einem kurzen Text. Verwende deine Ergebnisse aus Aufgabe 4.

Seite 289
Texte korrigieren und überarbeiten

◒ **10** Formuliert und begründet eure eigenen Meinungen zum Thema. Stellt sie dann in der Gruppe vor. Überlegt euch gemeinsam Fragen, die sich noch zu diesem Thema ergeben.

○ **11** Schreibe den **Schluss** deiner Sachtextanalyse.

Seite 269
Feedback

○ **12** Überprüft eure Sachtextanalysen im Tandem. Gebt einander ein Feedback.

○ **13** Sieh dir das folgende Diagramm an und lies die Überschrift.

europäische Länder, in denen gentechnisch veränderter Mais angebaut wurde

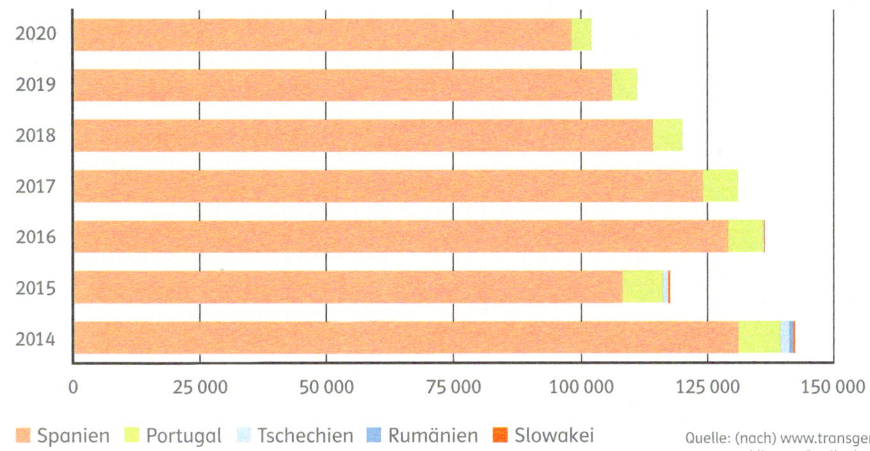

Quelle: (nach) www.transgen.de (diverse Quellen), 2022

○ **14** Verschaffe dir einen ersten **Überblick** über das Diagramm. Nenne Thema, Diagrammform und Quelle.

○ **15** **Untersuche** und **beschreibe** das Diagramm.

◒ **16** **Werte** das Diagramm in einem kurzen Text **aus**. Kläre, welche **Schlussfolgerungen** man aus den Daten ziehen kann.

Seite 81 Diagramme untersuchen und auswerten

Seite 282 Diagrammformen

◒ **17** Seht euch in der Gruppe die folgende Karikatur an. Beschreibt und erläutert sie. Geht dabei auf die Meinung des Illustrators ein.

● **18** Welchen Bezug hat die Karikatur zu euren Meinungen zur Gentechnik in der Lebensmittelindustrie? Tauscht euch im Tandem darüber aus.

○ **19** Informiert die Klasse über das Thema „Gentechnisch veränderte Lebensmittel". Warum wollen Verbraucher keine gentechnisch veränderten Lebensmittel haben? Diskutiert darüber.

Faszination Essen

1 Lies den Text über die zukünftige Herstellung von Eis.

Eis aus der „Science Kitchen“

Früher wurde Eis aus Milch oder Wasser gemacht. In der Zukunft werden wir Eis allerdings ganz anders produzieren! In der Wissenschaftsküche wird nicht etwa Eis aus Milch hergestellt, so wie in jedem italienischen Eiscafé. Auch Wasser wird für das Eis der Zukunft nicht verwendet. Eine ganz neue Zutat wird in dem Labor genommen. Die Idee dazu hatten Wissenschaftlerinnen und Wissenschaftler an einem heißen Nachmittag bei einem Spaghettieis. In einem Labor stellten sie Eis aus Reis her. Dabei mussten sie auf die Qualität der Zutaten achten und hielten hohe Hygienestandards ein. Sie haben einen Anteil von 40 % Reis für das Eis verwendet. Eine Wissenschaftlerin wollte nur die beste Schokolade aus Bolivien für das Eis verwenden. Zum Nachsüßen verarbeiteten sie Kokosblütensirup, da dieser gesünder ist als herkömmlicher Zucker. Ein wenig Olivenöl ist das Highlight zum Abschluss. Abgerundet wurde der Geschmack mit einer Prise Salz. Danach froren sie das Eis mit flüssigem Stickstoff.

2 Tauscht euch im Tandem über den Text aus. Beantwortet die Fragen:
- Welche Zutaten werden für das Eis der Zukunft verwendet?
- Warum und wozu wird Kokosblütensirup verwendet?
- Wie wird das Eis der Zukunft gefroren?

3 Untersucht im Tandem den Text Satz für Satz. Übernehmt die folgende Tabelle und notiert die Subjekte und Prädikate aus jedem Satz.

Satz	Subjekt	einteiliges Prädikat	mehrteiliges Prädikat
1	*Eis*	–	*wurde gemacht*
2	*wir*	–	*werden produzieren*
…	…	…	…

4 Bestimme in den ersten drei Sätzen Person und Numerus von Subjekt und dazugehörigem Prädikat, z. B. *Eis wurde gemacht = 3. Person Singular …*

5 Klärt im Tandem, wie Subjekt und Prädikat zusammenhängen.

6 Untersuche die Verbformen in den ersten fünf Sätzen. Bestimme die Zeitform und bilde den Infinitiv. Schreibe beides auf, z. B. *(es) wurde hergestellt = Präteritum – herstellen, (wir) werden produzieren = Futur I, …*

7 Seht euch jetzt im Tandem die mehrteiligen Prädikate aus eurer Tabelle an. Ordnet sie den folgenden Formen zu.

Modalverb | *zusammengesetzte Zeitform* | *Passiv* | *trennbares Verb*

8 Schreibe den folgenden Satz ab und führe die Umstellprobe durch. Setze zwischen die Satzglieder senkrechte Striche.

Das Zukunftseis schickten die Wissenschaftler einigen Freunden zum Probieren.

9 Bestimmt im Tandem im Satz aus Aufgabe 8 die Satzglieder Subjekt, Prädikat und Objekt.

Seite 294
Satzglieder

10 Formuliert im Tandem Fragen nach den Objekten in Aufgabe 9. Beantwortet sie. Klärt, um welche Art von Objekt es sich jeweils handelt.

11 Schreibe die folgenden Sätze ab und führe die Umstellprobe durch. Bestimme anschließend die Satzglieder.

a Die Wissenschaftler gaben den Testern verschiedene Sorten Eis.
b Die Testerinnen waren von dem neuen Eis begeistert.

TIPP
Bestimme die Dativ- und Akkusativobjekte.

12 Nach Präpositionalobjekten fragt man mit einer Präposition, z. B. Zu wem? Wofür? Mit wem? Fragt im Tandem nach den markierten Präpositionalobjekten in folgenden Sätzen.

a Das Forscherteam trägt zur Entwicklung nachhaltiger Lebensmittel bei.
b Die Herstellung des Eises der Zukunft ist für die Umwelt weniger schädlich.
c Über das Salz und Olivenöl im Eis haben sich viele zuerst gewundert.
d Sie hoffen auf einen großen Erfolg des Eises, sobald sie es verkaufen können.

13 Bildet im Tandem Sätze mit Präpositionalobjekten. Nutzt die folgenden Verben, die eine feste Präposition besitzen, z. B. *Ich schreibe über das Eis der Zukunft.*

schreiben über – sich interessieren für – sich bemühen um – sprechen über – vergleichen mit – erkennen an – handeln von

Merke

Satzglieder und ihre Beziehungen untereinander

Das **Prädikat** steht im **Zentrum** des Satzes. Es kann **einteilig** oder **mehrteilig** sein. Das **Prädikat** kann durch die Satzglieder **Subjekt**, **Objekt** und **Adverbialbestimmung** ergänzt sein.

Das **Subjekt** bestimmt das Prädikat in **Person** und **Numerus**. → Er schreibt Gedichte. → Sie schreiben Gedichte.

Objekte sind Ergänzungen des Prädikats. Verben verlangen Objekte in einem bestimmten **Kasus** (Genitiv, Dativ, Akkusativ).
→ gedenken + Genitivobjekt → Er gedachte der Toten. (der Toten = Genitiv)
→ begegnen + Dativobjekt → Sie begegnete dem Fremden. (dem Fremden = Dativ)
→ sehen + Akkusativobjekt → Wir sehen die Stadt. (die Stadt = Akkusativ)

Manche Verben verlangen eine Ergänzung, die durch eine **Präposition** eingeleitet wird. Diese nennt man **Präpositionalobjekte**. → hoffen auf → Der Dichter hoffte auf großen Erfolg.

Nicht er-Schrecken!

Seite 294
Adverbial-
bestimmung

Adverbialbestimmungen informieren über die genaueren Umstände einer Handlung oder eines Geschehens. Sie können aus einem Wort oder einer Wortgruppe bestehen. Eine Adverbialbestimmung kann aber auch die Form eines Nebensatzes haben. Dieser heißt dann Adverbialsatz.

1 Lies den folgenden Blogbeitrag einer Schülerin.

Hallihallo ihr Lieben!
Ihr wisst ja, dass ich mich schon eine Weile dafür interessiere, wie das Leben in 100 Jahren aussehen wird. Gestern habe ich zusammen mit meiner Mutter einen interessanten Artikel darüber gelesen, dass wir auch in Europa viel mehr Insekten essen sollten. Zuerst hab ich mich vor lauter Ekel geschüttelt, aber eigentlich sind Lebensmittel aus Insekten wegen des geringeren Platz- und Futterbedarfs günstiger als Fleisch. Weil Insekten so leicht und überall gezüchtet werden können, sind sie auch für die Umwelt um einiges verträglicher. Auf diese Weise könnten wir also alle dazu beitragen unseren Planeten zu retten. Es gibt auch schon Insekten in Supermärkten zu kaufen. Würdet ihr Heuschrecken mal probieren? Also, ich bin ja sofort dabei und gehe morgen nachschauen, ob es bei mir in der Nähe Insekten zu kaufen gibt!

2 Tauscht euch im Tandem darüber aus, was ihr von Insekten als Fleischersatz haltet. Würdet ihr Insekten probieren?

TIPP
Formuliert die entsprechenden Fragen und beantwortet sie.

3 Übernehmt die Tabelle. Tragt im Tandem die markierten Adverbialbestimmungen aus dem Text aus Aufgabe 1 ein.

Lokalbestimmung (Wo? Wohin? Wie weit?)	**Modalbestimmung)** (Wie? Auf welche Weise?)	**Temporalbestimmung** (Wann? Wie lange? Seit wann? Wie oft?)	**Kausalbestimmung** (Warum? Weshalb? Wieso?)
in Europa, ...	*zusammen, ...*	...	...

4 Lies den folgenden Text und informiere dich weiter über den Konsum von Insekten.

Früher Maikäfer, heute Raupen (2020)
[...] Das vor allem im Westen verbreitete Nahrungstabu ist geschichtlich gesehen eine Ausnahme, Insektengenuss die Regel. Auf den Festen der alten Griechen und Römer reichte man regelmäßig fette Larven, und Aristoteles höchstpersönlich hat Rezepte für die Zubereitung von Zikaden hinterlassen. In Deutschland, Luxemburg und Frankreich wurden Maikäfer sogar bis ins 20. Jahrhundert verspeist. Und nicht zuletzt isst man anderswo bis heute Insekten, und zwar bei über 3 000 Ethnien in 130 zumeist tropischen Ländern [...]. Rund 2 000 essbare Arten sind bekannt, darunter Heuschrecken in Mexiko, Mopane-Raupen in Botswana und Wasserkäfer in China.

5 Erfragt im Tandem alle Adverbialbestimmungen im Text. Notiert, um welche Adverbialbestimmungen es sich jeweils handelt, z. B. *Wie wirkt es …? es wirkt verrückt und neu = Modalbestimmung*

6 Lies die folgenden Lückensätze.

a Insekten zu essen, ist in Europa keine neue Erfindung, ▬.
b ▬, gibt es heute vielfältige Rezepte und Gerichte.
c Viele haben zum ersten Mal Insekten probiert, ▬.
d Insekten werden zu einer leckeren Knabberei, ▬.

7 Setzt im Tandem die folgenden Adverbialsätze in die Lücken in Aufgabe 6 ein. Schreibt die vollständigen Sätze auf.

indem man sie röstet.	*Wo früher schon Insekten gegessen wurden,*	*nachdem der Trend auch in Deutschland angekommen war.*	*da sie schon in der Antike als Nahrungsmittel bekannt und beliebt waren.*

8 Klärt im Tandem zu jedem Satz folgende Fragen:
- Welche zusätzlichen Informationen habt ihr durch den Adverbialsatz erhalten?
- Welche Art der Adverbialbestimmung liegt jeweils vor?

9 Schreibe die folgenden Sätze ab und unterstreiche die Adverbialsätze. Notiere, um welche Art von Adverbialsatz es sich jeweils handelt.

Viele Menschen haben eine Abneigung gegen Insekten, bevor sie sie jemals probiert haben. Die meisten, die Insekten gegessen haben, sagen allerdings, dass man diese Abneigung verliert, nachdem man sie zum ersten Mal probiert hat. Dies sei häufig der Fall, da Insekten einen sehr nussigen Geschmack haben.

10 Findet im Tandem in den folgenden Sätzen die Adverbialbestimmungen, die den Adverbialsätzen in Aufgabe 9 entsprechen, z. B. *a Vorher haben viele Menschen eine Abneigung gegen Insekten.*

a Vorher haben viele Menschen eine Abneigung gegen Insekten.
b Nach dem ersten Probieren verliere man diese Abneigung.
c Dies geschehe wegen des nussigen Geschmacks der Insekten.

Merke
Adverbialsätze

Die **Adverbialbestimmung** kann auch die Form eines Nebensatzes haben. Dieser wird **Adverbialsatz** genannt. Man unterscheidet:
- **Lokalsatz** (Ort/Wo?) → Der Autor forschte dort, wo es die meisten Arten gab.
- **Temporalsatz** (Zeit/Wann?) → Der Journalist stellte Informationen zusammen, bevor er den Artikel schrieb.
- **Modalsatz** (Art und Weise/Wie?) → Er sammelte Erfahrung, indem er kostete.
- **Kausalsatz** (Grund/Warum?) → Der Artikel wurde gut, weil ein Wissenschaftler geholfen hatte.

Wie sollten wir uns ernähren?

1 Schreibe den folgenden Text ab. Markiere die Subjekte gelb, die einteiligen Prädikate grün und die mehrteiligen rot.

Rund 7,7 Milliarden Menschen leben auf der Erde – und die Weltbevölkerung wächst weiter. Mit ihr nimmt auch die Zahl der Fleischesser zu. Das bringt viele Probleme mit sich, denn die Tiere brauchen Futter, Wasser, Platz. Wissenschaftler fragen sich deshalb: Wie ernähren wir uns in Zukunft? Mein Entschluss steht fest: Ich werde Insekten essen! Wie die wohl schmecken? [...] Als ich den Burger aus der Packung friemele, sieht der allerdings ganz normal aus. [...] Ich brate ihn und schneide ihn durch. Kein kringeliger Wurm zu sehen. Der Burger ist gleichmäßig braun und duftet würzig. Ich beiße hinein. Der Hintergrund meines Experiments ist schnell erklärt: Wir Menschen essen zu viel Fleisch; der Durchschnittsdeutsche zum Beispiel vertilgt pro Jahr rund 60 Kilogramm.

TIPP
Mögliche Formen findet ihr auf Seite 94 in der Aufgabe 7.

2 Klärt im Tandem, welche Form die mehrteiligen Prädikate haben.

3 Wähle einen der folgenden Sätze aus. Stelle den Satz so oft wie möglich um und bestimme die Satzglieder.

a Die Autorin schrieb einen Bericht über ihr Experiment.
b Jetzt spricht sie mit Wissenschaftlerinnen über Insektenburger.
c Den Burger hat sie nach Packungsanweisung zubereitet.

4 Ersetze in den folgenden Sätzen die unterstrichenen Satzglieder durch Personalpronomen. Schreibe die neuen Sätze auf.

a Viele große Flächen werden für <u>die Nutztiere</u> benötigt.
b <u>Ein Burger aus Insekten</u> kann inzwischen auch in Deutschland gekauft werden.
c Wenn mehr Menschen vegetarisch leben würden, könnten <u>die Ackerflächen</u> effektiver genutzt werden.
d <u>Wissenschaftler</u> werden noch viele weitere Arten erforschen.

5 Übernimm die unten stehende Tabelle. Trage die markierten Adverbialbestimmungen aus dem Text in die richtige Spalte ein.

Sollten wir künftig Insekten essen? Warum nicht, sagt Baris Özel. Und er findet auch: Insekten schmecken gut. Der 31-Jährige ist einer der beiden Geschäftsführer der Firma „Bugfoundation“. Als er im Jahr 2010 mit seinem Freund und Mitgründer Max Krämer auf Weltreise war und auch durch Asien fuhr, gab es vielerorts frittierte Insekten, und die dufteten total lecker, erzählt Baris Özel. [...] Vor allem aber sei das Essen von Insekten gut für die Umwelt: „Im Vergleich zur Herstellung von Rindfleisch braucht man ein Zehntel Wasser, viel weniger Futter und auch weniger Platz, denn für die Würmer ist Massentierhaltung sozusagen das Paradies [...].“

Lokalbestimmung	Temporalbestimmung	Modalbestimmung	Kausalbestimmung
auf Weltreise, ...	*künftig, ...*	*gut, ...*	...

6 Um welche Art von Objekten handelt es sich bei den grünen Wortgruppen? Benennt sie im Tandem, z. B. *unter unserem Hunger = Präpositionalobjekt*

Vor allem aber leiden die Nutztiere unter unserem Hunger auf Fleisch. [...] Die meisten verbringen ihr kurzes Leben auf engstem Raum. Je nach Gewicht stehen einem Schwein dabei zwischen einem halben und einem Quadratmeter Platz zu. Noch dazu verbraucht die Massentierhaltung jede Menge Rohstoffe. Für die Herstellung des Futters müssen Pflanzen angebaut und gewässert werden. [...] Fast eine Million Liter Trinkwasser benötigt ein Bauer für die Produktion von Koteletts, Wurst und Co. von einem einzigen Mastschwein.

TIPP
Überprüft, ob die Prädikate mit einer Präposition verbunden sind.

7 Bestimme in den folgenden Sätzen alle Satzglieder. Schreibe die Sätze ab, trenne die Satzglieder durch senkrechte Striche. Notiere dann die Satzglieder darüber.

a Auch Mikroalgen stellen einen Baustein möglicher zukünftiger Ernährung dar.
b Spirulina und Chlorella- Algen werden bereits zur Nährstoffversorgung eingesetzt.
c Forschende arbeiten auch an der Entwicklung von künstlichem Fleisch aus dem Labor.

8 Die unten stehenden Verben haben feste Präpositionen. Ordne die folgenden Präpositionen den Verben zu. Notiere, z. B. *anfangen mit, ...*

an *zu* *mit* *nach* *von* *über*

anfangen – sich aufregen – sich beteiligen – fragen – gehören – wissen

9 Bildet im Tandem zu jedem Verb aus Aufgabe 8 zwei Sätze.

10 Die Unterscheidung zwischen Präpositionalobjekt und Adverbialbestimmung ist nicht leicht. Überprüft im Tandem in den folgenden Sätzen, welche Verben eine feste Präposition besitzen. Notiert sie, z. B. *a achten auf, ...*

a Jede und jeder sollte mehr auf die Umwelt achten.
b Auf vielen Konferenzen sprechen Experten über Lösungen.
c An den Bühnen bei Klimaprotesten sieht man viele Jugendliche.
d Ältere Menschen erinnern sich an die Klimabewegung der 1980er-Jahre.
e Nach den Klimaprotesten wurden neue Maßnahmen ergriffen.
f Forscher werden oft nach Ernährungsmöglichkeiten in der Zukunft gefragt.

11 Übernimm die Tabelle und fülle sie für die Sätze in Aufgabe 10 aus.

Präpositionalobjekt	Adverbialbestimmung
auf die Umwelt, ...	*auf vielen Konferenzen, ...*

5 „Nathan und seine Kinder“

Auszüge aus einem Jugendbuch analysieren

1

2

3

4

5

6

Das lernst du jetzt:

- Auszüge aus einem Jugendbuch untersuchen und analysieren
- äußere und innere Handlung zusammenfassen
- ausgewählte Figuren analysieren
- Entwicklung, Denken und Handeln ausgewählter Figuren beurteilen
- Handlungs- und Stimmungsraum beschreiben
- Tempusformen des Verbs bilden und verwenden

1 Seht euch die Bilder 1–4 auf Seite 100 an und beschreibt sie.

2 Vergleicht die beiden Buchcover miteinander. Stellt Vermutungen an, zu welcher Zeit die Handlung der beiden Bücher spielt. Begründet eure Vermutungen.

3 2009 veröffentlichte Mirjam Pressler den historischen Jugendroman „Nathan und seine Kinder". Klärt, warum sie zu Gotthold Ephraim Lessings Drama „Nathan der Weise" von 1779 ein Jugendbuch geschrieben hat.

4 Mirjam Pressler hat einige Dinge an der Originalgeschichte verändert. Seht euch dazu die folgende Tabelle an.

	G.E. Lessing	M. Pressler
Titel	„Nathan der Weise"	„Nathan und seine Kinder"
Textgattung	dramatischer Text	Jugendroman
Sprache	Deutsch des 18. Jh.	Gegenwartssprache
Erzählform/ Erzählverhalten	Figurenrede	mehrere Figuren sprechen als Ich-Erzähler aus ihrer jeweiligen Situation
Figuren-konstellation		- Einführung neuer Figuren - ausführlichere Gestaltung der Figuren - veränderte Bedeutung der Figuren (z.B. rücken Frauen mehr in Vordergrund)
historischer Kontext	wird nicht näher beschrieben	ausführlich dargestellt, z.B. durch Beschreibungen
Handlung	- Recha und der Tempelritter sind Geschwister - hoffnungsvolles Ende im Sinne der Aufklärung	- Recha und der Tempelritter sind nicht verwandt - offenes Ende (Nathan wird ermordet)

5 Vermutet, warum Mirjam Pressler all diese Veränderungen vorgenommen hat. Geht dabei auf die einzelnen Punkte ein.

6 Seht euch die Bilder 5 und 6 an. Nennt die drei Weltreligionen, die in beiden Werken eine große Rolle spielen. Recherchiert, welche Bedeutung die Stadt Jerusalem für die drei Religionen hatte und noch hat. Stellt eure Ergebnisse in einem Schaubild dar.

7 Lest das gesamte Buch „Nathan und seine Kinder". Legt ein Lesetagebuch an. Notiert darin während des Lesens die Handlung und eure Gedanken dazu in Stichworten.

RGS 8 Lest folgenden Text. Bestimmt alle Zeitformen der Verben. Klärt, welche Zeitstufen sie ausdrücken.

Nathan lebte zur Zeit des dritten Kreuzzugs mit seiner neuen Familie in Jerusalem. Seine Frau und seine Kinder waren ermordet worden, doch Nathan hat sich ein neues Leben aufgebaut. Er wohnt in einem schönen Haus. Wird sein Glück anhalten?

Nathan und seine Familie

Seite 278
lineares/nicht-lineares Erzählen

Die Geschichte von Nathan spielt zur Zeit der Kreuzzüge um das Jahr 1200 in Jerusalem. In Rückblenden erzählen die verschiedenen Figuren zu Beginn, wie sie Nathan kennengelernt oder erlebt haben. So berichtet der Verwalter Elijahu, wie er mit dem jüdischen Kaufmann Nathan von einer erfolgreichen Geschäftsreise zurückkehrt. Doch es ist etwas Schlimmes geschehen. Bei seinem Haus angekommen, sieht Nathan nur noch rauchende Trümmer. Seine Frau und seine Söhne sind tot, umgebracht von Kreuzfahrern.

Leseschlüssel

○ **1** Lies die Auszüge aus dem Roman „Nathan und seine Kinder".

Elijahu Er [Nathan] riss die Fäuste in die Luft und schrie so laut, dass selbst der Höchste im Himmel es gehört haben muss. Und dann kamen die Nachbarn herbeigelaufen, hielten ihn fest, wollten ihn davon abhalten, sich selbst etwas anzutun, doch er riss sich los, er war wie von Sinnen. Sie redeten auf ihn ein, aber er wollte nur wissen, wer das getan hatte. „Christen", sagten die Nachbarn, „Kreuzfahrer, sie haben sich an den Häusern von Juden schadlos gehalten[1], nachdem sie gegen Saladins Truppen eine Niederlage einstecken mussten." [...] Aber Nathan beachtete sie nicht, hörte nicht mehr auf das, was sie sagten. Zu brennend war sein Schmerz, zu überwältigend seine Verzweiflung. Er zerriss seine Kleider, er reckte die Fäuste, verfluchte die Christen und schwor ihnen ewigen, unversöhnlichen Hass und blutige Rache. (S. 45/46)
Nach den sieben Trauertagen war plötzlich ein Säugling da: Recha. Ich verstand es nicht. Esther, Menachems Frau, berichtete mir flüsternd, ein Klosterbruder sei mit dem Kind gekommen und habe nach Nathan verlangt. Nathan saß da, hielt das Kind im Arm und weinte. Als er mich sah, hob er die Keine hoch, um sie mir zu zeigen, und sagte: „Schau her, Elijahu, das ist ein Zeichen. Gott hat mir eines für sieben gegeben. Es ist, wie geschrieben steht: Bei Gott ist Weisheit und Gewalt, sein ist Rat und Verstand." Mehr wollte er nicht sagen, und als ich Fragen nach der Herkunft des Kindes stellte, schüttelte er nur den Kopf und schwieg. Er zog nach Jerusalem, besorgte eine Amme[2] für das Kind und richtete ein Haus ein, das Haus, in dem wir noch immer wohnen. (S. 47/48)

[1] schadlos halten: hier: sich bedienen, plündern

[2] Amme, die: Frau, die ein fremdes Kind stillt und betreut

Auch die junge Christin Daja, die mit den Kreuzfahrern nach Jerusalem kam, erzählt von ihrer ersten Begegnung mit Nathan. Sie ist bereits Witwe, hat keinerlei Einkommen und sitzt völlig verzweifelt vor einer Kirche, als Nathan vorbeikommt.

Daja Ich habe keine Ahnung, wie lange ich da saß, jedenfalls ging die Sonne schon unter, als er plötzlich vor mir stand, ein fremdländisch aussehender Mann in dunklen Gewändern und mit einem ergrauenden Bart. Zuerst verstand ich ihn nicht, doch dann sagte er, er benötige Hilfe bei der Erziehung seiner Tochter. „Ich brauche eine Frau, die sich um meine Tochter kümmert, willst du mit mir kommen?", fragte er auf Deutsch, mit einer seltsam kehligen und rauen Aussprache, aber gut genug, um sich verständlich zu machen. Schließlich konnte ich damals noch kein Arabisch. Später stellte ich fest, dass Nathan sich in vielen Sprachen unterhalten kann, ich habe ihn auch schon Französisch und Italienisch sprechen gehört, er braucht das, um mit den Kaufleuten aus fremden Ländern Geschäfte zu machen. Im Haus sprechen wir Arabisch, so wie die meisten Menschen in Jerusalem, vor allem seit Saladin die Stadt erobert hat. Inzwischen habe ich auch Arabisch gelernt und verwende es so selbstverständlich, dass ich manchmal

vergesse, dass es nicht meine Muttersprache ist. Mit Recha spreche ich allerdings Deutsch, wenn wir allein sind. Nathan hat es so gewollt, die Bildung seiner Tochter lag ihm schon immer am Herzen. Gut möglich, dass er sich aus diesem Grund für mich entschieden hat, für eine Frau aus einem fernen Land. [...] Ich war allein, verwitwet, eine Frau, die den Schutz ihres Mannes verloren hatte. (S. 37/38)
Doch ich lernte nicht nur, Recha zu lieben, sondern auch die Bequemlichkeit und den Luxus. Nathan ließ mir Zeit, mich einzugewöhnen und Gisbert zu vergessen, von dem ich ihm erzählt hatte. Und als er mich später ab und zu in der Nacht zu sich rief, wusste ich bereits, dass er Jude war, und hatte mich mit dieser Vorstellung vertraut gemacht. Umso mehr, als er ganz anders aussah als die armseligen, unterwürfigen Juden, die ich aus meiner Heimat kannte. (S. 39)

2 Welchen ersten Eindruck habt ihr von Nathan? Sprecht in der Gruppe darüber.

3 Lies die Auszüge noch einmal. Notiere in Stichworten, was du über Nathan und seine Familie erfährst, z. B. *von Beruf Kaufmann, Frau und Söhne wurden ermordet*, ...

4 Erstellt im Tandem eine Skizze zur Figurenkonstellation. Kennzeichnet die Art der Beziehungen zueinander.

TIPP
Verwendet für die unterschiedlichen Beziehungen Linien in verschiedenen Farben und mit unterschiedlichen Abständen.

5 Lest im Tandem noch einmal die Zeilen 7 bis 11. Stellt euch vor, diese Szene soll auf einer Theaterbühne gespielt werden. Notiert für den Darsteller von Nathan die Handlungsschritte auf der einen und seine Gedanken und Gefühle auf der anderen Seite.

äußere Handlung (wahrnehmbar)	innere Handlung (Gedanken, Gefühle)
Nathan zerreißt seine Kleider.	*Er ist verzweifelt und spürt einen unendlichen Schmerz.*
...	...

Merke
Äußere und innere Handlung

Um einen **Text** besser **deuten** zu können, sollte man **Handlungen** und ihre Abläufe von der **Gedanken- und Gefühlswelt** unterscheiden.
Zur **äußeren Handlung** gehört alles, was wahrnehmbar ist: Was machen die Figuren? Was sagen sie?
Zur **inneren Handlung** gehören die Gedanken und Gefühle der Figuren: Was denkt die Figur über sich, andere oder die Situation? Wie fühlt sie sich dabei?

6 Schreibe eine Charakterisierung der Figur Nathan und nutze die Ergebnisse aus den Aufgaben 1–5. Beachte die direkte und indirekte Charakterisierung im Text und lege dazu eine Tabelle an.

Seite 278
direkte/indirekte Charakterisierung

direkte Charakterisierung	indirekte Charakterisierung
Nathan ist ein Kaufmann, der viele Sprachen spricht. (Z. 29/30)	...

Saladin – der Herrscher Jerusalems

Jerusalem und das Heilige Land werden lange Jahre von christlichen Tempelrittern beherrscht. Die einheimische Bevölkerung will sich diese Fremdherrschaft immer weniger gefallen lassen. Es kommt zum Krieg. Nach vielen erbitterten Kämpfen besiegt der muslimische Sultan Saladin schließlich die Tempelritter und herrscht von da an mit harter Hand in Jerusalem. Zur Finanzierung seiner Armee benötigt er dringend Geld, das er nicht hat.

Leseschlüssel

○ **1** Lest die Auszüge aus dem Roman. Besprecht in der Klasse, welchen Eindruck Saladin auf euch macht.

Gegen Ende des Romans sind die Schiffe mit den Steuereinnahmen für den Sultan endlich angekommen. Saladins Geldprobleme sind damit behoben und so ruft er Nathan zu sich, um kostbare Stoffe für seine Schwester Sittah zu kaufen. Elijahu begleitet Nathan bei diesem Besuch.

Elijahu Der Sultan, den ich zum ersten Mal aus der Nähe sah, war nicht sehr groß und eher schmächtig [...]. Aber der Sultan hielt sich sehr gerade und strahlte Kraft aus, obwohl ich nicht sagen könnte, woran das lag. Vielleicht daran, dass alle ehrerbietig[1] zur Seite wichen, um ihm Platz zu machen. Oder an seiner Kleidung. In seinem Bart, der das vornehme, ernste Gesicht umrahmte, zeigten sich bereits viele silberne Fäden. (S. 221)

[1] ehrerbietig: respektvoll, erfürchtig

Auch Curd von Stauffen, ein junger Tempelritter, berichtet von seiner ersten Begegnung mit Saladin. Curd war ins Heilige Land gezogen, um gegen Saladins Armee für die Christen zu kämpfen.

Curd von Stauffen Wir waren vor Tebnin [...]. Als es Nacht wurde, griffen wir Saladins Truppen an, trafen sie aber keineswegs unvorbereitet, offenbar hatten sie Späher ausgeschickt und uns beobachten lassen. Wir waren es, die in den Hinterhalt gerieten, und als der Morgen graute, ein verhängnisvoller Morgen, waren wir besiegt. Alle Tempelritter, auch Helmfried und ich, wurden gefangen genommen und mit gefesselten Händen nach Jerusalem gebracht. [...] Nach drei Tagen erreichten wir die Stadt, müde, erschöpft und ohne große Hoffnung, denn Saladin ist dafür bekannt, ein besonders grausamer und unerbittlicher Gegner zu sein. Wir rechneten mit dem Tod. Und so kam es auch. (S. 69–71)
Ich stand vor ihm, dem Sultan, und wusste, dass ich nur noch einen Augenblick zu leben haben würde. Es fiel mir schwer, Haltung zu bewahren, aber irgendwie gelang es mir. Und dann sah ich, wie der Sultan blass wurde und die Hand hob. Bei mir [...] sagte er: „Halt, der nicht, dieser eine bleibt am Leben.“ [...] Er schaute mich lange an, dann drehte er sich zur Seite und sagte etwas zu einem großen, breitschultrigen Mann [...], der die Worte für mich übersetzte: „Du bist frei, unser mächtiger und großherziger Sultan schenkt dir dein Leben. Du kannst dich nach deinem Gutdünken[2] in der Stadt bewegen, der Sultan wird noch heute verkünden lassen, dass du unter seinem persönlichen Schutz stehst.“ (S. 72/73)

[2] Gutdünken, das: (veraltet) hier: wie es dir gefällt

Eine weitere wichtige Figur ist Al-Hafi, der nicht nur mit Saladin verwandt ist, sondern auch als Derwisch[3] in seinen Diensten steht. Gleichzeitig ist Al-Hafi schon lange eng mit Nathan befreundet.

[3] Derwisch, der: islamischer Bettelmönch

Al-Hafi Nathan, mein Freund, konnte es kaum glauben, als wir nach seiner Heimkehr und nach Rechas glücklicher Errettung im Innenhof seines Hauses saßen, um einen nächtlichen Imbiss zu uns zu nehmen, und ich ihm von meinem neuen Amt als Saladins Schatzmeister berichtete. Ich sah, wie sich sein Gesicht verfinsterte und seine Augenbrauen über der Nasenwurzel zusammenstießen. „Du? Im Dienste des Sultans, der für seine Grausamkeit berüchtigt ist?“ […] Wie sollte ich das erklären? „Er hat mich darum gebeten“, antwortete ich zögernd. „Ich konnte ihm seine Bitte nicht abschlagen.“ Nathan schüttelte ungläubig den Kopf. „Gebeten hat er dich? Der allmächtige Saladin hat eine Bitte ausgesprochen? Die ganze Welt redet davon, dass er seine Stimme nur benutzt, um Befehle zu geben und Todesurteile zu fällen.“ […] Ich hatte nicht in Saladins Dienst treten wollen, ich kannte seinen Ruf, der sich in der ganzen Welt verbreitet hatte, der Ruf eines großzügigen und unberechenbaren Despoten[4]. Er sei grausam und mildtätig, edel und gemein, aufrichtig und hinterhältig, geachtet von seinem Volk und gefürchtet von seinen Feinden, aber immer der Mittelpunkt der Welt, um den sich alles dreht […]. (S. 86/87)
„[…] wie Sand rinnt ihm das Geld durch die Finger.“ […] „Seine Großzügigkeit einzelnen Menschen gegenüber bezahlt er dadurch, dass er andere unterdrückt und ihnen ihr Recht vorenthält.“ (S. 97)

[4] Despot, der: Gewaltherrscher

Sittah, die Schwester Saladins, weiß von den Geldnöten ihres Bruders und fordert Al-Hafi auf, bei Nathan Geld zu besorgen.

Sittah „Warum gehst du nicht zu deinem reichen jüdischen Freund? Du hast uns doch selbst erzählt, wie großzügig und mildtätig er ist, dass er sein Geld mit den Bedürftigen teilt, egal, ob sie Juden, Muslime oder Christen sind. Geh zu ihm, er soll dem Sultan Geld leihen […].“ […] Ich [Al-Hafi] senkte den Kopf, um mein Erschrecken zu verbergen. Ich wusste genau, was Nathan sagen würde: Dir gebe ich so viel Geld, wie du willst, aber nicht dem grausamen Sultan. Und ich wusste auch, was das für Folgen für meinen Freund haben konnte. Keiner durfte es wagen, dem großen Sultan eine Bitte abzuschlagen. Vor allem kein Jude. (S. 98)

2 Notiere in einer Tabelle, was du in den Textauszügen über Saladins Äußeres und seinen Charakter erfährst.

Äußeres	Charakter
schmächtig	grausam

3 Ergänzt im Tandem eure Figurenkonstellation von Seite 103, Aufgabe 4. Denkt dabei an die Kennzeichnung der Art der Beziehungen.

4 Besprecht in der Gruppe, welcher Konflikt sich zwischen Nathan und Saladin andeutet. Sammelt Möglichkeiten, wie Nathan diesen Konflikt lösen könnte.

TIPP
Ihr könnt die Möglichkeiten in kurzen Rollenspielen durchspielen.

5 In den Textauszügen werden weitere Konflikte angedeutet. Notiert im Tandem, wer am Konflikt beteiligt ist und worum es jeweils geht, z. B. *Z. 19–24, Z. 28–37, Z. 46–51 …*

6 Lies noch einmal die Auszüge aus dem Roman. Überlege, welche Erzählform und welches Erzählverhalten Mirjam Pressler für ihren Roman gewählt hat. Begründe deine Entscheidung, z. B. *Erzählform: …, weil …* *Erzählverhalten: …, weil …*

Seite 278
Erzähler in epischen Texten

7 Welche Wirkung haben Erzählform und Erzählverhalten auf die Lesenden? Diskutiert in der Gruppe.

Das Gleichnis von den drei Ringen

Sultan Saladin hat Nathan zu einem Gespräch eingeladen. Nathan geht davon aus, dass Saladin ein Darlehen von ihm fordern wird, um seine ständigen Geldprobleme zu lösen. Nathan ist aber nicht bereit, Saladin Geld zu geben. Umso erstaunter ist Nathan, als es in dem Gespräch nicht um Geld, sondern um eine wichtige Glaubensfrage geht.

Leseschlüssel

○ **1** Lies die Auszüge aus dem Roman. Achte dabei auf das Verhältnis von Nathan und Saladin und die Atmosphäre, die vermittelt wird.

Al-Hafi Nathan verneigte sich vor dem Sultan, tief, aber nicht zu tief, und als ein Diener Stühle für uns brachte, setzte er sich so vorsichtig auf die Kante, als wolle er sich bereithalten, um gleich aufspringen und fliehen zu können. [...] Saladin beobachtete ihn gespannt, mit funkelnden Augen, ein Raubtier auf der Lauer. Nach einigen belanglosen Förmlichkeiten sagte Saladin plötzlich: „Du nennst dich also Nathan. Nathan der Weise.“ [...] Nathan [...] schüttelte den Kopf. „Ich nenne mich nicht so.“ (S. 156)

[Saladin] [...] „Nein, Jude, mich quält eine Frage, die mir in dieser Stadt die wichtigste zu sein scheint. Und da du im Ruf stehst, so weise zu sein, hoffe ich, dass du sie mir beantworten kannst. Sage mir, welcher Glaube ist der richtige? Wer hat recht, der Muslim, der Jude oder der Christ?“. Nathan wurde blass und auch mir fuhr der Schreck in die Glieder und für einen Augenblick verschlug es mir den Atem. Was hatte Saladin vor? [...] Warum hatte er ihn nicht einfach dazu aufgefordert, ihm Geld zu leihen? Das Gefühl nahenden Unheils ergriff mich. (S. 157)

[Nathan] „[...] Höre, großer Sultan: Vor vielen Jahren lebte ein Mann, der besaß einen Ring von unschätzbarem Wert. [...] Diesem Ring nun wohnte eine geheime Kraft inne, nämlich dass er jeden, der ihn in diesem Glauben trug, vor Gott und den Menschen angenehm machte. Der Mann, der Besitzer des Rings, hinterließ diesen seinen kostbarsten Besitz dem Sohn, der ihm der liebste war, und verfügte in seinem Testament, dass dieser ihn wiederum seinem liebsten Sohn vermachen solle. Nicht dem ältesten, nicht dem klügsten, nicht dem stärksten, nein, dem, der ihm am liebsten war, und dieser Sohn sollte Oberhaupt der Familie werden.“ (S. 160)
„Auf diese Art wurde der Ring von einem geliebten Sohn auf den nächsten vererbt“, erzählte er weiter, „bis er schließlich an einen Mann geriet, der drei Söhne hatte, die ihm gleich lieb waren. Sobald er mit einem seiner Söhne zusammen war, wuchs seine Liebe ins Unermessliche und schwächte seine Vernunft so sehr, dass er im Lauf der Zeit jedem einzelnen Sohn insgeheim den Ring versprochen hatte. Als er alt wurde und spürte, dass seine Zeit bald zu Ende ging, tat ihm das Herz weh bei dem Gedanken, zwei seiner Söhne enttäuschen zu müssen. Deshalb ließ er heimlich einen Künstler kommen und beauftragte ihn, zwei Ringe herzustellen, die dem echten so sehr glichen, dass niemand sie unterscheiden könne. So geschah es. Sogar der Vater konnte nicht mehr erkennen, welcher Ring der echte war. Und als seine letzte Stunde nahte, rief er seine Söhne einzeln zu sich, den ältesten, den mittleren, den jüngsten, segnete einen jeden und gab ihm einen Ring. Dann starb er.“ [...] „Nach seinem Tod zeigte jeder der drei Söhne seinen Ring vor, jeder behauptete, den rechten zu haben. Sie stritten, sie riefen Gott als Zeugen an, aber alles war vergebens. Die drei Ringe sahen vollkommen gleich aus.“ (S. 161) „Aber sie [die drei Religionen] unterscheiden sich nicht im Wich-

tigsten, im Glauben an Gott, der Himmel und Erde geschaffen hat, und in seinem Gebot, die Menschen zu lieben und Gutes zu tun. Alles andere, die Gebete, die Speisevorschriften, die Traditionen, sind nur Überlieferung, sind Geschichten." [...] „Die Söhne zogen vor den Richter, und jeder schwor, den Ring von seinem Vater persönlich bekommen zu haben, kurz vor seinem Tod, zusammen mit seinem Segen." (S. 162)

2 Erzählt euch im Tandem, worum es in den Auszügen geht. Beantwortet dabei folgende Fragen.
- Warum erschrickt Nathan, als Saladin ihm die Frage nach dem richtigen Glauben stellt? (Z. 10)
- Was könnte Saladin mit dieser Frage bezwecken?

3 Beschreibt in der Gruppe die Stimmung zwischen Saladin und Nathan während des Gesprächs. Bezieht dabei den Handlungsraum ein und belegt eure Aussagen mit entsprechenden Textstellen.

Merke
Handlungs- und Stimmungsraum

Der **Handlungsraum** ist der Raum (Schule, Straße, Landschaft ...), in dem sich die Figuren der Geschichte bewegen.
Der **Stimmungsraum** vermittelt eine bestimmte Atmosphäre, die die Gefühle der Figuren widerspiegelt.

4 Nathans Geschichte über den Ring stellt auch in Lessings Drama „Nathan der Weise" den Kern dar und wird als „Ringparabel" bezeichnet. Besprecht in der Gruppe folgende Fragen:
- Welche Rolle spielt der Ring in der Geschichte?
- Was symbolisiert der Ring?

Seite 277 Parabel

Seite 130 Ringparabel

5 Überlegt im Tandem, welche Gründe Nathan haben könnte, Saladin statt einer Antwort die Ringparabel zu erzählen.

Seite 279 Symbol

6 In Nathans Geschichte ziehen die drei Söhne vor Gericht, um feststellen zu lassen, welcher Ring der richtige ist. Überlegt in Gruppen, welches Urteil der Richter fällen könnte. Verteilt die Rollen und spielt die Gerichtsverhandlung.

TIPP Überlegt euch Fragen, die der Richter den Söhnen stellt.

7 Lest, wie der Richter in Nathans Geschichte im Roman entscheidet. Was haltet ihr davon? Tauscht euch in der Klasse darüber aus.

Seite 270 Rollenspiel

Nathan „Der Richter sagte: ‚Ich gebe euch einen Rat, kein Urteil. Nehmt die Sache, wie sie ist. Soll jeder glauben, er sei im Besitz des rechten Rings. Denn eines steht fest, euer Vater hat euch geliebt, alle drei. Seid dankbar für diese Liebe, und bemüht euch, den Beweis für die Echtheit eures Rings zu erbringen, indem ihr sanftmütig und verträglich seid und nach guten, gottgefälligen Werken strebt. [...]'" (S. 163)

8 Diskutiert in der Gruppe, ob die Ringparabel eine Bedeutung für unser heutiges Leben hat. Welche könnte das sein?

Test D05

Daja – eine Christin im Hause des Juden

Daja spielt im Buch von Mirjam Pressler eine wichtige Rolle. Sie stammt aus Deutschland und kam mit dem dritten großen Kreuzzug nach Jerusalem, wo sie von Nathan aus großer Not gerettet wird.

Leseschlüssel

○ **1** Lies die Textauszüge aus dem Roman.

Daja [Ich] war dankbar, dass mein Bett in einem Haus mit dicken Mauern stand [...]. Ich lag nicht auf einem groben Strohsack wie in meiner Kindheit, in Gunzenhausen, in der Hütte meiner Großmutter [...]. Sie hat sich in alles gefügt [...], als man mich nach dem Tod meiner Eltern zu ihr brachte. Sie machte die Tür auf, betrachtete mich von oben bis unten, trat einen Schritt zur Seite und sagte, ohne zu lächeln: „Komm rein." (S. 24-27)
Mich hat die Dunkelheit geängstigt [...]. „Daran ist dein Gewissen schuld", hat meine Großmutter immer gesagt, „das ist der Satan, der seine Krallen in dein Fleisch schlägt. [...] Du musst beten, so lange, bis du jeden bösen Gedanken und jede Sünde aus deinem Herzen vertrieben hast. [...] Wie habe ich ihre Predigten gehasst, ihre geifernde Stimme, ihren drohend erhobenen Zeigefinger, den sie immer auf mich richtete, als wolle sie ihn mir mitten ins Herz bohren. (S. 26/27)

Daja schließt sich voller Begeisterung den Kreuzfahrern an, deren Prediger im Dorf Mitstreiter für die Reise nach Jerusalem anwerben und dafür ewige Seligkeit versprechen. Auf der entbehrungsreichen Reise, auf der viele Mitreisende starben, verliebt sie sich in Gisbert, der ebenfalls ins Heilige Land zieht.

Daja Unterwegs ließen wir uns von einem der Priester trauen, Gisbert und ich. Waren wir glücklich? Ich weiß es nicht mehr. (S. 31)
Wir konnten den Blick nicht von den Mauern der Heiligen Stadt wenden [...] und vielen rannen Tränen des Glücks über die Wangen, auch mir: Dafür hatten wir all die Strapazen auf uns genommen [...]. Und genau dort, die Mauern der Stadt waren schon zum Greifen nahe, gerieten wir in einen Hinterhalt der Ungläubigen und Gisbert wurde getötet. [...] Wie eine Verrückte lief ich hinein in die Stadt und ließ mich, als ich eine Kirche sah, vor ihrem Eingang auf den Boden sinken. (S. 36/37)

Nathan spricht die völlig verzweifelte Daja an und nimmt sie in seinem Haus auf.

Daja Ich, Daja, Erzieherin und Gesellschafterin Rechas und heimliche Gefährtin Nathans, der mir nur Gutes getan hatte, war plötzlich von einem bösen Geist besessen. [...] Nie hätte ich mir vorgestellt, dass ich Nathan verraten könnte. [...] Bis heute war Nathan für mich der Mensch, mit dem mich mehr als nur Freundschaft verband. Er war mein Retter, der Mann, dem ich alles zu verdanken hatte, der mich, als ich in größter Not und ohne Hoffnung war, von der Straße aufgelesen und in sein Haus gebracht hatte. (S. 167)
Es war, als hätte in meinem Inneren die Sehnsucht auf der Lauer gelegen, vierzehn Jahre lang, und nur auf den richtigen Moment gewartet, [...] ich wollte nur eines: zurück in die alte Heimat. (S. 171)

Daja ist hin- und hergerissen zwischen ihrem Heimweh nach Deutschland und ihrer Treue zu Nathan. Sie hat das Geheimnis um Rechas Herkunft immer gewahrt, bis sie sich heimlich mit dem Tempelritter trifft. Sie weiß, dass er sich in Recha verliebt hat.

Daja „Wenn sie bloß keine Jüdin wäre", sagte er [der Tempelritter] und seufzte noch einmal. Im Baum über unseren Köpfen raschelte es, hinter der Stadtmauer heulten Schakale. Mir fiel ein, wie früher, in kalten Winternächten, die Wölfe im Wald geheult hatten, ein drohendes, unheimliches Heulen. „Und wenn sie keine Jüdin wäre?", hörte ich mich plötzlich sagen. „Wenn sie Christin wäre wie du und ich? Wenn Nathan gar nicht ihr Vater wäre?" (S. 174)

2 Notiere in einer Mindmap, was du über Daja erfährst, z.B. über ihre Herkunft, ihre Familie, Konflikte und ihr Leben.

Seite 274 Mindmap

3 Stellt in der Gruppe die wichtigsten Ereignisse in Dajas Leben in einem Flussdiagramm dar. Nutzt dazu eure Notizen aus Aufgabe 2.

Seite 273 Flussdiagramm

Tod der Eltern → *Leben bei der Großmutter* → … → …

4 Lies noch einmal die Zeilen 15–20. Übernimm die Tabelle und notiere die Handlungsschritte sowie Gedanken und Gefühle Dajas.

Seite 103 äußere/innere Handlung

äußere Handlung (wahrnehmbar)	innere Handlung (Gedanken, Gefühle)
Die Reisenden sehen die Mauern der Stadt und weinen.	*Sie sind erschöpft und erleichtert, dass sie ihr Ziel erreicht haben.*
…	…

5 Was erfährst du über Dajas Charakter? Notiere Stichworte und belege am Text, z.B. *Z. 1, „war dankbar, dass mein Bett…*

Seite 278 direkte/indirekte Charakterisierung

6 Aus welchem Grund zog Daja ins Heilige Land und in die Stadt Jerusalem? Notiere deine Überlegungen und belege am Text.

7 Welches Verhältnis hat Daja zu Nathan? Beschreibe mithilfe der passenden Begriffe und belege mit den entsprechenden Zeilen aus dem Text.

Freunde | *Geliebte* | *Ehefrau* | *Angestellte* | *Nathan ist Daja gleichgültig.* | *Daja hat Mitleid mit Nathan.* | *Daja bewundert Nathan.* | *Tochter*

8 Lest in der Gruppe noch einmal die Zeilen 31 bis 36. Überlegt, warum Daja dem Tempelritter erzählt, dass Recha nicht Nathans leibliches Kind ist. Wie beurteilt ihr dieses Verhalten? Diskutiert darüber.

9 Versetze dich in die Figur Daja. Schreibe einen Brief an Nathan, in dem du ihm erklärst, warum du sein Geheimnis um Rechas Abstammung verraten hast.

10 Schreibe mit den Ergebnissen der Aufgaben 1–9 eine Charakterisierung von Daja.

Seite 277 eine literarische Figur charakterisieren

11 Stellt der Klasse die Figur Daja vor. Nutzt eure Aufzeichnungen aus den Aufgaben 2–7.

Curd von Stauffen – Leu von Filnek

Curd von Stauffen, der Tempelritter, ist eine wichtige Figur im Roman. Er verändert sich nicht nur optisch, auch sein Charakter macht eine Wandlung durch.

Leseschlüssel

○ **1** Lies die Auszüge aus dem Roman, in denen sowohl Curd von Stauffen selbst, als auch andere Personen zu Wort kommen.

Curd von Stauffen Ich hatte die Heimat verlassen, um Großes zu tun, um der Welt und vor allem Konrad von Stauffen, den ich so lange Vater genannt hatte, zu beweisen, was wirklich in mir steckte […]. (S. 78)
Er sei nicht mein Vater, sagte er, sondern mein Oheim[1], der Bruder meiner Mutter. Sie habe mich als Säugling bei ihm zurückgelassen, um ihrem Mann oder Gesellen, wie er es nannte, zu folgen, der schon vor meiner Geburt ins Heilige Land gezogen sei. […] Meine Fragen nach meinem Vater konnte oder wollte mir mein Oheim nicht beantworten, er sagte nur, meine Mutter habe angegeben, ich hieße Leu von Filnek, aber darauf solle ich mir nichts einbilden, es gebe im ganzen Reich keine Filneks, noch nie habe man von einer Familie dieses Namens gehört. […] Ich war wie vor den Kopf geschlagen und wusste nicht, was ich mit mir und meinem Leben anfangen und wohin ich meine Schritte lenken sollte. Da kam es mir gerade recht, dass überall im Land zu einem neuen Kreuzzug aufgerufen wurde. (S.150/151)

[1] Oheim, der: (veraltet) Onkel

Al-Hafi Saladin hatte, seit er den jungen Tempelritter sah, dem er das Leben schenkte, immer wieder von Assad gesprochen, er war überzeugt, dass der junge Mann seinem verschollenen Bruder wie aus dem Gesicht geschnitten sei. (S. 93)

Elijahu Ich lächelte bei dem Gedanken an die Geschichte, die sich in Jerusalem die Spatzen von den Dächern pfiffen, nämlich dass er [der Tempelritter] der Sohn Assads sei, des verschollenen älteren Bruders von Saladin. (S. 220)

Curd von Stauffen Ich hatte ein Mädchen aus den Flammen gerettet. […] Es war kein besonderer Heldenmut, der mich dazu getrieben hat, mich in die Flammen zu stürzen […]. Nein, es war mehr als das, ich hatte freudig die Gelegenheit ergriffen, mein Leben aufs Spiel zu setzen, weil ich bereit und willig war, es zu verlieren. […] Mein Leben bedeutete mir nichts mehr, denn es war mir vom Sultan geschenkt worden, dem Mörder meiner Brüder. (S. 76/77)
Vielleicht sollte jetzt allmählich jener Leu von Filnek geboren werden, von dem mein Onkel gesprochen hatte. (S. 76)

Curd von Stauffen trifft auf Nathan, der ihm für die Rettung von Recha danken will. Daja beobachtet die Begegnung.

Daja Der Tempelritter hob den Kopf […]. Er war sehr jung, fast noch ein Knabe, und seine Züge zeigten die edle, ergreifende Schönheit, die man manchmal auf Altarbildern trifft. Doch als er aufsprang und Nathan mit einer groben Bewegung von sich stieß, war alles Engelhafte wie weggewischt. […] „Ich brauche deinen Dank nicht, Jude, und erst recht nicht deinen Segen. Ich habe nur das getan, was jeder christliche Ritter getan hätte, und zudem konnte ich ja nicht wissen, dass es sich bloß um das Leben eines Judenmädchens gehandelt hat.“ […] (S. 102)

Nach intensiven Gesprächen sind Nathan und Curd von Stauffen Freunde geworden.

Curd von Stauffen Die Tochter Nathans, den ich aus vollem Herzen meinen väterlichen Freund nannte, hatte mich im Innersten getroffen und Träume und Wünsche in mir geweckt, von denen ich nicht gewusst hatte, dass ich sie in mir trug. Es nützte auch nichts, dass ich mir seither immer wieder sagte: Vergiss nicht, dass du ein Tempelritter bist. Du hast gelobt, auf den Spuren Christi zu wandeln. Du hast ein Keuschheitsgelübde[1] abgelegt. Und außerdem war sie Jüdin. Ein Christ konnte keine Jüdin heiraten. Heiraten? Dieses Wort, das mir so plötzlich in den Sinn kam, erschreckte mich. (S. 145)

[1] Keuschheitsgelübde, das: Versprechen von Ordensleuten, sexuell enthaltsam zu leben

Nathan und Elijahu treffen bei Saladin auf Curd von Stauffen, der sich jetzt Leu von Filnek nennt.

Elijahu „Aber Curd von Stauffen ist Christ", hatte Nathan gesagt. „Verlangt man nun von ihm, Muslim zu werden?" Und al-Hafi hatte geantwortet: „Der Sultan ist so glücklich, dass er ihn gefunden hat, ich glaube, es ist wohl egal, ob er Christ ist oder Muslim. [...] Ich betrachtete ihn, diesen schönen jungen Mann, der tatsächlich aussah wie ein arabischer Prinz, braun, mit schwarzen Locken, die unter dem Turban herausschauten, mit einer geraden Nase, vollen Lippen und einem kräftigen Kinn. Er sah älter aus als in seinem Templermantel, männlicher. Dieser Leu von Filnek also lachte über das ganze Gesicht und streckte Nathan beide Hände entgegen und Nathan begrüßte ihn so herzlich wie einen wiedergefundenen Sohn. (S. 220/221)

○ **2** Halte in einer Mindmap fest, was du über Curd von Stauffen erfährst, z. B. über sein Aussehen, seine Herkunft und Familie, Konflikte sowie sein Leben als Tempelritter.

Seite 274 Mindmap

● **3** Überlegt im Tandem, warum Curd von Stauffen den Stammsitz seiner Familie verließ und ins Heilige Land zog. Wie beurteilt ihr diese Entscheidung? Diskutiert darüber.

MK ◒ **4** Curd von Stauffen gehört zum Orden der Templer. Recherchiert zur Entstehung und Bedeutung des Ordens, zu bedeutenden Mitgliedern und zu dessen Zielen. Tragt eure Ergebnisse im Tandem zusammen und haltet sie in einem Schaubild fest.

◒ **5** Beschreibe, in welchem Verhältnis Curd von Stauffen und Saladin zueinander stehen. Belege am Text.

◒ **6** Lies noch einmal die Zeilen 21 bis 28 und notiere äußere und innere Handlung. Erläutere die Gefühle Curd von Stauffens.

Seite 103 äußere/ innere Handlung

◒ **7** Curd von Stauffen und Leu von Filnek sind ein und dieselbe Person. Diskutiert in der Gruppe, warum der Tempelritter den Namen Curd von Stauffen abgelegt hat.

MK ◒ **8** Dürfen Muslime und Christen heiraten? Recherchiere dazu im Internet.

● **9** Versetze dich in die Figur Curd von Stauffen. Schreibe einen inneren Monolog, in dem du dich mit der Frage auseinandersetzt, ob du Recha heiraten kannst oder nicht.

Seite 273 innerer Monolog

○ **10** Stellt der Klasse die Figur Curd von Stauffen vor. Bezieht eure deine Arbeitsergebnisse aus den Aufgaben 2–7 ein.

Recha – die Tochter Nathans

Recha wächst wie Nathans leibliche Tochter auf und führt ein unbeschwertes Leben. Dieses gerät aus den Fugen, als sie sich verliebt, die Wahrheit über ihre Herkunft erfährt und Nathan ermordet wird.

Leseschlüssel

○ **1** Lies die Textauszüge, die sich mit der Figur Recha beschäftigen.

Elijahu Nach den sieben Trauertagen war plötzlich ein Säugling da: Recha. [...] ein Klosterbruder sei mit dem Kind gekommen und habe nach Nathan verlangt. Nathan saß da, hielt das Kind im Arm und weinte. [...] Er zog nach Jerusalem, besorgte eine Amme für das Kind und richtete ein Haus ein, in dem wir noch immer wohnen. Ich zog natürlich mit ihm, auch wenn ich ihn nicht verstand. Ich war voller Fragen, aber Nathan wollte nicht mehr über das sprechen, was geschehen war. Nur einmal sagte er: „Gott ist fern, aber die Menschen sind nah. Glaube mir, Elijahu, das höchste Ziel der Menschen muss die Vernunft sein. Vernunft und die Liebe zu anderen Menschen." (S. 47/48)

Nachdem der Tempelritter sie aus dem brennenden Haus gerettet hat, denkt Recha immer wieder an diese Begegnung und ist tief davon beeindruckt.

Recha Doch sogleich schob sich ein anderes Bild zwischen mich und das mörderische Feuer: das Bild des Engels [...] Ich sah, wie er sich über mich neigte, und einen Augenblick lang war sein Gesicht so nah bei meinem, dass ich seinen Atem auf meiner Wange spürte und, ergriffen von seiner Schönheit und Erhabenheit[1], die Augen schließen musste, weil der Anblick mich tief in meinem Inneren berührte. (S. 56)

Meine Knie wurden weich, ich fing an zu zittern, hielt mich nur mit Mühe aufrecht und musste mich an die Mauer lehnen, um nicht zu Boden zu sinken. Ich hatte das Gefühl, als ströme das Leben aus meinem Körper. (S. 66)

[1] Erhabenheit, die: Würde

Recha hat sich in Curd verliebt und betrachtet sich verunsichert im Spiegel.

Recha Ich starrte diese fremde Frau an und sagte mir: Das also bist du. So siehst du aus. Dieses Gesicht sieht er, wenn er dich betrachtet. Und du kannst nicht wissen, ob ihm das gefällt, was er sieht: blaugraue Augen, die vielleicht ein bisschen zu tief liegen, eine kurze, gerade Nase, volle Lippen, hinter denen sich weiße Zähne verbergen, gleichmäßig wie eine Perlenschnur, ein etwas zu spitzes Kinn, rötliche Haare, eine helle Haut. (S. 112)

Daja, allein mit Recha, verrät ihr das Geheimnis ihrer Abstammung.

Recha [Daja]„Er liebt dich, und ich habe sehr wohl bemerkt, dass du ihn ebenfalls liebst [...] Ich wollte doch nur, dass er dich heiratet." [...] „Das geht doch gar nicht", stieß ich aus. „Er ist Christ [...]. Und ich bin Jüdin." „Nein, bist du nicht", sagte sie. „Du bist Christin wie er und das habe ich ihm auch gesagt." (S. 204)

Mein Vater war nicht mein Vater. Warum hatte er es mir nie gesagt? [...] Warum hatte er mich belogen? Wenn ich früher manchmal nach meiner Mutter gefragt hatte, hatte er immer gesagt: Sie ist kurz nach deiner Geburt gestorben. [...] Und selbst wenn sie keine Jüdin war, dachte ich zornig, ich bin eine. Ich bin eine Jüdin [...]. (S. 209/210)

Ein Bild tauchte vor meinen Augen auf, das Bild eines jungen Mannes [...]. Aber er wollte mich nur als Christin, [...] und was war seine Liebe wert, wenn sie davon abhing, welche Religion ich hatte? Was durfte ein Mann überhaupt von einer Frau verlangen, die er zu lieben vorgab? (S. 211)

Am Ende des Romans wird Nathan von Unbekannten ermordet und Recha ist außer sich vor Trauer. Obwohl sie Hinweise auf mögliche Täter erhält, will sie keine Rache.

Recha Wichtig ist doch nur, dass er [Nathan] gelebt hat und wie viel Gutes er getan hat. Dass er mir ein Vater war. Ich möchte ohne Zorn an ihn denken, ohne Rachegefühle." (S. 247)
[...] ich werde eines Tages einen Sohn haben. Ich werde ihn Nathan nennen, und ich werde ihn lehren, dass es nichts Größeres auf dieser Welt gibt als Liebe und Barmherzigkeit. Ich werde dafür sorgen, dass mein Vater in seinen Kindeskindern weiterlebt." (S. 243)

○ **2** Notiere in Stichworten, was du über Recha erfährst, z. B. über ihr Aussehen, ihre Herkunft sowie Familie und Konflikte.

◒ **3** Wie beschreibt Recha den Tempelritter Curd von Stauffen? Belege am Text. Erläutere, wie diese Beschreibung auf dich wirkt.

◒ **4** Recha und Curd haben sich ineinander verliebt. Lies noch einmal die Zeilen 34 bis 37 und notiere, warum Recha an Curds Liebe zweifelt. Wie stehst du dazu? Schreibe deinen Standpunkt auf und tausche dich mit einer Partnerin oder einem Partner darüber aus.

◒ **5** Schreibe eine Charakterisierung der Figur Recha.

Seite 277
eine literarische Figur charakterisieren

● **6** Diskutiert in der Gruppe, warum Recha auf die Suche nach Nathans Mörder und dessen Bestrafung verzichtet. Haltet eure Argumente fest.

◒ **7** Stelle Vermutungen an, was Mirjam Pressler mit diesem Ende sagen will.

◒ **8** Und wie endet Lessings Drama? Lest in der Gruppe die Zusammenfassung und formuliert Lessings Botschaft. Tauscht euch im Anschluss über die Unterschiede zum Buch von Mirjam Pressler aus.

TIPP
Denkt auch an die Titel der Werke.

Am Ende des 5. Aufzugs, im Palast des Sultans, wird der Konflikt aufgelöst. Nathan kann beweisen, dass der Tempelherr und Recha Geschwister sind. Ihr Vater ist Assad, der tote Bruder von Sittah und Saladin. Dieser hatte sich in Deutschland in eine Christin verliebt, war auch Christ geworden und nannte sich nun Wolf von Filnek. Der Tempelritter war nach dem Tod der Mutter von seinem Onkel adoptiert worden. Assad war mit seiner kleinen Tochter Blanda von Filnek (Recha), in seine Heimat zurückgekehrt. Da dort Krieg herrschte, ließ er sie zu Nathan bringen. Am Ende fallen sich die Geschwister Blanda und Leu von Filnek in die Arme, werden von ihrer Tante Sittah und ihrem Onkel Saladin umarmt und bilden mit ihrem „Ersatz-Vater" Nathan eine große Menschheitsfamilie[1].

[1] Menschheitsfamilie: in der Vorstellung Lessings leben in dieser unterschiedliche Religionsgemeinschaften friedlich zusammen

◒ **9** Stellt der Klasse die Figur Recha vor. Nutzt eure Ergebnisse aus den Aufgaben 2–7. Diskutiert, welche Botschaft (Lessings oder Presslers) in der heutigen Zeit mehr Bedeutung hat.

Geschem und Elijahu

1 Lies die folgenden Aussagen zu weiteren Figuren aus dem Roman „Nathan und seine Kinder“ von Mirjam Pressler.

A Geschem fühlte sich wieder wie in der Nacht, in der das große Feuer ausbrach. Zuerst hatte er den Rauch gesehen, dann züngelten erste Flämmchen. Er versuchte, sich zu schützen und gegen den Schmerz zu wappnen, der unweigerlich kommen würde. „Was werde ich spüren, wenn mich die Flammen packen?“, fragte er sich. Das Feuer prasselte lauter, das Holz barst und die Mauern brachen zusammen. Geschem schwanden die Sinne, aber er konnte noch spüren, wie jemand ihn forttrug, weg aus den Flammen.

B Elijahu ist nicht nur ein Angestellter, sondern auch ein enger Freund Nathans. Als Nathan kostbare Stoffe zu Saladin bringt, beobachtet Elijahu genau, wie die Mitglieder von Saladins Leibwache auf Nathan reagieren. Das Gesicht von Abu Hassan hatte sich verfinstert. Ganz offensichtlich hasste er Nathan. Das kam Elijahu wieder in den Sinn, als Nathan ermordet worden war. Er musste sich zurückhalten, um nicht sofort zurückzuschlagen.

Seite 290
Verben

2 Wähle einen Text aus Aufgabe 1 aus. Übernimm dann die Tabelle und trage die Verbformen aus dem Text passend ein. Ergänze die weiteren Formen.

Präsens	Perfekt	Präteritum	Plusquamperfekt	Futur (I)
(er) fühlt	*(er) hat gefühlt*	*(er) fühlte*	*(er) hatte gefühlt*	*(er) wird fühlen*
...	...	...	...	...

Seite 290
Zeitformen und Zeitstufen

3 Lest den Text über die Entstehung von „Nathan und seine Kinder“. Bestimmt im Tandem in jedem Satz das Tempus (die Zeitform) und die entsprechende Zeitstufe, z. B. *Mirjam Pressler – Präsens + Zeitstufe Vergangenheit ...*

Mirjam Pressler schreibt den Roman „Nathan und seine Kinder“ im Jahr 2009. Sie will, dass auch die heutige Jugend die Idee des Theaterstücks „Nathan der Weise“ versteht, das Gotthold Ephraim Lessing 1779 verfasst. Den Roman lesen in den nächsten Jahren sicher viele junge Menschen mit Begeisterung.

4 Klärt in der Gruppe, welche Zeitstufen durch das Präsens ausgedrückt werden können.

5 Lies den folgenden Text, der im Präsens steht. Formuliere den Text ins Präteritum um. Schreibe beide Verbformen auf, z. B. *(sie) spielt – (sie) spielte ...*

Die Handlung von „Nathan und seine Kinder“ spielt im Jahr 1192 zur Zeit des dritten Kreuzzugs in Jerusalem. Der jüdische Kaufmann Nathan ist darin ein Beispiel für Toleranz und Nächstenliebe. 2009 erhält der Roman einen Preis als bestes Kinder- und Jugendbuch. 2010 erscheint im Jumbo Verlag eine Hörspielversion. Damit kommt dem Buch eine große Bedeutung zu.

6 Lest in der Gruppe den folgenden Merksatz. Erläutert damit eure Verbformen aus Aufgabe 5 und den Unterschied zwischen starken und schwachen Verben.

Bei starken (unregelmäßigen) Verben verändert sich im Präteritum der Stammvokal.

7 Verbindet im Tandem die Sätze in der Tabelle. Verwendet für das zeitlich weiter zurückliegende Ereignis das Plusquamperfekt und für das davorliegende das Präteritum, z. B. *Nachdem Recha von ihrer Abstammung erfahren hatte, war sie böse auf Nathan.*

TIPP
Beginne alle Sätze mit der Konjunktion „nachdem".

1. Ereignis	2. Ereignis
Recha erfährt von ihrer Abstammung.	*Sie ist böse auf Nathan.*
Saladin sieht Curds Ähnlichkeit mit seinem Bruder.	*Er verschont Curd.*
Die Schwester Saladins bedrängt Al-Hafi.	*Er bringt Nathan zu Saladin.*

8 Ein Tempus (Zeitform), das selten gebraucht wird, ist das Futur II. Schreibe die folgenden Sätze ab und markiere die Zeitformen.

a Morgen werde ich den Roman fertiggelesen haben.
b Er wird wohl nicht im Film vorgekommen sein.

9 Erklärt einander in der Gruppe mithilfe der Sätze aus Aufgabe 8, wie das Futur II gebildet wird und was man damit ausdrücken kann.

Merke
Das Futur II (vollendete Zukunft)

Mit dem **Futur II** kann man ausdrücken,
- dass ein **Ereignis** zu einem bestimmten Zeitpunkt **in der Zukunft abgeschlossen** sein wird. → Morgen wirst du alles vergessen haben.
- was man über ein **vergangenes Ereignis vermutet.** → Er wird wohl eine Panne gehabt haben.

Das **Futur II** wird aus der **Personalform** von **werden** im **Präsens**, dem **Partizip Perfekt des Verbs** und dem **Infinitiv** von **haben** oder **sein** gebildet. → ich werde gelesen haben, du wirst gestürzt sein, er wird gefahren sein, wir werden vergessen haben, ihr werdet verloren haben, sie werden aufgewacht sein

10 Verben, die ein Reflexivpronomen verlangen, nennt man reflexive Verben. Bildet im Tandem Sätze zu „Nathan und seine Kinder" mit den folgenden reflexiven Verben, z. B. *Nathan kannte sich in Jerusalem gut aus.*

sich aufregen · *sich auskennen* · *sich ausruhen* · *sich bedanken* · *sich entschließen* · *sich entschuldigen* · *sich erkundigen* · *sich freuen* · *sich interessieren* · *sich konzentrieren* · *sich kümmern* · *sich wundern*

Schreiben für eine bessere Welt

1 Lies den folgenden Text über die Autorin Mirjam Pressler.

Mirjam Pressler erblickte 1940 in Darmstadt das Licht der Welt. Sie wuchs bei Pflegeeltern und im Heim auf. Ihre drei Töchter berichten, dass ihre Mutter verschiedene Jobs gehabt hatte, bevor sie als freie Autorin und Übersetzerin leben konnte. So arbeitete sie z. B. als Taxifahrerin und besaß einen eigenen Jeansladen. In ihren Büchern beschreibt Pressler oft schwierige Lebenssituationen und regt die Leser zum Nachdenken an. „Ich schreibe hauptsächlich für mich", sagte Pressler einmal, aber wir sind froh, dass ihre Bücher den Weg in die Buchhandlungen gefunden haben. Auch wenn Mirjam Pressler bereits 2019 gestorben ist, werdet ihr ihre Bücher auch in Zukunft lesen können.

2 Schreibt alle Verbformen aus dem Text aus Aufgabe 1 heraus. Bestimmt dann im Tandem Person (1., 2. oder 3.), Numerus (Singular oder Plural) und das Tempus (Zeitform: Präsens oder Präteritum oder …), z. B. *(Mirjam Pressler) erblickte → 3. Person Singular Präteritum – (sie) wuchs…*

3 Notiere zu den Verben lesen und schreiben die folgenden Verbformen, z. B. *3. Person Plural Plusquamperfekt → sie hatten gelesen …*

3. Person Plural Plusquamperfekt | *2. Person Singular Perfekt*

1. Person Plural Futur I | *1. Person Singular Präteritum* | *3. Person Plural Präsens*

4 Denke dir zu den Verbformen aus Aufgabe 3 ganze Sätze aus und schreibe sie auf.

Seite 291
Modi des Verbs

5 Seht euch im Tandem die folgenden Sätze an und ordnet sie den drei Aussageformen des Modus zu. Übernehmt die Tabelle und schreibt die Sätze hinein.

Lest den Roman im Unterricht! | *Wir lesen den Roman im Unterricht.*

Wir würden den Roman im Unterricht lesen, wenn wir Zeit hätten.

Indikativ (Wirklichkeitsform)	**Konjunktiv** (Möglichkeitsform)	**Imperativ** (Befehls-/Aufforderungsform)
…	…	…
Pressler erzählt …	…	…

6 Schreibe auch die folgenden Sätze in die richtige Spalte der Tabelle aus Aufgabe 5.

a Pressler erzählt gerne Geschichten.
b Kinder läsen heute gerne Mangas.
c Kauf mir bitte das Buch!
d Die Verfilmung des Buches wäre eine gute Idee.
e Pressler studierte Sprachen.
f Lies noch einmal den Text über Recha.
g Ihre Bücher beeindrucken viele Leser.
h Viel mehr Jugendliche hätten die Geschichte lesen sollen.

7 Aktiv und Passiv nennt man Handlungsarten des Verbs. Übernehmt im Tandem die Tabelle und ordnet die unten stehenden Sätze richtig ein.

	Aktiv (der Handelnde steht im Vordergrund)	**Passiv** (die Handlung steht im Vordergrund)
a	*Ein Verlag veröffentlichte das Buch 2009.*	*Das Buch wurde 2009 von einem Verlag veröffentlicht.*
b	...	*Das Buch wurde für den deutschen Jugendliteraturpreis nominiert.*
...	...	...

a Ein Verlag veröffentlichte das Buch 2009.
b Das Buch wurde für den deutschen Jugendliteraturpreis nominiert.
c Die Geschichte greift eine Idee von Lessing auf.
d Die Figuren wurden lebendiger dargestellt.
e Pressler recherchierte auch in historischen Quellen.
f Die Geschichte der Kreuzzüge konnte sie nicht als bekannt voraussetzen.
g Sie erfand neue Nebenfiguren.

Seite 292
Aktiv und Passiv

TIPP
Lasst die jeweils andere Spalte frei.

8 Aus Aktiv wird Passiv … aus Passiv wird Aktiv. Wandelt im Tandem die Sätze in der Tabelle um und schreibt sie in die leere Tabellenspalte.

TIPP
Wenn es nötig ist, dann denkt euch für die Aktivsätze ein Subjekt aus.

9 Bestimmt im Tandem in den folgenden Sätzen Person, Numerus, Tempus, Modus und Handlungsart, z. B. *a (der Roman) wird … herausgegeben … → 3. Person Singular Präsens Indikativ Passiv …*

a Der Roman „Nathan und seine Kinder" wird 2009 herausgegeben.
b Sie hätte noch weitere Klassiker neu erzählen sollen.
c Die Leser werden eine Lehre aus der Geschichte ziehen.
d Liebe Autorinnen und Autoren, schreibt noch viele spannende Bücher!

10 Formuliert im Tandem mit schreiben + ein Buch Sätze. Nutzt verschiedene Personal- und Tempusformen, die drei Modi sowie Aktiv und Passiv. Bestimmt die Sätze abwechselnd, z. B. *Ihr werdet ein Buch schreiben. → 2. Person Plural Futur I Indikativ Aktiv …*

Merke
Die Merkmale des Verbs

Verben sind **veränderbar**, sie werden **konjugiert**. Die **Konjugation** umfasst **fünf** grammatische **Größen**:
- **Person**: 1. → ich sehe, wir sehen, 2. → du siehst, ihr seht, 3. → er/sie/es sieht, sie sehen
- **Numerus**: Singular → ich sehe, du siehst, er/sie/es sieht und Plural → wir sehen, ihr seht, sie sehen
- **Tempus** (Zeitform) Präsens → er sieht, Perfekt → er hat gesehen, Präteritum → er sah, Plusquamperfekt → er hatte gesehen, Futur I → er wird sehen, Futur II → er wird gesehen haben
- **Modus**: Indikativ → er sieht, Konjunktiv I → er sehe, Konjunktiv II → er sähe, Imperativ → Sieh! Seht!
- **Handlungsart**: Aktiv → er sieht, Passiv → er wird gesehen

Nathan der Weise: Zwei Fassungen – eine Botschaft

1 Lies den Text über die beiden Fassungen der Geschichte.

Gotthold Ephraim Lessing veröffentlichte sein Drama 1779, hatte sich aber schon viel früher mit dem Stoff beschäftigt. Er schrieb das Stück zu Ehren seines Freundes Moses Mendelssohn. Wichtig war ihm die Botschaft, dass die drei Religionen den gleichen Ursprung haben und damit gleichwertig sind. Mirjam Pressler fand die Botschaft wichtig, das Lesen des Originaltextes für die Jugendlichen aber schwierig. Daher hat sie den Text in die heutige Zeit verlegt, ergänzte einige Figuren und verlieh den weiblichen Figuren mehr Bedeutung. Du wirst aber feststellen, dass die Botschaft die gleiche ist: Keine Religion ist die einzig wahre.

2 Schreibt die Verbformen aus dem Text auf. Bestimmt dann im Tandem Person, Numerus und Tempus und notiert, z. B. *(Lessing) veröffentlichte → 2. Person Singular Präteritum ...*

3 Verändert jetzt Person, Numerus oder Tempus der Verbformen aus Aufgabe 2. Gebt im Tandem an, wie ihr sie verändern wollt, z. B. *(Lessing) veröffentlichte → 2. Person Singular Plusquamperfekt: Du hattest veröffentlicht.*

4 Formuliere die folgenden Sätze um. Ersetze das Präsens durch das Präteritum und das Perfekt durch das Plusquamperfekt, z. B. *a Nachdem Pressler das Drama von Lessing gelesen hatte, dachte sie daran, eine eigene Geschichte dazu zu schreiben.*

a Nachdem Pressler das Drama von Lessing gelesen hat, denkt sie daran, eine eigene Geschichte dazu zu schreiben.
b Nachdem sie sich für die Geschichte entschieden hat, beginnt sie mit der Recherche.
c Nachdem sie ihre Recherche abgeschlossen hat, beginnt sie zu schreiben.
d Nachdem sie das Buch fertiggestellt hat, findet sie einen Verleger.

5 Konjugiere die folgenden Sätze im Futur I. Schreibe sie auf, z. B. *a Ich werde das Buch lesen. Du wirst das Buch lesen.*

a Wir werden das Buch lesen.
b Es wird die Idee von der Gleichwertigkeit der Religionen weitertragen.

6 Lies den folgenden Text und schreibe ihn auf. Ersetze dabei das Präsens durch das Präteritum, z. B. *Lessing schrieb ein Drama in fünf Akten.*

Lessing schreibt ein Drama in fünf Akten. Er benutzt sowohl tragische als auch komische Elemente. Es gibt wenig Regieanweisungen. Lessing entwirft die Idee einer friedlichen Welt ohne Hass. Er bespricht sich dazu mit Moses Mendelssohn. Lessings Schluss unterscheidet sich deutlich von dem von Pressler. Sie übernimmt aber die Ringparabel mit ihrer Botschaft.

7 Konjugiert im Tandem abwechselnd die folgenden Reflexivverben, z. B. *ich entschließe mich, du … dich, er … sich, wir … uns, ihr … euch, sie … sich*

sich entschließen | *sich konzentrieren* | *sich auskennen* | *sich umsehen*

TIPP
Verwende jeweils zwei verschiedene Personalpronomen.

8 Schreibe zu jedem reflexiven Verb aus Aufgabe 7 zwei Sätze auf.

9 Schreibe die folgenden Sätze ab und setzte die Verben im richtigen Tempus (Zeitform) ein, z. B. *Mirjam Pressler beendete ihren Roman 2009.*

Mirjam Pressler ▬ (beenden) ihren Roman 2009. Der Roman ▬ (begeistern) sehr viele Leserinnen und Leser. Nachdem sich der Jumbo-Verlag ▬ (entschließen), zum Buch ein Hörbuch herzustellen, ▬ (beginnen) die Suche nach geeigneten Sprechern. Auch Schauspielerinnen und Schauspieler ▬ (sprechen) die unterschiedlichen Figuren. Nachdem das Hörbuch 2010 ▬ (veröffentlichen), ▬ (können) sich auch „Lesefaule" an der Geschichte erfreuen. Jeder Sprecher ▬ (erzählen) dabei ein Stück der Geschichte aus der Sicht einer Figur.

10 Formuliert im Tandem mithilfe der folgenden Wortgruppen ganze Sätze im Passiv, z. B. *a ein Hörbuch produzieren → Ein Hörbuch wird produziert.*

a ein Hörbuch produzieren
b eine Idee entwickeln
c Sprecher beraten
d Geschichte aus unterschiedlichen Perspektiven erzählen
e Botschaft vermitteln

11 Schreibe die folgenden Aktivsätze in Passivsätze um, z. B. *a Pressler übernimmt die Idee zum Roman von Lessing. → Die Idee zum Roman wird von Pressler von Lessing übernommen.*

a Pressler übernimmt die Idee zum Roman von Lessing.
b Nur wenige Menschen lesen heute noch den Originaltext.
c Wir verstehen die altertümliche Sprache oft nicht.
d Der Roman erzählt die Geschichte in moderner Sprache.

12 Bestimmt im Tandem in den folgenden Sätzen den Modus (Indikativ, Konjunktiv oder Imperativ).

a Nathan ist die wichtigste Figur in beiden Texten.
b Lies doch auch mal das Drama!
c Pressler hätte wohl noch mehr Klassiker modernisiert.
d Lessing verehrte seinen Freund Mendelssohn.
e Lessing wäre froh, wenn sein Drama weiterhin gespielt wird.
f Pressler machte die weiblichen Figuren stärker.
g Geht doch mal ins Theater und schaut euch das Drama an.

13 Formuliere die Sätze aus Aufgabe 12 so um, dass sie in einem anderen Modus stehen, z. B. *a Nathan ist die wichtigste Figur in beiden Texten. (= Indikativ)*
Nathan wäre die wichtigste Figur in beiden Texten. (= Konjunktiv)

6 Kurzes zum Nachdenken

Epische Kleinformen erschließen

Das lernst du jetzt:
- Kurzgeschichten, Anekdoten und Parabeln untersuchen und erschließen
- Merkmale von Textarten erarbeiten
- Textarten vergleichen
- eigene literarische Texte verfassen
- Modalverben kennen und verwenden
- die Modi des Verbs erkennen und verwenden

1 Seht euch die Bildergeschichte zur Fabel „Der Hase und die Schildkröte“ von Jean de La Fontaine auf Seite 120 an. Versucht, die Fabel mithilfe der Bilder nachzuerzählen.

2 Lest, was Martin Luther über die Textart Fabel schreibt. Gebt den Inhalt des Textes mit eigenen Worten wieder.

Martin Luther
Wozu Fabeln? (1530, Ausschnitt)
[...] ja alle Welt hasset die Wahrheit, wenn sie einen trifft. Darum haben solche weisen hohen Leute die Fabeln erdichtet, und lassen ein Tier mit dem andern reden; als sollten sie sagen: Wohlan, es will niemand die Wahrheit hören noch leiden, und man kann doch der Wahrheit nicht entbehren, so wollen wir sie schmücken, und unter einer lustigen Lügenfarbe und lieblichen Fabeln kleiden, und weil man sie nicht will hören durch Menschen Mund, dass man sie doch höre durch Tiere und Bestien Mund.

3 Legt ein Cluster zur Textart Fabel an und sammelt darin alle Merkmale. Nutzt dazu Aufgabe 1 und 2.

4 Lest die folgenden Zitate bekannter Autoren über die Textart Kurzgeschichte.

Eine Kurzgeschichte ist ...

... nicht länger als ein Haarschnitt dauert (Ernest Hemingway)

... ein Stück herausgerissenes Leben [...]; was sie zu sagen hat, sagt sie mit jeder Zeile (Wolfdietrich Schnurre)

... weiter nichts als die Spiegelung der Sekunde, in der das Tellereisen zuschnappt: das Ablösen und der Transport der Beute werden dem Leser überlassen (Siegfried Lenz)

... im eigentlichen Sinn des Wortes modern, das heißt gegenwärtig, ist intensiv, straff. Sie duldet nicht die geringste Nachlässigkeit (Heinrich Böll)

5 Legt auch zur Gattung der Kurzgeschichte und ihren Merkmalen ein Cluster an. Nutzt die Zitate aus Aufgabe 4 und ergänzt weitere.

6 Zu den epischen Kleinformen zählen Fabeln, Kurzgeschichten, Parabeln, Anekdoten und Novellen. Das Besondere an ihnen sind die Kürze, der Wendepunkt und die enthaltene Moral. Formuliert zu der Fabel von Aufgabe 1 die Moral. Recherchiert ein Sprichwort, das diese gut wiedergibt.

RGS **7** Ordnet die folgenden Sätze den Aussageabsichten zu. Beschreibt ihre Wirkung.

a Dürfte ich die Fabel noch einmal hören?
b Ich kann den Inhalt wiederholen.
c Ich muss die Kurzgeschichte in der Schule untersuchen.
d Du sollst langsamer lesen!
e Wir möchten Fabeln lesen.
f Ich will meine Meinung dazu überdenken.

Verpflichtung oder Zwang | Absicht | Erlaubnis | Fähigkeit | Wunsch | Forderung

Weit gereist

○ **1** Lies die folgende Anekdote oder höre sie dir an.

A05

Leseschlüssel

Catharina Bachem-Tonger

Weit gereist

Um das Jahr 1830 ließ sich der Pfarrherr von Güstrow in Mecklenburg von einem Bauernknecht seiner Gemeinde nach Warnemünde fahren, um ein dort liegendes Kriegsschiff zu besichtigen. Unterwegs erzählte er dem Knecht viel von dem wunderbaren Schiff, das größer und gewaltiger sei als alle bisher bekannten.

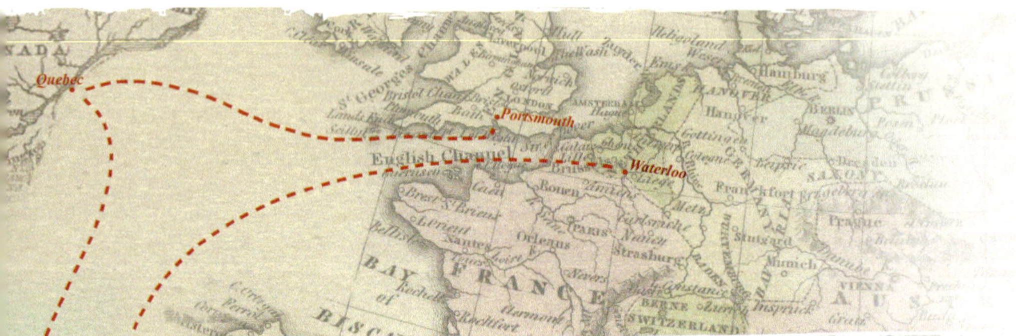

„Och", sagte Jochen, „so'ne Schiffe hab' ich schon oft gesehen."

„Aber wo denn?", fragte der Pastor etwas ungläubig, denn er war sicher, dass der Knecht sein Leben auf der heimatlichen Scholle zugebracht habe.

„In Portsmouth", lautete die Antwort.

„Wie kamst du denn nach Portsmouth?", fragte der andere ganz verwundert.

„Mit dem Regiment, mit dem ich von Quebec kam."

„Quebec? – Das liegt doch in Amerika, denk' ich ...", sagte der Pfarrherr in immer wachsendem Staunen. „Was hast du denn in Quebec gemacht?"

„Gegen die Indianer gekämpft und zwischendurch auch gegen die Amerikaner."

„Aber wie kamst du denn nach Quebec?"

„Von Gibraltar her ..."

„In Gibraltar warst du auch?" In das Staunen des Pastors mischte sich etwas wie ehrfurchtsvolle Bewunderung für den weit Gereisten. Was alles hatte dieser wortkarge und etwas einfältig aussehende Knecht gesehen und erlebt! Was konnte der alles erzählen, wenn es gelang, ihn zum Reden zu bringen. Aber es war nicht viel aus ihm herauszuholen.

„Nee, schön war's da nicht", knurrte Jochen, dem die Fragerei schon lästig wurde. „Nix als Felsen und Staub und Affen und nix Ordentliches in den Magen. Alle Tage Salzfleisch und trockne Erbsen und Hartbrot."

„Wie kamst du denn nach Gibraltar?", forschte der andere weiter.

„Von Waterloo her."

„Bei Waterloo hast du auch mitgekämpft?!"

„Ja, bei den Braunschweigern."

„Du als Mecklenburger bei den Braunschweigern? Wie ging denn das zu?"

Der Knecht kratzte sich verlegen hinter dem Ohr. „Ach, das ist 'ne komische Geschichte. Von zu Haus war ich ausgerissen, weil ich nicht Soldat werden wollte."

○ **2** Formuliert im Tandem euren ersten Leseeindruck und beschreibt die Wirkung des Textes.

3 Lest im Tandem das Gespräch der beiden Figuren mit verteilten Rollen.

4 Benennt in der Gruppe Ort, Zeit, Handlung und Figuren und beschreibt deren Verhältnis zueinander.

5 Übernimm die folgende Tabelle und notiere die Orte, an denen sich der Knecht aufgehalten hat. Bringe sie in die richtige zeitliche Reihenfolge. Ergänze Informationen zu den Aufenthaltsorten aus dem Text.

Reihenfolge	Ort	Information
1.	*Güstrow*	*ausgerissen, weil er nicht Soldat werden wollte*
2.	*Waterloo*	…
…	…	…

6 Folgt mithilfe eines Atlasses der „Reiseroute" des Knechts. Klärt in der Gruppe, wo er sich aufgehalten hat und wie weit er gereist ist.

7 Sieh dir die Figuren des Knechts und des Pfarrers an. Mache dir Notizen zu Lebensumständen, Eigenschaften, Verhalten und den inneren Einstellungen. Beachte direkte und indirekte Charakterisierung im Text.

Seite 277
eine literarische Figur charakterisieren

8 Anekdoten enden häufig mit einer Pointe. Gib die Pointe der Anekdote „Weit gereist" mit eigenen Worten schriftlich wieder.

TIPP
Achte auf den letzten Satz des Knechts.

9 Lest die folgende Aussage, setzt sie in Bezug zur Anekdote „Weit gereist" und tauscht euch in der Gruppe darüber aus.

Das Vorurteil ist ein Urteil, das man ohne Prüfung der objektiven Tatsachen fällt.

10 Klärt in der Klasse, ob es sich bei „Weit gereist" um eine wahre Geschichte handeln könnte. Begründet eure Meinungen.

11 Vergleicht in der Klasse die Textart Anekdote mit der Fabel. Orientiert euch an folgenden Vergleichsaspekten: Umfang, Autorin/Autor, Thema, Aufbau, Handlung, Figuren, Besonderheiten.

Merke
Anekdote

Eine **Anekdote** ist eine **kurze Erzählung**, die ein **Ereignis** aus dem Leben einer meist bekannten **Persönlichkeit** erzählt. Ziel ist es, die Persönlichkeit mit wenigen Sätzen so zu **charakterisieren**, dass man **Schlüsse** auf ihren Charakter ziehen kann.
Anekdoten haben häufig eine **Pointe** am Ende.
Meist werden Anekdoten **mündlich** weitergegeben, manchmal auch aufgeschrieben.
Die **Urheber** sind oft **unbekannt**.

Der hilflose Knabe

○ **1** Lies die folgende Parabel oder höre sie dir an.

A06

Bertolt Brecht

Der hilflose Knabe (um 1930)

Herr K. sprach über die Unart, erlittenes Unrecht stillschweigend in sich hineinzufressen, und erzählte folgende Geschichte: „Einen vor sich hin weinenden Jungen fragte ein Vorübergehender nach dem Grund seines Kummers. ‚Ich hatte zwei Groschen für das Kino beisammen', sagte der Knabe, ‚da kam ein Junge und riss mir einen aus der Hand.', und er zeigte auf einen Jungen, der in einiger Entfernung zu sehen war. ‚Hast du denn nicht um Hilfe geschrien?' fragte der Mann. ‚Doch', sagte der Junge und schluchzte ein wenig stärker. ‚Hat dich niemand gehört', fragte ihn der Mann weiter, ihn liebevoll streichelnd. ‚Nein', schluchzte der Junge. ‚Kannst du denn nicht lauter schreien?' fragte der Mann. ‚Dann gib auch den her.' Nahm ihm den letzten Groschen aus der Hand und ging unbekümmert weiter."

○ **2** Formuliert im Tandem euren ersten Leseeindruck und beschreibt, wie der Text auf euch wirkt.

◒ **3** Tauscht euch in der Klasse darüber aus, wer die Parabel erzählt und was erzählt wird. Erläutert dann, wie ihr die Parabel verstanden habt. Tauscht euch über eure Deutungen aus.

◒ **4** Untersucht jetzt im Tandem die beiden Hauptfiguren. Übernehmt die Tabelle und notiert, wie die beiden miteinander sprechen, sich verhalten und aufeinander reagieren. Ergänzt eure Deutungen in Klammern.

Junge	Mann
steht auf der Straße und weint (ist verzweifelt oder will Mitgefühl erzeugen)	*bleibt stehen und fragt den Jungen, warum er weint (will dem Jungen helfen)*
…	*streichelt den Jungen (hat Mitleid)*
…	…

○ **5** Wie hättest du dich anstelle des Jungen verhalten, als ihm der Mann den Groschen genommen hatte? Schreibe einen kurzen Text darüber.

6 Lest in der Gruppe eure Texte aus Aufgabe 5 vor und diskutiert die Handlungsmöglichkeiten. Besprecht, ob ihr schon ähnliche Situationen erlebt habt.

7 Setzt euch in der Gruppe mit der Figur des Mannes genauer auseinander. Beschreibt sein widersprüchliches Verhalten. Stellt dann Vermutungen darüber an, warum er dem Jungen den letzten Groschen wegnimmt.

8 Eine Parabel ähnelt einem Gleichnis[1]. Sie erzählt eine Geschichte auf der Bildebene, deren Bedeutung man übertragen muss (Sachebene). Übernehmt die Parabel und ergänzt im Tandem eure Deutungen.

[1] Gleichnis: Vergleich in Form einer Erzählung

Bildebene
(das, was gesagt wird)

- Herr K. erzählt die Geschichte von der Begegnung eines Jungen mit einem vorübergehenden Mann
- …

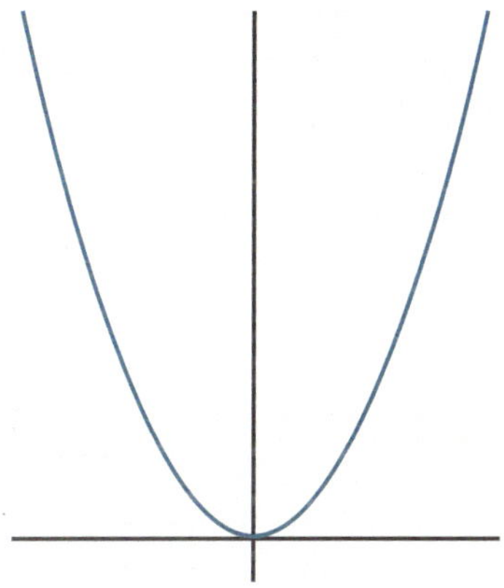

Sachebene
(das, was gemeint ist)

- …
- …
- …
- …

9 Bringt den ersten Satz der Parabel in Zusammenhang mit dem Verhalten des Jungen und des Mannes. Formuliert dann in der Gruppe, welche Lehre oder Botschaft die Parabel vermittelt.

MK **10** Recherchiert in der Gruppe über den Autor Bertolt Brecht und die Zeit der 1930er-Jahre in Deutschland. Setzt die Situation in der Gesellschaft mit der Lehre der Parabel in Beziehung.

11 Tauscht euch in der Klasse darüber aus, ob man die Botschaft der Parabel auf die heutige Zeit übertragen kann. Begründet eure Meinungen.

12 Seht euch noch einmal die Parabel vom hilflosen Knaben und die Ergebnisse eurer Aufgaben von dieser Seite an. Notiert im Tandem Merkmale, die die Textart Parabel kennzeichnen und bezieht sie auf die Brecht-Parabel.

Merke
Parabel

Eine **Parabel** ist eine **kurze, lehrhafte Erzählung**, die als **Gleichnis** angelegt ist. Die **Lehre** oder **Lebensweisheit** wird meist nicht direkt formuliert, sondern muss **entschlüsselt** werden. Dazu überträgt man die **Bildebene** (das, was erzählt wird/die dargestellte Situation) des Textes auf die **Sachebene** (das, was gemeint ist/die Lebensrealität).

Test
D06

Eins dieser Bilder

1 Lies die folgende Kurzgeschichte oder höre sie dir an.

A07

Selim Özdoğan

Eins dieser Bilder (2003)

Mein Vater steht mit seiner Kamera in einem braunen Anzug und einem weißen Pulli darunter am Rand der Aula. Ich bin in der dritten oder vierten Klasse. Es ist irgendein Schulfest, keines mit Sackhüpfen und Eierlaufen und Negerkusswettessen[1], eines, das in der Aula stattfindet, und vielleicht haben wir Theater gespielt oder Gedichte vorgetragen. Fast alle Eltern sind da, wir Kinder laufen kreischend und lachend durch die Stuhlreihen, der offizielle Teil ist vorüber, die Erwachsenen stehen in Grüppchen zusammen, vielleicht trinken sie Bier und rauchen. In den Siebzigern durfte man in der Aula bestimmt noch rauchen.

Ich habe mich hinter der letzten Stuhlreihe versteckt, dort, wo es zur Schulbibliothek geht. Mein Blick fällt auf meinen Vater. Er steht allein neben der Tür zum Lehrerzimmer und wirkt kleiner als sonst. Er ist der Einzige, der allein rumsteht. Selten trägt er Anzüge, und ich weiß, dass er sich nicht wohl darin fühlt. Und dieser Pullover ist einfach zu eng, er drückt auf den Brustkorb meines Vaters und trägt dazu bei, dass er so klein aussieht.

Er ist 1,75, aber selbst Frau Fimmers, meine Zeichenlehrerin, die kaum 1,60 sein kann, wirkt gerade größer als er. Hätte mein Vater nicht diese Kamera in der Hand, er würde ganz verloren aussehen. Ab und zu blickt er durch den Sucher und macht Fotos von uns Kindern, das ist seine Aufgabe, der Grund, warum er überhaupt da steht.

Ich hatte meinen Vater noch nie vorher so gesehen. Zu Hause war er groß und souverän. Er hatte alles im Griff, er konnte Sachen reparieren, mich auf seinen Schultern tragen und mir bei den Matheaufgaben helfen. Draußen konnte er Fußball spielen, Drachen steigen lassen, Auto fahren und Wasserkästen mit einer Hand tragen.

In dieser Aula machte er ein Gesicht, als ... Ja, was für ein Gesicht war das eigentlich, das er gerade machte? Ein Gesicht, als würde er nicht dazugehören und es genau wissen. Ich glaube nicht, dass es in erster Linie mit der Sprache zu tun hatte. Da waren noch andere Väter und Mütter ausländischer Kinder, doch es stand sonst niemand allein am Rand. Da waren noch genug Leute, mit denen er wenigstens auf türkisch hätte reden können, doch er machte nur alle paar Minuten ein Foto und wartete, dass die Gesellschaft sich auflöste.

Er fotografierte, er wollte etwas an diesem Tag festhalten, für sich, für mich, für uns. Er fotografierte, also musste er nicht reden, trinken, lachen. Später habe ich mich oft gefragt, ob er wirklich etwas festhalten wollte oder ob es ihm ganz recht war, in größeren Gesellschaften eine Aufgabe zu haben, um sich nicht verloren zu fühlen. Oder zumindest nicht so auszusehen.

Er stand am Rand, eingezwängt in diesen Anzug, und nicht nur der, sondern die ganze Aula voller Menschen, zu denen er nicht gehörte, erzeugte in ihm Unbehagen. Er stand da, allein, und seit einigen Jahren fühle ich mich oft so, wie er sich an dem Tag gefühlt haben muss.

Leseschlüssel

[1] der Negerkuss: wird heute wegen der abwertenden Bedeutung nicht mehr verwendet

2 Tauscht euch im Tandem über euren ersten Leseeindruck und die Wirkung des Textes aus. Schildert dann kurz die beschriebene Situation.

3 Lies die Kurzgeschichte ein weiteres Mal. Formuliere W- Fragen zu Ort, Zeit, Figuren und Handlung und beantworte sie schriftlich.

4 Beantwortet im Tandem die folgenden Fragen zum Text. Stellt Vermutungen an und begründet:
- Welches Bild hat der Autor von seinem Vater vor dem Fest und wie sieht er ihn in dieser Situation?
- Welche Bedeutung hat die Kamera für den Vater?

5 Schreibe eine kurze Inhaltsangabe zu der Kurzgeschichte.

Seite 280 Inhaltsangabe

6 Wer erzählt die Situation in der Kurzgeschichte? Notiere die Erzählform.

Seite 278 Erzählformen

7 Untersuche die Zeitgestaltung der Kurzgeschichte. Entscheide, ob zeitraffend, zeitdehnend oder zeitdeckend erzählt wird und begründe.

Seite 279 Zeitgestaltung

8 Untersucht im Tandem die sprachliche Gestaltung der Kurzgeschichte. Macht Angaben zu Satzbau und Wortwahl und notiert Textbeispiele.

Seite 279 sprachliche Gestaltung

9 Beschreibe die Hauptfigur der Geschichte. Notiere, welche Informationen du über Aussehen und Verhalten erhältst.

10 „Er stand am Rand, ...“ (Zeile 37), heißt es über den Vater. Besprecht im Tandem, welche unterschiedlichen Bedeutungen diese Beschreibung hat.

11 Stelle Vermutungen an, warum sich der Autor an diese Situation erinnert und welche Gefühle er hat, wenn er an diese Situation denkt. Beziehe auch die Überschrift der Kurzgeschichte mit ein.

12 Prüfe, ob es sich bei „Eins dieser Bilder“ um eine Kurzgeschichte handelt. Denke an folgende Stichwörter.

Seite 276 Kurzgeschichte

Thema | Anfang | Ende | Figuren | Handlung | Wendepunkt | Sprache | Zeit

13 Verfasse nun eine Textbeschreibung zur Kurzgeschichte „Eins dieser Bilder“.

Seite 280 Textbeschreibung

14 Schreibe den Text „Eins dieser Bilder“ so um, dass die Szene aus der Perspektive des Vaters in der Ich-Form erzählt wird. Gehe so vor:
- Erstelle einen Schreibplan.
- Verwende einen Sprachstil, der der Figur angemessen ist.
- Beachte Eigenheiten, Denkweisen und Verhaltensweisen der Figur.

Seite 273 innerer Monolog

15 Stellt die Kurzgeschichte in der Klasse vor. Lest auch eure Fassungen aus der Sicht des Vaters vor und begründet kurz, warum ihr sie so gestaltet habt.

16 Lest noch einmal den letzten Satz und besprecht in der Klasse, ob es solche Situationen heute auch noch gibt und wie man sich verhalten könnte.

Der sonderbare Rechtsfall

1 Lies die folgende Anekdote oder höre sie dir an.

A08

Heinrich von Kleist

Sonderbarer Rechtsfall in England

Man weiß, dass in England jeder Beklagte[1] zwölf Geschworene von seinem Stande zu Richtern hat, deren Ausspruch einstimmig sein muss und die, damit die Entscheidung sich nicht zu sehr in die Länge verziehe, ohne Essen und Trinken so lange eingeschlossen bleiben, bis sie eines Sinnes sind[2]. Zwei Gentlemen, die einige Meilen von London lebten, hatten in Gegenwart von Zeugen einen sehr lebhaften Streit miteinander; der eine drohte dem andern und setzte hinzu, dass, ehe vierundzwanzig Stunden vergingen, ihn sein Betragen reuen solle. Gegen Abend wurde dieser Edelmann erschossen gefunden; der Verdacht fiel natürlich auf den, der die Drohungen gegen ihn ausgestoßen hatte. Man brachte ihn zu gefänglicher Haft, das Gericht wurde gehalten, es fanden sich noch mehrere Beweise, und elf Beisitzer[3] verdammten ihn zum Tode. Allein der zwölfte bestand hartnäckig darauf, nicht einzuwilligen, weil er ihn für unschuldig hielte. Seine Kollegen baten ihn, Gründe anzuführen, warum er dies glaubte, allein er ließ sich nicht darauf ein und beharrte bei seiner Meinung. Es war schon spät in der Nacht, und der Hunger plagte die Richter heftig; einer stand endlich auf und meinte, dass es besser sei, einen Schuldigen loszusprechen, als 11 Unschuldige verhungern zu lassen. Man fertigte also die Begnadigung[4] aus, führte aber zugleich die Umstände an, die das Gericht dazu gezwungen hätten.
Das ganze Publikum war wider[5] den einzigen Starrkopf; die Sache kam sogleich vor den König, der ihn zu sprechen verlangte. Der Edelmann erschien, und nachdem er sich vom König das Wort hatte geben lassen, dass seine Aufrichtigkeit nicht von nachteiligen Folgen für ihn sein sollte, so erzählte er dem Monarchen, dass, als er im Dunkeln von der Jagd gekommen und sein Gewehr losgeschossen, es unglücklicherweise diesen Edelmann, der hinter einem Busche gestanden, getötet hat. „Da ich“, fuhr er fort, „weder Zeugen meiner Tat noch meiner Unschuld hatte, so beschloss ich, Stillschweigen zu beobachten; aber als ich hörte, dass man einen Unschuldigen anklagte, so wandte ich alles an, um einer von den Geschworenen zu werden, fest entschlossen, eher zu verhungern, als den Beklagten umkommen zu lassen.“ Der König hielt sein Wort, und der Edelmann bekam seine Begnadigung.

[1] Beklagte: Angeklagte/Angeklagter

[2] eines Sinnes sein: einer Meinung sein

[3] Beisitzer: hier: die Geschworenen

[4] Begnadigung, die: die/der Angeklagte wird ohne Strafe freigelassen

[5] wider: gegen

2 Notiere in Stichworten, was in jedem Anschnitt der Anekdote geschildert wird. Nutze die Tabelle.

Abschnitt	Handlung/Inhalt
1 (Zeile 1–4)	*Information über Recht in Großbritannien:* *– jeder Angeklagte wird von zwölf Richtern verurteilt* *– müssen einstimmig entscheiden* *– …*
2 (Zeile 5–18)	…
3 (Zeile 19–30)	…

3 Schreibe mithilfe deiner Notizen eine Inhaltsangabe zu dem Text.

Seite 280 Inhaltsangabe

4 Untersucht den Text in der Gruppe. Beantwortet dabei folgende Fragen, begründet und belegt eure Antworten mit Textstellen:
- Wie wirkt der Text auf euch?
- Worum geht es?
- Zu welcher Zeit handelt die Geschichte?
- Warum begnadigt der König den Edelmann?

5 Seht euch im Tandem die Figur des Edelmannes an. Macht euch Notizen zu Verhalten, Eigenschaften und inneren Einstellungen. Beachtet direkte und indirekte Charakterisierung im Text.

Seite 278 direkte/indirekte Charakterisierung

6 Tauscht in der Gruppe eure Meinungen zum Verhalten des Edelmannes aus.

TIPP
Verwendet passende Adjektive.

7 Lest noch einmal den Titel und stellt im Tandem Vermutungen an, was „das Sonderbare“ an dem Rechtsfall ist.

8 Finde die Pointe. Notiere die Zeilenzahl und gib sie mit eigenen Worten schriftlich wieder.

9 Seht euch im Tandem das Ende der Anekdote an.
- Recherchiert, ob der Fall wirklich geschehen ist und ob es das beschriebene Vorgehen mit den 12 Geschworenen wirklich gibt.
- Mit welcher Absicht könnte der Autor den Text geschrieben haben?

Notiert eure Ergebnisse.

Seite 280 Textbeschreibung

10 Schreibe eine Textbeschreibung zu der Anekdote von Heinrich von Kleist. Gehe so vor:
- Untersuche Erzählform, Zeitgestaltung und Sprache der Anekdote. Notiere deine Ergebnisse.
- Schreibe eine **Einleitung** (Textart, Titel, Autor, Erscheinungsjahr, Thema der Geschichte), einen **Hauptteil** (Inhaltsangabe, Erzählform, Zeitgestaltung, Figuren, sprachliche Besonderheiten; Textartenmerkmale) und einen **Schluss** (z. B. Absicht des Autors, offene Fragen, Meinung zum Text)

Seite 276 Kurzgeschichte

11 Vergleicht in der Klasse die Textart Anekdote mit der Kurzgeschichte. Orientiert euch an folgenden Vergleichsaspekten: Umfang, Autorin/Autor, Thema, Aufbau, Handlung, Figuren, Besonderheiten.

12 Stellt der Klasse die Anekdote von Kleist vor. Diskutiert, ob eine solche Geschichte auch in unserer Zeit passieren könnte. Begründet eure Meinung.

Die Ringparabel

1779 veröffentlichte Gotthold Ephraim Lessing das Drama „Nathan der Weise“ mit der berühmten „Ringparabel“ im 3. Aufzug. Der jüdische Kaufmann Nathan wird vom Sultan Saladin gefragt, welche Religion die „einzig wahre“ sei. Nathan erkennt die Falle: Spricht er sich für das Judentum aus, ist der Sultan beleidigt; spricht er sich für den muslimischen Glauben aus, muss er sich fragen lassen, warum er nicht konvertiert. Deshalb antwortet er mit der Parabel um einen Vater, seine drei Söhne und einen wertvollen Ring.

○ **1** Lies den folgenden Auszug aus „Nathan der Weise“ oder höre ihn dir an. Beschreibe dann deinen ersten Leseeindruck und die Wirkung des Textes.

A09

Gotthold Ephraim Lessing
Nathan der Weise

NATHAN
Vor grauen Jahren lebt' ein Mann in Osten,
Der einen Ring von unschätzbarem Wert
Aus lieber Hand besaß. Der Stein war ein
Opal, der hundert schöne Farben spielte,
Und hatte die geheime Kraft, vor Gott
Und Menschen angenehm zu machen, wer
In dieser Zuversicht ihn trug. Was Wunder,
Dass ihn der Mann in Osten darum nie
Vom Finger ließ; und die Verfügung traf,
Auf ewig ihn bei seinem Hause zu
Erhalten? Nämlich so. Er ließ den Ring
Von seinen Söhnen dem geliebtesten;
Und setzte fest, dass dieser wiederum
Den Ring von seinen Söhnen dem vermache,
Der ihm der liebste sei; und stets der Liebste,
Ohn Ansehn der Geburt, in Kraft allein
Des Rings, das Haupt, der Fürst des Hauses werde. –
Versteh mich, Sultan.

SALADIN
Ich versteh dich. Weiter!

NATHAN
So kam nun dieser Ring, von Sohn zu Sohn,
Auf einen Vater endlich von drei Söhnen;
Die alle drei ihm gleich gehorsam waren,
Die alle drei er folglich gleich zu lieben
Sich nicht entbrechen[1] konnte. Nur von Zeit
Zu Zeit schien ihm bald der, bald dieser, bald
Der dritte, – sowie jeder sich mit ihm
Allein befand, und sein ergießend Herz
Die andern zwei nicht teilten, – würdiger
Des Ringes; den er denn auch einem jeden
Die fromme Schwachheit hatte, zu versprechen.
[...] Es kam zum Sterben, und der gute Vater
Kömmt in Verlegenheit. Es schmerzt ihn, zwei
Von seinen Söhnen, die sich auf sein Wort
Verlassen, so zu kränken. – Was zu tun? –

[1] entbrechen: sich freimachen, sich versagen

Er sendet in geheim zu einem Künstler,
Bei dem er, nach dem Muster seines Ringes,
Zwei andere bestellt, und weder Kosten
Noch Mühe sparen heißt, sie jenem gleich,
Vollkommen gleich zu machen. Das gelingt
Dem Künstler. Da er ihm die Ringe bringt,
Kann selbst der Vater seinen Musterring
Nicht unterscheiden. Froh und freudig ruft
Er seine Söhne, jeden insbesondre;
Gibt jedem insbesondre seinen Segen, –
Und seinen Ring, – und stirbt. – Du hörst doch, Sultan?

SALADIN *(der sich betroffen von ihm gewandt)*
Ich hör, ich höre! – Komm mit deinem Märchen
Nur bald zu Ende. – Wird's?

NATHAN Ich bin zu Ende.
Denn was noch folgt, versteht sich ja von selbst. –
Kaum war der Vater tot, so kömmt ein jeder
Mit seinem Ring, und jeder will der Fürst
Des Hauses sein. Man untersucht, man zankt,
Man klagt. Umsonst; der rechte Ring war nicht
Erweislich[2]; –
(nach einer Pause, in welcher er des Sultans Antwort erwartet)
Fast so unerweislich, als
Uns itzt[3] – der rechte Glaube.

SALADIN Wie? das soll
Die Antwort sein auf meine Frage? ...

NATHAN Soll
Mich bloß entschuldigen, wenn ich die Ringe
Mir nicht getrau zu unterscheiden, die
Der Vater in der Absicht machen ließ,
Damit sie nicht zu unterscheiden wären.

SALADIN Die Ringe! – Spiele nicht mit mir! – Ich dächte,
Dass die Religionen, die ich dir
Genannt, doch wohl zu unterscheiden wären. [...]

NATHAN Und nur von Seiten ihrer Gründe nicht. –
Denn gründen alle sich nicht auf Geschichte?
Geschrieben oder überliefert! – Und
Geschichte muss doch wohl allein auf Treu
Und Glauben angenommen werden? – Nicht? –
Nun, wessen Treu und Glauben zieht man denn
Am wenigsten in Zweifel? Doch der Seinen? [...]
Wie kann ich meinen Vätern weniger
Als du den deinen glauben? Oder umgekehrt. –
Kann ich von dir verlangen, dass du deine
Vorfahren Lügen strafst, um meinen nicht
Zu widersprechen? Oder umgekehrt.
Das Nämliche gilt von den Christen. Nicht? –

SALADIN (Bei dem Lebendigen! Der Mann hat Recht.
Ich muss verstummen.)

[2] erweislich: nachweisbar

[3] itzt: jetzt

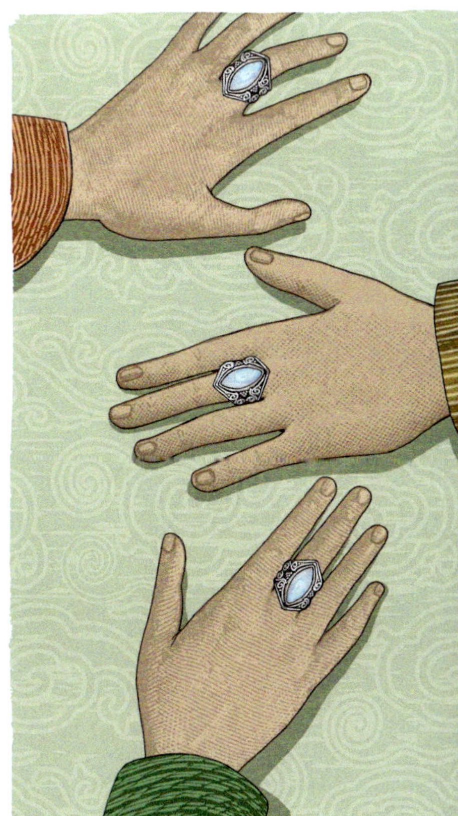

NATHAN Lass auf unsre Ring'
Uns wieder kommen. Wie gesagt: die Söhne
Verklagten sich; und jeder schwur dem Richter,
Unmittelbar aus seines Vaters Hand
Den Ring zu haben. – [...]

SALADIN Und nun, der Richter? – Mich verlangt zu hören,
Was du den Richter sagen lässest. Sprich!

NATHAN Der Richter sprach: Wenn ihr mir nun den Vater
Nicht bald zur Stelle schafft, so weiß ich euch
Von meinem Stuhle. Denkt ihr, dass ich Rätsel
Zu lösen da bin? Oder harret ihr,
Bis dass der rechte Ring den Mund eröffne? –
Doch halt! Ich höre ja, der rechte Ring
Besitzt die Wunderkraft beliebt zu machen;
Vor Gott und Menschen angenehm. Das muss
Entscheiden! Denn die falschen Ringe werden
Doch das nicht können! – Nun; wen lieben zwei
Von Euch am meisten? – Macht, sagt an! Ihr schweigt?
Die Ringe wirken nur zurück? und nicht
Nach außen? Jeder liebt sich selber nur
Am meisten? – Oh, so seid ihr alle drei
Betrogene Betrüger! Eure Ringe
Sind alle drei nicht echt. Der echte Ring
Vermutlich ging verloren. Den Verlust
Zu bergen, zu ersetzen, ließ der Vater
Die drei für einen machen. [...]
Und also, fuhr der Richter fort, wenn ihr
Nicht meinen Rat, statt meines Spruches, wollt:
Geht nur! – Mein Rat ist aber der: ihr nehmt
Die Sache völlig wie sie liegt. Hat von
Euch jeder seinen Ring von seinem Vater:
So glaube jeder sicher seinen Ring
Den echten. – [...] Und gewiss;
Dass er euch alle drei geliebt, und gleich
Geliebt: indem er zwei nicht drücken mögen,
Um einen zu begünstigen. – Wohlan!
Es eifre jeder seiner unbestochnen
Von Vorurteilen freien Liebe nach!
Es strebe von euch jeder um die Wette,
Die Kraft des Steins in seinem Ring' an Tag
Zu legen! komme dieser Kraft mit Sanftmut,
Mit herzlicher Verträglichkeit, mit Wohltun,
Mit innigster Ergebenheit in Gott
Zu Hilf'! Und wenn sich dann der Steine Kräfte
Bei euern Kindes-Kindeskindern äußern:
So lad ich über tausend tausend Jahre
Sie wiederum vor diesen Stuhl. Da wird
Ein weisrer Mann auf diesem Stuhle sitzen
Als ich; und sprechen. [...]

○ **1** Gliedere den Textauszug in Sinnabschnitte. Notiere die wichtigsten Informationen zu jedem Abschnitt.

TIPP
Meist endet ein Sinnabschnitt mit Saladins Kommentar.

◒ **2** Gebt im Tandem den Inhalt des Textauszugs mit eigenen Worten wieder.

● **3** Untersuche den Textauszug. Beantworte dabei die folgenden Fragen:
- Welche Kräfte besitzt der Ring?
- Was entscheidet der Vater, als er im Sterben liegt?
- Welcher Konflikt ist nach dem Tod des Vaters entstanden?
- Welcher Zusammenhang besteht zwischen dem Ring und den Religionen?
- Welche Bedeutung hat Tradition im Zusammenhang mit Religion?
- Welchen Rat gibt der Richter? Wie sollen sich die Söhne verhalten?

Seite 125
Parabel

◒ **4** Übertragt im Tandem die Parabel von den drei Ringen auf die Frage nach der „wahren" Religion. Übernehmt die Grafik und ordnet die folgenden Begriffe der Sachebene, passend zur Bildebene, zu.

TIPP
Überlegt, was das Dargestellte (das, was tatsächlich erzählt wird) bedeuten könnte.

Bildebene
(das Gesagte)

- Vater
- drei Ringe
- drei Söhne
- kostbarer Ring
- der ursprüngliche Ring kann nicht ermittelt werden

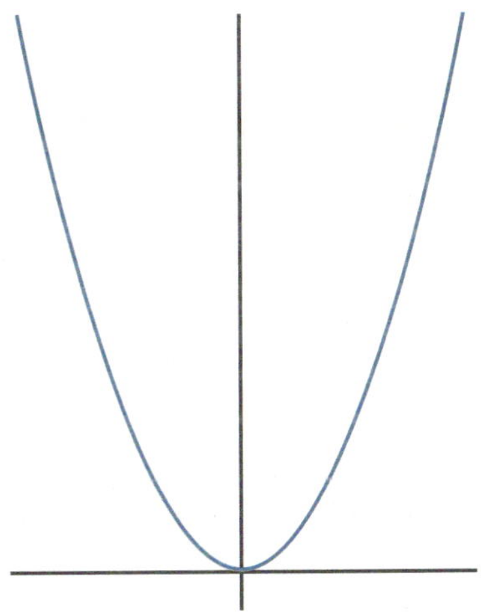

Sachebene
(das Gemeinte)

- …
- die Religionen Judentum, Islam, Christentum
- …
- …
- …

◒ **5** Schreibe mithilfe der Ergebnisse aus den Aufgaben 3 und 4 eine Deutung der Parabel. Gehe dabei auch auf die Lehre ein, die die Parabel vermittelt.

● **6** Bringt im Tandem die folgenden Kernsätze der Aufklärung in Bezug zur Ringparabel.

TIPP
Recherchiert zu Lessing und der Epoche der Aufklärung.

Aufklärung ist der Ausgang des Menschen aus seiner selbstverschuldeten Unmündigkeit. Unmündigkeit ist das Unvermögen, sich seines Verstandes ohne Leitung eines anderen zu bedienen. Selbstverschuldet ist diese Unmündigkeit, wenn die Ursache derselben nicht am Mangel des Verstandes, sondern der Entschließung und des Mutes liegt, sich seiner ohne Leitung eines anderen zu bedienen. [...] Habe Mut, dich deines eigenen Verstandes zu bedienen! (Immanuel Kant)

◒ **7** Stellt die Parabel und ihre Botschaft in der Klasse vor. Besprecht, ob die Botschaft heute noch Gültigkeit besitzt.

Soundcheck

Zu kurzen literarischen Texten kann man auch Lieder zählen. Text und Musik stehen im Lied nebeneinander und können mit Blick auf Rhythmus, Melodie, Klang und Metrik untersucht werden. Liedtexte (lyrics) haben meist einen strophischen Aufbau, der durch den Refrain unterbrochen wird; sie drücken Gedanken und Gefühle durch eine besondere Sprache aus.

○ **1** Hört euch das Lied von Nura im Internet an. Tauscht euch über euren ersten Eindruck aus. Beschreibt die Stimmung des Liedes und wie es auf euch wirkt.

○ **2** Lies nun den Text auf Seite 135. Markiere auf einer Kopie die Themen, die die Rapperin anspricht und notiere am Rand, worum es jeweils geht.

○ **3** Ordnet dem Lied im Tandem die folgenden typischen Liedelemente zu.

Strophe *Refrain* *Bridge*[1]

[1] die Bridge: Variation der bisherigen Melodie; häufig kurz vor Ende eines Liedes

● **4** Wie in Gedichten werden auch in Liedern häufig verschiedene sprachliche Mittel verwendet. Untersuche „Fair" auf sprachliche Mittel und ergänze sie in der Tabelle.

Seite 279 sprachliche Gestaltung

Sprachliches Mittel	Liedzeile	Bedeutung
rhetorische Frage	*„Sag mir, was ist fair?" (z. B. Z. 18)*	...
...	...	...

○ **5** Überlegt im Tandem, welche Funktion die folgende Zeile im Lied übernimmt.

„Ich kann dir sagen, hier läuft sehr viel schief" (Z. 1 und 22)

Notiert, was aus Nuras Sicht alles schiefläuft.

◒ **6** Markiere Passagen im Lied, in denen Nura von eigenen Erfahrungen in ihrem Leben erzählt. Notiere, was sie kritisiert und welche Gefühle sie damit verbindet.

● **7** Untersuche nun den (Sprech-)Gesang der Rapperin im Lied. Achte auf Tempo, Lautstärke und Rhythmus. Mache dir Notizen.

TIPP
Achte auf:
- Instrumente,
- Unterschiede zwischen Strophe und Refrain

◒ **8** Beschreibe die Wirkung, die durch die Verbindung von Text, Melodie, Rhythmus und Gesang erzielt wird.

○ **9** Was läuft deiner Meinung nach schief auf der Welt? Sammle Themen, Begriffe oder Situationen, die dir dazu einfallen.

TIPP
Achte darauf, ob sich die Musik an bestimmten Stellen verändert.

● **10** Höre dir das Lied noch einmal an und schreibe auf Grundlage deiner Ideen aus Aufgabe 9 eine weitere Strophe. Achte darauf, dass der Text zum Rhythmus passt.

NURA

Fair (2020)

Ich kann dir sagen, hier läuft sehr viel schief
Verkaufen Waffen, aber wollen kein' Krieg
Findest Feminismus lustig,
weil du's nicht so siehst
Doch wenn ich Max heißen würde,
würd' ich mehr verdienen
Sie sagen: „Du bist eine Frau
Pass nachts draußen auf"
Der Rock ist ganz kurz und die Typen zu blau
Schicken Leute in den Bau
Für's Gras rauchen, wow
Doch Alkohol zelebrieren mit Spots im TV
Warum halten alle in der Bahn Abstand
Und warum muss mich jeder anstarren?
Ich will hier weg wegen der Fascho Nachbarn
Aber krieg' die Wohnung nicht
mit diesem Nachnamen
Also sag mir, was ist fair? (Fair?)
Sag mir, was ist fair? (Fair?)
Sag mir, was ist fair? (Fair?)
Sag mir, was ist fair? (Fair?)
Ich kann dir sagen, hier läuft sehr viel schief
Affenlaute bei 'nem Fußballspiel
Auf'm rechten Auge blind, weil du es nicht siehst
Letzten Worte: „I can't breathe"
Rest in peace
Kinder gehen auf die Straßen wegen Frust
Trotzdem ballern wir an Neujahr
hundert Mio in die Luft
Leben in 'ner virtuellen Welt, sind auf der Flucht
Und Designer aufm Schulhof sind ein Muss
Warum stört dich das Kopftuch meiner Mama
Warum verurteilst du mich, weil ich wenig an hab'
Warum ist es der Flüchtling, der dir Angst macht
Und nicht die Nazis im Landtag?
Also sag mir, was ist fair? (Fair?)
Sag mir, was ist fair? (Fair?)
Sag mir, was ist fair? (Fair?)
Sag mir, was ist fair? (Fair?)
Mein Kopf ist voll, mein Akku leer
Sag mir, was ist fair?
Das Leben nur Schein, die Ketten sind schwer
Aber was ist fair?
Wir haben so viel, aber wollen noch mehr
Sag mir, was ist fair?
Sag mir, was ist fair?
Sag mir, was ist fair?
Also sag mir, was ist fair? (Fair?)
Sag mir, was ist fair? (Fair?)
Sag mir, was ist fair? (Fair?)
Sag mir, was ist fair? (Fair?)

Ich kann, weil ich will und darf.

1 Schreibe alle im Text markierten Modalverben mit dem jeweiligen Personalpronomen heraus und notiere den dazugehörigen Infinitiv, z. B. *ich könnte – können, ...*

Ich wünschte, ich könnte auch solche Geschichten schreiben wie Bertolt Brecht. Die Lehrkräfte sollten uns das einmal versuchen lassen. Es muss ja nicht gleich perfekt sein. Doch wir könnten so beweisen, dass wir die Absicht von Brecht, politische und soziale Zustände widerzuspiegeln, verstanden haben. Ich frage mich, ob es noch eine Belehrung der Lesenden, wie in Brechts Texten, geben darf? Ich will es auf jeden Fall einmal versuchen.

2 Drei Modalverben im Text stehen im Konjunktiv II. Findet sie im Tandem, schreibt sie auf und ergänzt die passenden Verbformen im Indikativ.

3 Beantworte die Fragen zum Text schriftlich. Verwende die Modalverben in den Klammern, z. B. *a Was wünscht sich der Schüler? → Der Schüler möchte Geschichten wie Bertolt Brecht schreiben können.*

a Was wünscht sich der Schüler? (können)
b Was fordert der Schüler? (sollen)
c Welche Verpflichtung besteht nicht? (müssen)
d Welche Möglichkeiten eröffnet es für die Schüler? (können)
e Welche Texteigenschaft kann hinterfragt werden? (dürfen)
f Welche Absicht verfolgt der Schüler? (wollen)

TIPP
Konjunktiv und Indikativ sind Modi des Verbs. Sie verändern die Aussage eines Satzes.

4 Ordne den Modalverben aus Aufgabe 1 die richtige Bedeutung zu.

Möglichkeit/Fähigkeit *Absicht* *Wunsch* *Forderung* *Verpflichtung/Zwang* *Erlaubnis*

5 Formuliert im Tandem die folgenden Aussagen um. Tauscht die Modalverben aus, z. B. *a Ich will schreiben wie Bertolt Brecht. → Ich möchte schreiben wie Bertolt Brecht.*

wollen *dürfen* *können* *sollen* *mögen* *müssen*

a Ich will schreiben wie Bertolt Brecht.
b Lehrkräfte müssen uns das beibringen.
c Jeder soll einmal probieren, etwas zu schreiben.
d Du darfst dich nicht entmutigen lassen.
e Nur das Publikum kann den Autor bewerten.
f Wir wollen spannendere Aufgaben im Unterricht haben.

6 Besprecht im Tandem, wie sich die Aussagen der Sätze in Aufgabe 5 verändert haben.

7 Schreibe die Sätze ab und ergänze dabei die passenden Modalverben in der richtigen Form.

Liebe Mitschülerinnen und Mitschüler, jeder kennt es, Lehrkräfte ___ gern, dass alles nach Plan läuft. Sie ___ nicht, dass es im Unterricht zu unruhig wird. Schülerinnen und Schüler aber, die eigene Ideen umsetzen ___, ___ beweisen, dass sie motivierter und besser arbeiten. Lehrerkräfte ___ sich trauen, die Schülerinnen und Schüler kritisch nach ihrer Meinung zu fragen. Es ___ Pflicht werden, dass Lehrpersonen die Inhalte des Unterrichts in einem bestimmten Rahmen mitbestimmen lassen. Nur dann ___ Unterricht und die Mitarbeit besser werden. Alle Lehrerinnen und Lehrer ___ den Mut haben, sich dieser Herausforderung zu stellen!

8 Lest einander im Tandem die Sätze aus Aufgabe 7 vor und vergleicht eure Sätze und Aussagen.

9 Lest die folgenden Sätze. Erklärt einander im Tandem den Unterschied zwischen den Sätzen im Indikativ und im Konjunktiv.

Indikativ	Konjunktiv
Autoren müssen ihr Publikum begeistern.	*Autoren müssten ihr Publikum begeistern.*
Kritische Literatur darf nicht verboten werden.	*Kritische Literatur dürfte nicht verboten werden.*

TIPP
Untersucht, ob es sich um etwas Wirkliches oder Mögliches/Wünschenswertes handelt.

10 Lege eine Tabelle zu Indikativ und Konjunktiv an. Schreibe deine Verbformen aus dem Text in Aufgabe 7 in die jeweilige Tabellenspalte. Ergänze die fehlende Form.

Indikativ	Konjunktiv
…	…

11 Formuliere schriftlich die folgenden Sätze in höfliche Fragen um. Verwende den Konjunktiv II, z. B. *a Ich will die Keuner-Sicht ausprobieren. → Könnte ich die Keuner-Sicht ausprobieren?*

a Ich will die Sichtweise der Keuner-Figur ausprobieren.
b Wir wollen uns selbst ausprobieren.
c Wir müssen die Reihenfolge, in der wir schreiben, noch einmal prüfen.
d Ich möchte noch einen Versuch machen, ich bin noch nicht zufrieden.

Merke
Modalverben

Modalverben verändern die Aussage eines Satzes.

Dabei zeigen sie an, ob eine Handlung als **Fähigkeit/Möglichkeit** (→ können), als **Absicht** (→ wollen), als **Erlaubnis** (→ dürfen), als **Wunsch** (→ mögen), als **Forderung** (→ sollen) oder als **Verpflichtung/Zwang** (→ müssen) verstanden werden soll.

Bei höflichen **Bitten, Aufforderungen** oder **Empfehlungen** werden die Modalverben häufig im **Konjunktiv II** verwendet. → Könnten Sie mir bitte helfen? → Du müsstest mehr üben! → Wir sollten nachfragen.

Hätte, hätte ...

1 Lies die folgenden Sätze und ordne die Aussageweisen entsprechend zu.

a Komm jetzt endlich, damit wir beginnen können!
b Überlege dir genau, was du sagen willst!
c Ein Lob hätte uns allen gutgetan.
d Wäre ich mutiger, hätte ich versucht mich durchzusetzen.
e So ein Ring ist wirklich toll!
f Zeige mir doch deinen Ring!
g Wir sollen einander zuhören.

Indikativ (Wirklichkeitsform) | *Imperativ (Befehlsform)* | *Konjunktiv II (Möglichkeitsform)*

2 Wähle drei Sätze aus Aufgabe 1 aus und verändere die Aussage, indem du den Modus wechselst, z. B. *a Kämest du jetzt endlich, könnten wir beginnen.*

3 Aus Möglichkeit wird Wirklichkeit. Schreibe den folgenden Text ab und setze dabei die Verben im Indikativ ein, z. B. *Ich habe Mut, deshalb sage ich meinen Söhnen meine Meinung.*

Hätte ich mehr Mut, würde ich meinen Söhnen meine Meinung sagen. Dann würden sie nicht nur meine Not verstehen, sondern könnten vielleicht auch meine Entscheidung eher akzeptieren. Ich würde mich auch nicht mehr so quälen. Außerdem bekäme ich so hoffentlich meine innere Ruhe zurück.

4 Tauscht euch mithilfe des Textes im Tandem darüber aus, wann der Konjunktiv II verwendet wird.

5 Erklärt einander die unterschiedliche Wirkung der Texte aus Aufgabe 3. Besprecht, wann ihr welche Aussage gebrauchen würdet.

TIPP
Verwende den Konjunktiv II von „können" oder umschreibe mit „würde".

6 Aufforderungen wirken manchmal unhöflich. Forme die folgenden Aufforderungen im Imperativ mithilfe des Konjunktivs II um. Schreibe sie auf, z. B. *a Könntest du mir den Ring geben? / Würdest du mir den Ring geben?*

a Gib mir den Ring!
b Halte deinen Mund!
c Lass mich ausreden!
d Lüg nicht!
e Wiederholen Sie das noch einmal!
f Erkläre, wie du das meinst!
g Sprich lauter!
h Reden Sie deutlicher!

7 Schreibe die folgenden Satzanfänge ab und beende die Sätze. Verwende dabei die Umschreibung mit „würde", z. B. *a Wenn ich mir etwas wünschen dürfte, würde ich mir einen großen Garten wünschen.*

a Wenn ich mir etwas wünschen dürfte, ...
b Wenn ich erwachsen wäre, ...
c Wenn ich viel Geld hätte, ...
d Wenn ich alles wüsste, ...

8 Versetze dich in die folgenden Situationen. Schreibe auf, wie du reagieren könntest, z. B. *a Guten Morgen, es tut mir leid, dass ich zu spät gekommen bin. Darf/Dürfte ich trotzdem zuschauen oder soll/sollte ich lieber warten?*

a Du bist zu spät in den Unterricht gekommen und jemand hält gerade einen Vortrag.

b Am Ende eines Vortrags gibst du einem Mitschüler ein Feedback. Er hatte sehr gute Argumente, hat aber viel zu schnell und undeutlich gesprochen.

c Bei einer Klassenabstimmung über das nächste Klassenfahrtsziel äußerst du deine Bedenken. Es gab darüber nur wenige und sehr knappe Informationen, sodass eine Abstimmung nicht funktionieren würde.

d Deine Eltern fordern ständig, dass du mehr für die Schule tun sollst. Du willst ihnen erklären, dass sie dir vertrauen sollen und du deine Aufgaben selbstständig erledigst. Du willst nicht, dass sie ständig nachfragen.

9 Besprecht im Tandem eure Ergebnisse aus Aufgabe 8. Klärt, ob ihr höflich genug reagiert habt.

Merke
Modi des Verbs

Mit dem **Modus** kann man ausdrücken, **wie** man etwas **sieht** oder **betrachtet**. Man kann damit die **Adressaten** beeinflussen: Sie sollen die Aussage für **wirklich**, **möglich** oder **wünschenswert** halten.

Es gibt **drei Aussageformen** des Modus:
- **Indikativ** (Wirklichkeitsform): ein Sachverhalt wird als wirklich dargestellt. → Sie streiten um den Ring.
- **Konjunktiv I und II** (Möglichkeitsform)/Umschreibung mit „würde“: drückt Wünsche, Meinungen, Vermutungen, Vorstellungen aus. → Sie streiten um den Ring./ Sie stritten um den Ring/Sie würden um den Ring streiten, wenn …
- **Imperativ** (Befehlsform): fordert zu etwas auf. → Streitet nicht um den Ring!

Könntest du bitte ...?

1 Schreibe alle Modalverben mit dem Personalpronomen aus dem Text heraus, z. B. *er (der Junge) kann, ...*

Was kann der Junge beim nächsten Mal besser machen? Wenn ihm wieder jemand etwas wegnehmen will, sollte er um Hilfe bitten. Andere Menschen können ihm helfen. Niemand mag es, hilflos zu sein, daher wollen viele auch helfen, wenn sie können. Man muss sie nur um Hilfe bitten, wenn man sie braucht.

2 Schreibe die Sätze ab und ordne sie der richtigen Aussageabsicht zu.
a Wir dürfen ins Kino gehen. → Erlaubnis

a Wir dürfen ins Kino gehen.
b Wir können ins Kino gehen, wenn wir genug Geld für die Karten haben.
c Ich muss am Samstag beim Aufräumen helfen, damit ich ins Kino gehen darf.
d Das Kino soll auch ältere Filme zeigen.
e Er möchte gern selbst in einem Kinofilm mitspielen.

Erlaubnis | *Möglichkeit/Fähigkeit* | *Absicht* | *Wunsch* | *Forderung* | *Verpflichtung/Zwang*

3 Formuliere die folgenden Aufforderungen höflich, z. B. *a Gib mir bitte ein Blatt Papier. / Könntest du mir bitte ein Blatt Papier geben?*

Du möchtest, dass eine Mitschülerin oder ein Mitschüler ...

... dir ein Blatt Papier gibt. | *... die Tür schließt.* | *... lauter spricht.* | *... dich nach der Schule begleitet.* | *... dir bei den Hausaufgaben hilft.*

4 Forme die Sätze mit den Möglichkeitsformen so um, dass sie Wirkliches ausdrücken. Schreibe sie auf, z. B. *a Sie ist dabei immer aufgeregt.*

a Sie wäre dabei immer aufgeregt.
b Sie würde sich zukünftig besser auf eine solche Situation vorbereiten.
c Sie spräche vorher mit ihren Freundinnen darüber.
d Die Mitschüler rieten ihr dazu.
e Sie müsse einfach nur fragen, wenn sie Hilfe bräuchte.
f Zukünftig nähme sie Hilfe an.

5 Setze die Modalverben in den Klammern einmal im Indikativ und einmal im Konjunktiv II ein, z. B. a *Können Sie das bitte wiederholen? – Könnten Sie das bitte wiederholen?*

a ___ (können) Sie das bitte wiederholen?
b ___ (sollen) du nicht ausgeschlafen sein?
c ___ (wollen) wir gemeinsam ins Kino gehen?
d ___ (müssen) der Film nicht schon lange angefangen haben?
e ___ (dürfen) wir aus dem Zimmer gehen?
f ___ (mögen) ihr noch etwas essen?

6 Schreibe Wünsche auf. Formuliere mithilfe der folgenden Wortgruppen Sätze im Konjunktiv II und ergänze Sätze mit „würde", z. B. a *Hätte ich mehr Geld, würde ich in den Urlaub fahren.*

a mehr Geld haben
b schneller laufen können
c ins Kino gehen
d länger schlafen
e mehr Freizeit haben
f Geschwister haben
g gut kochen können

7 Formuliere die folgenden Aussagen mithilfe des Konjunktivs II höflich um, z. B. a *Würdest du mir bitte helfen?*

a Hilf mir!
b Ich will dich etwas fragen.
c Empfehlt ihr doch einen spannenden Kinofilm.
d Gib mir meine Sachen zurück.
e Rede lauter, damit man dich hören kann.
f Hört mir doch mal zu!
g Geh mir aus dem Weg!

8 Formuliere Aufforderungen im Imperativ. Schreibe die Sätze auf, z. B. a *Lies deinen Text vor, Ben!*

a Die Lehrerin fordert Ben auf, seinen Text vorzulesen.
b Lea bittet Max, ihr den Weg zu zeigen.
c Die Mutter fordert Selin auf, das Geld zu nehmen.
d Gianni soll für alle Kinokarten besorgen.
e Yaman soll seinem Bruder beim Abwasch helfen.
f Der Lehrer fordert die Schüler auf, genau hinzusehen.
g Frau Müller bittet Selma, zu dem Gehörten Stellung zu nehmen.

9 Schreibe die Sätze ab und setze in jede Lücke die Verbform von halten im angegebenen Modus ein.

a Lea fordert: „___ ihn an!" (Imperativ)
b Ben sagt: „Sieh nur, er ___ einfach nicht an." (Indikativ)
c Lea wünscht sich: „___ er an, hätte ich ihn fragen können, warum er so gemein war." (Konjunktiv II)

7 Wie wir kommunizieren

Gespräche und Situationen analysieren

1

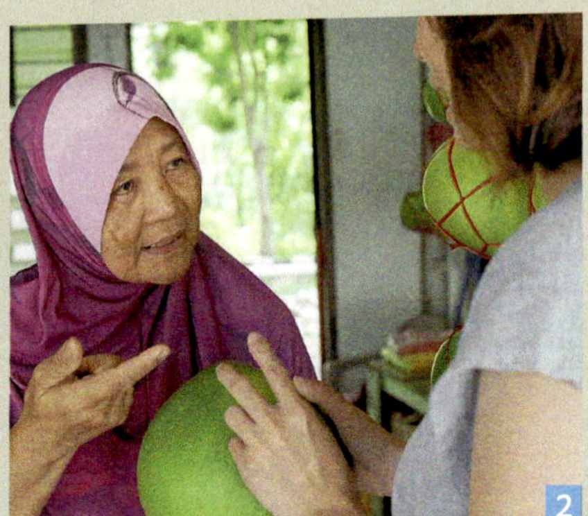
2

3

4

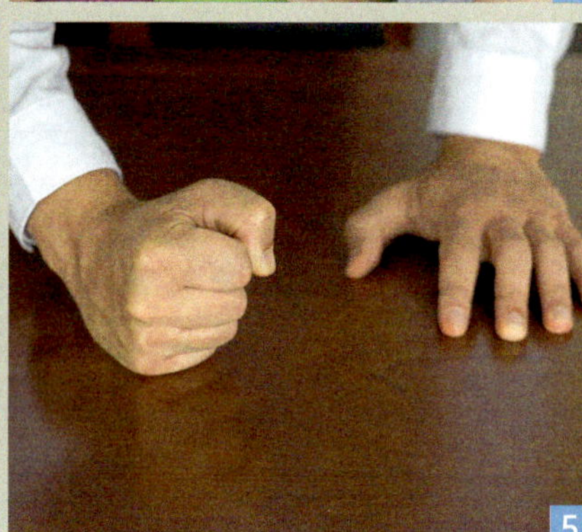
5

6

Das lernst du jetzt:

- gelungene und misslungene Kommunikation untersuchen
- Kommunikation mithilfe von Kommunikationsmodellen analysieren
- die Wirkung von Kommunikation erkennen und die eigene Kommunikation verbessern
- Kommunikation in einem literarischen Text analysieren
- ein Ergebnisprotokoll untersuchen und verfassen
- Sprachvarietäten unterscheiden und aktuelle Sprachtendenzen untersuchen

1 Seht euch die Bilder auf Seite 142 an und beschreibt die Kommunikationssituationen.

2 Lest die folgende These des Kommunikationswissenschaftlers Paul Watzlawick.

Man kann nicht nicht kommunizieren.

3 Tauscht euch darüber aus, was das Zitat bedeutet und welche Art von Kommunikation Watzlawick meint.

4 Untersucht nun die abgebildeten Kommunikationssituationen. Übernehmt die Tabelle und füllt sie aus.

	Wer kommuniziert?	Wie wird kommuniziert?
Bild 1	*Redner und Zuhörer*	*Redner spricht allein (hält Vortrag), Zuhörer hören aufmerksam zu*
Bild 2	...	...
...	...	...

5 Sammelt an der Tafel Beispiele für verbale (sprachliche) und nonverbale (nichtsprachliche) Kommunikationsmittel.

6 Besprecht anschließend, wie die Kommunikation auf den Bildern auf euch wirkt. Wirkt sie gelungen oder misslungen bzw. gestört? Begründet eure Meinung.

7 Habt ihr schon einmal misslungene Kommunikation erlebt? Beschreibt Beispiele aus eurer Erfahrung. Erläutert, warum die Kommunikation gescheitert ist.

8 Macht Vorschläge, wie die Kommunikation in euren Beispielen hätte verbessert werden können.

9 Habt ihr schon einmal ein Gespräch geführt, an das ihr euch immer erinnern werdet? Tauscht euch darüber aus.

10 Erstellt nun jeweils eine Liste mit den drei schönsten und den drei unangenehmsten Themen, über die man mit Familie und Freunden reden kann oder muss.

11 Stellt eure Listen aus Aufgabe 10 in der Klasse vor und vergleicht. Gibt es ein Thema, das von allen genannt wurde?

RGS **12** Lest die folgenden Grußformeln und ordnet sie den verschiedenen Sprachformen Umgangssprache, Standardsprache und Dialekt zu.

Moin, moin! *Auf Wiedersehen!* *Grüß Gott!* *Guten Morgen!* *Tschüss!*

Hi! *Servus!* *Guten Tag!* *Hallo!* *Ade!*

Wer sagt was mit welcher Absicht?

○ **1** Seht euch die folgende Abbildung an. Tauscht euch im Tandem über die Situation aus.

◒ **2** Übertragt im Tandem den Dialog aus Aufgabe 1 auf das folgende Modell. Bestimmt Sender und Empfänger. Nennt die Sachebene (Worüber wird informiert?) und die Beziehungsebene.

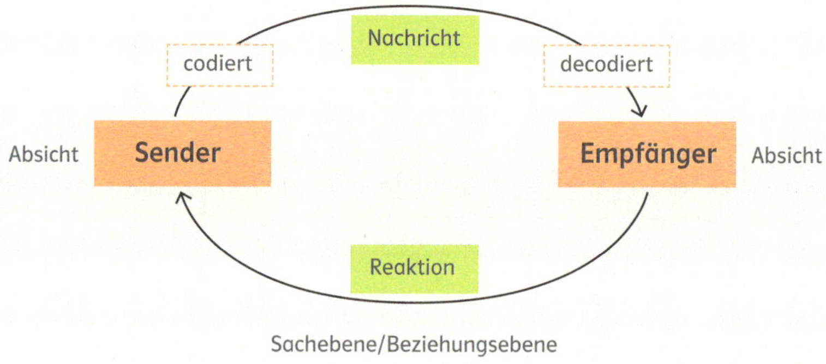

TIPP
Achtet auf das, was gesagt wird, und das, was eigentlich gemeint ist.

● **3** Untersucht in der Gruppe die Kommunikation zwischen Vater und Tochter genauer. Beantwortet dabei die folgenden Fragen:
- Was beabsichtigt der Vater mit seiner Nachricht?
- Wie formuliert er die Nachricht und warum formuliert er sie so?
- Wie sollte der Vater sein Anliegen formulieren?
- Was beabsichtigt die Tochter mit ihrer Nachricht?
- Wie formuliert sie die Nachricht?
- Was wird über die Beziehung zwischen Vater und Tochter deutlich?

TIPP
Formuliert Ich-Botschaften.

◒ **4** Spielt die Szene im Tandem nach, erprobt andere Formulierungen und klärt den Konflikt. Formuliert dabei so, dass jeder seine Absicht klar äußert und dem anderen mitteilt, was er denkt, fühlt und erwartet.

○ **5** Sammelt in der Gruppe Ursachen für misslungene oder gestörte Kommunikation. Listet sie auf, z. B. *Nachricht enthält zu wenige Informationen, Empfänger hört nicht zu …*

○ **6** Damit man in der Kommunikation sein Ziel beim Empfänger besser erreicht, kann man sich an bestimmte Regeln halten. Lies den Text.

Die Konversationsmaximen[1] nach Herbert Paul Grice[2]
1. Maxime der Quantität: 1. Mache deinen Beitrag so informativ wie nötig. 2. Mache deinen Beitrag nicht informativer als nötig.
2. Maxime der Qualität: 1. Sage nichts, was du für falsch hältst. […]
3. Maxime der Relevanz: Sei relevant. (Bleibe beim Thema und schweife nicht ab. Achte auf den Gesprächskontext und das Vorwissen des Empfängers.)
4. Maxime der Modalität: 1. Vermeide Dunkelheit des Ausdrucks. (Formuliere klar und verständlich.) 2. Vermeide Mehrdeutigkeit. 3. Sei kurz (vermeide unnötige Weitschweifigkeit). 4. Der Reihe nach!

[1] Konversationsmaximen: Regeln für eine optimale und sinnvolle Unterhaltung (Konversation)

[2] Grice: 1913–1988, englischer Sprachphilosoph

◒ **7** Tauscht euch in der Gruppe über die Maximen von Grice aus. Lest den folgenden Dialog und klärt, gegen welche Maximen verstoßen wird.

Lehrerin Ich wollte mit dir über deine letzte Hausarbeit in Deutsch sprechen. Du hast das Thema sehr gut getroffen. Hast du eigentlich an den Mathetest heute gedacht?
Schüler Klar. Da habe ich ja gut gearbeitet.
Lehrerin Ja, Test ist eben Test. Und Hausarbeit ist Hausarbeit.
Schüler Ich kriege beides immer gut hin.

○ **8** Nennt Beispiele aus eurem Alltag, in denen die Maximen nicht beachtet wurden. Erklärt in der Gruppe, was nicht beachtet wurde und welche Folgen sich daraus ergaben.

◒ **9** Seht euch in der Gruppe noch einmal den Dialog zwischen Vater und Tochter aus Aufgabe 1 an. Klärt, welche Maximen missachtet wurden.

○ **10** Sieh dir die folgende Karikatur genau an.

◒ **11** Untersucht im Tandem die Karikatur, beantwortet dabei die folgenden Fragen:
- Wer ist Sender und wer Empfänger?
- Worum geht es in der Kommunikation?
- Welche Absichten verfolgt der Sender? Erreicht der Sender sein Ziel?
- Wie reagiert der Empfänger?
- Welche Absicht hat der Empfänger und erreicht er sein Ziel?
- Gegen welche Maximen verstößt der Sender?
- Wie könnte man die Kommunikation so verändern, dass Sender und Empfänger ihr Ziel erreichen?

Viele Missverständnisse

1 Das folgende Gespräch stammt aus dem Roman „Herr Lehmann" von Sven Regener. Lest das Gespräch im Tandem mit verteilten Rollen.

„Ja, Mutter. Wieso kommt ihr nach Berlin?"
„Aber Junge, das wollten wir doch immer schon mal."
„Davon [...] habe ich noch nichts gemerkt. In den ganzen Jahren, in denen ich jetzt hier wohne, habe ich davon noch nichts gemerkt, Mutter, dass ihr nach Berlin kommen wollt."
„Aber sicher doch, da war doch oft die Rede von."
„Nein, Mutter [...] davon war nie die Rede. Es war immer die Rede davon gewesen, dass ihr nicht nach Berlin kommen wollt, weil euch das mit der DDR nicht geheuer ist [...], und dass ihr euch nicht von den Vopos[1] demütigen lassen wollt [...]."
„Aber Frank, wirklich, das ist doch heute alles gar nicht mehr so schlimm, nun stell dich mal nicht so an."
„Ich? Wieso ich? Was heißt denn jetzt, ich soll mich nicht so anstellen?" [...]

[1] Vopo: Volkspolizei, Polizei der DDR

2 Beschreibt im Tandem, wie die Unterhaltung auf euch wirkt und was das Gespräch über die Beziehung der beiden Figuren aussagt.

3 Untersucht in der Gruppe das Gespräch zwischen Frank (= Herrn Lehmann) und seiner Mutter. Geht so vor:
- Klärt, worum es in diesem Gespräch geht.
- Besprecht, welche Absicht jede Figur verfolgt.
- Stellt fest, ob es sich um gelungene oder misslungene Kommunikation handelt.
- Untersucht die Aussagen von Frank mithilfe der Maximen.
- Untersucht die Aussagen der Mutter mithilfe der Maximen.
- Welche Figur verstößt gegen die Maximen und wodurch?
- Welches Missverständnis ist dadurch entstanden?

TIPP
Orientiert euch an den Maximen von Grice.

4 Schreibt im Tandem das Gespräch zwischen Frank und seiner Mutter in eine gelungene Kommunikation um.

5 Lest das folgende Gespräch mit verteilten Rollen in der Klasse vor.

Sandra Kuhn arbeitet in den Ferien in einem Kölner Restaurant.
Sandra So, da hätten wir einmal den Salat mit Feigen und Ziegenfrischkäse und der halve Hahn. Ich wünsche Ihnen guten Appetit.
Gast 1 Was soll das denn bitte sein? Das hab ich doch gar nicht bestellt. Ich bin schon häufig hier gewesen und weiß, wie das hier läuft!
Sandra Doch, natürlich haben Sie das bestellt, ich habe es mir hier aufgeschrieben. Sehen Sie! Ein Salat und der halve Hahn. Ich schreibe nie was Falsches auf.
Gast 1 Das ist aber doch kein halbes Hähnchen, sondern ein Brötchen mit Käse.
Sandra Da haben Sie wohl nicht richtig geguckt, es steht ganz deutlich in der Karte, was ein halve Hahn hier ist. Das ist in Köln ein Roggenbrötchen mit Käse.
Gast 2 Fräulein, können Sie mal zu mir kommen? Ich warte schon die ganze Zeit und der Kunde ist ja wohl König. Sie haben das hier ja gar nicht im Griff!
Sandra Ja, ja, ich komme gleich, warten Sie's ab!

Gast 1 Hey, hören Sie mal, ich will mein Hähnchen und kein doofes Brötchen. Dafür zahle ich doch nicht. Das will ich nicht.
Sandra Mann, mann, mann, jetzt gehe ich gleich nach Hause. Muss sowieso noch einkaufen und will mich auch mit Freunden treffen.
Gast 1 Das ist mir egal, ich gehe jetzt. Dafür zahle ich jedenfalls nicht!
Gast 2 Warum bin ich überhaupt hierher gegangen? Junge Frau!!!

6 Analysiert das Gespräch im Tandem. Orientiert euch an folgenden Begriffen.

Unhöflichkeit | *Unsachlichkeit* | *plötzlicher Themenwechsel* | *Unehrlichkeit* | *Missverständnis*

TIPP
Untersucht jeden Sender und gebt an, inwiefern er zur misslungenen Kommunikation beigetragen hat.

7 Bildet Dreiergruppen, verteilt die Rollen und verändert das Gespräch so, dass eine gelungene Kommunikation entsteht.

8 Tragt eure Gespräche in der Klasse vor. Gebt einander Feedback.

9 Gestaltet jetzt ein eigenes Gruppengespräch zur unten stehenden Situation. Geht so vor:
- Verteilt die Rollen, bezieht auch Beobachter ein.
- Überlegt, wie das Gespräch ablaufen soll. Legt für jede Person eine Rollenkarte an.
- Spielt euer Gespräch vor.
- Die Beobachter achten darauf, ob Gesprächsregeln und die Maximen eingehalten wurden, und geben ein Feedback.

Seite 270 Rollenspiel

Seite 268 Gesprächsregeln

Ihr habt euch am Wochenende mit mehreren Freunden zum Lasertag-Spielen verabredet. Das Spiel hat eine Person im Voraus bezahlt. Jetzt fordert die Person, dass alle ihren Anteil übernehmen. Eine Freundin hat keine Lust mehr auf Lasertag und will ihren Anteil nicht zahlen.

Arbeitstechnik
Kommunikationssituationen analysieren

Kommunikationssituationen sind geprägt durch **verbale** (sprachliche) und **nonverbale** (Körperhaltung, Gestik, Mimik) Elemente.
Können **Sender** und **Empfänger** im Gespräch nicht ihre **Ziele** erreichen, liegt das häufig an der Art, **wie sie kommunizieren**.

Untersuche die misslungene Kommunikation mit den Fragen:
1. Wer spricht mit wem (**Sender/Empfänger**) in welcher **Situation**?
2. Worum geht es in dem Gespräch? (**Inhalt**)
3. Was wird auf der **Sachebene** mitgeteilt?
4. In welcher Beziehung stehen Sender und Empfänger (**Beziehungsebene**)?
5. Welche **Absicht** oder welches **Ziel** verfolgen Sender und Empfänger?
6. **Warum** wird das Ziel nicht erreicht?
7. Wird im Gespräch gegen die **Konversationsmaximen** (von Grice) verstoßen?
8. Welche **weiteren Ursachen** könnte es geben (z. B. mangelnde Hörbereitschaft, Unhöflichkeit, verschiedene Erfahrungen, soziale Probleme)?

Und am Ende steht ...

Auch in der Schule kommt es oft zu Missverständnissen. Vor allem bei wichtigen Gesprächen ist es nötig, die Ergebnisse schriftlich festzuhalten. Dazu gibt es ein Ergebnisprotokoll.

○ **1** In der Schülerversammlung diskutieren Schülerinnen und Schüler zum Thema „Soll an unserer Schule einheitliche Schulkleidung eingeführt werden?". Lest einen Auszug aus dem Gespräch mit verteilten Rollen.

Maike Dafür würde auf jeden Fall sprechen, dass dann niemand mehr blöd angemacht wird wegen dem, was er anhat. Viele haben Angst, ständig schikaniert zu werden.
Dustin Ich will mir doch aber nicht vorschreiben lassen, was ich anziehen soll. Ich will selbst entscheiden, was mir steht und wonach mir ist.
Sedra Vielleicht würde es aber den Zusammenhalt und das Gemeinschaftsgefühl stärken. Jeder könnte sehen, von welcher Schule wir kommen. Ich fände das cool.
Paul Genau, dann würden alle denken, dass wir uns abgrenzen wollen. Wahrscheinlich würden wir eingebildet wirken und am Ende Ärger mit Schülern aus anderen Schulen bekommen.
Sedra Das ist doch Quatsch, im Sportverein tragen auch alle Sportler einheitliche Kleidung und niemand findet sie eingebildet.
Dustin Sportvereine sind freiwillig, Schule halt nicht.
Maike Und wenn wir Jeans und Polohemd mit dem Schullogo anziehen würden?

○ **2** Untersucht im Tandem das Gespräch. Notiert, welche Positionen vertreten werden und wie sie begründet wurden.

Ergebnisprotokoll der Schülerversammlung der Klasse 9d am 17.10.2021
Ort: 8. Oberschule in Chemnitz, R. 1.230
Zeit: 15:30–16:30 Uhr
Teilnehmer: 25 Schülerinnen und Schüler der Klasse 9d (es fehlen: Huong und Lara)
Protokollantin: Xenia Radilov

TOP 1: Schulfasching am 09.02.2022
...
TOP 2: Einführung von einheitlicher Schulkleidung an unserer Schule (Vorschlag: Karim)
Die Schülerinnen und Schüler tragen ihre Argumente vor:
Pro-Argumente: Es gibt keine Hänseleien mehr wegen der Kleidung. Das Gemeinschaftsgefühl innerhalb und außerhalb der Schule wird gestärkt.
Vorschlag: Jeans und Polohemd mit Schullogo
Kontra-Argumente: Manche fühlen sich mit dem Zwang nicht wohl. Die Individualität geht verloren und die Abgrenzung zu anderen Schulen ist schwierig.
Beschlüsse: In der nächsten Versammlung (07.11.2021) erfolgt eine Abstimmung.
Abmachungen: Das Thema soll durch Tim und Melina in anderen Klassen vorgetragen werden (bis zum 06.11.2021), um eine Schulabstimmung vorzubereiten. Maike plant die Klassenabstimmung am 07.11.2021.
Zu TOP 3: Fotogalerie
...

Chemnitz, 18.10.2021, Xenia Radilov

3 Lies auf Seite 148 das Ergebnisprotokoll zur Schülerversammlung mit den Ergebnissen aus der Diskussion in Aufgabe 1.

4 Untersucht das Ergebnisprotokoll im Tandem. Beantwortet dazu die folgenden Fragen und macht euch Notizen:
- Wie ist das Protokoll aufgebaut? Ordnet die folgenden Begriffe den drei Teilen im Protokoll zu:

Protokollkopf *Hauptteil* *Schluss*

- Welche Angaben stehen im Protokollkopf?
- Worüber informiert der Hauptteil?
- Was steht am Schluss?
- Wie ist das Protokoll sprachlich gestaltet? In welcher Form wurden die Angaben aus der Diskussion aus Aufgabe 1 notiert?

TIPP
Achtet besonders auf die Aussagen, die Vorschläge oder Anträge enthalten.

5 Tauscht euch in der Klasse über die Funktion eines Ergebnisprotokolls aus.

6 Legt im Tandem eine Checkliste zum Aufbau und Inhalt eines Ergebnisprotokolls an.

Checkliste
Ergebnisprotokoll

1. Protokollkopf
☑ Titel der Veranstaltung
☑ Ort und Zeit
☑ Teilnehmer
☑ …

7 Verfasse ein eigenes Ergebnisprotokoll. Ändere und ergänze dazu das Protokoll aus Aufgabe 3. Denke dir zu TOP 1 oder 3 ein Gespräch aus und notiere mögliche Ergebnisse im Protokoll.

TIPP
Ändere den Protokollkopf so, als wäre es eine Versammlung deiner Klasse gewesen.

Arbeitstechnik
Ein Ergebnisprotokoll verfassen

Das Ergebnisprotokoll ist ein **knapper Bericht** über eine **Diskussion** oder **Versammlung**. Es **fasst die Ergebnisse** sachlich **zusammen** und dient als **Gedächtnisstütze**. So schreibst du ein Protokoll:

1. Nenne im **Protokollkopf** den Titel der Veranstaltung, Datum, Ort, Uhrzeit, Anwesende und Protokollantin oder Protokollant.
2. Gliedere den **Hauptteil** nach Tagungsordnungspunkten (TOP). Notiere alle Ergebnisse, Beschlüsse und Abmachungen.
3. Notiere am **Schluss**: Datum und Ort der Anfertigung, Unterschrift und Name der Protokollantin oder des Protokollanten.

Beachte: Schreibe **knapp** und **sachlich** und im **Präsens**.

Test
D07

Haben Sie keinen Schlüssel?

Leseschlüssel

1 Lies die folgende Geschichte.

Carlo Manzoni

Der Hausschlüssel

Herr Veneranda blieb vor einer Haustür stehen, betrachtete die dunklen geschlossenen Fensterläden und pfiff mehrmals, als wolle er jemanden rufen. An einem Fenster des dritten Stockes erschien ein Herr.
„Haben Sie keinen Schlüssel?", schrie der Herr, um sich verständlich zu machen.
„Nein, ich habe keinen Schlüssel", schrie Herr Veneranda.
„Ist die Haustür zugeschlossen?", schrie der Herr am Fenster wieder.
„Ja, sie ist zu", antwortete Herr Veneranda.

„Dann werfe ich Ihnen den Schlüssel hinunter."
„Wozu?", fragte Herr Veneranda.
„Um die Haustür aufzuschließen", erwiderte der Herr am Fenster.
„Also gut", schrie Herr Veneranda. „Wenn Sie wollen, dass ich die Haustür aufschließe, dann werfen Sie mir nur den Schlüssel herunter."
„Aber müssen Sie denn nicht herein?"
„Ich? Nein. Wozu auch?"
„Wohnen Sie denn nicht hier?", fragte der Herr am Fenster, der nicht mehr recht mitkam.
„Ich? Nein", schrie Herr Veneranda zurück.
„Und warum wollen Sie dann den Schlüssel?"
„Wenn Sie wollen, dass ich die Tür aufschließe, muss ich sie doch mit dem Schlüssel aufschließen. Glauben Sie vielleicht, ich könnte es mit einer Pfeife?"
„Ich will gar nicht, dass die Tür aufgemacht wird", rief der Herr am Fenster. „Ich meinte, Sie wohnten hier: Ich hörte Sie pfeifen."
„Pfeifen denn alle, die hier im Haus wohnen?", erkundigte sich Herr Veneranda. [...]
„Nur wenn sie keinen Schlüssel haben", antwortete der Herr oben am Fenster.
„Ich habe keinen Schlüssel", schrie Herr Veneranda.
„Dürfte ich vielleicht wissen, was diese Schreierei zu bedeuten hat? Man kann dabei kein Auge zutun", brüllte ein Herr, der sich an einem Fenster des ersten Stockes zeigte.
„Wir schreien, weil sich der Herr dort im dritten Stock befindet und ich auf der Straße stehe", sagte Herr Veneranda. „Wenn wir leise sprechen, können wir uns nicht verständigen."

„Aber was wollen Sie denn?“, fragte der Herr, der im ersten Stock am Fenster stand. „Das müssen Sie den Herrn im dritten Stock fragen“, sagte Herr Veneranda. „Ich habe es noch nicht herausbekommen: Zuerst will er mir den Hausschlüssel herunterwerfen, damit ich die Haustür aufschließe, dann will er wieder nicht, dass ich die Haustür aufschließe, dann sagte er, dass ich, wenn ich pfeife, in diesem Haus wohnen müsse. Kurzum, ich habe es noch nicht herausbekommen. Pfeifen Sie übrigens?“

„Ich? Nein. Wieso sollte ich pfeifen?“, fragte der Herr am Fenster des ersten Stockes.

„Weil Sie in diesem Haus wohnen“, sagte Herr Veneranda. „Der Herr im dritten Stock hat gesagt, dass die Leute, die in diesem Haus wohnen, pfeifen. Mir ist es jedenfalls einerlei: Meinetwegen können Sie ruhig pfeifen.“ Herr Veneranda verabschiedete sich mit einer leichten Verbeugung, ging seines Weges und murmelte vor sich hin, dass dies bestimmt eine Art Irrenanstalt sein müsse.

2 Erzählt einander im Tandem die Geschichte nach.

3 Klärt in der Gruppe, wovon die Geschichte handelt, welche Figuren agieren und in welcher Beziehung sie zueinander stehen.

Seite 147 Kommunikationssituationen analysieren

4 Untersuche die Situation in der Geschichte mithilfe des Sender-Empfänger-Modells von Seite 144. Notiere Sender, Empfänger, die jeweilige Absicht, die Sach- und die Beziehungsebene.

5 Welche Missverständnisse sind in dem Gespräch entstanden und welche Gründe gibt es dafür? Tauscht euch in der Gruppe darüber aus.

TIPP
Achtet auf das Signal (Nachricht), das Herr Veneranda am Anfang gibt.

6 Lest die Geschichte noch einmal mit verteilten Rollen. Versucht, die Situation und die Gefühle der handelnden Figuren mithilfe der Betonung deutlich zu machen.

7 Nennt die Textstellen, an denen das Gespräch hätte anders laufen müssen, damit die Kommunikation gelingt. Tauscht euch in der Gruppe darüber aus.

8 Bildet zwei Kleingruppen und verteilt die Aufgaben A und B.

A Schreibt das Gespräch in der Geschichte so um, dass die Kommunikation gelingt.

B Schreibt eine Fortsetzung des Gesprächs in der Geschichte. Gelangt dabei zu einer Klärung des Problems.

9 Legt nun in den beiden Kleingruppen Sprechkarten zu den verschiedenen Figuren an, verteilt die Rollen und übt eure szenische Lesung.

Seite 269 szenische Lesung

10 Lest und spielt das veränderte oder fortgesetzte Gespräch den anderen Kleingruppen vor.

11 Gebt einander ein Feedback, ob die Kommunikation nun zum Ziel führt.

12 Stellt der Klasse die Geschichte vor und lest eure veränderten und fortgesetzten Gespräche. Berichtet einander von ähnlichen Missverständnissen, die ihr erlebt habt.

Ein letzter Sommer

Leseschlüssel

○ **1** Lies den folgenden Auszug aus dem Roman von Steve Tesich.

Der siebzehnjährige Ich-Erzähler Daniel hat sich in Rachel, die vor kurzem nach East Chicago gezogen ist, verliebt. Er beginnt, nach der Schule regelmäßig zu ihr zu gehen.

Steve Tesich

Ein letzter Sommer

Wir saßen eines Tages auf ihrer Veranda. Ihr Vater hämmerte unten im Keller an seiner Dunkelkammer.

„Packards[1] werden nicht mehr hergestellt“, sagte ich und zeigte auf sein Auto.

„Deshalb mag ich den Packard. Es ist der Letzte seiner Art. Eine lebende Ruine. Ich liebe Ruinen. Du nicht auch?“

Ich wollte Ruinen lieben, weil sie es tat. „Doch“, sagte ich. Nach einer kurzen Pause fragte ich sie: „Du kommst aus New York?“

„Das hab ich nie gesagt.“

„Nein, aber die Nummernschilder am Auto ...“

„Das hat nichts zu bedeuten“, schnitt sie mir das Wort ab.

„Normalerweise ...“, fing ich an, aber sie unterbrach mich wieder.

„Normalerweise!“ Sie zog eine Augenbraue hoch, als sei sie entsetzt, dass ich solch ein Wort gebrauchte. Dann lächelte sie.

„Ja, du hast Recht.“

„Bist du aus New York?“

„Nein, das Auto ist aus New York.“

„Und wo bist du her?“

„Korrigiere mich, wenn ich Unrecht habe, Daniel Boone[2], aber wenn ich es dir sagen würde, dann würde das kaum etwas ändern, oder? Was wäre, wenn ich dir sagen würde, ich bin aus Massachusetts? Oder aus Connecticut? Was würdest du dann groß wissen, was du nicht jetzt schon weißt? Ich bin eben nicht von hier, aus ‚däh Region‘, und du bist von hier.“

„Woher weißt du, dass ich von hier bin?“ Ich versuchte, mich auch mit einem Geheimnis zu umgeben.

„Wegen der Fragen, die du stellst. Da, wo ich herkomme, stellen die Leute solche Fragen nicht.“

Sie redete nie über ihre Familie, deshalb fragte ich sie ein paar Tage später: „Lebt deine Mutter noch?“

„Das will ich hoffen“, sagte sie.

Wir gingen langsam den Boulevard hinunter. Die Geschäfte, die noch nicht geschlossen waren, machten gerade zu, als wir daran vorbeikamen.

„Und wo ist sie?“, fragte ich.

„Meine Mutter?“

„Ja.“

„Du meinst, wo sie jetzt ist? Genau in diesem Augenblick?“

„Nein, du weißt schon ...“

„Jetzt im Moment“, unterbrach sie mich. „Mal überlegen. Wie ich meine Mutter kenne, geht sie jetzt gerade die Zeitungen zum zweiten Mal durch und sucht nach Dingen, die ihr vielleicht entgangen sind.“

„Warum lebt sie nicht bei euch?“

[1] Packard: US-amerikanischer Autohersteller

[2] Daniel Boone: US-amerikanischer Pionier und Jäger im 18. Jahrhundert

„Warum willst du das wissen?“
Ich zuckte die Achseln. „Weiß ich nicht. Jeder, den ich kenne, hat eine Mutter. Also schätze ich mal ...“
Sie unterbrach mich. „Du schätzt schon wieder.“ Sie drohte mir mit dem Zeigefinger und ging etwas schneller. „Also ich habe auch eine Mutter. Ich habe eine Mutter und einen Vater und beide sind ...“ Sie schwieg plötzlich. Dann sprach sie in anderem Tonfall weiter. „Beide sind am Leben und gesund.“
Ich begriff. Sie waren geschieden. [...]
„Fehlt sie dir?“
„Was meinst du wohl?“ Sie sah mir in die Augen.
„Wahrscheinlich schon“, sagte ich.
„Wahrscheinlich hast du Recht.“
Fast hätte sie mich geküsst, als wir uns vor ihrem Haus voneinander verabschiedeten.
Allein bei der Aussicht auf einen Kuss schlug mein Herz wie rasend.
„Gute Nacht, Daniel.“
„Gute Nacht, Rachel.“ [...]

○ **2** Klärt in der Gruppe, wie und worüber die Figuren sprechen.

Seite 147 Kommunikationssituationen analysieren

◒ **3** Beschreibt im Tandem, wie Rachels Verhalten und ihre Äußerungen auf euch wirken. Und wie wirken ihre Aussagen auf Daniel? Vergleicht beides.

◒ **4** Untersucht im Tandem die Kommunikation genauer. Wendet das Sender-Empfänger-Modell von Seite 144 an. Macht euch Notizen.

● **5** Tauscht euch in der Gruppe darüber aus, weshalb es Daniel nicht gelingt, mehr über Rachel zu erfahren. Besprecht, ob hier die Kommunikation misslingt.

◒ **6** Schreibt den Dialog zwischen den beiden Figuren in der Gruppe so um, dass die Kommunikation gelingt und Daniel mehr über Rachel erfährt.

○ **7** Bereitet in der Gruppe den neuen Dialog für eine szenische Lesung vor.

Seite 269 szenische Lesung

○ **8** Lies das folgende Zitat des US-amerikanischen Psychologen Rollo Reece May (1909–1994).

„Kommunikation führt zu Gemeinschaft, das heißt zu Verständnis, Vertrautheit und gegenseitiger Wertschätzung.“

● **9** Erläutere schriftlich, was May mit dieser Aussage gemeint haben könnte. Nimm dazu Stellung und beziehe deine eigenen Erfahrungen ein.

○ **10** Stellt der Klasse den Textauszug aus „Ein letzter Sommer“, eure Analyseergebnisse und den veränderten Dialog in einer szenischen Lesung vor. Tauscht euch über ähnliche Kommunikationsprobleme aus.

Und noch einmal „Herr Lehmann“

Herr Lehmann, sein bester Freund Karl und ihr Chef Erwin gehen in die Kneipe „Abfall“, die Erwin gehört. Als sie dort am Tresen sitzen, fällt Erwin ein Mann auf, der schon häufig Gast war, den aber keiner kennt. Das beunruhigt ihn.

Leseschlüssel

○ **1** Lies den Auszug aus dem Roman „Herr Lehmann“ von Sven Regener.

„Der Typ ist komisch.“

„Klar ist der komisch, die Welt ist voll von komischen Leuten.“ Gerade kam sein bester Freund Karl mit Bier, Brandy und einer Tüte Kartoffelchips wieder. „Karl“, fragte Herr Lehmann, „weißt du noch...“

„Hier“, unterbrach ihn sein bester Freund Karl und ließ die Kartoffelchips auf den Tisch fallen. „Schön aufessen. Denkt an die Elektrolyte. Der Elektrolytmangel ist der größte Feind des Trinkers. Von der Dehydrierung einmal abgesehen.“ Er nahm einen großen Schluck Bier. „Morgen früh werdet ihr mir dankbar sein.“

„Klar“, nahm Herr Lehmann seine Frage wieder auf, „weißt du noch, der Typ, der damals jeden Abend im Treibsand saß und Weizenbier trank, eins nach dem anderen, wie hieß der noch mal?“

„Du meinst Schneider-Jürgen. Was soll mit dem sein?“

„Schneider-Jürgen“, gab Herr Lehmann an Erwin weiter. „Der war auch so einer. Was ist aus dem eigentlich geworden?“ wandte er sich an Karl.

„Ist gestorben“, sagte Erwin, ohne den Blick von dem Mann am Tresen zu nehmen.

„Wieso das denn?“

„Weiß auch nichts Genaues“, fügte Erwin hinzu. „Ist ja auch egal. Jedenfalls stimmt mit dem was nicht.“ „Wie jetzt“, rief Karl von der anderen Seite, „was ist mit Schneider-Jürgen? Was stimmt mit dem nicht?“

„Der ist tot“, sagte Herr Lehmann.

„Ihr müsst Kartoffelchips essen“, rief Karl, der schon nicht mehr zuhörte [...].

„Was soll denn mit dem schon sein“, sagte Herr Lehmann zu Erwin. „Da ist doch nichts Ungewöhnliches dran, wenn einer rumsitzt und säuft. Davon lebst du schließlich.“

„Mit dem stimmt was nicht“, sagte Erwin. „Auf den müssen wir aufpassen.“

„Erwin“, sagte Herr Lehmann, „wenn du wirklich so eine gute Menschenkenntnis hast, warum hast du dann vorhin eins auf die Omme gekriegt?“

„Das ist ein Zivilbulle, ich schwör’s dir. Der checkt uns den Laden aus.“

„Sag mal, Frank“, sagte jetzt sein bester Freund Karl, „läuft da schon was mit dir und dieser Katrin?“

„Wieso das denn jetzt?“, rief Herr Lehmann etwas zu empört und damit, wie er selber fand, irgendwie verdächtig. Er spürte, wie er rot wurde. „*Du* bist doch heute mit ihr ins Prinzenbad gegangen, oder etwa nicht“, fügte er hinzu, was, wie er sogleich dachte, alles nur noch schlimmer machte. Vor lauter Ärger begann er Kartoffelchips zu essen. „Ich erkenne einen komischen Vogel, wenn ich einen sehe“, sagte Erwin. „Bei dem müssen wir aufpassen. Sollte mich nicht wundern, wenn das ein Zivilbulle ist. Der checkt hier die ganzen Läden auf Drogen aus.“

„Herr Lehmann, entspann dich“, sagte sein bester Freund Karl von der anderen Seite fröhlich und klopfte ihm freundlich auf die Schulter. [...]

Seite 147 Kommunikationssituationen analysieren

◐ **2** Klärt in der Gruppe, wie und worüber die Figuren sprechen.

3 Untersucht im Tandem die Kommunikation genauer. Wendet das Sender-Empfänger-Modell von Seite 144 und die Maximen von Grice an. Macht euch Notizen.

4 Wie könnten die Figuren konstruktiver miteinander kommunizieren? Notiert im Tandem für jede Figur Ratschläge.

TIPP
Nutzt die Maximen von Grice auf Seite 145 dazu.

5 Lies den folgenden Informationstext und sieh dir die Infografik dazu an.

Der Kommunikationsforscher Friedemann Schulz von Thun zeigt in seinem „Vier Ohren-Modell“, wie unterschiedlich wir die gleichen Informationen wahrnehmen. Das Modell unterscheidet bei jeder Nachricht vier verschiedene Ebenen:
Die Sachebene: Worüber wird informiert? Dabei handelt es sich um Daten, Fakten und Informationen.
Die Selbstoffenbarung: Wie präsentiert sich der Sender? Was gibt er von sich preis? Oft verbergen sich in der Nachricht Informationen über den Sender, seine Gefühle und seine Persönlichkeit.
Die Beziehungsebene. Über das Verhältnis zwischen Sender und Empfänger werden in der Nachricht ebenfalls Informationen übermittelt.
Der Appell. Was will der Sender erreichen? Mit der Nachricht will der Sender den Empfänger beeinflussen.

Kommunikationsmodell Schulz von Thun

6 Beschreibt in der Gruppe das Modell von Friedemann Schulz von Thun mit eigenen Worten. Vergleicht es mit dem Sender-Empfänger-Modell von Seite 144.

7 Erläutert in der Gruppe, wie sich mithilfe dieses Modells Missverständnisse erklären lassen.

8 Katrin, seit einem Monat in Berlin, unterhält sich mit Herrn Lehmann. Untersucht im Tandem deren Aussagen und erläutert sie mithilfe des „Vier Ohren-Modells“. Beantwortet zu jeder Aussage die folgenden Fragen:
- Welche Informationen enthält die Aussage? (Inhalt)
- Was sagt die Figur mit der Aussage über sich selbst? (Selbstoffenbarung)
- Was sagt die Aussage über die Beziehung zwischen Sender und Empfänger? (Beziehung)
- Was soll der Empfänger aufgrund der Aussage denken, fühlen oder tun? (Appell)

Herr Lehmann Ich bin seit 1980 in Berlin, das sind jetzt schon neun Jahre.
Katrin Na und? Und da soll ich jetzt Beifall klatschen, oder was?

9 Beurteile in einem kurzen Text das Kommunikationsverhalten der beiden Figuren. Ergänze Vorschläge für eine gelungenere Kommunikation.

10 Gestaltet jetzt das Gespräch zwischen Katrin und Herrn Lehmann so, dass die Kommunikation besser gelingt. Schreibt einen Dialog, in dem sich beide über ihre Herkunft unterhalten.

11 Stellt der Klasse das „Vier Ohren-Modell“, den Textauszug und eure Analyseergebnisse aus Aufgabe 8 vor. Berichtet von ähnlichen misslungenen Gesprächen.

Wie sprichst du denn?

Deutsch ist keine einheitliche Sprache, sondern tritt in verschiedenen Erscheinungsformen, den Varietäten, auf. Wir beherrschen mehrere Varietäten und wählen diese je nach Sprechanlass aus.

1 Seht euch in der Gruppe die Abbildung an und lest die Sprechblasen. Tauscht euch über die Situation und die verschiedenen Sprechweisen aus. A10

2 Ordnet in der Gruppe die Aussagen aus Aufgabe 1 den folgenden Varietäten zu.

Dialekt | Jugendsprache | Umgangssprache | Fachsprache | Standardsprache | Kiezdeutsch

3 Benennt in der Gruppe Merkmale der verschiedenen Varietäten. Formuliert dann zu jeder Varietät eigene Beispiele.

4 Bildet vier Gruppen und wählt jeweils eine Sprachvarietät aus. Jede Gruppe spielt die Situation in Aufgabe 1 in der ausgewählten Sprachvarietät nach.

TIPP
Verwendet euren eigenen Dialekt.

TIPP
Klärt unbekannte Wörter mit einem Wörterbuch.

5 Spielt die Situation in der Klasse vor und tauscht euch dann darüber aus, wie die verschiedenen Sprechweisen auf euch gewirkt haben.

6 Seht euch nun die verschiedenen Sprachvarietäten genauer an. Lest den folgenden Text. Klärt im Tandem, welche Sprachvarietät vorliegt.

Die Vielfalt der Sprache
Das Deutsche ist, wie alle natürlichen Sprachen, keine homogene, sondern eine heterogene Sprache. Die Standardsprache wird als einheitliche Form und überregionales Verständigungsmittel verwendet, sie ist durch Sprachnormen in Wörterbüchern und Grammatiken geregelt. Man verwendet die Standardsprache vor allem in der schriftlichen Kommunikation, nutzt sie aber auch im öffentlichen Sprachgebrauch. Die Varietäten, die von dieser Standardsprache abweichen, sind Dialekte, Soziolekte, Fachsprachen und die Umgangssprache. Von Bedeutung ist das Nebeneinander der genannten Existenzformen im vielfältigen Gebrauchsfeld der Sprache.

7 Findet im Tandem im Text Beispiele zu den folgenden Merkmalen der Sprachvarietät Fachsprache. Übernehmt die Tabelle und füllt sie aus.

Merkmal	Beispiel
unpersönliche Ausdrucksweise	*Die Standardsprache wird ... verwendet (2. Satz), ...*
komplexer Satzbau, Reihung von Hauptsätzen	...
Nominalstil	...
Fachwortschatz und Fremdwörter	...

8 Nennt Beispiele für Fachsprachen. Besprecht dann in der Klasse, woran man Fachsprache erkennt, in welchen Zusammenhängen sie genutzt wird und welche Funktion sie besitzt.

9 Sprecht ihr Dialekt? Nennt in der Klasse Wörter, Ausdrücke und Redensarten aus eurem Dialekt.

10 Lest in der Gruppe die folgenden Sprüche vor. Ordnet sie dann den passenden Dialekten zu.

Isch han disch jän!
Wo koi Liab isch, isch au koi Freud.
Griaß eich, liabe Leit!
Des krieje mer heit nemme gebacke.
Da kiekste, wa?!
Wat mutt, dat mutt.

Norddeutsch
Hessisch
Bairisch
Schwäbisch
Kölsch
Berlinisch

11 Übersetzt in der Gruppe die Sprüche aus Aufgabe 10 in die Standardsprache.

TIPP
Orientiert euch an den Wörtern, die euch bekannt sind.

12 Fasst in der Klasse euer Wissen über Dialekte zusammen. Orientiert euch an folgenden Fragen:
- Welche Dialekte gibt es in welchen Regionen?
- Welche Merkmale haben die Dialekte? Worin unterscheiden sie sich von der Standardsprache?
- In welchen Situationen wird Dialekt gesprochen?
- Wo findet man Dialektsprüche in der Schriftsprache?
- Gibt es Dialekte auch in anderen Sprachen?

I bims, du ...

1 Lies den folgenden Auszug aus einem Aufsatz zum Roman „Herr Lehmann“.

Hauptfigur im Roman ist Frank Lehmann, 29 Jahre alt, der in Berlin-Kreuzberg leben und als Kellner in ner Kneipe arbeiten tut. Ich würd mal sagen, dass sein Leben öde ist, der tuckert ohne Ehrgeiz herum, schlurft von Kneipe zu Kneipe und guckt andern Leuten beim Leben zu. Plötzlich passiert was. Franks Eltern aus Bremen wollen ihn besuchen und stehen überraschend auf der Matte. Sie wollen sehen, ob er wirklich Geschäftsführer eines Restaurants ist, wie er ihnen gesagt hat.
Dann verliebt sich Frank in die Köchin Katrin, die gehen dann miteinander. Später muss Frank sich noch um seinen Kumpel Karl kümmern, der total am Durchdrehn ist. Karl zerstört alle seine Kunstobjekte und erleidet einen Nervenzusammenbruch.

2 Untersucht im Tandem den Aufsatztext. Besprecht, welche Ausdrücke ihr der Umgangssprache und welche der Standardsprache zuordnen würdet.

TIPP
Achtet darauf, welche Varietät eher mündlich und welche eher schriftlich verwendet wird.

3 Tauscht euch in der Klasse darüber aus, welche Sprachvarietät für einen Text wie in Aufgabe 1 angemessen ist. Begründet eure Meinung.

4 Formuliere den Text so um, dass er zur Textart und zum Sprachgebrauch passt.

5 Übernehmt die Tabelle und ergänzt sie im Tandem.

Umgangssprache	Standardsprache
Ich kann nix dafür.	...
Für was bist du?	...
Haste ma Zeit?	...
Der is jünger wie ich.	...
Ich kenn kein Soldat.	...
Laber nich rum!	...

TIPP
Falls ihr einige Wörter nicht kennt, recherchiert im Internet.

6 Lest im Tandem die folgenden Wörter und Wortgruppen, die zur Jugendsprache gehören. Übertragt sie in die Standardsprache.

safe *echt hamma* *flexen* *Smombie* *31er* *sheeesh* *Alman*
isso *fly sein* *lit* *yolo* *Snackosaurus* *triggern* *cringe*

7 Tauscht euch in der Klasse über Jugendsprache aus. Beantwortet dabei die Fragen:
- Wer spricht in welchen Situationen Jugendsprache?
- Welche Unterschiede gibt es zur Standardsprache?
- An welchen Merkmalen erkennt man Jugendsprache?
- Welche Vor- und Nachteile hat Jugendsprache?

8 Welche jugendsprachlichen Ausdrücke verwendet ihr? Nennt sie und erklärt, was damit gemeint ist.

9 Zu den Jugendsprachen zählen auch Kiezdeutsch und Vong. Lest die Erklärungen und tauscht euch in der Klasse über eure Erfahrungen mit diesen Sprachen aus.

Kiezdeutsch ist eine Varietät des Deutschen, die sich in Städten unter Jugendlichen im Kontakt verschiedener Sprachen und Kulturen entwickelt hat. Beispiele für Kiezdeutsch sind „Lassma Kino gehen, lan.“ „Ischwör, Alter, war so.“ oder „Machst du rote Ampel.“ Das Kiezdeutsch verfügt über systematische sprachliche Besonderheiten, z. B. Reduktionen (Weglassen von Flexionsendungen, Präpositionen, Artikeln), Verschmelzungen (lassma, musstu), Übernahmen aus anderen Sprachen (lan, wallah, yalla) oder Veränderung der Wortstellung (Geh ich Kino.).

Vong ist ein Sprachstil, der im Internet entstand und in die Jugendsprache einging. Es handelt sich um eine besondere Sprachspielerei, bei welcher häufige Fehler im Internet, vor allem in sozialen Medien, erkannt und parodiert werden. Kennzeichen des Vong sind absichtlich falsch geschriebene Wörter, Anglizismen und eine veränderte Grammatik. Beispiele und bekannte Sätze in Vong sind: I bims!“, „Was ist das für 1 life?“, „Immer auf Rechtschreibung 8ten!“ und Konstruktionen mit „vong ... her“, z. B. „Das ist richtig vong Grammatik her.“

10 Vong wird auch zunehmend in der Werbung verwendet. Lies die folgenden Beispiele.

Nicer Tag vong Sonne her.

Was machd 1 Brot auf 1 Konzert? Ab Roggen.

I bims, H1.

1 gute Bank. Von der Safetigkeit her.

11 Untersucht die Sätze in Aufgabe 10 und das Cover in der Randspalte im Tandem. Erläutert, nach welchem Muster Wörter und Sätze gebaut sind.

12 Findet und erfindet weitere Beispiele in Vong. Stellt sie in der Klasse vor. Tauscht euch dann darüber aus, weshalb diese Sprache so gern verwendet wird.

Merke

Sprachvarietäten

- **Standardsprache** (Hochsprache): Ist eine einheitliche und verbindliche Sprachform, wie sie in der **Öffentlichkeit**, besonders im **Schriftlichen**, verwendet wird (→ in Behörden, Schulen, Medien ...).
- **Umgangssprache**: Ist die **Alltagssprache**, die vor allem in der mündlichen Kommunikation im privaten Umfeld verwendet wird.
- **Fachsprache**: Sprachform zur Verständigung unter Fachleuten in einem Fachgebiet. Die Sprache ist exakt sowie sachbezogen und verfügt über einen eindeutigen **Fachwortschatz**. (→ Fachsprache der Physik, der Medizin ...)
- **Jugendsprache**: Sprachform, die von **Jugendlichen** untereinander verwendet wird. Sie verändert sich schnell und kann – je nach Gruppe und Region – sehr unterschiedlich sein. Merkmale der meist mündlichen Sprachform sind Vereinfachungen, Spontanität und Kreativität. (→ Untergruppen: Sprache des HipHop, Kiezdeutsch, Vong ...).
- **Dialekte**: Sprachform, die in bestimmten **Regionen** gesprochen wird (→ Schwäbisch, Hessisch, Sächsisch, Kölsch).

Abenteuer Sprache

Sprache ist lebendig und entwickelt sich weiter. Wortbedeutungen verändern sich, Wörter sterben aus, neue kommen dazu. Es handelt sich um ein ständiges Wechselspiel zwischen den Regeln und dem Gebrauch der Sprache.

1 Lest die folgenden Nachrichten. Formuliert sie im Tandem in Standardsprache schriftlich um. Vergleicht die beiden Fassungen und nennt die Unterschiede.

2 Tauscht euch in der Gruppe über die Besonderheiten der „Smartphone-Sprache“ aus. Beantwortet dabei die folgenden Fragen:
- Welche Funktion haben Abkürzungen und Emojis?
- Welche Merkmale mündlicher Sprache sind enthalten?
- Warum wurden englische Wörter genutzt?

3 Diskutiert in der Klasse die Vor- und Nachteile der „Smartphone-Sprache“. Sprecht auch über eure eigenen Erfahrungen damit.

4 In vielen Bereichen nutzen wir die englische Sprache. Nennt in der Klasse Beispiele für englische Wörter und Sätze (Anglizismen), die ihr häufig verwendet.

TIPP
Findet weitere Bereiche und bildet Gruppen dazu.

5 Bildet Gruppen zu den Bereichen, in denen häufig Anglizismen verwendet werden.

Werbung | Berufe | Sport | soziale Medien | Technik

TIPP
Findet möglichst ein passendes deutsches Wort.

6 Jede Gruppe schreibt möglichst viele Anglizismen aus ihrem Bereich auf. Stellt sie dann in der Klasse vor und erläutert ihre Bedeutung.

7 Beantwortet in der Klasse die Fragen zu den Wörtern in Aufgabe 6:
- Warum werden gerade in diesen Bereichen viele Anglizismen verwendet?
- Warum werden Anglizismen überhaupt verwendet?

8 Findet im Tandem zu den Bezeichnungen die Form für das andere Geschlecht.

der Bischof | die Stationsschwester | der Meister | der Hausherr

die Hebamme | das Zimmermädchen | der Tankwart | der Frisör

TIPP
Wenn ihr unsicher seid, dann recherchiert die Begriffe.

9 Besprecht eure Ergebnisse aus Aufgabe 8 in der Klasse und wertet sie aus.

10 Lest die Auszüge aus öffentlichen Texten und Formularen. Klärt in der Klasse, von wem gesprochen wird: von Männern, Frauen oder beiden.

Mehr Besucher als im letzten Jahr auf der Buchmesse! – Studierende sind eifrige Bibliotheksbenutzer. – Unsere Mitarbeiter beraten Sie gern! – Sehr geehrte Lehrerinnen und Lehrer! – Unterschrift des Patienten – Der Inhaber des Fahrzeugs mit dem Kennzeichen. – Aufgaben einer Bürokauffrau/eines Bürokaufmanns – Als behandelnder Arzt bestätige ich … – Die Politiker*innen versammelten sich. – Die Schüler verabschieden sich von ihren LehrerInnen.

11 Nennt im Tandem Formulierungen aus Aufgabe 10, in denen alle Geschlechter gleichberechtigt angesprochen werden.

12 Prüft in der Gruppe die Möglichkeiten für geschlechtergerechtes Formulieren. Besprecht, welche ihr verwenden würdet und welche nicht. Begründet eure Meinung.

Liebe Zuhörerinnen und Zuhörer … – Liebe ZuhörerInnen … – Liebe Zuhörende … – Liebe Zuhörer_innen … – Liebe Zuhörer*innen – Liebe Personen, die …

Merke
Entwicklungstendenzen der deutschen Gegenwartssprache

Die Sprachentwicklung der jüngsten Zeit weist folgenden Tendenzen auf:
- **Vereinfachungen und Kürzungen**, z. B. Abkürzungen → LG, Info …
- **Internationalisierung**, z. B. Entlehnungen aus dem Englischen (Anglizismen) → E-Mail, shoppen, Sale …
- **geschlechtergerechte** oder -sensible **Sprache**, z. B. Formulierungen als Ausdruck für die Gleichstellung der Geschlechter (anstatt nur der männlichen Form, des generischen Maskulinum) → Schülerinnen und Schüler, Schüler*innen, SchülerInnen, Schüler_innen, Schülerschaft …

13 Wendet nun euer Wissen über die verschiedenen Sprachvarietäten und Entwicklungstendenzen an. Wählt A oder B.

A Schreibt einen Brief oder eine E-Mail an die Lehrerschaft eurer Schule, in der ihr für die Verwendung von Smartphones im Unterricht plädiert.

B Schreibe einen Aufruf an deine Klasse, in der du für eine Umweltaktion wirbst.

TIPP
Achtet auf angemessene Anreden, Wortwahl, Sprechweise, Tonfall und Umgangsformen.

14 Präsentiert der Klasse eure Briefe und Aufrufe. Gebt einander Feedback, ob ihr die richtige Varietät adressatengerecht getroffen habt.

8 Medien überall

Medien und ihre Funktionen untersuchen

1

2

3

4

5

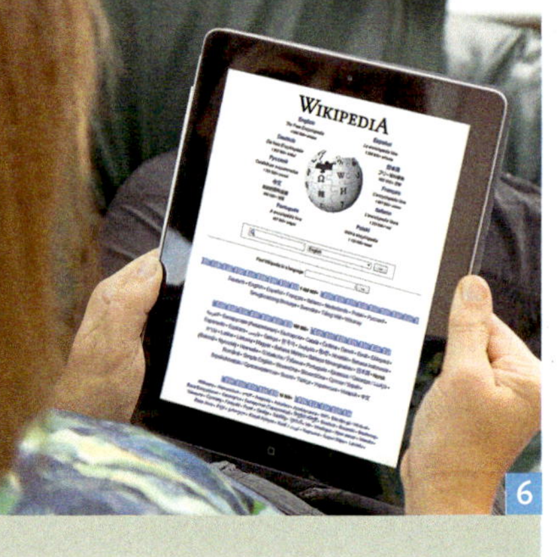

6

Das lernst du jetzt:

- Mediennutzung untersuchen
- Kommunikation in sozialen Medien untersuchen und bewerten
- Werbung im Internet verstehen und bewerten
- Glaubwürdigkeit in Medien untersuchen
- Möglichkeiten und Grenzen der Selbstdarstellung im Internet erkennen
- digitale Unterrichtsmethoden erkennen und nutzen
- Fremdwörter erkennen und anwenden

1 Seht euch die Bilder auf Seite 162 an und beschreibt sie.

2 Tauscht euch zu den abgebildeten Medien aus und beantwortet dabei die Fragen:
- Zu welchem Zweck werden sie hier genutzt?
- Welche weiteren Gründe für die Nutzung dieser Medien kennt ihr?
- Welche Medien nutzt ihr selbst? Legt dazu Übersichten an.

3 Seht euch das Diagramm an. Beschreibt und erläutert die Umfrageergebnisse.

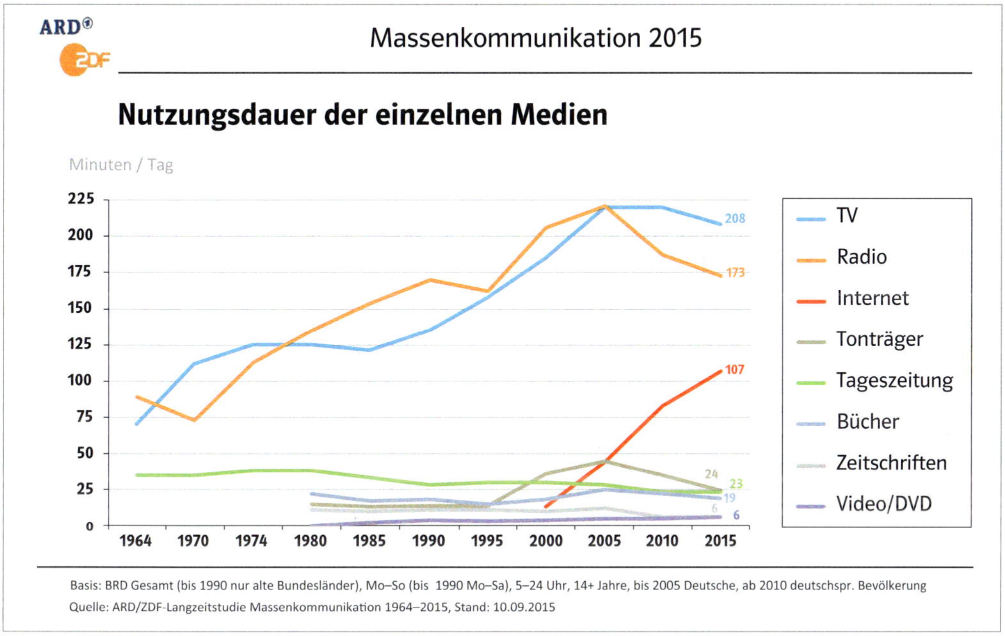

Basis: BRD Gesamt (bis 1990 nur alte Bundesländer), Mo–So (bis 1990 Mo–Sa), 5–24 Uhr, 14+ Jahre, bis 2005 Deutsche, ab 2010 deutschspr. Bevölkerung
Quelle: ARD/ZDF-Langzeitstudie Massenkommunikation 1964–2015, Stand: 10.09.2015

4 Beschreibt die Entwicklung einzelner Medien im Untersuchungszeitraum genauer, z. B. Zeitung, Internet, TV. Versucht die Veränderungen zu erklären.

5 Tauscht euch darüber aus, wie sich einzelne Medien seit 2015 weiterentwickelt haben. Berichtet aus euren eigenen Erfahrungen.

6 Unsere heutige Gesellschaft wird oft als „Informationsgesellschaft“ und „Mediengesellschaft“ bezeichnet. Erläutert dies mithilfe des Diagramms.

7 Notiert alle Medien, die euch bekannt sind. Ergänzt Sender, Namen von Printmedien oder Internetplattformen, die ihr nutzt.

8 Markiert die Medien, die ihr am häufigsten nutzt, und nennt Gründe dafür. Vergleicht eure Ergebnisse und tauscht euch über Unterschiede und Gemeinsamkeiten aus.

9 Ordnet jetzt die Medien aus Aufgabe 7 nach ihrer hauptsächlichen Funktion: **Information**, **Kommunikation**, **Unterhaltung**. Begründet eure Zuordnung.

RGS **10** Klärt die Bedeutung der folgenden Fremdwörter. Schreibt Erläuterungen dazu auf.

Ranking *Website* *Flashmob* *Desktop* *User*

Wie wir heute kommunizieren

○ **1** Lest die folgenden Namen. Nennt in der Klasse die sozialen Medien, die euch bekannt sind. Ergänzt weitere.

Facebook *Snapchat* *Instagram* *YouTube* *WhatsApp* *Twitter*
Skype *Pinterest* *Tumblr* *Flickr* *Vimeo* *Xing* *LinkedIn*

○ **2** Beantwortet in der Gruppe die folgenden Fragen zu sozialen Medien:
- Welche dieser sozialen Medien nutzt ihr? Wie häufig am Tag oder in der Woche?
- Wie und wofür nutzt ihr diese sozialen Medien?

○ **3** Vergleicht eure Ergebnisse aus Aufgabe 2 in der Klasse und erstellt an der Tafel ein Ranking der von euch genutzten sozialen Medien.

◒ **4** Nennt die vier am häufigsten genutzten sozialen Medien. Untersucht sie nun in der Klasse genauer. Klärt dabei:
- Wer ist Sender und wer ist Empfänger?
- Welche Möglichkeiten der Kommunikation gibt es?
- Welche Vor- und Nachteile haben diese sozialen Medien?

TIPP
Klärt unbekannte Begriffe mit dem Lexikon oder Internet.

○ **5** In den sozialen Medien gibt es verschiedene Praktiken der Kommunikation. Erklärt einander im Tandem die folgenden Begriffe.

liken *disliken* *posten* *teilen* *bloggen* *hashtaggen* *chatten*

○ **6** Besprecht im Tandem, wann, wie oft und wozu ihr diese Kommunikationspraktiken anwendet.

◒ **7** Übernehmt die Tabelle und vervollständigt sie in der Gruppe.

Kommunikations-praktiken	Funktion	Beispiel	Vorteile	Nachteile
liken	*Gefallen/Zustimmung ausdrücken*	*Daumen hoch* 	*– Bestätigung und Unterstützung von Personen und Initiativen*	*– kann manipuliert werden*
disliken	…	…	…	…
…	…	…	…	…

○ **8** Lies die Erklärung des Begriffs „one-to-many-Kommunikation“ und sieh dir die Abbildungen auf Seite 165 dazu an.

One-to-many-Kommunikation: Ein Teilnehmer kommuniziert mit vielen anderen Teilnehmern, z. B. im Radio oder Fernsehen, auf Blogs oder in Printmedien.

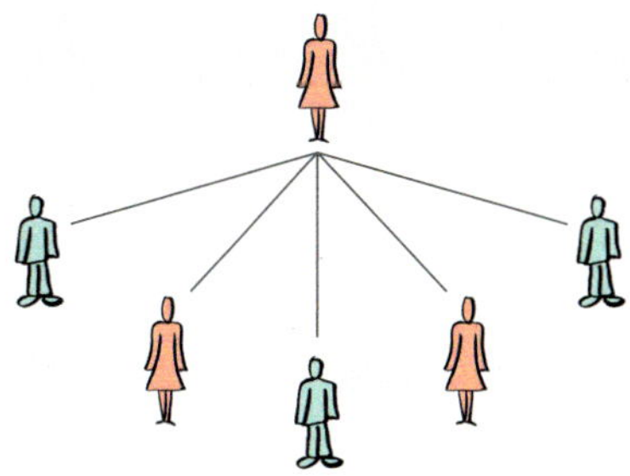

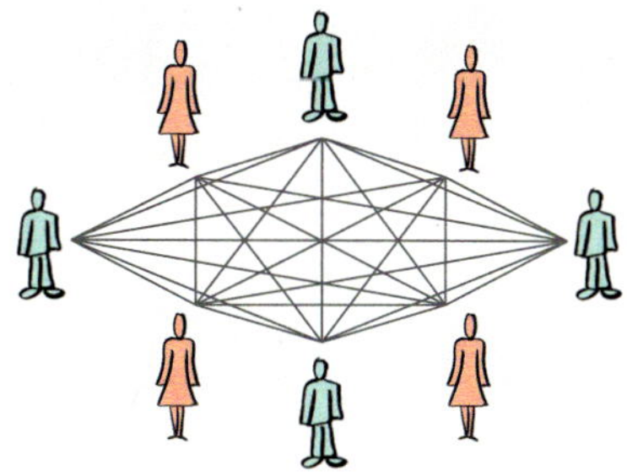

9 Erläutert in der Klasse die Unterschiede zwischen der „one-to-many-Kommunikation“ und der „many-to-many-Kommunikation“. Beantwortet dabei die folgenden Fragen zu beiden Kommunikationsformen:
- Welches Ziel verfolgt der Sender?
- Welche Rolle spielen die Empfänger?
- In welchen sozialen Medien kommen diese Formen bevorzugt vor?
- Welche Kommunikationspraktiken können angewendet werden?

10 Seht euch die folgenden Abbildungen an. Tauscht euch in der Gruppe zu folgenden Fragen aus:
- Was verbirgt sich hinter diesen Angeboten?
- Welche Angebote kennt ihr und welche habt ihr schon einmal bekommen?
- Wie seid ihr damit umgegangen?
- Wie könnt ihr auf diese Angebote reagieren? Worauf müsst ihr achten?

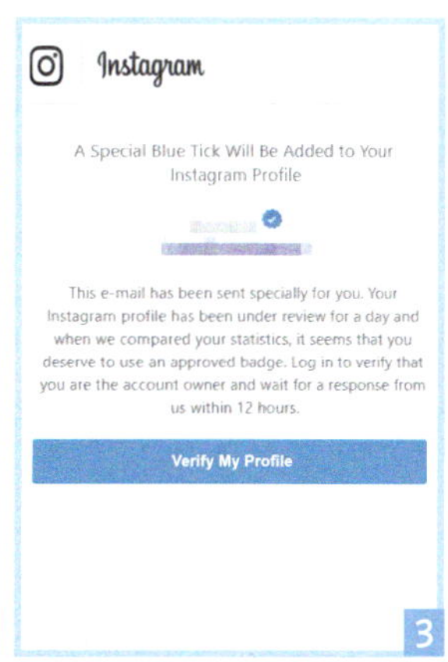

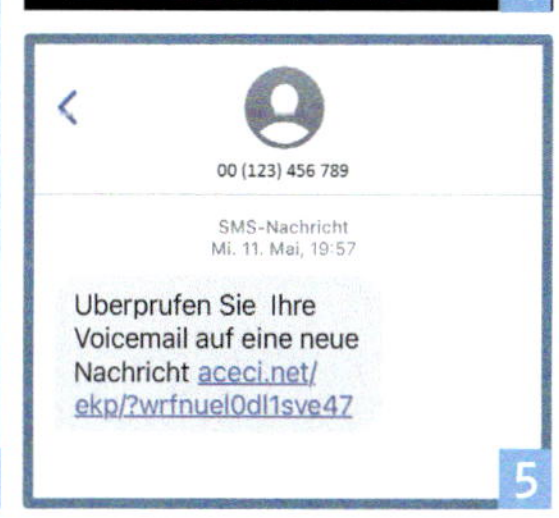

11 Lest die Kritikpunkte zu sozialen Medien. Diskutiert in der Gruppe darüber.

kosten zu viel Zeit – Gefahr von Mobbing – oberflächliche und verkürzte Kommunikation – keine Sicherheit der Persönlichkeitsrechte – „perfekte“ und falsche Selbstdarstellungen – kein Datenschutz – machen süchtig – zu viel Werbung

TIPP
Nutze die Ergebnisse dieser Seite und deine eigenen Erfahrungen.

12 Notiert im Tandem, wie ihr mit den Risiken und Gefahren aus Aufgabe 11 umgehen könnt, um sie zu vermeiden.

13 Schreibe jetzt eine schriftliche Stellungnahme zu den Kritikpunkten in Aufgabe 12. Formuliere eine eigene Meinung zum Thema soziale Medien.

Nur für dich

Soziale Medien und das Internet bieten viele Möglichkeiten für Werbung. Häufig ist diese von den „echten“ Inhalten kaum zu unterscheiden. Sicherlich findest du auch manchmal Gefallen an Werbung, trotzdem solltest du wissen, wie sie funktioniert. Auf diesen Seiten setzt du dich kritisch mit Werbung auseinander und erfährst etwas über ihre Mechanismen.

○ **1** Tauscht euch in der Klasse über eure Erfahrungen mit Werbung in sozialen Medien und im Internet aus.

○ **2** Seht euch die folgende Situation an. Sprecht dann in der Klasse darüber, wie es dazu gekommen ist.

Marie hat gestern auf der Seite eines Sportartikelherstellers nach Laufschuhen gesucht. Leider hat sie keine Schuhe gefunden, die ihr gefallen haben. Heute will sie sich über die Tourdaten ihrer Lieblingsband informieren. Die gestern gesuchten Schuhe werden am Seitenrand angezeigt.

○ **3** Lest den folgenden Text. Gebt im Tandem den Inhalt des Textes mit eigenen Worten wieder.

Melanie Spies
Personalisierte Werbung – Benutzerfreundlich oder dreiste Spionage?

Werbung im Internet ist zunehmend an das individuelle Surf-Verhalten angepasst. Doch nicht alle Nutzer sind mit der Online-Verfolgung einverstanden. Wir erklären, wie Sie personalisierte Werbung auf Google, Facebook und Amazon ausschalten können.

Überfüllte Geschäfte, aufdringliche Verkäufer und der Pullover wieder einmal nur in der falschen Größe – so ein Einkaufsbummel in der Stadt kann ganz schön nervig sein. Um dem Stress zu entgehen, verlegen immer mehr Kunden ihre Shopping-Touren vom städtischen Einkaufszentrum an den heimischen PC. Es gibt jedoch eines, was das analoge Shopping seinem Online-Pendant voraushat: Wer draußen einkaufen geht, wird nicht auf Schritt und Tritt in seinem Kaufverhalten überwacht und anschließend mit speziell auf ihn gemünzten Werbe-Angeboten überhäuft.

Was ist personalisierte Werbung?
Bei personalisierter Online-Werbung passiert genau das. Mithilfe von Cookies, Browser- und Geräte-Identifizierung wird das Surf-Verhalten der Nutzer analysiert, um Werbung auszuliefern, die den persönlichen Interessen entspricht. Das Ergebnis: Auf einmal erscheinen auf scheinbar beliebigen Webseiten gezielt Werbe-Anzeigen, die zu zuvor betrachteten Inhalten passen, beispielsweise für Produkte, die Sie in Online-Shops angesehen oder bereits gekauft haben. [...]

○ **4** Erläutert in der Klasse, was personalisierte Werbung ist. Tauscht euch über eure Erfahrungen damit aus.

5 Welche Werbeformate findet man auf Websites? Ordnet im Tandem die Begriffe den Erklärungen zu und nennt Beispiele.

Banner	Werbung, die oberhalb oder am Rand der Trefferliste mit dem Hinweis „Anzeige" steht
Overlay	Anzeigen als Werbespot vor, während oder nach der Wiedergabe eines Videos
In-Stream-Anzeigen	Werbung, die in einem gesonderten Fenster aufploppt und manchmal die eigentlichen Inhalte überdeckt
Pop-ups	Anzeige mit Werbeinhalt legt sich vollständig über die aufgerufene Seite
Suchmaschinen-werbung	Werbeanzeigen, die als Grafiken an verschiedenen Stellen von Websites auftauchen

6 Welche der Werbeformate findet ihr gut und welche stören euch? Tauscht euch in der Klasse darüber aus. Begründet eure Meinung.

7 Vergleicht in der Klasse diese Werbeformate mit herkömmlicher Werbung auf Plakaten, im Fernsehen oder in Zeitschriften. Nennt Vor- und Nachteile beider Formen.

8 Welche Möglichkeiten haben Unternehmen, um an persönliche Daten zu gelangen und damit personalisierte Werbung zu versenden? Lest die Stichworte und erklärt im Tandem die verschiedenen Möglichkeiten.

- Cookies: speichern während des Surfens Informationen über besuchte Websites und eingegebene Suchbegriffe und geben sie weiter
- soziale Netzwerke: speichern Informationen und geben sie an Unternehmen

9 Wählt im Tandem zwei soziale Medien aus Aufgabe 4 von Seite 164 aus und untersucht sie. Beantwortet die folgenden Fragen:
- Was wird beworben?
- Welche Werbeformate werden genutzt?
- An welchen Stellen findet man diese Werbung?

TIPP
Seht euch noch einmal die Werbeformate aus Aufgabe 5 an.

10 Wie kann man sich vor einer Fremdnutzung persönlicher Daten schützen? Tauscht euch über die folgenden Tipps aus. Ordnet sie nach Wichtigkeit und ergänzt weitere.

TIPP
Recherchiert den Jugendmedienschutz-Staatsvertrag.

Checkliste
Tipps zum Schutz persönlicher Daten

- ☑ Klicke die Werbung nicht an!
- ☑ Lösche Cookies regelmäßig!
- ☑ Verwende alternative Suchmaschinen!
- ☑ Erwerbe und installiere Werbeblocker!
- ☑ Blockiere Pop-up-Fenster in der Browser-Einstellung.
- ☑ …

Stimmt das denn?

Medien unterhalten und informieren nicht nur, sie üben auch einen wichtigen Einfluss auf öffentliche Diskussionen und Meinungsbildung aus. Diese sind die Voraussetzungen einer Demokratie. Daher ist es wichtig, sich mit Medien kritisch auseinanderzusetzen und Formen der Manipulation zu erkennen.

○ **1** Stellt euch vor, ihr wollt euch über ein Thema, z. B. Doping, informieren und euch eine Meinung bilden. Beantwortet in der Klasse die Fragen:
- Bei wem oder in welchen Medien informiert ihr euch darüber?
- Warum wählt ihr diese Quelle? Warum vertraut ihr dieser Quelle?
- Wie viel Aufwand würdet ihr bei der Recherche betreiben?

○ **2** Lies die Auszüge aus zwei Zeitungsartikeln.

Leichtathletik-WM startet in Doha: Marathon um Mitternacht

Doha (dpa) In Katars Hauptstadt Doha beginnen an diesem Freitag die 17. Leichtathletik-Weltmeisterschaften. Es sind die ersten globalen Titelkämpfe in einem arabischen Land. 71 deutsche Athleten gehen an den Start, darunter Malaika Mihambo von der LG Kurpfalz als derzeit beste Weitspringerin der Welt. Am ersten Wettkampftag werden im klimatisierten Khalifa-Stadion nur Vorkämpfe ausgetragen. Wegen der großen Hitze gehen die Marathonläuferinnen erst um eine Minute vor Mitternacht auf die Straße. [...] Die WM dauert bis zum 6. Oktober. [...]
(Schwäbische online v. 27.09.2019)

Diese Leichtathletik-WM ist schon jetzt ein Skandal

Doha. Leere Ränge beim 100-Meter-Lauf, unzumutbares Klima für Ausdauersportler: Das ist die Leichtathletik-WM in Katar.
Ein Kommentar von Melanie Meyer
Zum Glück haben sie das Licht ausgemacht. Durch das verdunkelte und nur mit Effekten beleuchtete Stadion mussten die Sprintstars nicht sehen, dass die Kulisse vor ihrem WM-Finale eher spärlich war. [...] Einer Leichtathletik-WM ist das nicht würdig. Diese Weltmeisterschaft ist erst drei Tage alt und schon ein Skandal. Sollten Veranstalter und Gastgeber gedacht haben, die WM würde eine Werbeveranstaltung für die Sportart und den Standort, dann haben sie sich geirrt. Sie ist ein abschreckendes Beispiel. Denn hier zeigt sich, was passiert, wenn ein Verband sich verkauft. Wenn er den Profit über das Interesse des Sports und auch der Athleten stellt. Wenn er ein Großereignis in ein Land vergibt, das nicht dafür geeignet ist. Schöne Aussichten für die Fußball-WM 2022. Ebenfalls in Katar.
(Westfälische Rundschau online v. 29.09.2019)

◒ **3** Vergleicht im Tandem die beiden Artikel nach folgenden Kriterien.

Quelle – Textart – Sprache und Wirkung – Funktion (informierend/meinungswiedergebend)

4 Untersucht im Tandem den Kommentar. Gebt die Meinung der Autorin wieder und erläutert ihre Absicht. Belegt mit Textzitaten.

Seite 275
Kommentar

5 Recherchiert in der Gruppe weitere Beiträge zum Thema Leichtathletik-WM 2019. Untersucht sie und beantwortet die folgenden Fragen:
- Welches Medienformat (Printtext, Beitrag in sozialen Medien …) habt ihr genutzt?
- Wie wirken Gestaltung (Überschriften, Bilder, Bildunterschriften) und Sprache?
- Welche Absicht verfolgt der Beitrag?
- Wie wird auf eure Meinung Einfluss genommen?

TIPP
Ihr könnt auch ein anderes Thema wählen.

6 Lest die Schlagzeilen aus Boulevardmedien[1]. Tauscht euch in der Gruppe darüber aus, was jeweils gemeint sein könnte und wie die Schlagzeilen auf euch wirken.

[1] Boulevardmedien: Medien, die eher oberflächlich, reißerisch und unseriös berichten (abgeleitet vom Straßenverkauf von Zeitungen)

Überall herrscht Klimawahn — **Euro-Rettungsschirm bringt erste Erfolge**

Präsident paktiert mit Waffenlobby — **Rückbau ganzer Straßenzüge beschlossen**

7 Die Schlagzeilen versuchen mit verschiedenen Mitteln unsere Meinung zu manipulieren. Ordnet in der Gruppe die unterstrichenen Begriffe in Aufgabe 6 den folgenden sprachlichen Mitteln zu.

bildhafter Ausdruck (Metapher)	*Beschönigung/Verharmlosung (Euphemismus)*	*negative Wertung (Dysphemismus)*

8 Untersucht die Schlagzeilen aus Aufgabe 6. Beantwortet die Fragen in der Gruppe:
- Worin besteht die Manipulation?
- Welche Meinung wird vermittelt?
- Welche Absicht könnte verfolgt werden?

9 Lest weitere Strategien und Techniken der Manipulation im Merkekasten. Findet Beispiele dafür und erläutert sie in der Gruppe.

TIPP
Recherchiert z. B. Fälle, in denen Zitate verfälscht oder unvollständig wiedergegeben wurden.

Merke
Manipulation in Medien

Als **Manipulation** wird die **absichtlich verzerrte** oder **gefälschte Darstellung** von **Tatsachen** in Texten und Bildern bezeichnet. **Absicht** ist es, die **Wahrheit zu verschleiern** oder zu **beschönigen** und so die **Meinung** anderer zu **beeinflussen**.

Manipulation kann sich zeigen in:
- einer stark wertenden **Wortwahl**,
- häufigen **Wiederholungen** und bewussten **Weglassungen**,
- dem **Herausreißen** von Informationen aus dem **Zusammenhang**,
- der **Auswahl** und **Gewichtung** von Informationen,
- bewusst **falschen** Informationen (Fake News),
- der digitalen **Veränderung** von Bildern.

Test
D08

10 Wie erkennt man Manipulation? Legt eine Checkliste mit Vorschlägen an.

Gegen den Hass

Soziale Medien und das Internet sind aus unserem Leben kaum noch wegzudenken. Auch hier ist ein respektvoller Umgang die Voraussetzung für ein friedliches Miteinander, damit Hassreden und Cybermobbing keinen Platz finden. Um dies zu erkennen und dagegen handeln zu können, gibt es Hilfen.

Seite 280
Leseschlüssel für Sachtexte

○ **1** Lies den folgenden Text oder höre ihn dir an.

A11

Irena Güttel, dpa

Ignorieren, blockieren, sich wehren – Was tun gegen Hass im Netz?

Es kann jeden treffen: Man postet etwas im Internet und Fremde überschütten einen mit bösen Kommentaren. Schüler lernen jetzt, wie sie sich für einen besseren Umgang im Internet einsetzen können.

Bremen (dpa/lni) – Beschimpfungen, Beleidigungen, hasserfüllte Nachrichten – dass im Internet ein rauer Umgangston herrscht, hat der zwölfjährige Caillou Meier schon am eigenen Leib erfahren. Seit zwei Jahren postet der Bremer Videos auf YouTube und hat dafür auch schon gemeine Kommentare erhalten. „Ich ignoriere die, oder ich blockiere die", sagt der Schüler. In einem Workshop will er jetzt lernen, wie er sich gegen den Hass im Netz wehren kann.
Caillou Meier ist einer von etwa 10 000 Schülern an mehr als 60 Schulen bundesweit, die die Initiative #NichtEgal für einen respektvollen Umgang im Internet gewinnen will. Den Anfang machte [...] die Bremer Oberschule im Park. Medienpädagogen hatten dort zuvor mehrere Neuntklässler als Mentoren ausgebildet. Sie sollen jüngeren Schülern zeigen, wie sie sich in Netzdebatten einmischen und Widerstand gegen hasserfüllte Inhalte leisten können. [...]
„Wer am lautesten schreit, den hört man auch. Die anderen halten sich zurück", berichtet Yvonne Pferrer aus ihrer Erfahrung. Die 24-Jährige ist seit sechs Jahren in sozialen Netzwerken aktiv, mehrere Tausend Nutzer folgen ihr auf YouTube, Instagram und Facebook. Beleidigende Kommentare haben sie anfangs sehr getroffen. „Es tut einfach weh", sagt sie. „Inzwischen prallen Hasskommentare an mir ab. Ab und zu schreibe ich zurück, aber eher neutral." [...]
Dass die respektlose Debattenkultur im Internet ein Problem ist, haben auch die sozialen Netzwerke erkannt. So löschen diese inzwischen unter anderem Falschinformationen, Manipulationen und diskriminierende Äußerungen. Seit Anfang des Jahres sind diese dazu in Deutschland auch gesetzlich verpflichtet. [...]
Doch das Löschen allein reiche nicht aus, sagt YouTube-Sprecher Henning Dorstewitz. „Wir wollen die Kompetenz von Jugendlichen im Netz stärken." Deshalb beteiligt sich YouTube mit anderen Partnern an der Initiative #NichtEgal. In den Workshops sollen die Schüler mit dem Handy kurze Videoclips aufnehmen, die zu mehr Respekt und Toleranz im Internet aufrufen. [...]

○ **2** Beantwortet in der Gruppe die folgenden Fragen zum Text:
- Was macht die Initiative #NichtEgal?
- Was kann diese Initiative bewirken?
- Ist es wichtig, Hass und Hetze im Netz anzusprechen? Warum?
- Findet ihr diese Initiative sinnvoll?

○ **3** Lies die folgende Definition des Begriffs Hassrede.

Als Hassrede (auch Hate Speech) bezeichnet man menschenverachtende Äußerungen, die Menschengruppen (seltener Einzelpersonen) angreifen und abwerten, zum Beispiel aufgrund ihrer Hautfarbe, ihres Geschlechts, ihrer Herkunft oder Berufsgruppe. Die Verfasserinnen oder Verfasser von Hassreden rufen mit Beschimpfungen, Beleidigungen und Herabwürdigungen zu Gewalt gegen diese Menschen auf.

4 Erklärt einander im Tandem den Begriff Hassrede mit eigenen Worten. Tauscht euch darüber aus, ob ihr so etwas schon einmal gelesen habt.

5 Stellt euch vor, ihr wärt das Opfer solcher Hassreden. Tauscht euch in der Gruppe darüber aus, wie ihr dabei fühlen würdet und wie ihr euch wehren könntet.

6 Was ist Cybermobbing? Tauscht euch in der Gruppe darüber aus. Schreibt eine Definition des Begriffs. Nennt Beispiele.

7 Lest die folgende Erklärung und vergleicht sie in der Gruppe mit eurer Definition.

Als Cybermobbing bezeichnet man das Belästigen, Beleidigen oder Bedrohen einer Einzelperson durch einen meist bekannten Täter im Internet und über Mobiltelefone. Diese negativen Handlungen passieren über einen längeren Zeitraum.

8 Besprecht in der Gruppe, welche Unterschiede und Gemeinsamkeiten ihr zwischen Hassreden und Cybermobbing erkennt.

9 Wie kann man sich gegen Hassreden und Cybermobbing wehren? Recherchiert dazu auch die rechtlichen Möglichkeiten. Notiert in der Gruppe Vorschläge und erstellt damit eine Checkliste.

MK

TIPP
Nutzt z. B. die Informationen von Klicksafe.

Checkliste
Tipps gegen Hassreden und Cybermobbing

- ☑ Blocke Menschen, die Beleidigungen und Bedrohungen posten.
- ☑ Achte selbst auf einen respektvollen und fairen Umgang.
- ☑ …

10 Dreht in der Gruppe einen kurzen Erklärfilm zum Thema „Fitmachen gegen Hass und Hetze im Netz“.
- Erläutert, was mit „Hass und Hetze im Netz“ gemeint ist.
- Überlegt euch ein Beispiel zum Thema und stellt es dar. Löst euer Beispielproblem.
- Beschreibt, warum Respekt und Toleranz im Internet wichtig sind.

Seite 283
ein Erklärvideo gestalten und produzieren

11 Zeigt den Erklärfilm in der Klasse. Tauscht euch dann über eure Erfahrungen mit Hetze und Mobbing in sozialen Medien aus. Geht so vor:
- Schreibt eure Erfahrungen (anonym) auf einen Zettel und sammelt sie ein.
- Wählt jemanden aus, der einen Zettel zieht und ihn vorliest.
- Besprecht jeden Zettel in der Klasse und versucht, wenn möglich, Lösungen zu finden. Nutzt eure Checkliste aus Aufgabe 9.

Schein und Sein

Selbstfindung und Selbstdarstellung finden in digitalen Zeiten häufig in sozialen Netzwerken statt. Dort kann man die Wahrnehmung der eigenen Person durch andere ein Stück weit selbst steuern und die virtuelle Identität verändern und unvollständig gegenüber der realen Identität darstellen.

Seite 280 Leseschlüssel für Sachtexte

1 Was bedeutet Selbstdarstellung? Welche Erfahrungen habt ihr in sozialen Medien damit gemacht? Beantwortet die Frage in der Gruppe.

2 Lies den folgenden Text oder höre ihn dir an.

A12

Christina zur Nedden

Identität im Netz: Datenspur, Ego Updates und Selbstoptimierung

Für unsere Identität ist das Internet Glück und Last zugleich. Einerseits kann man mit einem virtuellen Alter Ego[1] oder Pseudonym[2] aus der Gesellschaft ausbrechen. Die digitale Identität wird zur Chance sich in neuen Öffentlichkeiten einzubringen und online neu zu erfinden. Andererseits neigt man im Netz dazu, nur Ausschnitte seiner Persönlichkeit öffentlich zu machen. Identität wird zu einer Best-of-Marke seines Selbst, die nur die Highlights des eigenen Lebens präsentiert. Das Internet und soziale Netzwerke insbesondere drohen somit nicht mehr als Orte der Selbstdarstellung zu sein, die wenig mit der Realität zu tun hat. [...]
Miriam Meckel[3] erklärt Identität als eine Art Betriebssystem, über das sich der Mensch definiert. [...] Wichtig ist dabei der *„notwendige Dritte“*, denn der Mensch formt sich in Interaktion und sozialer Kommunikation mit anderen und niemals alleine. Das Internet dient der Identität als Theaterbühne; es agiert als virtueller Spiegel unserer Selbst. [...]
Das größere Problem mit der Identität im Netz ist laut Meckel jedoch, dass sie verfälscht oder reduziert ist. Das liegt daran, dass Identität im Netz als Produkt oder Ware verstanden würde. [...] Sie ist ein handelbares Gut und natürlich will jeder das beste Produkt haben. Das Internet wird somit laut Meckel zum *„Markt der Inszenierungsoptionen“*. Jeder versucht den Wettbewerb der besten Identität zu gewinnen und führt regelmäßig digitale *„Ego-Updates“* durch. Ist man kein Marktführer, hilft nur Selbstoptimierung, um online schönere Bilder von sich zu präsentieren. [...]
Anstatt verschiedene Aspekte unserer Identität – vielleicht auch die schwachen, unausgereiften – im Netz zu zeigen, zwingt uns der Identitätsmarkt der perfekten Persönlichkeiten uns als digitale Übermenschen zu präsentieren. Im Internet ist somit kein Platz für [...] menschliche Schwächen, für Individualität und Eigensinn. Was wir sehen, ist für Meckel nur eine vermeintlich unfehlbare polierte Oberfläche.
Manchmal hilft es, sich daran zu erinnern, dass der Mensch nicht perfekt ist, sagt Meckel. Erst diese Unperfektheit macht ein interessantes soziales Miteinander möglich. [...]

[1] Alter Ego: das andere Ich, das zweite Ich
[2] Pseudonym: Deckname
[3] M. Meckel: Direktorin des Instituts für Medien- und Kommunikationsmanagement St. Gallen

3 Erarbeitet im Tandem den Textinhalt, ordnet die Überschriften den Abschnitten zu:

Was ist Identität? | Unperfektheit ist interessant | Digitale Identität | Identität als Ware

4 Erklärt im Tandem, was mit folgenden Ausdrücken gemeint ist.

„Best-of-Marke seines Selbst" „der Mensch formt sich in Interaktion"

„der notwendige Dritte" „Ego-Updates" „Unperfektheit"

5 Erklärt in der Gruppe, was für euch „Unperfektheit" bedeutet.

6 Untersucht jetzt im Tandem, was die Autorin mit ihrem Beitrag mitteilen wollte. Beantwortet dazu die folgenden Fragen und belegt mit dem Text:
- Welche Unterschiede zwischen der Identität im Netz und der realen Identität werden angegeben?
- Aus welchem Grund schaffen sich Menschen eine Identität, die nicht ihrer realen Identität entspricht?

7 Fasst jetzt im Tandem den Text von Seite 172 abschnittweise zusammen.

8 Schreibe einen kurzen Text, in dem du den Zusammenhang zwischen Identität und Selbstdarstellung erläuterst.

9 Wie stellt ihr euch in sozialen Netzwerken dar? Erläutert in der Gruppe, wie ihr eure Profile gestaltet.

TIPP
Beschreibt die Bilder, die ihr auswählt, und die Angaben, die ihr über euch macht.

10 Entwickle zwei eigene, authentische Profile zu diesen Anlässen: Jobsuche und für die Wahl zum Schülersprecher. Wähle passende Bilder und Informationen über dich.

11 Präsentiert eure Profile in der Gruppe und gebt einander Feedback, ob die Profile echt und authentisch sind.

12 Jeder kennt Influencerinnen und Influencer. Tauscht euch in der Gruppe zum Thema aus. Beantwortet dabei die folgenden Fragen:
- Was sind Influencer? Erklärt den Begriff.
- Welche Influencer kennt ihr und wofür sind sie bekannt?
- Über welche Medien erreichen euch Influencer?
- Aus welchem Grund präsentieren sich Influencer im Internet?

13 Fasst in der Gruppe alle Informationen dieser Seite zum Thema „Selbstdarstellung in den digitalen Medien" in Stichworten zusammen. Geht besonders auf folgende Punkte ein:
- Möglichkeiten und Gefahren bei der Selbstdarstellung im Netz
- Plattformen, auf denen sich junge Menschen präsentieren können
- Unperfektheit in den sozialen Netzwerken
- Was tut ein Influencer und warum träumen manche Jugendlichen davon, einer zu werden?

14 Dreht in der Gruppe einen Erklärfilm zum Thema „Selbstdarstellung in den digitalen Medien" mit einem Appell für die „Unperfektheit" . Nutzt die Ergebnisse aus Aufgabe 13.

Seite 283
ein Erklärvideo gestalten und produzieren

15 Zeigt den Erklärfilm in der Klasse. Tauscht euch zum Thema aus.

So viele Möglichkeiten

Digitale Medien und das Internet bergen nicht nur Gefahren. Vielmehr gibt es auch eine Menge Möglichkeiten, die sich dem Verbraucher bieten. So kann mit digitalen Medien vernetzt Unterricht gestaltet werden und Lernstoff auf verschiedene Arten erläutert werden.

○ **1** Lies den Informationstext zum Thema Flipped Classroom.

Flipped Classroom (umgedrehter Unterricht) ist eine besondere Art des Unterrichts, in der die Lerninhalte zu Hause von den Schülerinnen und Schülern erarbeitet werden. Hierfür erstellen die Lehrenden vorab Unterrichtsmaterial, z.B. ein Video.
Die Erklärphasen des Frontalunterrichts werden bei diesem Vorgehen nach Hause verlegt und zur Vorbereitung genutzt. Im Unterricht kann dann die Auseinandersetzung mit dem Thema, die Vertiefung oder Übung dazu stattfinden.
Ziel dieser Unterrichtsart ist es, die als höherwertig bezeichneten Lernziele gemeinsam zu erreichen. Zu den höherwertigen Lernzielen gehören das Analysieren und das Produzieren von eigenen Inhalten. Die Phase der Wissensaneignung und des Verstehens wird zur Selbstlernzeit zu Hause.

◒ **2** Vergleicht in der Gruppe die Unterrichtsart des Flipped Classroom mit der herkömmlichen Art des Unterrichts. Beantwortet dabei die folgenden Fragen und macht euch Notizen.
- Wie wird der Lernstoff vermittelt?
- Wo wird der Lernstoff erarbeitet?
- Welche Rolle spielen die Lehrerin oder der Lehrer?
- Welchen Inhalt haben die verschiedenen Phasen des Unterrichts?
- Was soll mit beiden Unterrichtsarten jeweils gefördert werden?

3 Gestaltet im Tandem eine Infografik, in der ihr die unterschiedlichen Unterrichtsarten von Flipped Classroom und herkömmlichem Unterricht darstellt.

TIPP
Geht dabei von den verschiedenen Phasen des Unterrichts aus.

4 Stellt in der Gruppe mithilfe eurer Infografik die beiden Unterrichtsarten vor. Tauscht euch über Vor- und Nachteile jeder Form aus.

5 Beurteile die Unterrichtsart des Flipped Classroom. Schreibe einen kurzen Text dazu, in dem du deine Meinung dazu mitteilst und sie begründest.

6 Auf den verschiedenen Videoplattformen im Internet findet ihr viele Erklärvideos oder Tutorials. Nennt Beispiele im Tandem.

7 Legt im Tandem eine Tabelle an, in der ihr die Vor- und Nachteile von Erklärvideos und Informationen in Papierform (z. B. gedruckte Schulbücher, Arbeitsblätter, Lexika usw.) auflistet.

	Wissensvermittlung mit Erklärvideos	Wissensvermittlung in Printform
Vorteile	...	...
Nachteile	...	...

8 Gibt es Unterschiede zwischen dem Flipped Classroom und Erklärvideos oder Tutorials im Internet? Vergleicht beides im Tandem.

9 Besprecht im Tandem, ob ihr gern selber in einem Erklärvideo über ein Thema berichten würdet. Nennt mögliche Themen und beschreibt, welche Vorarbeiten und technischen Mittel nötig sind.

10 Erstellt in der Gruppe ein eigenes Flipped Classroom-Erklärvideo. Geht so vor:
- Wählt ein Thema aus.
- Erstellt ein Drehbuch dazu, in dem ihr Inhalt, Sprechtext, Handlung, Kameraeinstellung und Visualisierung notiert.
- Verteilt die Aufgaben.
- Fertigt das Anschauungsmaterial an und organisiert die technische Ausstattung.
- Nehmt euer Erklärvideo auf.
- Bearbeitet das Video. Schneidet es und fügt Bild- und Tonspur zusammen.

Seite 283
ein Erklärvideo gestalten und produzieren

11 Seht euch in der Gruppe euer Erklärvideo an und reflektiert eure Gestaltungsentscheidung. Begründet, warum ihr das Video genau so gestaltet habt. Geht dabei auch auf weitere Möglichkeiten ein.

12 Präsentiert euer Erklärvideo in der Klasse. Erläutert mithilfe eurer Infografiken aus Aufgabe 3 die Unterrichtsart des Flipped Classroom. Tauscht euch dann zu folgenden Fragen aus:
- Habt ihr selbst schon einmal nach dieser Unterrichtsart gearbeitet?
- Welche Vor- und Nachteile hat diese Unterrichtsart?
- Nutzt ihr Erklärfilme und Tutorials zum Lernen oder Erarbeiten von Unterrichtsstoff? Nennt und beschreibt Beispiele.

Fernsehen und Medien in der Freizeit

Serien, Filme, Nachrichten, Dokumentationen, Sportsendungen und vieles mehr – das Fernsehprogramm bietet unzählige Sendungen – und das rund um die Uhr. Neben klassischen Fernsehsendern wie ARD und ZDF, Pro 7 und VOX bieten auch zahlreiche weitere Plattformen und Dienste Fernseh- und Videobeiträge an.

1 Besprecht im Tandem, was ihr unter Fernsehen versteht und was es für euch bedeutet. Notiert, auf welchem Weg ihr fernseht, was ihr seht, wie oft und auf welchem Gerät.

TIPP
Unterscheidet bei der Umfrage in:
- selten bis nie
- 3–4 Mal/Woche
- täglich

2 Führt in der Klasse eine Umfrage zu folgender Fragestellung durch: „Welche Sender oder Dienste nutzt ihr und wie oft, um Filme, Serien und andere Videos zu sehen?" Legt an der Tafel eine Tabelle an, in die sich jede Schülerin und jeder Schüler einträgt.

laufendes Fernsehprogramm (z. B. ARD, arte, Sat 1, RTL)	Streamingdienste (z. B. Netflix, Amazon Prime, Sky)	Mediatheken	Youtube	sonstiges
…	…	…	…	…

TIPP
Ihr könnt euer Säulendiagramm auch mithilfe eines Textverarbeitungsprogramms selbst erstellen.

Seite 282 Diagramme untersuchen und auswerten

3 Werte die Ergebnisse der Klassenumfrage aus und stelle sie in einem Säulendiagramm dar. Schreibe einen kurzen Text, der die Ergebnisse zusammenfasst.

4 Seht euch in der Klasse das folgende Diagramm an. Erklärt, worüber es informiert.

Bewegtbild – Nutzung ausgewählter Anwendungen mind. 1 × pro Woche (nach Alter) in Prozent 2021

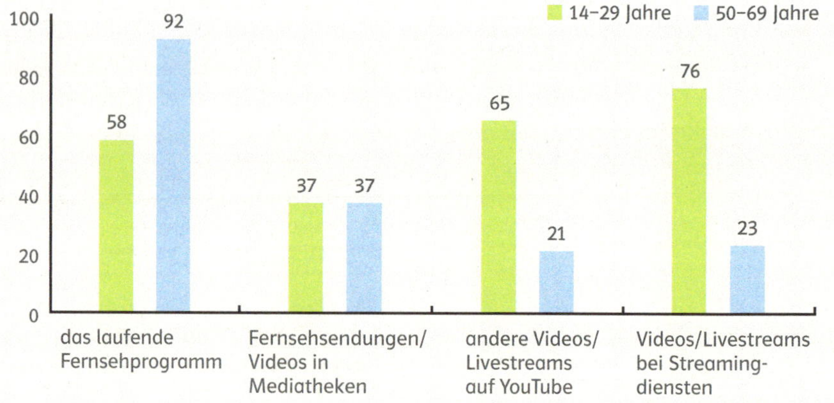

Quelle: ARD, ZDF, Massenkommunikationstrends 2021

TIPP
Denkt z. B. an Sendezeit und -ort, Werbung, Programmauswahl, Verfügbarkeit.

5 Vergleicht in der Klasse die Angaben im Diagramm mit euren Umfrageergebnissen aus Aufgabe 3. Stellt Vermutungen zu den Gründen an.

6 Sammelt im Tandem tabellarisch Vor- und Nachteile des klassischen Fernsehprogramms sowie von Online-Angeboten wie Streamingdiensten, Mediatheken oder Videoplattformen.

7 Lest die Titel der folgenden Sendungen. Tauscht euch in der Klasse aus, welche ihr kennt, worum es geht, wann und wo man sie sehen kann.

Wishlist | *Stranger Things* | *Tagesthemen* | *Sport im Osten* | *The Voice Kids* | *Elefant, Tiger & Co* | *Good Omens* | *Pro7 Newstime* | *Germany's Next Topmodel* | *7 vs. Wild*

TIPP
Ihr könnt im Internet recherchieren, wenn ihr die Sendungen nicht kennt.

8 Ordnet die Sendungen aus Aufgabe 7 folgenden Sendeformaten zu.

Serie | *Castingshow* | *Nachrichten* | *Doku-Soap* | *Reality-Show* | *Sportsendung*

9 Stellt in der Gruppe Vermutungen über die Zielgruppen der jeweiligen Sendungen an. Macht euch Notizen.

TIPP
Achtet auf Alter und Geschlecht der Zuschauer.

10 Manche Sendungen haben das Ziel, die Zuschauer zu unterhalten. Andere wollen informieren. Oft wird beides vermischt. Übernimm die Tabelle und ordne die Sendungen von Aufgabe 7 ihrer jeweiligen Funktion zu.

Information	Unterhaltung	Information und Unterhaltung
...	...	...

11 Ordne die Sendungen aus Aufgabe 7 danach, ob Informationen oder Geschichten erfunden sind oder nicht. Lege eine Tabelle an und ordne entsprechend zu.

12 Die Sendung „Köln 50667" wird als Scripted Reality bezeichnet. Sammelt in der Klasse Beispiele für Scripted Reality-Sendungen.

13 Untersucht, welche Inhalte der gesammelten Serien fiktiv sind und welche nicht. Notiert, woran ihr das erkannt habt.

TIPP
Achtet z. B. auf den Einsatz von Musik und die Ausstattung.

Merke
Sendeformate

Sendeformate sind verschiedene Arten von Beiträgen in Medien → Nachrichten, Scripted Reality, Serien, Dokumentationen, Zeichentrickfilme, …
Neben **Funktion** (unterhalten, informieren) und **Zielgruppe** kann zwischen zwei Formaten unterschieden werden:
- **Fiktive Formate** erzählen ausgedachte Geschichten → Serien, Filme, Unterhaltungsshows
- **Nicht fiktive Formate** wollen Fakten vermitteln → Nachrichten, Dokumentationen, Wissensmagazine

Es gibt Sendungen, die **zwischen beiden Formaten** einzuordnen sind, da sie vorgeben die Realität abzubilden, dabei werden Inhalte von Darstellerinnen und Darstellern nach einem Drehbuch gespielt. → Scripted Reality

Fernsehen und Medien in der Freizeit – Wer entscheidet, was läuft?

Rundfunksender – ob öffentlich-rechtlich oder privat betrieben – unterliegen bestimmten Regeln und Vorgaben. Die wichtigsten Rechte und Pflichten für deutsche Medienbetreiber regelt der Medienstaatsvertrag.

○ **1** Lies die Auszüge aus dem Medienstaatsvertrag.

Medienstaatsvertrag (2020)

§ 26 Auftrag

(1) Auftrag der öffentlich-rechtlichen Rundfunkanstalten[1] ist, durch die Herstellung und Verbreitung ihrer Angebote als Medium und Faktor des Prozesses freier individueller und öffentlicher Meinungsbildung zu wirken und dadurch die demokratischen, sozialen und kulturellen Bedürfnisse der Gesellschaft zu erfüllen. Die öffentlich-rechtlichen Rundfunkanstalten haben in ihren Angeboten einen umfassenden Überblick über das internationale, europäische, nationale und regionale Geschehen in allen wesentlichen Lebensbereichen zu geben. [...] Ihre Angebote haben der Bildung, Information, Beratung und Unterhaltung zu dienen. (2) Die öffentlich-rechtlichen Rundfunkanstalten haben bei der Erfüllung ihres Auftrags die Grundsätze der Objektivität und Unparteilichkeit der Berichterstattung, die Meinungsvielfalt sowie die Ausgewogenheit ihrer Angebote zu berücksichtigen. [...]

§ 31 Satzungen, Richtlinien, Berichtspflichten

[...] (2) Die in der ARD zusammengeschlossenen Landesrundfunkanstalten, das ZDF und das Deutschlandradio veröffentlichen alle zwei Jahre einen Bericht über die Erfüllung ihres jeweiligen Auftrages. [...]

§ 35 Finanzierung

Der öffentlich-rechtliche Rundfunk finanziert sich durch Rundfunkbeiträge, Einnahmen aus Rundfunkwerbung und sonstige Einnahmen; vorrangige Finanzierungsquelle ist der Rundfunkbeitrag. Programme und Angebote im Rahmen seines Auftrags gegen besonderes Entgelt[2] sind unzulässig. [...]

§ 39 Dauer der Rundfunkwerbung, Sponsoring

(1) Die Gesamtdauer der Rundfunkwerbung beträgt im Ersten Fernsehprogramm der ARD und im Programm „Zweites Deutsches Fernsehen" jeweils höchstens 20 Minuten werktäglich[3] im Jahresdurchschnitt. [...] Nach 20.00 Uhr sowie an Sonntagen und im ganzen Bundesgebiet anerkannten Feiertagen dürfen Werbesendungen nicht ausgestrahlt werden. [...]

[1] öffentlich-rechtlichen Rundfunkanstalten, die: öffentlich-rechtliche Medien in Deutschland sind neben ARD und ZDF auch regionale Fernsehsender (MDR, NDR, WDR, ...) und der Radiosender Deutschlandfunk

((bitte Struktur der Worterklärungen im gesamten Band prüfen und ggfs. vereinheitlichen – Nennung des Artikels wird unterschiedlich gehandhabt: mit/ohne, davor/dahinter // Anm. Satz))

[2] Entgelt, das: Bezahlung, Vergütung

[3] werktäglich: an Werktagen (Montag–Samstag)

○ **2** Beantwortet im Tandem die folgenden Fragen mit Hilfe des Textes:
- Welchen Auftrag haben die öffentlich-rechtlichen Medien?
- Was ist den öffentlich-rechtlichen Medien verboten?
- Wie finanzieren sich die öffentlich-rechtlichen Medien?

TIPP
Im Medienstaatsvertrag findest du dazu Informationen in den Paragrafen 51, 59, 69 und 70.

MK ◒ **3** Neben öffentlich-rechtlichen Sendern gibt es private Sender, z. B. VOX, Pro Sieben, SAT.1. Recherchiere im Internet, welche Regeln für private Fernsehsender gelten. Achte vor allem auf den Auftrag, die Pflichten und die Finanzierung.

4 Sammelt in der Klasse Gemeinsamkeiten und Unterschiede zwischen öffentlich-rechtlichen und privaten Sendern. Nutzt eure Ergebnisse aus den Aufgaben 2 und 3.

5 Vergleicht im Tandem die beiden Senderbeschreibungen miteinander. Beschreibt jeweils Zielgruppe und Grundsätze.

Aus der Selbstverpflichtung der ARD (2021)
[Wir] streben [...] nach exzellenter Qualität bei unseren Inhalten in allen Programmbereichen sowie beim Nutzungserlebnis unserer digitalen Produkte. Vielfalt, Verlässlichkeit, Unabhängigkeit, Glaubwürdigkeit und Nachhaltigkeit sind Werte, für die wir einstehen. [...] Wir sind überzeugt, dass ein medienübergreifend komplementär[4] aufgestelltes Angebot, das alle Bevölkerungsgruppen erreichen kann, entscheidend ist für die Zukunfts- und Funktionsfähigkeit eines öffentlich-rechtlichen Rundfunks, der sich dem Zusammenhalt der Gesellschaft in ihrer Vielfalt verpflichtet sieht.

Aus der Profilbeschreibung von RTL Deutschland
RTL Deutschland ist mit 14 starken Sendermarken sowie dem Streaming-Dienst TVNOW der führende Anbieter von Videoinhalten in Deutschland. [...] Mit ihrem breiten Portfolio[5] an Sendern, Audio- und Online-Angeboten spricht RTL Deutschland ein großes Spektrum von Zielgruppen an – mit einem Ziel: die besten Inhalte und innovative[6] Technologien für Zuschauer, Nutzer und Kunden anzubieten. [...] [D]as Unternehmen [bietet] individuell auf Werbekunden zugeschnittene Vermarktungsmöglichkeiten. Mit ihrem eigens geschaffenen Data-Bereich setzt RTL Deutschland auf ein tiefes Verständnis und Analyse von Daten, um Inhalte und Vermarktung aktiv für Zuschauer, User, Marken sowie Werbekunden zu gestalten und weiter voranzutreiben.

[4] komplementär: ergänzend

[5] Portfolio, das: Angebot

[6] innovativ: neuartig

6 Untersucht nun die Darstellungsweisen eines Ereignisses in verschiedenen Sendern.
- Wählt ein Ereignis, über das viel berichtet wurde oder wird.
- Recherchiert zwei Beiträge unterschiedlicher Sender oder Online-Angebote.
- Untersucht, wie in den verschiedenen Beiträgen von dem Ereignis berichtet wird. Nutzt die Tabelle und ergänzt sie.

Vergleichskriterien	Beitrag 1	Beitrag 2
Sendezeit und -ort (Fernsehsender bzw. Online-Angebot)		
Inhalt und Sendeformat		
Wortwahl und Stil der Sprechenden (Hochsprache/Umgangssprache, ...)		
Tempo und Schnitt (ruhig, hektisch, schnelle Schnitte, ...)		
Zuschauerbezug (neutral, emotional, ...)		
Musik und ihre Wirkung (laut, schnell, ruhig, keine Musik, ...)		
weitere Auffälligkeiten (Expertenbefragung, Augenzeugenberichte, ...)		

7 Vergleiche beide Darstellungen in einem kurzen Text. Erkläre deine Meinung dazu. Begründe sie.

Alles anti?

TIPP
Verwendet ein Wörterbuch oder das Internet.

1 Lest den Text. Klärt im Tandem die Bedeutung der Wörter, die ihr nicht kennt.

Viele Menschen verwenden Antivirenprogramme, wenn sie im Internet surfen. Ob sie spezielle Informationen recherchieren, Musik konsumieren oder in sozialen Netzwerken aktiv sind. Manche sind vorsichtig und investieren Geld für ihre Protektion im Netz. Besonders Experten präferieren solche Schutzprogramme.

2 Finde in Aufgabe 1 die Wörter, die für Fremdwörter typische Präfixe haben. Schreibe zu jedem Präfix auf den Kärtchen das passende Fremdwort aus dem Text auf.

ex- *in-* *inter-* *prä-* *re-* *anti-* *in-* *pro-* *kon-*

3 Überlegt euch im Tandem zu jedem Präfix aus Aufgabe 2 zwei weitere Beispiele und schreibt sie auf, z. B. *ex-: exquisit, ...*

4 Klärt im Tandem mithilfe eines Fremdwörterlexikons die Bedeutung der folgenden Fremdwörter. Erklärt dann, was das jeweilige Präfix bedeutet.

a antithetisch – Antikörper – antiautoritär
b Intervention – international – interdental
c multiplizieren – Multimedia – multikulturell
d Transitland – transportieren – transatlantisch

5 Lies den Text in Aufgabe 1 noch einmal. Notiere die Wörter, die für Fremdwörter typische Suffixe aufweisen. Übernimm die Tabelle und schreibe die Wörter in der Grundform hinein.

-ieren	-iv	-iell	-ion	-ik	-ial
konsumieren, ...	...	...	...	...	...

TIPP
Schreibt die Grundform des Fremdwortes in die Tabelle.

6 Ergänzt im Tandem eure Tabelle aus Aufgabe 5 mit weiteren Fremdwörtern, die die typischen Suffixe aufweisen.

TIPP
Verwendet ein Wörterbuch.

7 Fremdwörter, die aus dem Griechischen kommen, weisen häufig besondere Buchstabenkombinationen auf. Ergänzt im Tandem die Tabelle mit weiteren Fremdwörtern aus dem Griechischen.

th	ps	rh	ph
Theorie, ...	*Psychologie, ...*	*Rhythmus, ...*	*Physik, ...*

8 Übernehmt die Tabelle und füllt sie im Tandem aus. Ergänzt zu jedem Fremdwort die fehlenden Wortarten.

Substantiv	Adjektiv	Verb
Organisation	...	...
...	...	*demonstrieren*
...	*informativ*	...
Funktion	...	...
...	...	*realisieren*
...	*explosiv*	...
Konstruktion	...	...
...	*kommunikativ*	...
...	...	*argumentieren*

9 Ordne die folgenden Fremd- und Lehnwörter nach Sachgebieten. Übernimm die Tabelle und ordne die Begriffe zu.

zappen – Comeback – Bistro – Debatte – Internet – Teint – downloaden – Dresscode – Trikot – Plenum – Jumpsuit – Soufflé – System – Paragraph – Koalition – Route – Hacker – E-Mail – Update – Aubergine – Candle-Light-Diner – Tour – Onlinebanking – Frikadelle – Foundation – Desktop – Gremium – Hotdog – Badminton – Laptop – Opposition – Concealer – Demonstration – Fraktion – Fitnesscenter – Wellness – Homepage – Crème – Restaurant

Technologie	Sport	Politik	Mode/ Kosmetik	Essen/ Gastronomie
zappen, ...	*Comeback, ...*	*Debatte, ...*	...	...

10 Sammelt in der Gruppe weitere Fremd- und Lehnwörter zu den fünf Sachgebieten aus Aufgabe 9 und schreibt sie in eure Tabellen.

11 Findet in der Gruppe für die folgenden Anglizismen eine deutsche Entsprechung.

englischer Ausdruck	deutsche Übersetzung
Computer	*Rechner*
Emoji	...
News Feed	...
Fake News	...
Selfiestick	...
Chat Bot	...

So ein Circus oder Zirkus?

1 Lest die folgenden Wörter. Woran erkennt ihr, dass diese Wörter Fremd- oder Lehnwörter sind? Tauscht euch in der Gruppe darüber aus. Begründet eure Meinung.

Shop – Büro – Verb – Thema – Genre – Karton – Rhythmik – Philosoph – Funktion

2 Weist im Tandem für die Wörter aus Aufgabe 1 die typischen Merkmale von Lehn- und Fremdwörtern nach. Übernehmt die Tabelle. Gebt für jedes Fremdwort an, welche Merkmale zutreffen.

	Schreibweise	Aussprache	Betonung	Pluralbildung
Shop	*Sh*	*Sh wie Sch*	–	*-s*
Büro	–	–	*Betonung auf der letzten Silbe*	*-s*
...	...	...	...	...

3 Klärt im Tandem die Bedeutung der folgenden Wörter mithilfe eines Wörterbuchs. Erklärt, warum diese Wörter noch recht neu in der deutschen Sprache sind.

a Selfie
b Selfiestick
c liken
d skypen
e faken
f facebooken
g Social Bot

TIPP
Verwende ein Fremdsprachenwörterbuch.

4 Aus welcher Sprache stammen die Wörter aus Aufgabe 3? Überprüfe, wie diese Wörter in ihrer Herkunftssprache gebildet und geschrieben werden.

TIPP
Verwende ein Wörterbuch.

5 Sieh dir die französischen Wörter an. Übernimm die Tabelle und ergänze das eingedeutschte Fremdwort.

	Fremdwort im Deutschen		Fremdwort im Deutschen
milieu	*Milieu*	cliché	*Klischee*
nuance	...	trouble	...
garage	...	coulisse	...

6 Vergleicht im Tandem eure Ergebnisse aus Aufgabe 5. Erläutert, worin sich die eingedeutschten Fremdwörter von den französischen Wörtern unterscheiden.

7 Viele Fremdwörter werden in ihrer Schreibweise nicht an die deutsche Sprache angepasst. Versucht es trotzdem und probiert Varianten, wie die folgenden Wörter eingedeutscht werden könnten, z. B. *sharen: schären, ...*

sharen – skype – Youtube-Channel – Fake News – recherchieren – Emoji – Engagement – Mainstream – Accessoire – Déjà-vu

8 Findet im Tandem zu den Wörtern in Aufgabe 7 deutsche Entsprechungen, z. B. *sharen: teilen, …*

9 Für viele Fremdwörter gibt es im Deutschen mehrere richtige Schreibweisen. Lest in der Gruppe die Schreibvarianten und begründet, für welche Schreibweise ihr euch entscheiden würdet.

Yacht – Jacht
Sauce – Soße
trekken – trecken
Phantasie – Fantasie
circa – zirka
Joghurt – Jogurt

Facette – Fassette
Cousine – Kusine
Circus – Zirkus
Spaghetti – Spagetti
Portemonnaie – Portmonee

Nougat – Nugat
Top Event – Topevent
Potential – Potenzial
Photographie – Fotografie
Waggon – Wagon

10 Findet in der Gruppe Gründe für die verschiedenen Schreibvarianten aus Ausgabe 9.

11 Wir verwenden heute viele Wörter, die es schon in den Vorstufen der deutschen Sprache gegeben hat, z. B. im Althochdeutschen (750 bis 1050 n. Chr.). Diese Wörter nennt man Erbwörter. Lies die althochdeutschen Wörter und schreibe das heute gebräuchliche Wort dazu auf.

muoter *sunna* *vriede* *fuoz* *swert* *fater*

12 Markiere die Unterschiede zwischen den althochdeutschen Wörtern aus Aufgabe 11 und den Wörtern in der heutigen Form.

Merke

Fremdwörter, Lehnwörter und Erbwörter

Wörter aus anderen Sprachen werden auf unterschiedliche Weise in die deutsche Sprache **aufgenommen**:

- **Fremdwörter**: Wörter, die **kaum** oder **gar nicht** an die deutsche Sprache **angepasst** werden. Sie werden **übertragen** und behalten die **Schreibweise der Fremdsprache** bei. → to like (engl.) → liken (nicht leiken)
- **Lehnwörter**: Wörter, die an die deutsche Sprache **angepasst** werden. Man schreibt sie **nach den Regeln der deutschen Sprache**. → bureau (frz.) → Büro (nicht Bureau)

Erbwörter sind Wörter, die bereits in den **Vorstufen der deutschen Sprache** vorhanden waren. → muoter (Althochdeutsch) → Mutter

9 Auf der Suche nach Abenteuern

Literarische Figuren charakterisieren

1

2

3

4

Das lernst du jetzt:
- Abenteuergeschichten untersuchen und erschließen
- literarische Figuren charakterisieren
- eine Figurencharakteristik verfassen
- Attribute erkennen, bestimmen und verwenden

1 Beschreibt die Bilder auf Seite 184. Klärt, welche Aspekte des Themas „Abenteuer“ hier abgebildet sind.

2 Habt ihr schon einmal ein Abenteuer erlebt? Berichtet davon.

3 Von welchem Abenteuer träumt ihr? Tauscht euch darüber aus und begründet eure Wünsche.

4 Lest den folgenden Text.

2013 machen sich Patrick Allgaier (30) und Gwendolin Weisser (21) auf den Weg um die Welt. Drei Jahre ziehen die jungen Leute zu Fuß, per Anhalter, mit dem Bus, dem Zug oder Schiff von Freiburg im Breisgau immer nach Osten. Bis sie dort, wo sie gestartet sind, wieder ankommen. Alles ohne zu fliegen und mit 5 € für jeden am Tag. Was sie auf ihrer Reise erlebt haben, erzählen sie in ihrem Dokumentarfilm „Weit. Die Geschichte von einem Weg um die Welt“. Wichtige Erkenntnis: Uns verbindet mit den Menschen auf dieser Welt mehr, als uns von ihnen trennt.

5 Tauscht euch über das Abenteuer von Patrick und Gwendolin aus. Beantwortet folgende Fragen:
- Würdet ihr auch gern eine Weltreise oder etwas Ähnliches unternehmen?
- Wie würde eure Weltreise aussehen?
- Warum wollen Menschen solche Abenteuer erleben?

6 Habt ihr schon einmal Berichte, Filme oder Bücher über Abenteuer gesehen oder gelesen? Nennt sie und erzählt, was euch daran besonders gefallen oder nicht gefallen hat.

RGS **7** Setzt die folgenden Attribute in die Lückensätze ein.

Zehntelsekunde | ersten | lang und verfilzt | weit | des Hüters

a Sein Haar, ▬, war von einem tiefen Schwarz.

b ▬ draußen auf dem Meer war es still.

c Der Pfeil ▬ hätte uns getroffen, wenn wir eine ▬ eher am Baum gewesen wären.

d Hier, wo wir jetzt stehen, habe ich meinen ▬ Kuss bekommen.

Ruf der Tiefe

Für Leon ist der „Ruf der Tiefe“, so der Titel des Buches von Katja Brandis und Hans-Peter Ziemek, deutlich zu hören. Er ist, neben Billie und Julian, einer der wenigen Jugendlichen, die in der Station Benthos II auf dem Meeresboden leben. Leon liebt es, mit seiner Krake Lucy in der Tiefsee zu tauchen und nach Rohstoffen zu suchen. Auf einmal ändert sich alles. Weil im Wasser plötzlich kein Sauerstoff mehr ist, erstickt Leon fast bei einem Tauchgang. Außerdem erscheinen plötzlich Massen an Tiefseelebewesen an den Stränden Hawaiis, es folgt ein großes Fischsterben. Gemeinsam mit dem Mädchen „von oben“, Carima, in das sich Leon verliebt hat, versucht er herauszufinden, was hinter den Ereignissen steckt. Was er dabei über den Tod seiner Eltern und seinen Stiefvater Tim erfährt, lässt Leon auch an seinem Job in der Tiefsee zweifeln. Er muss sich entscheiden: für den Schutz des Meeres oder für seine große Leidenschaft, das Tiefseetauchen mit der OxySkin[1].

[1] OxySkin: spezieller Tauchanzug, mit dem Taucher in große Tiefen tauchen können. Funktioniert mit spezieller Atemflüssigkeit.

Leseschlüssel

○ **1** Lies den folgenden Textauszug oder höre ihn dir an.

A13

Leon wollte nur eins – raus ins Meer, mit nichts als seiner OxySkin am Leib, eins werden mit dem Meer, mit der Dunkelheit. Doch das ging nicht. *Verdammter Mist!*

„Hey, alles in Ordnung?“ Billie legte ihm den Arm um die Schultern und drückte ihn; das machte sie manchmal und dabei kam sie ihm noch mehr als sonst wie eine ältere Schwester vor.

„Ja – alles klar“, stieß Leon hervor; dann behauptete er, noch Physik und Chemie lernen zu müssen, und verzog sich in das Quartier, das er und Julian miteinander teilten.

Leon und Lucy. Ein perfektes Paar. Die Bemerkung hatte sich in ihm festgesetzt wie ein schlechter Nachgeschmack in seinem Mund. Leon warf sich auf seine schmale Koje und starrte zur Stahldecke von Benthos II hoch. Er schottete sich nicht oft gegen Lucy ab, doch diesmal tat er es, und zum Glück begriff sie, dass es keinen Sinn hatte, ihn zu drängen. Sanft wie eine Feder, die über seine Seele strich, zog sie sich aus seinem Kopf zurück.

Leon suchte in sich nach der Wut von vorhin und fand nur Verwirrung und Scham. Nein, diese Neue war weder besonders blöd noch unsensibel. Wahrscheinlich hätte jeder andere von *oben* genauso auf ihn reagiert. Wie Carima ihn wohl sah – als eigenartigen Typen, ein bisschen irre, mit nichts als Fischen im Kopf und keinem Schimmer vom normalen Leben? Und das Schlimmste daran war, es stimmte. Er war von der San Diego School of the Sea, einem Meeresinternat, direkt auf die Tiefseestation gekommen und nach vier Jahren in Benthos II war seine Erinnerung an *oben* sehr fern, fast unwirklich. Die gelegentlichen Ausflüge mit Tim hatten daran nicht viel geändert. Kino, Musik, Bücher, Politik? Null. Nichts. Es war ewig her, dass er zuletzt die Nachrichten geschaut hatte. Er kannte sich auf den Galapagos-Inseln aus, hatte in den Kelpwäldern[2] vor der kalifornischen Küste mit Seelöwen gespielt, war im Tauchboot auf fünftausend Meter Tiefe gewesen und in der OxySkin immerhin auf tausend – na und? Wen zum Teufel interessierte

[2] Kelpwald: Wald aus Seetang

das schon? Garantiert niemanden von *oben*, der das Meer nur als hübsche silbrige Fläche kannte oder als Geplätscher, in das man kurz mal den Zeh reinsteckte.
Wie Carima ihn angeschaut hatte! Ja, zu allem Übel sah er wahrscheinlich auch noch seltsam aus. Zu groß, zu schlaksig, zu blass. Wenn er die OxySkin trug, fühlte er sich anders, ausgeglichen, vollständig. Aber wahrscheinlich wirkte er darin wie ein Alien. Nicht mal seine Augen sahen noch menschlich aus. Ausdruckslose schwarze Spiegel blickten zurück, wenn er sich zufällig im Glas eines Bullauges sah. Hightech-Linsen mit Restlichtverstärkern eben.
Er wollte nicht mehr über all das nachdenken, es tat zu weh, doch die Gedanken droschen unaufhaltsam auf ihn ein. Carima hatte recht, was war das eigentlich für ein Leben hier unten? Andere Jungen seines Alters trafen sich längst mit Mädchen, hatten vielleicht sogar schon *Sex* – und er? Fehlanzeige. Er hatte noch nie ein Mädchen geküsst. Seine Gefährtin, seine beste Freundin, war nicht mal ein Mensch. […]

2 Recherchiert im Tandem über Flüssigkeitsatmung. Tauscht euch über eure Ergebnisse aus.

3 Beantwortet im Tandem die folgenden Fragen:
- Wo spielt die Geschichte?
- Welche Figuren kommen vor?
- In welcher Situation befindet sich Leon?

4 Leon beschreibt sich im Text selbst. Lest seine Aussagen, erläutert und bewertet sie in der Gruppe.

eigenartig *irre* *kein Schimmer vom normalen Leben*
seltsam *ein Alien*

5 Sammle alle Informationen über Leon, die der Text bietet. Übernimm die folgende Tabelle und fülle sie aus. Ergänze sie später mithilfe der Texte auf den nächsten Seiten.

TIPP
Notiere die Zeilenzahlen zu den Textstellen.

Aussehen (Kleidung, Körperhaltung, Mimik, Gestik)	*groß, … (S. 187, Zeile 38 …*
Lebensumstände (Familie, Herkunft)	…
Beziehung zu anderen Figuren	*zu Carima: …* *zu Billie: …* *zu Julian: …* *zu Lucy: …*
Verhalten	…
typische Eigenschaften	…
innere Haltung (Gefühle, Interessen, Einstellungen)	…

Die Figur Leon Redway

Leseschlüssel

○ **1** Lies die folgenden Textauszüge. Ergänze deine Tabelle von Seite 187.

Leon und Carima unterhalten sich im Lagerraum auf Benthos II:

Leon räusperte sich, der Klang seiner eigenen Stimme kam ihm ungewohnt vor. So ging es ihm oft, wenn er viel in Gedanken mit Lucy gesprochen hatte. „Ich glaube, meine Eltern wollten nur ein Kind. Sie haben viel gearbeitet – mein Vater war Biologe, meine Mutter Tauchmedizinerin. Übrigens haben sie die Technik des Flüssigkeitstauchens mit entwickelt."
Verlegen verstummte er; so viel hatte er eigentlich nicht reden wollen. Sie war es doch, die ihm erzählen sollte, was los war. Doch anscheinend beruhigte er sie, wenn er sprach, ihre Stimme klang gefasster. „Sie sind tot, nicht wahr?"
„Ja. Es war ein Bootsunfall. Ich war neun damals. Tim, ein Freund meiner Eltern, hat mich bei sich aufgenommen." [...]

Carima unterhält sich mit Billie über das Leben in der Tiefsee:

„Ihr atmet Flüssigkeit, also kann eure Lunge nicht zusammengedrückt werden. Aber hat man im Körper nicht noch andere gefährliche Hohlräume?"
„Doch. Stirn- und Nasenhöhle und so was. Die werden so wie die Lunge mit Perfluorcarbon[1] geflutet, wenn wir tauchen. Tja, dann gibt es noch das Ohr jenseits des Trommelfells. Bei normalen Menschen ist da auch Luft drin."
„Was meinst du damit, *bei normalen Menschen*?"
„Als wir im Meeresinternat für die Tiefsee ausgewählt worden sind, mussten wir operiert werden. Julian, Tom, Leon und ich." Ein verlegenes Lachen. „Wir sind sozusagen an unsere Umgebung angepasst worden." [...]

[1] Perfluorcarbon: Fluor-Kohlenstoff-verbindung

○ **2** Was erfährst du im folgenden Textauszug über die Beziehung von Leon zu Carima? Lies den Auszug und notiere Stichworte in deiner Tabelle von Seite 187.

Er hörte das Schluchzen jetzt deutlich, weit konnte Carima nicht mehr weg sein. Langsam tastete sich Leon zwischen ein paar Behältern mit Chemikalien zur Herstellung der OxySkins hindurch, kletterte vorsichtig über die Ersatzbatterie eines Tauchboots und sah schließlich auf einem Stapel Planen den Umriss von Carimas Körper. Wirr hingen ihr die Haare in die Stirn, und erst als sie alarmiert den Kopf hochriss, sah er, dass ihr Gesicht nass war, als käme sie gerade erst vom Tauchen.
„Verschwinde!", schleuderte sie ihm entgegen und drehte sich weg.
Leon wusste selbst nicht genau, warum er trotzdem blieb. Jetzt aufzugeben fühlte sich falsch an. Schweigend schüttelte er den Kopf und setzte sich im Schneidersitz auf einen Stapel Membranen für die Meerwasser-Entsalzungsanlage.
„Bitte. Geh." Jetzt weinte sie wieder. Es kostete Leon all seine Kraft, es auszuhalten. Schweigend blieb er neben ihr sitzen und wartete. Und schließlich, nach langen Minuten, wischte sie sich eine Haarsträhne aus dem Gesicht und blickte ihn an. [...]

◐ **3** Lest den folgenden Textauszug. Welche innere Haltung, Gefühle, Einstellungen, Wertvorstellungen Leons werden deutlich? Tauscht euch im Tandem aus und ergänzt eure Tabellen.

Das Gemurmel vieler Stimmen vibrierte durch Leon hindurch wie das Summen in der Luft vor einem Sturm. Und als das Ritual des Triskells begann, überraschte er sich selbst damit, dass er aufstand. „Ich werde Zeugnis ablegen für das Meer“, sagte er mit fester Stimme. „Wenn ich darf.“ Dreißig verblüffte Augenpaare wandten sich ihm zu, und von einem Moment auf den anderen war es so still auf dem Versammlungsplatz, dass sein eigener Herzschlag Leon in den Ohren dröhnte. Schließlich nickte Old Joe. Ohne nachzudenken, sprach Leon. „Vor ein paar Tagen bin ich mal wieder runtergetaucht, immer tiefer, dorthin, wo das Meer nicht mehr blau ist, sondern schwarz. Es ist ein Ort, der mir viel bedeutet. Dort zu sein ist wie einzutauchen in die eigene Seele – oder in einen Nachthimmel, in dem die Sterne sich bewegen. Ich werde alles tun, um diesen Ort zu bewahren, und hoffe, dass ich irgendwann, irgendwie dorthin zurückkehren kann.“ […]

4 Verfasse jetzt eine Charakterisierung der Figur Leon Redway. Gehe so vor:
- Schreibe eine **Einleitung**, in der du Angaben zum Text (Titel, Autor) und zur Figur (Name, Rolle im Text) machst.
- Verfasse den **Hauptteil**. Beschreibe darin die Figur mithilfe deiner Tabelle. Belege deine Aussagen mit Textzitaten. Du kannst folgende Formulierungen verwenden.

Leon wird von den Autoren beschrieben als … / Er ist … / Er lebt …
Die Figur ist nicht nur …, sondern auch … / Das kommt bei … zum Ausdruck.
Er verhält sich … gegenüber …
Seine Aufmerksamkeit/seine Hilfsbereitschaft … zeigt sich in der Situation …
In Konfliktsituationen handelt er …

- Schreibe am **Schluss**, wie du die Figur einschätzt. Begründe deine Meinung.

TIPP
Schreibe im Präsens.

Arbeitstechnik
Eine literarische Figur charakterisieren

In einer schriftlichen Charakterisierung geht es darum, das Wesen einer literarischen Figur zu erfassen und zu beschreiben.

Vorbereitung
1. **Lies** den literarischen Text **genau**. Achte auf direkte und indirekte Charakterisierung.
2. **Notiere** über die literarische Figur in Stichworten:
   - **Aussehen** (Kleidung, Körperhaltung, Mimik, Gestik)
   - **Lebensumstände** (Familie, Herkunft)
   - **Beziehung zu anderen Figuren**
   - **Verhalten** und **typische Eigenschaften**
   - **innere Haltung** (Gefühle, Einstellungen, Interessen)

Schreiben
1. Beginne mit der **Einleitung**: Gib kurze Informationen zum **Text** (Titel, Autor) und zur **Figur** (Name, Rolle im Text).
2. Verfasse den **Hauptteil**: Beschreibe das **Äußere**, die **Eigenschaften** und das **Wesen** der Figur mithilfe deiner Stichworte. Belege deine Aussagen mit **Textzitaten**.
3. Schreibe den **Schluss**: Beschreibe, wie die Figur auf dich wirkt, und begründe deine Meinung.

Beachte: Schreibe im **Präsens**.

Test
D09

Wolkenpiraten

Der Roman „Wolkenpiraten" ist der zweite Band, den Kenneth Oppel über die Abenteuer des 16-jährigen Matt Cruse geschrieben hat. Matt wird zum Luftschiffkapitän auf einem alten Frachtluftschiff ausgebildet. Als dieses in einen heftigen Sturm gerät, wird es immer weiter nach oben geschleudert. Matt behält dabei einen klaren Kopf, entdeckt die Hyperion und merkt sich die Koordinaten.

Das Luftschiff Hyperion ist seit 40 Jahren verschollen und soll mit den riesigen Goldschätzen des alten Herrn Grunel beladen sein. Dieses Gold käme Matt, der aus einfachen Verhältnissen stammt, sehr gelegen. Als reicher Mann könnte er sein eigenes Luftschiff kaufen und Kate beeindrucken, mit der er bislang nur lose befreundet ist.

Die Jagd auf den Schatz beginnt, als Matt und Kate ein Luftschiff mieten. Sie versprechen dessen Kapitän Hal einen Anteil am Schatz. Nadira, eine junge Frau, die den Schlüssel zur Schatztür besitzt, begleitet sie. Aber sie sind nicht alleine auf der Suche nach dem Schatz. Der Pirat John Rath folgt ihnen. Schließlich kommt es zum großen Kampf zwischen den beiden Gruppen. Hier zeigt sich für Matt, dass es Wichtigeres gibt als Gold: Freundschaft und Liebe.

Leseschlüssel

○ **1** Lies die folgenden Textauszüge oder höre sie dir an.

A14

„Kapitän!", schrie ich. „Wir sind zu hoch! Sie zerstören das Schiff!" Der Kapitän konnte nichts mehr hören. [...] Ich sah alles nur verschwommen und irgendwie verformt, hielt mich aber immer noch auf den Beinen. Und war immerhin so weit bei mir, dass ich wusste, wir würden alle sterben, wenn wir weiter stiegen. [...] Mühsam bewegte ich mich zum Höhenrudersteuer und stieß Mr. Schultz zur Seite. [...] Energisch drehte ich das Rad ein paar Mal, um das Schiff in eine weniger schräge Position zu bringen. „Du dummer Dackel!", keuchte Tritus [der Kapitän].

Durch mein zerstückeltes Blickfeld sah ich die *Hyperion* nach oben außer Sicht treiben, während wir zu sinken begannen.

„Dafür bringe ich dich ins Kittchen!", zischte Tritus, machte aber keine Bewegung, um mich aufzuhalten. Niemand tat das, sie waren alle zu schwach dafür. Als Nächstes stolperte ich zur Gaskontrolle und ließ noch ein bisschen mehr Hydrium[1] ab, gerade genug, um das Schiff in der Horizontalen zu halten und sanft absinken zu lassen. [...] Wir hatten noch zwei Motoren, ein wenig Hydrium und keinen Ballast mehr. Doch mit etwas Glück würden wir es bis zum nächsten Hafen schaffen. [...]

„Du hast die *Hyperion* gesehen?" Ich nickte, trank langsam einen Schluck von meinem Champagner, stellte das Glas sorgfältig wieder ab und genoss die Situation. Hier war ich, speiste im extravagantesten Restaurant von Paris, trank den feinsten Champagner der Welt und, was das Beste überhaupt war, saß einer strahlenden jungen Frau gegenüber, die mir jedes Wort von den Lippen ablas. [...]

„Erzähl mir alles", verlangte Kate und machte sich über ihren Fisch her. [...]

Über mangelnde Aufmerksamkeit konnte ich mich nicht beschweren, beständig blickte sie mich mit ihren großen, braunen Augen an, während ich sprach. Mitten in der Geschichte nahm sie unter dem Tisch meine Hand und die Wärme ihrer unerwarteten Berührung löste einen heißen Sturm in meinen verborgenen Körper-

[1] Hydrium: fiktives chemisches Element

teilen aus. Ich brachte kaum noch ein Wort heraus. […] Am nächsten Morgen ging ich zur Banque de Quebec und hob alles ab, was ich auf meinem Sparkonto hatte. Ich dachte zuerst, sie würden mir das Geld verweigern, so abgerissen wie ich nach der Nacht unter der Brücke aussah. Aber nachdem sie meine Unterschrift mit der in ihren Unterlagen verglichen hatten und nach einer kurzen, geflüsterten Rückfrage beim Direktor, zählte mir der Kassierer die abgegriffenen Scheine hin. Als ich sie dann in Händen hielt, kam mir der Betrag sehr armselig vor, und ich fragte mich, ob irgendein anständiger Kapitän bereit sein würde, sein Schiff einem sechzehnjährigen Jungen zu vermieten, selbst mit der Aussicht auf Frachträume voller Reichtümer. […]

Matt, Nadira und Kate finden schließlich ein Luftschiff, dessen Kapitän Hal für einen Anteil an der Beute bereit ist, die Hyperion zu suchen. Nach langer Suche und einigen gefährlichen Abenteuern in der Luft ist es endlich so weit: Die Hyperion ist im Schlepptau und die Jagd nach dem Schatz beginnt. Kate und Nadira durchsuchen die eine Seite des Schiffes, Hal und Matt die andere.

Zusammen warfen wir die schwere Kommode um. Sie krachte auf den Boden. Einen verborgenen Tresor entdeckten wir nicht dahinter. „Das ist wie Einbrechen“, rutschte es mir heraus. „Dein Gewissen hättest du ruhig in Paris zurücklassen können“, fuhr er mich an. „Ich will dir mal was sagen. Dieses Schiff gibt es gar nicht mehr. Nachdem es vor vierzig Jahren verschollen war, hatte man es als im Meer versunken aufgegeben. Weißt du, was das heißt? Grunels Familie hat reichlich von den Versicherungen kassiert, hat ab dem Moment jeden weiteren Anspruch auf das Schiff abgegeben. Die *Hyperion* gehört niemandem sonst, nur uns. Begreif das endlich, Cruse. Alles hier gehört uns. Für die Toten kann ich nichts tun. Aber für die Lebenden kann das eine Menge bedeuten.“ Hal war überzeugend, das konnte ich nicht leugnen. Er war wie die strahlende Sonne und ich ein kleiner Planet, der sie ständig umkreiste, der einerseits ausbrechen und frei sein, andererseits aber auch dableiben wollte. […]

2 Beantwortet im Tandem die folgenden Fragen schriftlich:
- Wo spielt die Geschichte?
- Wer erzählt die Geschichte?
- Wer sind die Hauptfiguren?
- In welcher Situation befinden sich die Figuren?
- Wofür hat Matt das Geld bei der Bank abgeholt?
- Warum hatte er Zweifel, ob er das Geld bekommt?
- Hal und Matt durchsuchen gemeinsam die Hyperion. Wie fühlt sich Matt dabei?

Die Figur Matt Cruse

Leseschlüssel

○ **1** Lies die Textauszüge aus verschiedenen Teilen des Romans.

„Würden Sie jetzt lieber wieder in Paris sein, Mr. Cruse?“, fragte mich der Navigator. „Ich bin immer am glücklichsten, wenn ich fliege“, antwortete ich ehrlich, denn ich war in der Luft geboren worden und bin dort mehr zu Hause als auf dem Boden. […] (S. 7/8)

Bevor ich Kate kennenlernte, hatte ich nie viel über Geld nachgedacht. Jetzt tat ich das. Die ganze Zeit musste ich an Geld denken. Es war überall. Zwischen den behandschuhten Fingern feiner Damen und Herren sah ich Scheine und Münzen heller als Goldbarren aufblitzen. Ich sah Geld bei meinen Mitstudenten an der Akademie, an ihrer Kleidung, ihren Schuhen und Füllfederhaltern. Ich sah es in Kates dunklem Haar wie Juwelen funkeln. Ich sah es wie einen Schimmer auf ihren wunderschönen Lippen. Ich zählte es in den Sternen.
Ich war ein Dummkopf gewesen zu denken, Geld wäre nicht wichtig. Wenn meine Mutter nicht mehr arbeiten konnte, weil ihre Hände zu sehr anschwollen und schmerzten, und meine Schwestern älter wurden, würden sie mehr Geld denn je brauchen. Ich wollte nicht, dass sie sich herumplagten oder ihnen etwas fehlte. […] Ich wollte für sie sorgen. Ohne Geld war ich nutzlos. […] (S. 121)

Ich konnte nur daran denken, was ich doch für ein Dummkopf gewesen war. Ein Junge, der Pirat spielte. Aber nun war das für mich alles Schrott, der Konfettiregen aus Geldscheinen, den ich mir vorgestellt hatte. Das kam mir nun gierig, maßlos und hässlich vor. Ich war kein Pirat und hätte alles dafür gegeben, wieder dort zu sein, wo es begonnen hatte, auf dem Eiffelturm mit Kate, und dann würde ich sagen: *Machen wir nicht. Ich will die Ladung der Hyperion nicht. Wir bleiben hier und lassen die Dinge, wie sie sind. Ich werde noch eifriger für mein Studium büffeln. Ich werde die Zahlen in den Griff kriegen, ein Jungoffizier werden und mich nach oben arbeiten. Das ist völlig genug.* […] (S. 483)

○ **2** Übernimm die Tabelle. Notiere alle Informationen über Matt aus den Texten von Seite 190–192 in Stichworten. Gib die entsprechenden Zeilenzahlen an.

Aussehen (Kleidung, Körperhaltung, Mimik, Gestik)	*sieht abgerissen aus (S. 191, Zeile 41), …*
Lebensumstände (Familie, Herkunft)	…
Beziehung zu anderen Figuren	*zu Kate: …* *zu Hal: …*
Verhalten und Eigenschaften	…
innere Haltung (Gefühle, Interessen, Einstellungen)	…

○ **3** Was erfährst du über die Beziehung von Matt zu Kate? Lies den Textauszug auf Seite 193 oben und ergänze deine Tabelle. Notiere die Zeilenzahlen, z. B. *Matt freut sich auf Kate (S. 193, Zeile 1) …*

Ich hatte mich so auf das Treffen mit Kate gefreut. Nun war ich nervös und ärgerlich, und das gefiel mir gar nicht. Warum in aller Welt wollte sie mich ausgerechnet hier treffen? War ihr denn nicht klar, dass ich nur sehr wenig Geld hatte? [...] Tatsache war aber, dass die Belohnung gerade mal für zwei Jahre Studiengebühr, mein Zimmer, Essen und Bekleidung reichte und nur ein kleiner Betrag übrig geblieben war, um meine Familie in Löwentorstadt zu unterstützen. [...]

4 Lest den folgenden Textauszug. Klärt im Tandem, welche Gefühle und Interessen von Matt zum Ausdruck kommen. Ergänzt eure Tabellen.

Auf der Hyperion finden die Abenteurer die Tagebücher von Grunel. Matt blättert darin.

Ich blätterte zurück. Und da, über zwei Seiten hinweg, war einer der schönsten Entwürfe, die ich je gesehen hatte. Eine ganze Stadt hoch am Himmel, getragen von riesigen, wolkenartigen Hydriumsäcken. Die Gebäude waren durch schwebende, bewegliche Brücken mit den Gehwegen verbunden. Von üppigen Terrassengärten hingen blühende Ranken herab auf die Dächer gläserner Häuser [...]
Die anderen mussten mein erstauntes Gesicht bemerkt haben, denn sie kamen schnell zu mir, um selbst einen Blick in das Buch zu werfen.
„Wunderschön", sagte Kate, die sich neben mich gestellt hatte. Und plötzlich wiesen wir beide uns auf verschiedene Dinge auf dem Bild hin. Es war nicht so, dass wir uns regelrecht unterhalten oder diskutiert hätten, doch so nah wie jetzt war ich Kate in den letzten Tagen nicht mehr gewesen. Unser beiderseitiges Staunen verband uns, und ich wollte nicht, dass es aufhörte. [...]

5 Verfasse jetzt eine Charakterisierung der Figur Matt Cruse. Verwende alle Informationen, die du in deiner Tabelle gesammelt hast. Gehe so vor:
- Schreibe eine **Einleitung** mit Angaben zum Text und zur Figur.
- Schreibe den **Hauptteil** mithilfe der Abgaben in deiner Tabelle. Du kannst folgende Formulierungen verwenden:

Die Figur Matt Cruse ist ...
Ihn interessiert besonders ...
Besonders wichtig ist für ihn ...
Die Figur zeichnet sich dadurch aus, dass ...
Das kommt ... zum Ausdruck.
Ihn verbindet eine enge Beziehung zu ...

- Schreibe den **Schluss**, in dem du die Figur einschätzt und deine Meinung begründest.

Seite 189 eine literarische Figur charakterisieren

6 Lest einander im Tandem eure Charakterisierungen vor. Gebt euch ein Feedback und überarbeitet die Texte, wenn nötig.

Seite 289 Texte korrigieren und überarbeiten

7 Stellt das Abenteuerbuch „Wolkenpiraten" in der Klasse vor. Tauscht euch über den Inhalt und die Figur Matt Cruse aus.

Seite 269 Feedback

Mädchenmeute

Kirsten Fuchs lässt uns in ihrem Buch „Mädchenmeute“ an den Abenteuern einer Mädchengruppe teilhaben: Charlotte Nowak, genannt Charly, hat eigentlich keine Lust auf das Sommercamp. Doch dann passieren unheimliche Dinge auf dem Campgelände. Die Mädchen flüchten mit ihrem Gepäck in einem gestohlenen Hundefängerauto mitsamt Hunden ins Erzgebirge. Dort finden sie einen alten Stollen, in dem sie ihr Hauptquartier einrichten. Aber auch hier sind sie nicht alleine. Manchmal hängt etwas zu Essen in einem Busch, manchmal hören die Mädchen nachts unheimliche Geräusche. Bea und Charly finden schließlich heraus, dass eine Gruppe von Jungen sie schon die ganze Zeit beobachtet hat. Mit einem von ihnen erlebt Charly ihre erste Liebe und entdeckt, dass sie nicht nur schüchtern, sondern auch stärker ist als gedacht.

Leseschlüssel

○ **1** Lies die folgenden Textauszüge oder höre sie dir an.

A15

Bevor ich aus dem Auto stieg, sah ich mich im Rückspiegel an. „Sieht wirklich schön aus“, sagte meine Mutter. Am Vortag hatte sie meine dunkelblonden Haare kinnlang geschnitten. Das würde von meiner länglichen Gesichtsform ablenken … Von meiner langen Nase lenkte es jedenfalls nicht ab. […]

Alle Mädchen sind im Ferienlager angekommen und unterhalten sich über die Inschrift auf dem Torbogen, der den Eingang zum Feriencamp bildet.

„NNAML OIP“, Dreipferdemädchen Yvette schüttelte den Kopf, „was soll das denn heißen?“ Ich flüsterte Rike zu: „Sie muss es von der anderen Seite lesen.“
Rike grinste und knuffte mich mit dem Ellenbogen. Davon ermutigt, flüsterte ich weiter: „Das war bestimmt ein Pionierferienlager[1]. Vielleicht Ernst Thälmann.“ […] „Man muss es von der anderen Seite lesen“, sagte Rike laut. „Das hieß bestimmt Pionierferienlager Ernst Thälmann. Sie hatte wirklich eine große Klappe. „Woher willst du das wissen?“, zischte Yvette.
Rike sah mich kurz an, und ich glaube, noch bevor ich meinen Kopf leicht schüttelte, sagte sie: „Ich habe nachgedacht. Mit meinem Gehirn. Das Ding zum Nachdenken. Im Kopf.“ […]

Als die Gruppenleiterin Imken verschwindet und es im Camp immer unheimlicher wird, beschließen die Mädchen, auf eigene Faust Abenteuer zu erleben. Gemeinsam entschließen sie sich, Anuschkas Vorschlag zu folgen und zu einem stillgelegten Stollen[2] ins Erzgebirge zu reisen. An einer Gaststätte stehlen sie für die Fahrt einen Hundefängerwagen – einmal, weil sie die Hunde retten wollen, aber auch, weil sie mit einem Auto so weit fahren können, dass niemand sie schnell findet.

Wir saßen neben dem Krater, den wir „das Loch“ nannten. Die Hunde waren froh, dass wir wieder bei ihnen oben waren. Wir zählten auf, was zu tun sei, und versuchten zu entscheiden, was davon zuerst. […]

[1] Pionierferienlager: Ferienlager der politischen Kinderorganisation in der DDR

[2] Stollen: tunnelartiger Eingang in ein Bergwerk

Niemand zweifelte daran, dass dieser Tunnel nun unser Zuhause war. Ich zweifelte schon, aber ich sagte mir selbst, dass ich ja immer zweifelte, egal, worum es ging, darum: Scheiß auf meine Zweifel, sie waren kleine Fruchtfliegen.
Wenn ich mich umschaute, sah ich leuchtende Gesichter. Das war keine Röte vom Laufen und von der Sonne, das war innere Hitze. Nur Antonia sah blass aus. Sie nieste immerzu. Aber sie war trotzdem glücklich. Das hier war ganz anders als alles vorher. Hier fehlte der Vernunft-Erwachsene, und sei es auch so einer, der uns selbst draufkommen lassen würde. Das waren die Schlimmsten, die fragten: „Na? Was würdet ihr jetzt für sinnvoll halten?"
Das hier war keine Simulation. Wir hatten keine drei Leben. Nur eins.
Wir waren völlig frei. Wir hätten hüpfen und schreien können, aber das taten wir nicht. Man hat ja nichts vom Hüpfen und Schreien, mal ehrlich.
Mir war heiß unter meiner kalten Haut. Das war Abenteuerhitze. [...]

Eines Tages ist Antonia verschwunden und die Mädchen rücken in Zweiergruppen aus, um sie zu suchen. Yvette und Charly haben den Hund Zack dabei. Zack wird auf einmal ganz aufgeregt und buddelt wie wild unter einem Holzstapel.

Der schwarze Rücken wurde immer aufgeregter. Ich war mir sicher, dass er es töten würde. Es. Ihn. Sie. Es. Ich weiß nicht was zuerst war: Ich rief „Aus!" und Yvette „Nein!", und aus dem Loch rief eine Stimme nach Hilfe. Erst als Yvette Zack am Halsband zurückriss, stoppte er. Sein Kopf war voller Erde. Das Maul hechelnd offen. Die hässlichen rosa Lefzen. Yvette lag vor dem Holzstapel. Den Arm in diesem Loch. Dann zog sie ihren Arm raus, und an dem war noch ein Arm dran. Mit etwas Blut. Ich stürzte dazu, zog mit.
Ich hörte uns alle am Leben sein. Zack hechelte. Jedes Geräusch war in Zellophan, raschelte zu mir durch [...]. Hier an diesem grünen Ort war die Welt fast zu Ende gewesen. Antonia zitterte und japste nach Luft. Ich nahm sie in den Arm und spürte nur, dass durch diesen anderen Menschen Feuer und Erdbeben gingen. Ihr stand der Mund auf wie ein Tor. [...]

○ **2** Beantwortet im Tandem die folgenden Fragen schriftlich:
- Wo spielt die Geschichte?
- Wer erzählt die Geschichte?
- Wer sind die Hauptfiguren und in welcher Situation befinden sie sich?
- Was könnte Charlotte damit meinen, wenn sie sagt, dass Zweifel wie kleine Fruchtfliegen sind?
- Was meint Charlotte mit „Abenteuerhitze"?

○ **3** Übernimm die Tabelle. Notiere alle Informationen über Charly aus den Texten von Seite 194 und 195 in Stichworten. Belege mit Textstellen.

Aussehen (Kleidung, Körperhaltung, Mimik, Gestik, Alter)	...
Lebensumstände (Familie)	...
Beziehung zu anderen Figuren	...
Verhalten und Eigenschaften	...
innere Haltung (Gefühle, Interessen, Einstellungen)	...

Die Figur Charly Nowak

Leseschlüssel

1 Lies die folgenden Auszüge aus verschiedenen Teilen des Romans.

Als Letzte in den Bus zu steigen, war mein liebster Albtraum, gleich nach dem, einen Kurzvortrag über die wichtigsten körperlichen Veränderungen in der Pubertät halten zu müssen. Vor der ganzen Schule, und immer, wenn ich etwas sagen will, rufen alle „Ausziehen!", auch die Lehrer. [...] (S. 15)

Ich saß neben Rike und überlegte hin und her. Charlotte heiße ich. Ich heiße Charlotte. Mein Name ist Charlotte Nowak. Mein Herz trommelte Unruhe. „Ich heiße ...", fing ich an, aber auf der anderen Seite von Rike hatte Yvette ihr spitzes Kinn gereckt und zu sprechen begonnen, und zwar lauter als ich. [...] (S. 50/51)

Vielleicht würden wir ja nie mit dem Tunnel fertig werden und könnten immer draußen schlafen. Draußen war es doch schön. Ich verstand gar nicht, warum die Menschheit so verrückt danach war, in Häusern zu sein. Schon nach drei Tagen ohne Haus war etwas mit mir geschehen. Etwas Großes. Vielleicht etwas Größeres als ein Haus, das sich darum nur draußen entwickelte. Ich konnte mit der Haut hören und mit dem Hinterkopf sehen. Ich atmete tiefer und schlief flacher. Es war eine entspannte Aufmerksamkeit. Das ergab keinen Sinn, wenn ich es so erkläre. Aber so war es! [...] (S. 161)

Ich lief Umwege zurück zum Tunnel. Immerhin war es ein schöner Wald. Es war ein guter Wald zum Nachdenken. Ich dachte über das Wachsen nach. Und ob es reichte, außen zu wachsen, um auch innen zu wachsen. Hoch genug war ich eigentlich. Jetzt wäre es an der Zeit, sich vor die Gruppe zu stellen und mal die Klappe aufzubekommen. [...] (S. 162)

„Ich bin dafür, auf die Dämmerung zu warten", hörte ich mich sagen. Alle stimmten mir zu. Komisch, dachte ich, die wissen ja gar nicht, wie schüchtern ich bin. Dann muss ich es auch nicht sein. Dieser Trick funktionierte sofort. [...] (S. 337)

2 Wie hat sich Charly entwickelt? Notiere Stichworte und kennzeichne sie mit den Angaben „am Anfang", „am Ende".

3 Ergänze deine Tabelle von Seite 195 mit den neuen Informationen über Charly.

4 Notiere, was du in den folgenden Textauszügen über die Beziehung von Charly zu den anderen Mädchen erfährst. Belege mit Textstellen.

In dem Moment spürte ich es das erste Mal: den Sog. Ein runder Sog – also eher ein Strudel. Hier war ein Kreis von Mädchen, und ich war ein Teil davon, und jede andere auch, und wenn eine gehen würde, dann wäre es kein Kreis mehr. Und ich spürte, dass ich alles tun würde, um diesen Kreis zu erhalten. [...]

Die Mädchen, außer Charly und Freigunda, gehen etwas zu Essen organisieren.

So war das Diebsvolk zurückgekehrt zu der Stelle, wo Lager-halten-Freigunda mit Lager-halten-Charly und alle Hunde warteten. Ich hätte mich nicht über die Klauerei geärgert, wenn ich selbst mitgeklaut hätte. Dann wäre es unsere Klauerei gewesen. So war es deren Klauerei.

Ich wollte trotzdem lieber ein wir sein. Was sollte ich als ich? Nach Hause fahren? In die andere Richtung laufen? Jetzt, wo es dunkel wurde? Für immer und ewig und noch länger wissen, dass ich eine Dummtrine ohne Mumm bin? Wenn man schon sein halbes Leben lang an einer leeren Bushaltestelle steht, in einem öden Vorort, dann muss man in den Bus einsteigen, wenn einer kommt. Egal, wo der hinfährt. [...]

Die Mädchen schlafen im Freien. Charly liegt neben Antonia, um sie zu wärmen.

Ich hatte noch nie mit jemand anderem als meinen Eltern auf diese Art zusammengelegen, und da war ich diejenige im Arm gewesen.

Yvettes Gesicht tauchte über mir auf. Sie stand breitbeinig da, neben ihr der schwarze Köter. Seine Lefzen waren rosa. Zack war ein Schweinchen im Kampfhundfell.

„Bist du ihr neues Plüschtier?" Yvette grinste auf mich herab. „Sie war ganz kalt", sagte ich. Mir wurde dabei sofort heiß. Bestimmt leuchtete mein Kopf knallrot. „Muss dir nicht peinlich sein, dass du so ein kuscheliger Typ bist." [...]

5 Welche Gefühle und Einstellungen Charlys kommen in den Textauszügen zum Ausdruck? Ergänzt im Tandem eure Tabellen.

6 Versetze dich in die Figur Charly hinein und schildere, wie du dich selbst siehst. Schreibe eine Rollenbiografie. Gehe so vor:
- Lies noch einmal die Auszüge aus „Mädchenmeute" und deine Tabelle.
- Versetze dich in die Figur hinein und kläre folgende Fragen: Wer bist du? Welche Abenteuer hast du erlebt? Was gefällt dir? Wo fühlst du dich wohl? Welche Probleme oder Ängste hast du? Mit wem bist du befreundet?
- Schreibe deine Biografie in der Ich-Form. Du kannst so beginnen: *Ich heiße Charlotte Nowak und werde Charly genannt ...*

Merke
Rollenbiografie

Eine **Rollenbiografie** kann helfen, eine **Figur** besser zu **verstehen**.

Man stellt der Figur Fragen zu **Name**, **Alter**, **Familie**, **Interessen**, **Selbstbild**, **Beziehungen usw.** und beantwortet sie mithilfe des Textes. Man braucht **Einfühlungsvermögen** und manchmal **Fantasie**, um die Fragen zu beantworten.

Eine Rollenbiografie schreibt man in der **Ich-Form**.

Seite 189
eine literarische Figur charakterisieren

7 Verfasse jetzt eine Charakterisierung der Figur Charly Nowak. Verwende dazu deine Tabelle und die Rollenbiografie.

Seite 289
Texte korrigieren und überarbeiten

8 Überprüft im Tandem eure Charakterisierungen. Gebt einander ein Feedback und überarbeitet eure Texte, wenn nötig.

Seite 269
Feedback

9 Stellt das Abenteuerbuch „Mädchenmeute" und die Figur Charly in der Klasse vor. Diskutiert, was es bedeutet, außen und innen zu wachsen.

TIPP
Lest die Zeilen 18–21 auf Seite 196 vor.

Der Fluss

Das Buch „Der Fluss" ist die Fortsetzung der Abenteuergeschichte „Allein in der Wildnis" von Gary Paulsen, in der der 12-jährige Brian den Absturz eines kleinen Flugzeugs überlebt und ganz allein in der Wildnis zurechtkommen muss. In der Fortsetzung besucht der Psychologe Derek Holtzer den jetzt 15-jährigen Brian. Derek arbeitet im Auftrag der Regierung an einem Überlebenstrainingsprogramm und möchte von Brians Erfahrungen im Überlebenskampf in der Wildnis lernen. Gemeinsam brechen sie auf, um das Abenteuer von Brian noch einmal zu erleben. Kurz nach der Landung kommt es zu einem ersten Konflikt. Derek hat eine Menge Gegenstände eingepackt, die im Notfall hilfreich sein könnten. Aber Brian setzt sich durch und so bleiben die Gerätschaften im Flugzeug. Die beiden sind auf sich allein gestellt. Kritisch wird es, als Derek bei einem starken Gewitter vom Blitz getroffen wird und in eine tiefe Ohnmacht fällt. Da beginnt der Überlebenskampf von Neuem, nur dass Brian diesmal auch die Verantwortung für Derek hat.

Leseschlüssel

○ **1** Lies den folgenden Textauszug oder höre ihn dir an.

A16

Der Pilot blieb im Cockpit sitzen und Brian schob den Beifahrersitz nach vorne und zwängte sich durch die schmale Tür. Er balancierte über den Schwimmer[1] und sprang dann auf das trockene Gras. [...]
Und plötzlich – im Bruchteil einer Sekunde – veränderte sich Brian völlig. Er wurde wieder, was er damals am See gewesen war: ein Teil von allem, was ihn umgab. So sehr fühlte er sich mit allen Dingen verbunden, dass jede ... kleine ... Einzelheit ... wichtig wurde. [...]
Seine Augen schweiften über die Lichtung, zum Waldrand hinauf, und mit diesen zwei Blicken wusste er alles über die Lichtung und über den Wald. Es gab einen Baumstumpf dort, mit Maden im morschen Holz. Es gab schlanke Erlenstämme, aus denen man einen Bogen schnitzen konnte, und Weidenruten für Pfeile; ein Wildwechsel, wahrscheinlich von Hirschen, bog nach links ab, was bedeutete, dass auch andere Tiere – Stachelschweine, Waschbären, Wölfe, Bären, Elche und Stinktiere – auf die Lichtung kommen würden.
Brian hob den Kopf, schnupperte in den Wind und zog Luft über die Zunge ein, mit einem zischenden Laut, um sie zu schmecken. Aber da war nichts Besonderes. Nichts als Sommerdüfte. Die Würze der Kiefern in der milden Luft, etwas Moder und faulende Vegetation. Keine Tierspuren, zumindest keine frischen.
Derek hatte die Veränderung gesehen, die mit Brian vorgegangen war, und starrte ihn an. „Was ist passiert?" Brian schüttelte den Kopf. „Nichts."
„Doch, da war etwas. Du hast dich verändert. Völlig verändert. Du bist nicht mehr derselbe Mensch." Brian zuckte mit den Schultern. „Habe mich nur mal umgesehen. Um alles ... zu sehen."

[1] Schwimmer: Teile des Wasserflugzeuges, dienen dem Landen auf Wasser

„Erzähl mir“, sagte Derek. Er zog ein Notizbuch aus der Tasche. „Erzähl mir alles, was du gesehen hast.“ „Jetzt gleich?“ „Ja.“ „Sollten wir nicht zuerst den Piloten fortschicken?“
Derek drehte sich um und starrte das Flugzeug an, als sähe er es zum ersten Mal. „Ach ja. Hätte ich fast vergessen. Es muss ja zurück. Lass uns auspacken, dann kann er fliegen und du erzählst mir –“. „Nein.“ „Was?“
Brian hatte eine Entscheidung getroffen, während er im Flugzeug schlummerte, sie hatte sich im Schlaf in ihm festgesetzt. Er wusste jetzt, was das Richtige war.
„Wir werden nicht auspacken.“
„Was redest du da?“
Brian blickte über den See und die Lichtung und die Wolken. Sieben, acht Stunden noch bis zum Regen. „Ich meine, falls wir diesen Krempel ausladen – alles, bis auf die Spülmaschine, wie du sagtest –, wäre das ganze Vorhaben ruiniert. Verschwendete Zeit.“
„Ich versteh' dich nicht. Und was ist, wenn wir Schwierigkeiten haben?“
Brian nickte. „Genau. Wir *haben* schon eine Schwierigkeit. Du möchtest etwas über den Ernstfall lernen, aber mit dieser ganzen Ausrüstung ist es doch nur ein Spiel. Es stimmt nicht. Es wäre keine echte Situation, nicht wahr?“
„Aber wir brauchen die Sachen nicht zu benutzen. Wir brauchen nicht eine davon zu benutzen.“
Brian lächelte – ein kleines, beinah trauriges Lächeln. „Ich verspreche dir, dass wir, wenn die Sachen da sind, sie auch benutzen werden. Das kann ich dir versprechen. Am dritten Tag, wenn der Hunger wirklich quälend wird und die Moskitos ohne Unterlass angreifen und es weder ein Zelt noch Essen gibt und wir wissen: Die Sachen sind da, wohlverpackt und in Reichweite – dann kann ich dir garantieren, dass wir sie benutzen werden. Es wird ganz unmöglich sein, sie nicht zu benutzen.“
So viele Worte, dachte Brian. Nichts als Gerede und Geschwätz, die ganze Zeit. Wie Papageien. Wir stehen da und schwatzen, aber in sieben bis acht Stunden wird es hier regnen, und wir haben keinen Unterstand und kein trockenes Holz zum Feuermachen. Geschwätz. [...]

○ **2** Mache dir Notizen zum Ort der Handlung, zu den Hauptfiguren und zur Situation, in der sich die Figuren befinden.

◒ **3** Die beiden Hauptfiguren haben einen Konflikt. Beschreibe, worum es in diesem Konflikt geht.

◒ **4** Der Wald ist ein besonderer Ort für Brian. Tauscht euch im Tandem darüber aus, was der Wald für ihn bedeutet. Macht euch Notizen.

◒ **5** Wann bemerkt Derek eine Veränderung bei Brian? Schreibe die Textstelle auf. Vermute, was mit Brian passiert ist. Ergänze deine Notizen.

◒ **6** Lies noch einmal den Textauszug. Beschreibe, was für ein Mensch Brian ist. Notiere dir Stichworte und gib die Textstellen dazu an.

● **7** Diskutiert in der Gruppe, was für euch Abenteuer ist und wann eine Situation für euch zum Abenteuer wird. Klärt, welche Rolle dabei die Ausrüstung spielt.

TIPP
Orientiere dich an den Kriterien in der Tabelle von Seite 187.

Die Figur Brian Robeson

Leseschlüssel

○ **1** Lies die folgenden Auszüge aus verschiedenen Teilen des Romans.

Nach seiner glücklichen Heimkehr war Brian monatelang von Reportern verfolgt worden. Auch nach der Sendung im Fernsehen – ein Kamerateam fuhr mit ihm hinaus zum See, und er zeigte ihnen, wie er dort gelebt und gearbeitet hatte – ließen sie ihn nicht in Ruhe. [...] Seine Mutter hatte versucht, die Dinge in den Griff zu bekommen. Auch sein Vater hatte – am Telefon – gute Ratschläge gegeben. Und jetzt hatte Brian etwas Geld auf der Bank: genug für den Abschluss am College. [...] (S. 10/11)

Er hatte ein Mädchen kennengelernt, Deborah McKenzie, die mit ihm zur Schule ging. Die beiden verstanden sich gut, gingen ein paarmal ins Kino, in die Eisdiele – aber bald waren die Spürhunde von der Presse auch hinter Deborah her. Und das war *too much*. Er gewöhnte sich an, durch die Hintertür aus dem Haus zu schleichen, eine Sonnenbrille aufzusetzen, sich mit Deborah an unwahrscheinlichen Orten zu treffen und geduckt durch die Korridore der Schule zu huschen. Darum war er ganz froh gewesen, als das Interesse an seiner Person nachließ. [...] (S. 11)

Brian konnte nicht mehr durch einen Park laufen, ohne unter den Bäumen nach Wild zu spähen, ohne die Tiere im Dickicht zu hören. Alles hatte für Brian eine neue Bedeutung gewonnen. Manchmal wünschte er sich, er würde nicht so genau sehen, nicht alles hören, was ihn umgab – Geräusche, Farben, Bewegung. Aber er konnte all dies nicht ausblenden. Er sah und hörte und roch. Alles, was da war. [...] (S. 14/15)

Ein Jahr war vergangen und es hatte sich nicht viel verändert – in seiner Welt: seine Mutter traf noch immer jenen Mann, aber nicht mehr so oft. Und Brian dachte, es würde vielleicht von selbst aufhören, was immer sie miteinander hatten. Die Scheidung aber war endgültig und würde es wahrscheinlich bleiben. Er hatte seinen Vater besucht, nach der Zeit damals, und herausgefunden, dass dieser sich in eine andere Frau verliebt hatte, die er heiraten wollte. [...] (S. 16)

Brian und Derek waren allein in der Wildnis. Bei einem Gewitter wurde Derek vom Blitz getroffen und ist seitdem bewusstlos. Brian versucht, ihn mit einem selbstgebauten Floß über den Fluss in die nächste Ortschaft zu bringen.

Egal, dachte Brian.
Irgendwo dort unten war Derek, hilflos auf einem verlorenen Floß. Brian musste versuchen, ihn einzuholen.
Er warf den Kopf in den Nacken, zog auch den anderen Schuh aus und warf ihn achtlos ins Gras. Die Hose behielt er an, weil sie nicht so schwer war. Mit ein paar Schwüngen stieß er sich vom sumpfigen Ufer ab, bis das Wasser ihn trug.
Mit kräftigen Zügen begann er zu schwimmen. Aber schon bald spürte er seine Müdigkeit. Am ganzen Körper fühlte er sich zerschlagen und schwach. Und sein Kopf war noch immer benebelt vom wirbelnden Tanz durch die Stromschnellen. Aber es gab kein Zurück. Halb schwimmend, halb mit den Füßen stoßend, kämpfte er sich in der Nähe des Ufers den Fluss hinunter. Er musste das Floß einholen. [...] (S. 140)

○ **2** Ergänze deine Notizen zu Brian von der vorherigen Seite. Notiere Textbelege.

● **3** Schreibe zur Figur Brian Robeson einen inneren Monolog, in dem er sich mit dem Thema Abenteuer auseinandersetzt.

Merke

Innerer Monolog

Ein **innerer Monolog** ist das **Selbstgespräch** einer Figur. Dabei gibt man **Gedanken** und **Gefühle** dieser Figur in der **Ich-Form** wieder.

Die Figur kann dabei über **Konflikte** nachdenken, sich selbst **Fragen** stellen, z. B. zu verschiedenen **Handlungsalternativen**, die **Zukunft** planen, sich **kritisch** mit dem **eigenen Verhalten** auseinandersetzen.

○ **4** Lies nun die folgenden Textauszüge. Notiere, was du über die Beziehung von Brian zu Derek erfahren hast.

Derek kam mit dem Funkgerät wieder an Land […]. Er brachte auch eine schmale Plastikmappe mit.
„Für meine Papiere“, sagte er. „Ich muss mir doch Notizen machen. Über alles berichten.“
Brian nickte und musste innerlich lächeln. Dereks Worte erinnerten ihn daran, wie er selbst sprach, wenn er bei seinen Eltern etwas erreichen wollte. Bettelnd. Für meine Papiere …
Es war ein sonderbares Gefühl für Brian, mit einem Erwachsenen die Rollen zu tauschen. Er hatte die Verantwortung für einen Erwachsenen übernommen und in dieser Situation, so fand er, war es das Beste. Aber es war ein unbehagliches Gefühl, die Kontrolle über einen Erwachsenen zu haben – oder *überhaupt* über einen anderen Menschen. […]

Wenn sie hier blieben, am See, würde Derek in zwei bis drei Tagen verdursten. Er würde sterben, lange bevor eine Woche oder zehn Tage um waren. Bevor der Pilot kam, um nach ihnen zu suchen. Wenn er blieb, musste Derek sterben. Wenn er es schaffte, wenn er Derek auf einem Floß zum Handelsposten bringen konnte, dann gab es wenigstens eine Chance. Er hatte keine andere Wahl. […]

◒ **5** Ordne deine Notizen zu Brian den Kriterien Aussehen, Lebensumstände, Beziehung zu anderen Figuren, Verhalten und Eigenschaften sowie innere Haltung zu.

Seite 189
eine literarische Figur charakterisieren

◒ **6** Verfasse jetzt eine Charakterisierung der Figur Brian Robeson. Verwende deine Notizen und, für den Schlussteil, den inneren Monolog.

◒ **7** Überprüft im Tandem eure Charakterisierungen. Gebt einander ein Feedback und überarbeitet eure Texte, wenn nötig.

Seite 289
Texte korrigieren und überarbeiten

○ **8** Stellt das Abenteuerbuch „Der Fluss“ und die Figur Brian Robeson in der Klasse vor. Besprecht, was ihr unter Abenteuer versteht.

Seite 269
Feedback

So wird es anschaulicher

Willst du Figuren, Menschen, Vorgänge oder Gegenstände genauer, anschaulicher und ausführlicher beschreiben, dann brauchst du Attribute.

1 Wähle eines der abgebildeten Segelboote aus. Beschreibe es kurz, aber eindeutig. Notiere, wie viele Wörter du dafür benötigt hast.

2 Vergleicht eure Ergebnisse aus Aufgabe 1 im Tandem. Seht euch an, mit welchen Wörtern oder Wortgruppen ihr die Segelboote genauer beschrieben habt.

3 Lies den folgenden Lückentext.

Die Niederländerin Laura Dekker wollte schon mit 13 Jahren allein um die ___ Welt segeln. Sie wollte diese Reise mit einem Segelboot unternehmen. Die Jugendfürsorge und der Kinderschutz versuchten, die Reise ___ zu verhindern. Letztlich setzte die ___ Laura die Reise vor Gericht durch. Sie durfte segeln und wurde als ___ Weltumseglerin gefeiert. Für die ___ Weltumseglung, ___, hatte Lauras Vater ein ___ Boot gekauft.

4 Bei den folgenden Wörtern, Wortgruppen und Teilsätzen handelt sich um Attribute. Setzt sie im Tandem in die Lücken in Aufgabe 3 ein.

mutige | *des Mädchens* | *die in Portugal begann* | *kämpferische* | *jüngste* | *weite* | *neues*

5 Schreibt jetzt den vollständigen Text ab. Vergleicht im Tandem diesen Text mit dem in Aufgabe 3. Klärt, welche Funktion Attribute haben.

6 Sieh dir die folgenden Fotos an.

7 Beschreibe Laura und ihr Segelboot schriftlich mithilfe vieler Attribute. Du kannst die folgenden Wortgruppen verwenden.

junges Mädchen – Seglerin mit großem Talent – lange, blonde Haare – Segel, das strahlend weiß ist – roter Bootskörper – großer Zweimaster

8 Welche Attribute bezeichnen die im Text markierten Substantive genauer? Übernimm die Tabelle und fülle sie aus.

Die 14-jährige Laura Dekker verliebte sich als kleines Mädchen in den Segelsport. Ihr größter Wunsch war es, einmal die Welt zu umsegeln. Oft sah man die junge Seglerin mit ihrem Schiff vor der niederländischen Küste üben. Ihre mutigen Segelmanöver dort sahen gefährlich aus, vor allem bei hohem Seegang. Zuerst waren ihre Eltern, die getrennt leben, gegen die Weltumsegelung der minderjährigen Tochter. Aber jeder Versuch, sie zu stoppen, scheiterte. Letztlich setzte sich Laura durch und startete zu ihrem großen Abenteuer.

Substantiv	Attribut	Art des Attributs
Laura Dekker	*14-jährige*	*Adjektiv*
...	...	...

9 Denke dir zu den folgenden Attributen passende Substantive aus. Schreibe sie auf, z. B. *a der Sohn des Bruders ...*

a ▬ des Bruders (= Substantiv im Genitiv)
b das gefährliche (= Adjektiv) ▬
c ▬ auf dem Gipfel (= Substantiv mit Präposition)
d ▬, das mich überrascht hat (= Relativsatz)

Merke
Attribute

Mit **Attributen** kann man ein Wort (meist ein **Substantiv**) **genauer beschreiben**.
→ Die jüngste Weltumseglerin geht an den Start.

Attribute sind **Teile von Satzgliedern**. Sie können weggelassen werden (Weglassprobe), ohne dass sich der Satz grammatisch ändert. → Laura, das mutige Mädchen, segelt durch die Karibik.

Attribute können **vor** oder **nach dem Bezugswort** stehen. → die erfolgreiche Seglerin – die Verhinderung der Weltumseglung

Man erfragt **Attribute** mit **Was für ein/eine?** oder **Welche/Welcher/Welches?**

Attribute können auftreten als:
- Adjektive → die riskante Fahrt
- Substantive im Genitiv → das Boot der Seglerin
- Substantive mit Präposition → das Mädchen mit den Plänen
- Adverbien → das Mädchen dort
- Attributsätze → die Seglerin, die noch sehr jung war
- Infinitivgruppen → beim Versuch, sie zu überholen

Attribute zum Beschreiben

Tarek, Igor und Paul sind gute Freunde, die eigentlich lieber vor dem PC sitzen als Sport zu treiben. Aber dann treibt es sie doch hinaus. Sie wollen Deutschland von Westen nach Osten durchqueren und das auf Skateboards.

1 Lest das Online-Profil von Tarek. Stellt im Tandem fest, welche Attribute für die Beschreibung verwendet worden sind.

Hi, ich bin Tarek, der coole Junge aus Köln. 2017 bin ich mit meinen Freunden, die auch gefilmt haben, einmal quer durch das schöne Deutschland gereist. Unsere drei Skateboards waren die einzigen Fortbewegungsmittel, die wir verwendet haben. Die Skateboards mit kleinen Rollen waren zwar nicht immer einfach zu bedienen, aber mit etwas Übung haben wir es geschafft.
Wir haben einen Blog über unsere Abenteuer geschrieben. Viele Fans haben versucht, unsere Route ausfindig zu machen. Manchmal ist es ihnen auch gelungen. So warteten in Thüringen, in einem Hotel, einige treue Fans, die uns mit köstlichen Süßigkeiten und allem, was wir sonst noch brauchten, versorgt haben.

2 Übernimm die folgende Tabelle und trage alle Attribute aus dem Text aus Aufgabe 1 ein.

Artikel	vorangestelltes Attribut	Substantiv	nachgestelltes Attribut
der	*coole*	*Junge*	*aus Köln*
...	...	*Freunde*	*die auch gefilmt haben*
...	...	...	...

3 Vergleicht im Tandem eure Tabellen. Überprüft eure Ergebnisse.

4 Schreibe ein eigenes Online-Profil. Stelle dich damit den drei Freunden vor. Unterstreiche anschließend in deinem Text alle Attribute.

5 Bilde aus den folgenden Wörtern Wortgruppen, die eine Person oder Figur beschreiben, z. B. *ihre kalten Augen, sein rundliches Gesicht ...*

ihr/ihre, *sein/seine*

Gesicht, *Hände*, *Augen*

geschickt, *flink*, *grob*, *feucht*, *kalt*, *gepflegt*, *hübsch*, *schmal*, *rundlich*, *markant*, *ausdrucksvoll*, *mürrisch*, *freundlich*, *fein*

6 Bilde Wortgruppen, in denen du die drei abgebildeten Figuren beschreibst. Verwende die folgenden Satzmuster und die Adjektive unten, z. B. *Der Skater mit der coolen Mütze, …*

mit dem ___ Haar | *mit den ___ Ohren* | *mit der ___ Nase*

mit den ___ Augen | *mit der ___ Mütze*

dünn – fein – cool – glatt – kraus – lockig – bunt – weich – strähnig – schütter – voll – abstehend – spitz – lang – kurz – riesig – gerötet – groß – klein – glänzend – leuchtend – strahlend – sanft – traurig – blutunterlaufen – tiefliegend – tränend

7 Fragt im Tandem nach den Figuren aus Aufgabe 6. Beantwortet die Fragen. Markiert in deinen Antwortsätzen die Substantive und die Attribute, z. B. *Welchen Skater meintest du? → Ich meinte den Skater mit der coolen Mütze.*

8 Formuliere die unterstrichenen Attribute in Nebensätze (Relativsätze) mit gleicher Bedeutung um, z. B. *Er fuhr ein extralanges Skateboard. → Er fuhr ein Skateboard, das extralang war.*

a Er fuhr ein extralanges Skateboard.
b Seine langen, dunklen Haare flatterten im Wind.
c Die mit einem besonderen Kugellager ausgestatteten Rollen liefen richtig gut.
d Plötzlich stoppte das teure Board unerwartet.
e Mit seinen viel zu langen Beinen kam Felix ins Straucheln.
f Sein erschreckter Blick blieb den Zuschauern noch lange im Gedächtnis.
g Unfreiwillig zeigte er seinen tätowierten Rücken.
h Ein hübsches Mädchen klatschte ihm Beifall.
i Sofort war der bekannte und beliebte YouTuber von Journalisten umlagert.
j Den nächsten Wettkampf gewann der geschickte Skater.
k Er kaufte sich das neueste und teuerste Skateboard.

10 Was für ein Drama!

Einen dramatischen Text lesen und erschließen

1

2

3

Das lernst du jetzt:

- Auszüge aus einem dramatischen Text lesen und untersuchen
- den Aufbau und die Merkmale eines Dramas erkennen
- Szenen eines dramatischen Textes gestaltend erschließen
- Einblick in die Inszenierung eines Dramas gewinnen
- direkte und indirekte Rede verwenden

1 Seht euch Bild 1 auf Seite 206 an. Es zeigt William Shakespeare. Beschreibt das Bild und tauscht euch aus, was ihr über Shakespeare wisst.

2 Habt ihr schon einmal ein Theater besucht? Wann war das und welches Stück habt ihr gesehen? Tauscht euch darüber aus.

3 Seht euch Bild 2 auf Seite 206 an und überlegt, was ihr unter dem Begriff „Drama" versteht. Sammelt mithilfe eines Clusters Stichworte und stellt euch diese gegenseitig vor.

4 Shakespeares Stück „Romeo und Julia" ist eine Tragödie. Lest die Definition dieser Hauptgattung des Dramas und gebt den Inhalt mit eigenen Worten wieder.

Die Tragödie ist ein Drama mit ernstem Inhalt und unglücklichem Ausgang. Die Hauptfigur ist in einem schicksalhaften Konflikt gefangen, ihre Situation verschlechtert sich und sie scheitert. Die Ursache dafür liegt in der Konstellation und dem Charakter der Figuren. Die Tragödie soll beim Publikum Furcht und Mitleid hervorrufen.

5 Bild 3 auf Seite 206 zeigt eine Theaterszene aus „Romeo und Julia". Kennt ihr die Geschichte des berühmten Liebespaares? Erzählt davon in der Klasse.

6 Dramen wurden bereits in der Antike geschrieben und sind bis heute aktuell. Ordnet den folgenden drei Dichtern je zwei Werke zu.

Friedrich Dürrenmatt | *Sophokles* | *Johann Wolfgang v. Goethe*

a Antigone
b Der Besuch der alten Dame
c König Ödipus
d Faust
e Iphigenie auf Tauris
f Die Physiker

7 Wählt eine der folgenden Situationen und denkt euch einen kurzen Dialog[1] dazu aus. Beachtet dabei die folgenden Fragen und macht euch Notizen.

streitendes Paar am Bahnhof | *Streit an der Supermarktkasse*

- Wer spricht miteinander, in welchem Verhältnis stehen die Personen zueinander?
- Wann und wo spielt euer Dialog?
- Wie reden die Personen miteinander, z. B. aufgeregt, traurig, fröhlich?
- Wie ist die Körpersprache der Personen?
- Welche Geräusche sind zu hören?
- Welche Requisiten[2] benötigt ihr?

[1] Dialog: Rede und Gegenrede zwischen zwei oder mehreren Personen

[2] Requisiten: Gegenstände, die Schauspieler für das Spiel benötigen

8 Spielt eure Dialoge in der Klasse vor.

RGS **9** Lest die folgenden Aussagen, die in indirekter Rede stehen. Gebt sie in direkter Rede wieder.

a Herr Meyer sagte, dass die Uraufführung des Stückes ein voller Erfolg gewesen sei.
b Er fand, die Schauspieler seien erstklassig ausgewählt worden und hätten ein großes Talent bewiesen.

Die Geschichte zweier Liebender

William Shakespeare (1564–1616) ist einer der wichtigsten Dramendichter der Welt. Seine Werke werden auch heute noch auf vielen Theaterbühnen gespielt. Über sein Leben weiß man nur wenig. Eines der bekanntesten Werke des englischen Dichters ist „Romeo und Julia" (um 1595). Auf den folgenden Seiten könnt ihr Auszüge daraus lesen und erschließen. Das Drama startet mit dem Auftritt des Chorus[1], der als Prolog[2] dient.

[1] Chorus (altgriech.): Singende und Tanzende, die die Handlung begleiten

[2] Prolog bzw. Vorspruch: einem dramatischen Text vorangestellte Einleitung

○ **1** Lies den Prolog. Fasse den Inhalt mit eigenen Worten zusammen.
- Was hast du erfahren? Was ist der Konflikt?
- Welche Erwartungen weckt der Prolog bei dir?

William Shakespeare
Romeo und Julia (Prolog)

CHORUS:
Zwei Häuser, gleich an Rang, seht, die inmitten
Der guten Stadt Verona, unserm Ort,
In altem Groll zu neuem Aufruhr schritten,
Dass Bürgerhand rot wird vom Bürgermord.

Den Lenden der zwei Todfeinde entsprang
Ein Paar von Liebenden, die Unglück haben.
Ihr Unstern wird, ihr bittrer Untergang,
Mit ihnen auch der Eltern Streit begraben.

Und dieser Eltern stets erneuter Streit,
Das Ende ihrer Kinder, seine Sühne,
Der Liebe Leidensweg, dem Tod geweiht,
Ist nun zwei Stunden lang das Leben dieser Bühne.
Drum schenkt uns euer Ohr und wartet jetzt,
Ob unsre Müh euch, was hier fehlt, ersetzt.

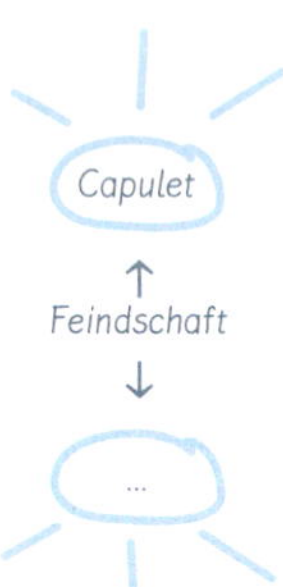

2 Seht euch im Tandem den Auszug aus dem Figurenverzeichnis an. Erstellt dann mithilfe des Figurenverzeichnisses und des Prologs ein Schaubild zur Figurenkonstellation. Geht so vor:
- Gruppiert Figuren, die zusammengehören. Achtet auf die Trennung der Familien.
- Verwendet Pfeile.
- Stellt euch eure Ergebnisse gegenseitig vor.

ESCALUS, Fürst von Verona
GRAF PARIS, Verwandter des Fürsten
MONTAGUE, CAPULET – Häupter zweier verfeindeter Familien
ROMEO, Montagues Sohn
MERCUTIO, Verwandter des Fürsten, Romeos Freund
BENVOLIO, Montagues Neffe, Romeos Freund
TYBALT, Neffe der Frau Capulet
BRUDER LORENZO, ein Franziskaner[3]
BALTHASAR, Romeos Diener
SIMSON, GREGORIO – Diener Capulets
ABRAHAM ein Diener Montagues
FRAU MONTAGUE
FRAU CAPULET
JULIA, Capulets Tochter
JULIAS AMME

[3] Franziskaner: Mönch des Franziskanerordens

3 Nach dem Chorus beginnt das Drama mit der Eingangsszene, der sogenannten **Exposition**. Diese führt den Zuschauer in die Ausgangssituation ein. Lest den Auszug mit verteilten Rollen.

Seite 269 szenische Lesung

Erster Akt

1. Szene
Platz in Verona,
Simson und Gregorio, zwei Diener der Capulets, mit Schwert und Schild

Simson Gregorio, eins sag ich dir: verkohlen lassen wir uns nicht.

Gregorio Nein, sonst wären wir ja Kohlköpfe.

Simson Wenn so ein Schlingel uns in Koller[4] bringt, dann ziehn wir vom Leder, dann geht's an den Hals.

Gregorio Ja, zieh du nur rechtzeitig deinen Hals aus der Schlinge.

Simson Ich schlag sehr bald drein, wenn ich aufgebracht bin.

Gregorio Aber du bist nicht so bald aufgebracht.

Simson Ein Hund aus dem Haus Montague bringt mich auf. […]

[*Sie fangen Streit mit zwei Dienern der Montagues an.*]

Simson Zieht, wenn ihr Männer seid! – Gregorio! Zeig es ihnen!

Sie kämpfen

Benvolio Ihr Esel, auseinander! Weg die Schwerter! Ihr wißt nicht, was ihr tut.

Tybalt tritt auf

Tybalt Was? blanken Schwerts hier bei den schwachen Zicklein? Benvolio, dreh dich um! Sieh deinen Tod!

Benvolio Ich stifte hier nur Frieden, steck dein Schwert ein, sonst führs mit mir, die Diener hier zu trennen.

Tybalt Was, Frieden, blanken Schwerts? Nein, dies Wort hass' ich, wie ich die Hölle hass', die Montagues und dich! Mach keine Zicken, Feigling!

Sie fechten.

Mehrere Anhänger beider Häuser kommen und nehmen Partei.
Dann Bürger und Polizeidiener mit Knüppeln

Polizeidiener Spieß, Knüttel, Piken! Drauf und schlagt sie nieder!

Die Bürger Nieder die Capulets! Nieder die Montagues! […]

Fürst Escalus tritt mit Gefolge auf

Fürst Rebellische Untertanen, Friedensfeinde, Besudler eures Stahls mit Nachbarnblut! – Wolln sie nicht hören? – Männer! Wie? Nein, Bestien! Die ihr den Brand eurer verruchten Wut löscht mit Purpurspringbrunnen aus euren Adern, werft die zum Mißbrauch nur gestählten Waffen aus eurer blutigen Hand – bei Folterpein! – Und hört den Spruch eures erzürnten Fürsten: Schon dreimal haben Kämpfe, auf ein Wort von Euch, alter Capulet, und Montague! – Dreimal gestört die Ruhe unsrer Straßen. Daß unsre alten Bürger ihrer Stöcke Zier fortwarfen und schwangen alten Stahl, rostig vom Frieden, in den alten Händen, um euren rostigen, alten Haß zu trennen. Wenn ihr je wieder unsre Straßen stört, zahlt ihr den Friedensbruch mit eurem Leben – Für diesmal, alle übrigen, geht fort, Ihr, Capulet, Ihr kommt gleich jetzt mit mir; Und, Montague, Ihr kommt heut nachmittag zur alten Freistatt, unserm hohen Richterstuhl, zu hören, was wir weiterhin beschließen. Nochmals, bei Todespein, ihr alle: fort!

Alle ab, außer Montague, Frau Montague und Benvolio

[4] Koller: Wutanfall

4 Was hast du in der Exposition erfahren? Beantworte folgende Fragen und ergänze deine Figurenkonstellation aus Aufgabe 2 mit weiteren Informationen.

- In welcher Situation befinden sich die Diener?
- Wie verhalten sie sich und warum?
- Wie reagiert der Fürst und warum? Was fordert er und womit droht er?

Das Unheil bricht herein

Nachdem sich Romeo und Julia auf einem Maskenball begegnet sind und sich ineinander verliebt haben, traut Bruder Lorenzo sie heimlich. Die Hochzeitsnacht bricht an und Julia wartet in ihrem Zimmer sehnsüchtig auf Romeo. Da erfährt sie von ihrer Amme, dass Romeo bei einem Streit ihren Vetter[1] Tybalt ermordet hat.

[1] Vetter: veraltet für Cousin

○ **1** Der dritte Akt des Stückes stellt den **Höhepunkt** des Dramas dar. Lies den folgenden Auszug daraus.

Dritter Akt

2. Szene

Verona. Capulets Garten.

Amme mit einer Strickleiter tritt auf

Julia Und sie bringt Nachricht! Mund, der Romeos Namen nur ausspricht, du sprichst mir mit Himmelszungen! Amme, was ist? Was bringst du? Sag? – die Stricke, die Romeo dich holen hieß?

Amme Ja, Stricke!

Wirft die Leiter auf die Erde

Julia Weh mir! Was gibt's? Was ringst du deine Hände?

Amme O Herrgott, er ist tot! ist tot! ist tot! Wir sind verloren, Fräulein, ja, verloren! O Unglückstag! – Er ist erschlagen, tot!

Julia So falsch sein kann der Himmel?

Amme Romeo kanns, auch wenn der Himmel es nicht kann! O Romeo! – Wer hätt' das je gedacht, o Romeo! Romeo!

Julia Bist du ein Teufel, daß du mich so folterst? Die tiefste Hölle nur brüllt so in Pein. Hat Romeo sich getötet? Sagst du „Ja" nur, so wird der bloße Laut, dies „Ja", mehr Gift sein als das todsprühende Aug des Basilisken. Ich bin ja nicht mehr ich, wenns so ein „Ja" gibt, und wenn nicht *er* mehr ist, der mir sein Ja gab. – Wenn er tot ist, sag Ja; wenn nicht, sag Nein, der kurze Laut muß mir Wohl oder Wehe sein.

Amme Ich sah die Wunde, ja, mit eignen Augen. Daß Gott verhüt! – in seiner Mannesbrust. Ein armer Leichnam, blutig armer Leichnam! Bleich, bleich wie Asche, ganz von Blut verschmiert, von Blut verkrustet. Ja; ich fiel in Ohnmacht.

Julia O brich, mein Herz! Du bettelarmes, brich schon! Augen, seid eingesperrt! schaut nie mehr frei! Still, schlechter Staub, gesell zum Staube dich, trag' *eine* Bahre Romeo nun und mich!

Amme O Tybalt! Bester Freund, den ich je hatte! Leutseliger Tybalt, ehrenwerter Herr! Daß ichs erleb, zu sehen, daß du tot bist!

Julia Was für ein Sturm tobt da gegen uns an? Romeo erschlagen? – und ist Tybalt tot? – Der Vetter teuer, teurer noch mein Mann! Zum Weltgericht mag die Posaun' sich heben: Wenn die zwei tot sind, wer will dann noch leben?

Amme Tybalt ist tot, und Romeo ist verbannt. Romeo schlug Tybalt tot: er ist verbannt.

Julia O Gott, hat Romeo Tybalts Blut vergossen?

Amme Ja, ja, das hat er, Fluch dem Tag! Das hat er.

Julia O Schlangenherz, verhüllt von blühenden Zügen! So schön war nie noch eines Drachen Höhle! O schöner Wüt'rich, engelhafter Teufel! Rabe mit Taubenfedern, wölfisch-reißend Lamm! Abscheulichster Gehalt göttlichster Form! Du krummes Gegenteil des graden Anscheins! Verruchter Heiliger, ehrenhafter Schuft! – Natur, was wolltest du einst in der Hölle, als du umgrüntest eines Teufels Seele mit irdischem Eden aus so süßem Fleisch? – War je ein Buch, in dem so Böses stand, so schön gebunden! Oh, daß Trug wohnt in solch herrlichem Palast!

Amme Es ist nicht Treu noch Glauben, Ehr bei Männern; alles Lügner, Meineidige! sonst nichts! Betrüger alle! Ach, wo ist doch mein Mann! Gebt mir doch Branntwein! Das ganze Leid, der Gram; das macht mich alt! Schmach über Romeo!

Julia Dir verbrenn dein Wunsch den Mund! Zur Schmach ist Romeo nicht geboren. Es wäre Schmach, wenn Schmach auf seiner Stirn säß'! Die ist ein Thron, die Ehre drauf zu krönen zum Herrscher über diese ganze Welt! O welch ein Untier war ich, ihn zu schelten!

Amme Von Eures Vetters Mörder sprecht Ihr Gutes?

Julia Von meinem Manne sollt ich Schlechtes sprechen? Ach, armer Mann, wer lobt denn deinen Namen, wenn ich ihn nach drei Stunden Eh' schon lästre? Doch, Schurke, was erschlugst du meinen Vetter? – Den Schurken Vetter, der sonst *ihn* erschlug? Weg, dumme Tränen, weg; in euren Quell! Euer Tribut gebührt dem Schmerz, den ihr in eurem Irrtum nun der Freude darbringt: Es lebt mein Mann, den Tybalt töten wollte. Tybalt ist tot, der ihm ans Leben wollte. Das alles ist ein Trost. Was wein ich dann? [...]
Doch was da hinterrücks nach Tybalts Tod kam, „Romeo verbannt", von diesem einen Wort ist Vater, Mutter, Tybalt, Romeo, Julia, alles erschlagen, tot: „Romeo verbannt!" Kein End, kein Maß, kein Ziel begrenzte je dies Wortes Tod; kein Wort ermißt sein Weh. – Wo ist mein Vater? meine Mutter?

Amme Drin.
Wollt Ihr zu ihnen gehn, ich bring Euch hin. Sie schrein und klagen über Tybalts Leichnam.

Julia Ist ihrer Tränen Quell längst ausgebrannt, dann wein noch ich: mein Romeo ist verbannt!
Da, nimm das fort! Arme Leiter aus Schnüren, getäuscht bist du wie ich: er ist vertrieben. Du solltest in mein Bett hinauf ihn führen, ich sterb als Witwe und bin Jungfrau blieben.
Fort! Amme, komm: ich will ins Brautbett mich begraben! Soll meine Jungfernschaft der Tod, nicht Romeo, haben!

Amme Geh nur ins Bett! Ich find dir deinen Romeo, der tröstet dich; ich weiß schon, wo er ist.
Wart, ob ich ihn dir nicht heut nacht noch bring! Ich hol ihn: er steckt in Lorenzos Klause.

Julia O find ihn mir! Gib ihm von mir den Ring! Führ ihn zum Abschied her zu diesem Hause!

Beide ab

2 Fasst im Tandem den Inhalt des Textauszuges aus Aufgabe 1 zusammen.

3 Erklärt im Tandem, warum dieser Auszug des 3. Aktes zum Höhepunkt des Stückes zählt. Nehmt dabei Bezug auf die Ausgangssituation von Seite 209.

4 Schreibt in der Gruppe stichwortartig eine Figurencharakteristik von Julia. Versetzt euch dazu in ihre Lage. Die folgenden Fragen helfen euch dabei.
- Wie könnte Julia aussehen? Welche Kleidung könnte sie tragen? Wie könnten ihre Mimik, Gestik und Körperhaltung sein?
- Wie sind die Lebensumstände Julias? Zu welcher Familie gehört sie? Was lässt sich über ihre Herkunft sagen?
- Welche Beziehungen hat Julia zu anderen Figuren des Theaterstückes?
- Wie ist das Verhalten Julias und welche typischen Eigenschaften hat sie?
- Was erfahrt ihr im Text über die innere Haltung Julias? Welche Gefühle hat sie in der Situation, welche Interessen?

Seite 277
eine literarische Figur charakterisieren

Späte Einsicht

Ein Missverständnis führt zum Tod der Liebenden: Julia hat einen Schlaftrank eingenommen, der sie wie tot erscheinen lässt. Romeo glaubt, dass Julia tatsächlich gestorben sei und vergiftet sich. Als Julia erwacht, sieht sie den toten Romeo und erdolcht sich in ihrer Verzweiflung selbst. In der Gruft treffen die beiden Oberhäupter der verfeindeten Familien aufeinander und treffen einen Entschluss ...

○ **1** Lies den Auszug der letzten Szene. Sie stellt den **Schluss** des Theaterstücks dar und löst den Konflikt auf. In dieser Szene entdecken die Familienoberhäupter in der Gruft[1] ihre toten Kinder.

[1] Gruft: Grabstelle unter der Erde

Fünfter Akt

3. Szene

Verona, Kirchhof mit der Gruft der Capulets.

Fürst und Gefolge treten auf

Capulet O Himmel! O sieh nur, Frau, wie unsre Tochter blutet! Der Dolch hat sich verirrt: Schau, seine Scheide liegt leer am Rücken Montagues, der Stahl fand als falsche Hülle meiner Tochter Brust.

Frau Capulet Ach! Dieses Bild des Tods ist eine Glocke, die ruft mein Alter hin zu seinem Grab!

Montague und andere treten auf

Fürst Komm, Montague, schau: Früh standst du heut auf: Dein Sohn und Erbe ging noch früh'r hinab.

Montague Ach, gnädiger Fürst, heut Nacht starb meine Frau an diesem Kummer, daß mein Sohn verbannt ist. Welch neues Leid steht auf gegen mein Alter?

Fürst Schau hin, so wirst du sehn.

Montague Unartiger! was sind das für Manieren! Noch vor dem Vater drängst du dich ins Grab?

Fürst Versiegelt noch den Mund des Wehgeschreis, bis wir hier diese Zweifel klären können und kennen ihren Quell und wahren Ursprung. Dann will ich Hauptmann eures Leides sein und Euch führen, selbst zum Tod: Einstweilen still! Noch sei das Unglück Sklave der Geduld. Führt die Parteien vor, die der Verdacht trifft!

Lorenzo Mich trifft der größte; zwar am wenigsten konnte ich tun, doch macht mich Zeit und Ort verdächtig dieses grauenhaften Mordes. Hier steh ich nun als Kläger und als Anwalt, mich zu verdammen und mich zu entschuldgen.

Fürst Dann sag sofort, was du von all dem weißt.

Lorenzo Ich sag es kurz, denn was mir bleibt an Atem, ist nicht so lang wie eine müßige Rede. Romeo, der Tote da, war Julias Gatte; Und sie, die Tote, Romeos treues Weib. Ich traute sie; ihr heimlicher Hochzeitstag war Tybalts Sterbetag; sein Tod verbannte den jungen Bräutigam aus dieser Stadt. Um ihn, und nicht um Tybalt, klagte Julia. – Ihr, um des Grams Belagerung aufzuheben, verspracht sie und wolltet sie durchaus antraun dem Grafen Paris: – da kommt sie zu mir, blickt wild um sich und heißt mich Mittel finden, sie zu befrein von dieser zweiten Heirat, sonst wolle sie, in meiner Klause dort, sich töten. – Da gab ich ihr einen kunstreich gebrauten Schlaftrunke, und der wirkte ganz nach meiner Absicht und lieh ihr den Anschein des Todes. Ich schrieb Romeo unterdessen, er solle kommen, heute nacht, und helfen sie zu befrein aus dem erborgten Grab, sobald der Trank nicht länger wirken werde. – Doch meinen Bruder Johannes, der den Brief trug, den hielt ein Zufall fest, und gestern bracht er mir meinen Brief zurück. Ich ging allein hin und kam zur Zeit, als sie erwachen mußte, um sie zu

holen aus der Ihren Gruft; ich wollt sie heimlich in der Klause halten, bis ich an Romeo Nachricht senden konnte. Doch als ich kam, Minuten vor der Zeit ihres Erwachens, lag der edle Paris, der treue Romeo tot, vor seiner Zeit. – Julia erwacht; ich bat sie, wegzukommen, des Himmels Ratschluß mit Geduld zu tragen: Da aber scheuchte Lärm mich aus der Gruft. Sie, zu verzweifelt, wollt nicht mit mir kommen und legte offenbar Hand an sich selbst. – Soviel ist mir bekannt, und von der Heirat weiß ihre Amme auch. Ging etwas schlecht aus durch meine Schuld, so sei mein altes Leben noch Stunden vor der Zeit, die ihm bestimmt ist, der Strenge des Gesetzes hingeopfert.

Fürst Wir kannten stets dich nur als frommen Mann. – Nun Romeos Diener: Was hat der zu sagen?

Balthasar Ich sagte meinem Herrn von Julias Tod; Da kam er spornstreichs her von Mantua an diesen Ort hier, hier zu dieser Gruft. Den Brief sollt ich heut seinem Vater geben; Eh er hineinging, droht' er mir den Tod an, wenn ich nicht wegging' und ihn dort alleinließ'.

Fürst Gib mir den Brief; ich will ihn sehn. – Wo ist des Grafen Page, der die Wache rief? – Bursche, was tat dein Herr an diesem Ort?

Page Er wollte seiner Dame Blumen streun und hieß mich abseits stehn. Das tat ich auch: Da kommt einer mit Licht, das Grab zu öffnen, drauf zog mein Herr vom Leder gegen ihn. – Da rannte ich davon, die Wache rufen.

Fürst Der Brief bestätigt, was der Mönch uns sagt von ihrer Liebe, von der Todesnachricht; Auch schreibt er, daß ein armer Apotheker ihm Gift verkauft hat, das er in die Gruft nahm, zu sterben und zu liegen neben Julia. Ihr Feinde ihr?! – Capulet! Montague! Seht, welcher Fluch für euren Haß euch traf. Der Himmel tötet euer Glück durch Liebe! Und ich, der eurem Streit ein Aug zudrückte, verlor zwei Vettern. *Alle* sind gestraft.

Capulet O Bruder Montague, gib mir die Hand: Dies ist meiner Tochter Morgengabe[1]; mehr kann ich nicht fordern.

Montague Ich kann dir mehr geben: Denn ich will ihr aus reinem Gold ein Bildnis stiften, auf daß, solang die Stadt Verona so heißt, kein Bildnis sonst so kostbar sei, wie dies für Julias Lieb, und ihre Treu.

Capulet So kostbar lieg, auch Romeo ihr zur Seit'. – Oh, arme Opfer nun für unsern Streit!

Fürst Nur düstern Frieden will der Morgen bringen. Die Sonne zeigt vor Gram nicht ihr Gesicht. Kommt mit; wir sprechen mehr von diesen trüben Dingen: Dann folgt teils Freispruch und teils Strafgericht; Denn größres Leid geschah wohl nirgendwo als Julia hier und ihrem Romeo.

Alle ab

[1] Morgengabe, die: Geschenk des Mannes an die Frau nach der Hochzeitsnacht

2 Fasst im Tandem den Inhalt dieser Szene zusammen. Klärt dabei folgende Fragen:
- Welche Pläne haben die Capulets mit ihrer Tochter Julia und warum?
- Warum nimmt Julia den Schlaftrank ein?
- Wo ist Romeo zu der Zeit und warum?
- Worin besteht das Missverständnis, das zu Romeos Tod führt, und wie kam es dazu?

3 Erklärt euch im Tandem, wie sich der Konflikt auflöst.

4 Lies noch einmal den Prolog auf Seite 208. Prüfe schriftlich, ob dieser den Inhalt des Theaterstücks treffend wiedergibt. Begründe deine Meinung.

Das Drama im klassischen Sinn

Auf den drei vorangegangenen Doppelseiten habt ihr einen Einblick in die Haupthandlung von „Romeo und Julia“ erhalten. Als „klassisches“ Drama folgt die Handlung einem strengen Aufbau, den ihr auf dieser Doppelseite kennenlernt.

○ **1** Sieh dir die folgende Kurzfassung von „Romeo und Julia“ an und ergänze die Sätze zum Inhalt.

TIPP
Lest auch die Auszüge auf den Seiten 216–221.

◒ **2** Was geschieht zwischen den bisher vorgestellten Szenen aus Exposition, Höhepunkt und Katastrophe? Stellt im Tandem Vermutungen zur Handlung an und notiert diese stichwortartig.

○ **3** Seht euch im Tandem den Aufbau eines klassischen Dramas an und beschreibt ihn.

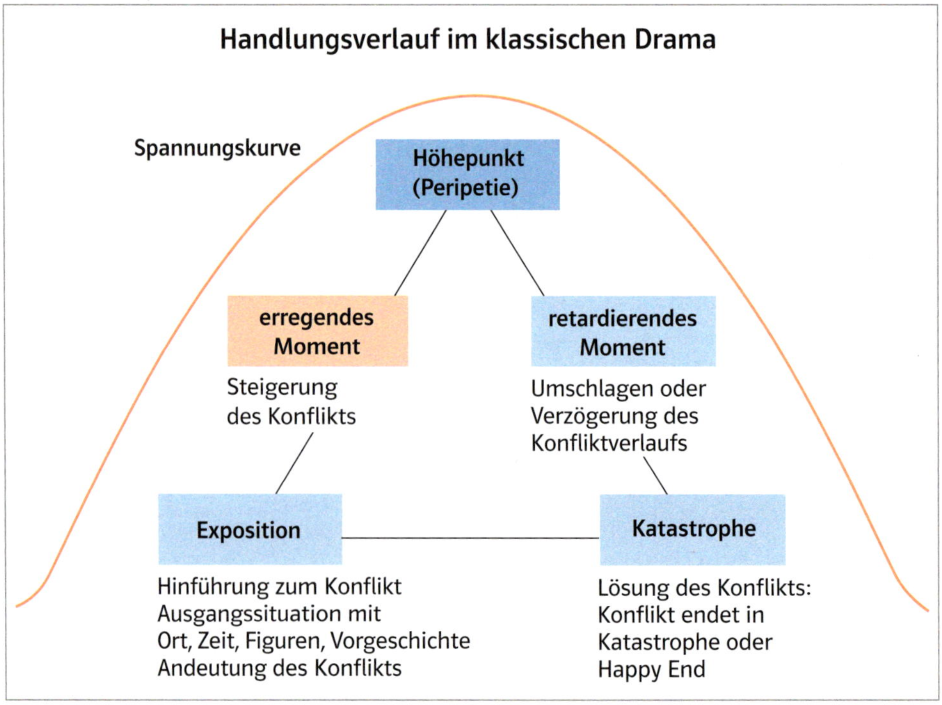

4 Ordne die Aussagen zum Dramеninhalt den einzelnen Phasen des Dramas zu.

a Romeo nimmt Gift, um Julia in den Tod zu folgen.
b Julia nimmt einen Betäubungstrank, damit sie Paris nicht heiraten muss.
c Romeo tötet Tybalt und muss die Stadt verlassen.
d Die verfeindeten Familien treffen auf dem Marktplatz aufeinander.
e Romeo und Julia gestehen sich ihre Liebe.

5 Lies die Zusammenfassung des Höhepunkts des Konflikts.

Dritter Akt
1. Szene: Mercutio und Benvolio geraten in Streit mit Tybalt, Romeo versucht zu schlichten, doch Tybalt tötet Mercutio, woraufhin er von Romeo im Kampf getötet wird. Romeo wird verbannt.
2. Szene: Julia erfährt vom Tod Tybalts und der Verbannung Romeos und will sterben. Die Amme sucht Romeo.
3. Szene: Bruder Lorenzo überzeugt Romeo, sich von Julia zu verabschieden und dann zu fliehen.
4. Szene: Julias Eltern verabreden mit Graf Paris die Hochzeit mit Julia drei Tage später.
5. Szene: Romeo verabschiedet sich nach der Hochzeitsnacht von Julia. Diese wird von ihren Eltern gezwungen, Paris zu heiraten, und sucht Hilfe bei Bruder Lorenzo.

6 Untersucht in der Gruppe die Entwicklung des Konflikts. Geht so vor und macht euch Notizen:
- Besprecht, was in jeder Szene passiert und welche Folgen dies hat, z.B.
  1. Szene: Verbannung Romeos → Julia und er können keine Hochzeitsnacht verbringen, ihre Verbindung ist noch unmöglicher als zu Beginn der Geschichte; 2. Szene: ...
- Welche Handlungen verschärfen den Konflikt? Geschehen sie absichtlich oder unabsichtlich?
- Wie verändern sich die Beziehungen der Figuren in den einzelnen Szenen?
- Welche Charaktereigenschaften der Figuren zeigen sich?

7 Schreibe eine Zusammenfassung des Stückes „Romeo und Julia“.

8 Welche Botschaft steckt in Shakespeares Drama? Tauscht euch im Tandem über die folgenden Botschaften aus und entscheidet, welche am ehesten passt. Ihr könnt auch eine eigene formulieren.

a *Wahre Liebe überwindet Grenzen und Schranken.*

b *Erfüllte Liebe ist nur im Tod möglich.*

c *Feindschaft bringt nur Tod und Verderben.*

d *Jeder Mensch sollte seines eigenen Glückes Schmied sein können.*

9 Stellt eure Botschaften in der Klasse vor und begründet eure Entscheidung.

Test D10

Liebe auf den ersten Blick

Ihr habt einzelne Szenen aus Exposition, Höhepunkt und Schluss des Dramas gelesen. Aber wie haben sich Romeo und Julia kennengelernt? Lest über ihre erste Begegnung auf einem Maskenball im Haus der Capulets. Romeo, verliebt in Rosaline, sucht nach Abwechslung und kommt verkleidet auf den Ball.

○ **1** Lies den folgenden Textauszug aus dem 1. Akt.

Erster Akt

5. Szene

Saal in Capulets Haus.

Musik spielt auf. Sie tanzen.

Romeo Wer ist die Dame, die den Ritter dort reich macht mit ihrer Hand?

Bedienter Ich weiß nicht, Herr!

Romeo Sie lehrt die Fackeln brennen, hell entfacht! Als hing´ sie an der Wange dieser Nacht wie an des Mohren[1] Ohr ein edler Stein. Schönheit zu reich! für diese Welt zu rein! Wie eine Taube, schneeweiß unter Krähen, ist sie unter den andern Fraun zu sehen. – Nach diesem Tanz steht sie dort an der Wand. Dann segne ihre Hand auch meine rauhe Hand! Liebte mein Herz bis heut? Nein, nein, noch nie. Nie sah ich wahre Schönheit; jetzt erst: sie.

[...]

Romeo *(zu Julia)*: Entweih ich jetzt mit unwürdigster Hand dies Heiligtum, so sündig' ich; dann müssen die Lippen mein, zwei Pilger[2], schamentbrannt sühnen den rauhen Griff mit zarten Küssen.

Julia Ihr tadelt, lieber Pilger, mehr als billig die Hand für ihren andachtsvollen Gruß. Die Hand der Heiligen gönnt ihn der des Pilgers willig, denn Hand an Hand ist frommer Pilger Kuß.

Romeo Doch Heilige haben Lippen! Pilger auch! –

Julia Ja, Pilger: Lippen, um damit zu beten.

Romeo Laß Lippen tun der Hände frommen Brauch! Denn sie verzweifeln sonst; erhöre, was sie flehten.

Julia *Erhören dürfen* Heilige, nicht sich regen.

Romeo So reg dich nicht, ich *nehm* mir meinen Segen!

Er küßt sie

Dein Mund hat meinen aller Sünd' entbunden.

Julia So hat *mein* Mund dafür der Sünde Fluch?

Romeo Dein Mund und Sünde!? Oh du Vorwurf, süß erfunden! Die Sünde gib zurück!

Er küßt sie wieder

Julia Ihr küßt recht nach dem Buch[3]!

Amme Eure Mutter will Euch ein Wörtchen sagen, Fräulein.

Romeo Wer ist die Mutter?

Amme Ei, mein junger Herr, die Mutter ist die Dame dieses Hauses und eine gute Dame, klug und ehrsam; Die Tochter, die Ihr spracht, hab *ich* gesäugt. Ich sage Euch, wer die zu fassen kriegt, der kann fein klimpern[4]!

Romeo Sie eine Capulet? O teures Pfand[5]! Mein Leben liegt in meiner Feinde Hand.

Benvolio Kommt! Wenns am schönsten ist, dann soll man gehen.

Romeo Ja, desto mehr ist es um mich geschehn.

Capulet Nein, liebe Herrn; Ihr geht doch noch nicht fort! –
Wir nehmen noch ein Mahl, zwar nur ein kleines. –
Doch? Ihr besteht drauf? –
Nun, ich dank euch allen. Ich dank euch, werte Herren, gute Nacht! Mehr Fackeln her! Nun gut, dann auf, zu Bett, ja, ja, ihr Herrn; wahrhaftig, es wird spät.
Ich will zur Ruh.

Alle außer Julia und Amme ab

Julia Komm, Amme! wer ist dieser Herr dort drüben?

[1] Mohren: historischer Begriff für einen Menschen mit dunkler Hautfarbe

[3] nach dem Buch küssen: hier: sich an die Regeln halten

[4] klimpern: hier: hat ausgesorgt

[5] teures Pfand: hier: hoher Preis

[2] Pilger: Menschen, die zu religiös verehrten Orten reisen

Amme Der Sohn und Erbe des alten Tiberio.

Julia Und der, der eben dort zur Tür hinausgeht?

Amme Ach, das muß der junge Petruchio sein.

Julia Und der dort nachgeht, der nicht tanzen wollte?

Amme Ich weiß nicht.

Julia Frag, wie er heißt. – *(Amme ab)*
Und ist er nicht mehr frei,
wirds heißen, daß das Grab mein Brautbett sei.

Amme *(kommt zurück)*: Sein Name ist Romeo, ein Montague,
der einzige Sohn von eurem großen Feind.

Julia Einzige Liebe, die aus einzigem Haß erstand!
Erst unerkannt gesehn, und nun zu spät erkannt! –
Geburt der Liebe, und dein Wunder meint, ich muß nun lieben den verhaßten Feind.

Amme Was ist, was ist?

Julia Ein Reimspruch, den ich eben von einem meiner Tänzer lernte.

Drinnen ruft es: „Julia“

Amme Ja! Komm, laß uns gehn.
Kein Fremder ist mehr da.

Beide ab

2 Fertigt für eine Inhaltsangabe des Szenenauszugs im Tandem stichwortartig Notizen an. Beantwortet dabei folgende Fragen:
- Wie reagiert Romeo, als er Julia das erste Mal sieht?
- Wie begegnen sich Romeo und Julia?
- Welche Gefühle haben sie? Wie verändern sich diese nach Entdeckung der Familienzugehörigkeit?
- Welche Rolle spielt die Amme von Julia?

Schreibt nun mithilfe eurer Notizen eine Inhaltsangabe.

Seite 280 Inhaltsangabe

3 Lest den Dramenauszug in der Klasse mit verteilten Rollen vor.

4 Wie lernt man sich heute kennen und spricht miteinander? Tauscht euch in der Klasse darüber aus.
Wählt A oder B und bildet Gruppen.

A Spielt den Szenenauszug dieser Doppelseite nach.
- Verteilt in der Gruppe die Rollen und legt Sprechweise, Körperhaltung, Mimik und Gestik der jeweiligen Figur fest. Übt eure Texte ein.
- Besprecht, wie ihr ein kleines Bühnenbild improvisieren könnt und welche Requisiten hilfreich wären.

Seite 270 Rollenspiel Lesung

B Wie würden Romeo und Julia wohl heute sprechen? Geht so vor:
- Überlegt euch in der Gruppe zum ersten Gespräch zwischen Romeo und Julia (Zeile 21–52) einen Dialog in heutiger Sprache und schreibt diesen auf.
- Übt euren Dialog als szenische Lesung. Legt Sprechweise, Körperhaltung, Mimik und Gestik der jeweiligen Figur fest.

Seite 269 szenische Lesung

5 Stellt euch in der Gruppe eure szenischen Lesungen und eure Umsetzung der Szene vor. Gebt euch ein Feedback.

Seite 269 Feedback

6 Stellt eure Inhaltsangaben der Dramenszene in einem Rundgang der Klasse vor. Präsentiert dann euren Dialog und euer Stück und beurteilt sie gegenseitig. Besprecht, was ihr Neues über die Figuren erfahren habt.

Ein folgenschwerer Entschluss

Die folgende Szene stellt einen Teil der steigenden Handlung dar. Nach dem Maskenball schleicht sich Romeo in den Garten der Capulets und beobachtet Julia, überwältigt von seinen Gefühlen. Diese ahnt nicht, dass Romeo da ist und fragt sich voller Verzweiflung, warum sie sich in einen Montague verliebt hat. Da gibt sich Romeo zu erkennen.

○ **1** Lies die folgende Szene aus dem zweiten Akt.

Zweiter Akt
2. Szene
Capulets Garten.
Romeo tritt vor

Romeo *(laut)*: Ich nehme dich beim Wort. Tauf mich aufs neue: nenn mich nur Geliebter, und niemals wieder will ich Romeo sein.

Julia Wer bist du, Mann, der so, beschirmt von Nacht, sich drängt in mein Geheimnis?

Romeo Nicht mit Namen kann ich dir sagen, wer ich bin. Mein Name, Geliebte Heilige, ist mir verhaßt, weil er dir Feind ist. Hätt ich aufgeschrieben ihn hier, so wollte ich das Wort zerreißen.

Julia Noch keine hundert Worte trank mein Ohr von deinem Mund, doch kenn ich diese Stimme: Bist du nicht Romeo und ein Montague?

Romeo Nein, keins von beiden, Lieb, wenn du's nicht willst.

Julia Wie kamst du her? und, sag, warum? Des Gartens Mauer ist hoch und schwer nur zu erklettern, und dieser Ort der Tod, und gar für dich, wenn einer meiner Vettern dich hier fände.

Romeo Von Liebe leichtbeschwingt flog ich herüber, kein Mauerstein kann Liebe draußen halten. Liebe macht Mut zu dem, was Liebe tut. Drum konnt ich es trotz deiner Vettern wagen. [...]

Julia Wer hat dich hergeführt an diesen Ort?

Romeo Der Gott der Liebe, der mich suchen hieß. Er lieh mir Rat, ich lieh ihm meine Augen. Ich bin kein Seemann, doch wärst du so fern wie weiter Strand, umspült vom fernsten Ozean, ich setzte alles dran für solches Frachtgut.

Julia Du weißt, die Nacht ist meiner Wangen Maske, sonst sähst du mich jetzt mädchenhaft erröten, weil du im Dunkel vorhin mich belauscht hast. Gern wollt ich Anstand wahren, gern, gern leugnen, was ich gesagt hab, – doch lebt wohl, Manieren! Hast du mich lieb? Ich weiß, nun sagst du ja, und ich glaub deinem Wort. Doch, wenn du schwürst und treulos wärest! Jupiter, heißt's, lacht nur der falschen Liebesschwüre. Liebster Romeo, wenn du mich liebst, so sag es ohne Falsch, und glaubst du, ich bin allzu rasch gewonnen, will ich stirnrunzelnd neinsagen, mich zieren, damit du mich umwirbst, nicht um die Welt sonst! In Wahrheit, schöner Montague, ich bin zu verliebt, drum glaubst du gar noch, ich bin leicht. Doch glaub mir, Mann, ich will mich treuer zeigen als die mehr Kunst besitzen, fremd zu tun, auch ich hätt fremd getan, ja, ich gestehs, nur hörtest du, schon ehe ich es wußte, die Klage meiner Liebe. Drum verzeih mir. Mein Nachgeben halt nicht für hellen Leichtsinn, die dunkle Nacht nur hat es dir entdeckt. [...]

[*Romeo schwört Julia seine Liebe und hält sie zurück, als sie hineingehen will*]

Julia O welchen Trost willst du denn noch heut nacht?

Romeo Den Treuschwur deiner Liebe für den meinen.

Julia Ich gab dir meinen, eh du danach fragtest, O hätt ich ihn doch nochmals zu vergeben!

Romeo Willst du ihn denn zurück? Wozu, Geliebte?

Julia Um frei zu sein, ihn nochmals dir zu geben. Und doch, ich wünsche nur, was ich schon habe: Denn meine Lieb' ist endlos wie die See und tief: Je mehr ich dir davon gesteh, je mehr hab ich, denn grenzenlos sind beide!

Amme ruft aus dem Haus

[...]

Julia tritt oben wieder auf

Julia Drei Worte, teurer Romeo, nur, und dann wirklich gut Nacht! Und wenn dus ehrlich meinst und mich zur Frau willst, schick mir morgen Nachricht durch jemand, den ich zu dir schicken will, wo denn und wann denn unsre Trauung sein soll. Und was ich hab, leg ich dir dann zu Füßen, du bist mein Herr, dir folg ich durch die Welt.

Amme *(drinnen)*: Fräulein!

Julia Ich komm schon! – Doch wenn dir nicht wirklich Ernst ist, fleh ich dich an ...

Amme Fräulein!

Julia Gleich, gleich! ich komme laß ab und überlaß mich meiner Trauer. Ich schicke morgen früh.

Romeo Bei meinem Seelenheil ...

Julia Gut Nacht nun, tausendmal!

Geht ab

[...] *Romeo zieht sich langsam zurück. Julia erscheint oben wieder*

Julia Pst! Romeo! Hätt ich doch des Falkners Stimme, den Edelfalken da zurückzulocken! Unfreiheit spricht nur heiser, wagt kein Schreien, sonst sprengte ich des Echos tiefe Höhle und machte seine luftige Zunge heisrer als meine, *so* oft müßt es „Romeo" rufen.

Romeo Es ist mein Herz, das meinen Namen ruft! Silbern süß tönt der Liebe Stimme nachts wie leiseste Musik dem Ohr, das wartet.

Julia Romeo!

Romeo Geliebte?

Julia Sag, um wieviel Uhr soll ich morgen zu dir schicken?

Romeo Um neun Uhr.

Julia Ich tus gewiß. Bis neun sinds zwanzig Jahre. Ich weiß nicht mehr, warum ich dich zurückrief.

Romeo Laß mich hier stehen, bis du dich entsinnst.

Julia Entsinn ich mich, wie gern ich dich bei mir hab, vergess ich es erst recht, damit du stehnbleibst.

Romeo Und ich blieb weiter stehn, daß du's vergißt! Und ich vergess, daß ich wo anders wohne. [...]

Julia Ja, Geliebter! Ich brächt' dich um vor lauter Zärtlichkeit! Gut Nacht, gut Nacht! So süß tut Scheiden weh, daß ich gut Nacht sag, bis den Tag ich seh.

Ab

Romeo Schlaf leg sich auf dein Aug, Friede ins Herz dir nun! Wär ich doch Schlaf und Fried', so süß bei dir zu ruhn! Ich will zur Klause[1] meines geistlichen Vaters gehn, mein Glück ihm sagen und um seine Hilfe flehn.

Ab

[1] Klause, die: Klosterzelle, abgelegene Unterkunft eines Einsiedlers

○ **2** Versetze dich in Julias Lage. Mache dir Notizen zu folgenden Fragen:
- Worum geht es in dem Gespräch zwischen Romeo und Julia?
- Wie fühlt sich Julia während des Gesprächs? Was denkt sie?
- Welche Gedanken und Gefühle hat sie wahrscheinlich am Ende des Gesprächs?

◒ **3** Schreibe zu der Szene einen inneren Monolog. Entscheide, ob du aus der Sicht von Julia oder der von Romeo schreiben willst.

Seite 273 innerer Monolog

○ **4** Tauscht eure inneren Monologe innerhalb der Gruppe und tragt sie euch betont vor. Gebt euch ein Feedback zu Inhalt und Vortragsweise.

Seite 269 Feedback

◒ **5** Stellt in der Klasse die Szene aus dem 2. Akt und eure inneren Monologe vor. Besprecht, welche Auswirkungen Julias Handeln haben könnte.

In Liebe auf ewig verbunden

Wir gehen noch einmal zum Schluss des Theaterstückes zurück. Romeo erfährt in Mantua, wohin er geflohen ist, dass Julia tot sei. Verzweifelt kauft er sich Gift und macht sich auf den Weg nach Verona zur Gruft der Capulets. Er sieht keinen Ausweg und will sich ebenfalls töten. An der Gruft trifft er auf einen weiteren Trauernden und es kommt zum Streit. Im Kampf tötet Romeo den Fremden und erkennt erst dann, wer es ist.

○ **1** Lies die folgenden Auszüge aus der letzten Szene des Theaterstücks.

Fünfter Akt
3. Szene
Verona. Kirchhof mit der Gruft der Capulets.
Romeo und Balthasar, mit einer Fackel, einer Spitzhacke usw.

Romeo Mein Wort, ich will es. – Laßt mich das Gesicht sehn: Graf Paris ists, Mercutios edler Vetter! – Was sagte auf dem Ritt mein Diener, als mich der Sturm in mir nicht hören ließ? Ich glaube er sagte, Paris sollte Julias Mann sein. Sagt' er das nicht? oder hab ichs geträumt? Oder bin ich verrückt und denk das nur, weil er von Julia sprach? – Gib mir die Hand, du stehst mit mir im Buch des bittern Unglücks! Ich leg dich in ein Grab, das ein Triumph ist: Ein Grab? Nein: Helles Licht, erschlagner Jüngling! Denn hier liegt Julia! Ihre Schönheit macht die Gruft zu einem Festsaal voller Lichtglanz. Da lieg du tot! Ein toter Mann begrub dich. –
Legt Paris in die Gruft
Wie oft schon wurden ganz am Rand des Todes noch Menschen froh! Das nennen ihre Wärter den Lichtblitz vor dem Tode – Oh, wie darf ich von Licht reden? – Mein Lieb! O meine Frau! Der Tod, der deines Atems Honig einsog, hat nichts vermocht noch über deine Schönheit: Noch bist du nicht besiegt: der Schönheit Banner steht rot auf deinen Lippen, deinen Wangen. Des Todes bleich Panier drang hier nicht vor. – Du, Tybalt, liegst in deinem blutgen Tuch da? Was mehr könnt ich zulieb dir tun, als mit der Hand, die deine Jugend dir entzweischnitt, auch ihm sie zu zerschneiden, der dein Feind war? Vergib mir, Vetter! – Ah, teuere Julia, was bist du noch so schön? Soll ich denn glauben, der Tod, der lieblose, sei voll von Liebe, ja, er, der dürre, greuliche Unhold halte Dich hier im Dunkeln, um sein Schatz zu sein? Weil ich dies fürcht, will ich nun bei dir bleiben und will diesen Palast der düstern Nacht nie mehr verlassen: Hier, hier will ich bleiben mit Würmern, deinen Kammerzofen. Hier setz ich mein Alles ein zur ewigen Ruhe und schüttle ab das Joch mißgünstiger Sterne von diesem Fleisch, das müd' der Welt ist. – Augen, seht euer Letztes! Arme, eure letzte Umarmung, da! Lippen, des Atems Tore, hier euer rechtsgültiger Kuß besiegle den Handel ohne Frist dem gierigen Tod! Komm, bittrer Führer, widriges Geleit! Verzweifelter Pilot, mit *einem* Anlauf zerschell am Fels dein seekrank müdes Boot! Auf meine Liebe! *(trinkt)* Braver Apotheker, Dein Gift wirkt rasch! – Mit einem Kuß – so – sterb ich.
Stirbt. […]

Pater Lorenzo ist auf dem Weg zur Gruft, wo Julia gleich erwachen wird. Er entdeckt die beiden Toten, Romeo und Paris, und versucht, die nun erwachte Julia zur Flucht zu bewegen.

Julia Geh mach dich fort. Ich will nicht weg von hier. Ach? Hält mein Liebster noch ein Glas bereit? So war ihm Gift das Ende seiner Zeit. – Du Geiziger! Alles getrunken, ließ mir nicht einen Tropfen, der mir freundlich nachhilft auf deinen Weg! – Ich küsse deine Lippen: Vielleicht hängt noch ein wenig Gift an ihnen, daß ich an dieser Labung sterben kann.
Küßt ihn
Dein Mund ist warm!
Erster Wächter hinter der Szene
Erster Wächter Wo ist es, Junge? Führ uns!
Julia Ah, Lärm? dann rasch! – O Dolch, mein Glück! Das da
Packt Romeos Dolch und ersticht sich
Ist deine Scheide! – rost hier; laß mich sterben!
Fällt auf Romeos Leiche und stirbt.

○ **2** Tauscht euch im Tandem über den Inhalt der zwei Szenenauszüge aus.

○ **3** Bildet jetzt Vierergruppen für ein Standbild und verteilt die folgenden Rollen.

Seite 269 Standbild

Romeo | *Julia* | *Regisseur/-in* | *Beobachter/-in*

◒ **4** Tauscht euch dann in der Gruppe über die einzelnen Figuren in den Szenenauszügen, ihre Gefühle, ihre Stimmung und ihr Verhältnis untereinander aus. Legt fest, wie ihr die Szene darstellen wollt.

◒ **5** Baut nun in den Vierergruppen ein Standbild. Geht so vor:
- Die Regisseurin oder der Regisseur positioniert die Darstellerinnen oder Darsteller von Romeo und Julia. Die Regie legt zudem Körperhaltung, Körperausdruck, Mimik und Gestik fest.
- Die Darstellerinnen oder Darsteller führen aus, was die Regie vorschlägt.
- Die Beobachterin oder der Beobachter gibt ein Feedback dazu, ob erkennbar ist, was die Regisseurin oder der Regisseur ausdrücken wollte.

Seite 269 Feedback

◒ **6** Präsentiert der Klasse eure Standbilder. Tauscht euch darüber aus, inwiefern sie mit den Szenenauszügen übereinstimmen.

◒ **7** Stell dir vor, Romeo wäre nicht gestorben. Wie könnte die Geschichte weitergehen? Schreibe einen Dialog zwischen Romeo und Julia, in dem sie sich gegenseitig zu den Ereignissen befragen und das Missverständnis und damit den Konflikt auflösen.

● **8** Wie könnte die Geschichte enden, wenn Shakespeare eine Komödie[1] geschrieben hätte? Recherchiert im Tandem zum historischen Kontext und skizziert einen möglichen Handlungsverlauf. Orientiert euch an folgenden Stichworten:

Verona des 16. Jh. und seine Gesellschaft | *Stellung unverheirateter Frauen*

[1] Komödie, die: Drama mit heiterer Handlung und glücklichem Ende

◒ **9** Stellt auch eure Dialoge und Komödienskizzen in der Klasse vor.

Was redet ihr denn da?

1 Schreibe die folgenden Sätze ab, unterstreiche den Redebegleitsatz und ergänze die Satzzeichen der direkten Rede, z. B. *a „Soll ich wirklich eine Rede halten, um auf den Maskenball zu kommen?", fragte Romeo seinen Freund Benvolio.*

a Soll ich wirklich eine Rede halten, um auf den Maskenball zu kommen fragte Romeo seinen Freund Benvolio
b Frau Capulet fragt ihre Tochter Wie gefällt dir dieser Mann
c Vielleicht hätte ich die Amme nicht losschicken sollen denkt sich Julia sie ist zu alt für Botengänge
d Benvolio warnt Lasst uns nach Hause gehen
e Mercutio ist anderer Meinung Du bist doch nur ein Feigling und willst nicht kämpfen
f Habe ich nicht stets versucht einen guten Mann für dich zu finden fragt die Frau Capulet

2 Bei der direkten Rede kann der Redebegleitsatz vor, zwischen oder nach der wörtlichen Rede stehen. Bringe bei den folgenden Sätzen den Redebegleitsatz in eine andere Position. Schreibe die Sätze auf, z. B. *a Bruder Lorenzo fragt: „Ist Donnerstag nicht etwas kurzfristig?" oder „Ist Donnerstag", fragt Bruder Lorenzo, „nicht etwas kurzfristig?"*

„Ist Donnerstag nicht etwas kurzfristig?", fragt Bruder Lorenzo.

Paris antwortet: „Herr Capulet verlangt es so."

„Ihr wisst aber noch nicht", bemerkt Bruder Lorenzo kritisch, „was Julia davon hält."

3 Seht euch im Tandem die folgenden Sätze an. Einer gibt die direkte Rede, einer die indirekte Rede wieder. Klärt, worin sich die beiden Sätze unterscheiden.

Herr Capulet befiehlt dem Diener: „Lade alle Gäste dieser Liste zur Hochzeit ein."

Herr Capulet befiehlt, der Diener solle alle Gäste dieser Liste zur Hochzeit einladen.

4 In den folgenden Sätzen wurden die Zeichen der wörtlichen Rede weggelassen. Besprecht im Tandem, ob eine direkte oder eine indirekte Rede wiedergegeben ist. Begründet eure Meinung.

a Der Vater meint, Julia sei ein eigensinniges Mädchen.
b Er ist der Meinung, dass Paris sie zur Vernunft brächte.
c Verzweifelt schreit die Amme Hilfe! Julia ist tot.
d Die Mutter ruft schockiert, das könne nicht sein.
e Herr Capulet stellt fest Sie ist tatsächlich tot.
f Frau Capulet sagt, dass sie auch nicht mehr leben wolle.
g Herr Capulet bringt zum Ausdruck, er würde fassungslos sein.

5 Sieh dir die Sätze mit indirekter Rede aus Aufgabe 4 genauer an. Schreibe die vier Möglichkeiten auf, wie man indirekte Rede wiedergibt.

6 Vergleicht in der Klasse eure Ergebnisse aus Aufgabe 5 und notiert alle Möglichkeiten an der Tafel.

7 Schreibe die folgenden Sätze ab und ergänze dabei alle Satzzeichen, z. B. *a Julia sagt, Romeo solle sich bis zum nächsten Tag entscheiden.*

a Julia sagt Romeo solle sich bis zum nächsten Tag entscheiden
b Sie seufzt sehnsuchtsvoll dass das ja noch so lang hin wäre
c Die Wärterin meint das könne nur zu einem Unglück führen
d Romeo ist überzeugt Julia sei die wahre Liebe
e Paris fragt warum Julia jetzt tot sei
f Romeo bietet dem Apotheker Geld an wenn er ihm nur das Gift gäbe
g Bruder Marcus berichtet dass er nicht nach Mantua habe gehen können
h Bruder Lorenzo sagt dass nun Gefahr im Verzug sei

TIPP
Formuliere mit der „würde"-Form oder dem Konjunktiv II, wenn die Konjunktiv I-Form und der Indikativ gleich sind.

8 Lest den folgenden Text. Formuliert im Tandem die direkte Rede in indirekte Rede um. Schreibt dann den neuen Text auf, z. B. *Eine Zuschauerin berichtet, die Umsetzung des Theaterstücks sei erstklassig gewesen.*

Eine Zuschauerin berichtet: „Die Umsetzung des Theaterstücks ist erstklassig gewesen. Ich habe schon viele Aufführungen von Romeo und Julia gesehen, aber diese stellt alle anderen in den Schatten. Die Schauspieler waren sehr gut vorbereitet. Alles hat auf den Punkt gestimmt. Am besten hat mir der Schauspieler des Romeo gefallen. Er hat mich bis zum Schluss richtig mitfiebern lassen. Ich kann den Besuch des Stückes nur empfehlen."

Merke
Die indirekte Rede

Die **direkte Rede** (wörtliche Rede) kann man mithilfe des **Konjunktivs** in die **indirekte Rede** umwandeln.

Man verwendet den **Konjunktiv I** (→ er dürfe). Wenn dieser sich aber vom Indikativ nicht unterscheidet, wird **Konjunktiv II** als **Ersatzform** (→ sie dürften) verwendet. Häufig wird auch die Umschreibung mit **würde** verwendet (→ sie würden dürfen). Man kann aber auch alle Aussagesätze mit der Konjunktion **dass** einleiten (→ Sie sagte, dass sie es darf/dürfe/dürfte.).

Bildung des **Konjunktiv I**: Ableitung vom Verbstamm → er dürfe, sie laufe …
Bildung von **Konjunktiv II**: Ableitung vom Präteritum → er dürfte, sie liefe …

Anstrengende Proben

1 Übernimm die Tabelle unten und ordne die folgenden Verben im Konjunktiv I und II ein. Ergänze dann die fehlenden Formen.

er bleibe | *sie gäbe* | *er halte* | *sie lasse* | *er nehme* | *wir sähen* | *sie schreibe* | *wir träfen* | *er könnte* | *sie gehe* | *er stünde* | *wir kämen*

Infinitiv	Konjunktiv I	Präteritum	Konjunktiv II
bleiben	*er bleibe*	*er blieb*	*er bliebe*
...	...	...	...

2 Schreibe auch diese Tabelle ab. Trage die Konjunktivformen aus den unten stehenden Sätzen ein und ergänze alle weiteren Formen.

Konjunktiv I	Konjunktiv II	Umschreibung mit würde
sie stelle	*sie stellte*	*sie würde stellen*
...	...	...

Der Regisseur schimpft, ihm reiche es jetzt.
Er droht an, die Schauspielerin könne sich gern einen anderen Job suchen.
Diese erwidert, sie höre jetzt nicht mehr auf ihn.
Der Darsteller des Romeo schlägt vor, es sollte eine Pause gemacht werden.
Der Regisseur lenkt ein und stellt fest, dass er das gut finden würde.

3 Gebt im Tandem die direkte Rede als indirekte Rede wieder. Verwendet dafür die Konjunktion **dass** und den Konjunktiv I, z. B. *a Die Schauspielern der Julia erklärt, dass ihr das gar nicht gefalle. / Die Schauspielerin der Julia erklärt, ihr gefalle das gar nicht.*

a Die Schauspielerin der Julia erklärt: „Das gefällt mir gar nicht."
b Der Regisseur betont: „Das bekomme ich schon hin."
c Er ergänzt: „Das wird jetzt immer besser."
d Sie widerspricht: „Das glaube ich nicht."
e Er betont nochmals: „Ich habe genug Erfahrung."
f Sie wiederholt: „Es kann nicht mehr klappen."
g Er meint: „Da ist mir schon Schwierigeres gelungen."
h Sie sagt: „Ich habe keine Lust mehr."

4 Die Verbformen in den folgenden Sätzen sind im Indikativ und Konjunktiv I gleich. Formuliert im Tandem die Sätze in die indirekte Rede um. Verwendet dafür die Konjunktion **dass** und den Konjunktiv II, z. B. *a Sie meinen, dass sie die drei Julia-Darstellerinnen wirklich gut fänden.*

a Sie meinen: „Wir finden die drei Julia-Darstellerinnen wirklich gut."
b Sie erklären: „Wir halten alle drei Schauspielerinnen für sehr talentiert."

c Sie erläutern: „Die Schauspielerinnen bleiben während des ganzen Stückes überzeugend in ihrer Rolle."
d Sie stellen fest: „Die Motive der Darstellerinnen lassen sich gut nachvollziehen."
e Sie führen aus: „Die Konkurrentinnen nehmen keine Rücksicht aufeinander."

5 Schreibe nun die Sätze aus Aufgabe 4 ohne die Konjunktion **dass** auf, z. B.
a Sie meinen, sie fänden die drei Julia-Darstellerinnen wirklich gut.

6 Gib die folgenden Sätze in indirekter Rede wieder. Schreibe sie ab und formuliere im Konjunktiv I und, wo nötig, im Konjunktiv II. Verwende die Konjunktion **dass**, z. B. *a Petra meint, dass sie sich ziemlich angegiftet hätten.*

a Die erste Darstellerin meint: „Wir haben uns ziemlich angegiftet."
b Die zweite sagt: „Es ist endlich vorbei."
c Die dritte erklärt: „Der Regisseur hat uns gegeneinander ausgespielt."
d Darstellerin Nr. 2 schlägt vor: „Wir gehen zusammen essen."
e Die beiden anderen stimmen zu: „Wir geben unser schwer verdientes Geld jetzt aus."
f Die dritte meint: „Ich nehme aber nicht mein ganzes Geld für das Essen."
g Die erste sagt: „Das macht jede, wie sie will."

7 Überprüft im Tandem eure Ergebnisse aus Aufgabe 6. Formuliert sie im Wechsel in die indirekte Rede ohne die Konjunktion **dass** um, z. B. *a Die erste Darstellerin meint, sie hätten sich ziemlich angegiftet.*

8 Schreibe den folgenden Text ab und ergänze die Satzzeichen.

Der Inhalt des Stückes wurde für viele andere Bereiche aufgegriffen erklärte die Lehrerin Sie ergänzt es wären Filme und Musicals nach diesem Motiv entstanden und betont diese wären ebenfalls ein großer Erfolg gewesen Das Theaterstück biete sich sagt sie ab der achten Klasse an und es gefiele den meisten Schülerinnen und Schülern gut

11 Einblicke in Epochen

Einen informierenden Text materialgestützt schreiben

1

2

3

4

Das lernst du jetzt:
- Texte über literarische Epochen und ihre Autoren erschließen
- Epochen der Literaturgeschichte unterscheiden können
- Informationen zusammenstellen und strukturieren
- einen informierenden Text mithilfe von Materialien schreiben und überarbeiten
- einen bildgestützten Vortrag vorbereiten und halten
- Sätze untersuchen, Kommas richtig setzen

1 Seht euch die Bilder auf Seite 226 an und beschreibt, was darauf zu sehen ist.

2 Die Bilder zeigen historische Ereignisse, die für die Menschen in Europa sehr viel verändert haben. Nennt die Ereignisse und ordnet sie den folgenden Zeiten zu.

um 1450 *1789* *1825* *1871*

3 Seht euch die Übersicht über verschiedene Literaturepochen an. Ordnet die historischen Ereignisse aus Aufgabe 2 den Literaturepochen zu.

Mittelalter (750–1500)	**Klassik (1786–1832)**	**Romantik (1795–1850)**	**Realismus (1848–1890)**	**Expressionismus (1910–1925)**
Themen des Rittertums in Stabreimdichtung, Minnesang und Heldenepos	Leitideen: Humanität, Maß, Toleranz (Antike als Vorbild)	Sehnsucht und Naturverbundenheit in Romanen und Märchen	„wirkliche" Welt in detaillierten Romanbeschreibungen	Großstadt, Krieg und Weltuntergang in Sprache ohne Regeln und Struktur

4 Ordnet in der Übersicht von Aufgabe 3 die im jeweiligen Zeitraum entstandenen Werke und deren Autoren zu. Ihr könnt dazu recherchieren.

Walter Hasenclever (1890–1940) *Effi Briest* *Heinrich von Ofterdingen*

Novalis (1772–1801) *Johann Wolfgang von Goethe (1779–1832)*

Theodor Fontane (1819–1898) *Walther von der Vogelweide (um 1170–um 1230)*

Faust – Der Tragödie erster Teil *Der Sohn* *Under der linden*

5 Seht euch noch einmal die Lebensdaten Goethes und eure Epochenzuordnung an. Prüft, ob er wirklich Romantiker war und recherchiert dazu.

6 Lest das Zitat des Literaturwissenschaftlers Gerhard Kaiser zur Einteilung der Literatur in Epochen[1]. Tauscht euch anschließend über seine Meinung aus.

Die Gliederung der Literaturgeschichte in Epochen ist problematisch. Wie alle geschichtlichen Verläufe besitzt auch die Literaturgeschichte keine scharfen Einschnitte; Übergänge vollziehen sich fließend, ja, die Geschichte ist zumeist eine Gleichzeitigkeit des Ungleichzeitigen.

7 Macht aus zwei Sätzen einen. Nutzt die Konjunktionen **indem**, **obwohl**, **statt** und setzt Kommas. Schreibt die neuen Sätze ab.

a Theodor Fontane gehört zu den bedeutendsten deutschen Dichtern. Er begann erst spät mit dem literarischen Schreiben.
b Die Romantiker wollten in ihrer Kunst die Welt nach ihren Vorstellungen gestalten. Sie schrieben zum Beispiel über Fantastisches.
c Die Autoren des Realismus wollten die wirkliche Welt abbilden. Sie wollten nicht wie die Romantiker über Fantastisches schreiben.

[1] Epoche, die: großer Zeitabschnitt in der Geschichte, der durch übereinstimmende Merkmale geprägt ist. Meist steht am Anfang oder Ende der Epoche eine einschneidende Veränderung, z. B. eine Revolution. Die Kunst (Musik, Literatur, Malerei usw.) lässt sich in zahlreiche Epochen einteilen.

Friedrich von Hardenberg = Novalis

Auf den folgenden Seiten tauchst du in die Welt der Romantiker ein, erfährst mehr über ihr Leben und lernst Auszüge aus ihren Werken kennen. Am Ende kannst du dein neues Wissen über diese literarische Epoche und ihre besonderen Dichterinnen und Dichter in einem eigenen Text darstellen.

○ **1** Lest den folgenden Informationstext. Tauscht euch in der Klasse über Friedrich von Hardenbergs große Liebe und seine Todessehnsucht aus.

Friedrich von Hardenberg und Sophie von Kühn
1794 lernte der 22-jährige Friedrich von Hardenberg die noch sehr junge Sophie von Kühn kennen. Er war von ihrer Natürlichkeit begeistert und entschloss sich, dass diese Liebe das Wichtigste in seinem Leben werden sollte. Sie verlobten sich, doch schon 1796 erkrankte Sophie schwer und stirbt ein Jahr später. Friedrich von Hardenberg war so verzweifelt über den Verlust der Geliebten, dass er ihr in den Tod folgen wollte, um dann mit ihr wieder vereint zu sein. Tief erschüttert schreibt er seine todessehnsüchtigen „Hymnen[1] an die Nacht“.

[1] Hymne: Lobgesang

○ **2** Als Sophie noch lebte, verfasste Friedrich von Hardenberg, der sich als Dichter Novalis nannte, das folgende Gedicht. Lest die erste Strophe und erläutert einander im Tandem, wie Novalis seine Liebe beschreibt.

Zu Sophiens Geburtstag
Wer ein holdes[2] Weib errungen,
Stimme seinen Jubel ein.
Mir ist dieser Wurf gelungen,
Töne Jubel – die ist mein.
So hat nie das Herz geschlagen,
Nie so hoch und nie so gut.
Künftig neigt vor meinen Tagen
Selbst der Glücklichste den Hut.

[2] hold: anmutig, lieblich

◒ **3** Was hast du bisher über Friedrich von Hardenberg oder Novalis erfahren? Schreibe einen kurzen Text, indem du den Inhalt des Informationstextes und des Gedichts zusammenfasst, z. B. *Friedrich von Hardenberg lernt Sophie von Kühn 1794 kennen, zwei Jahre später ... Der Anlass zu dem Gedicht war ...*

○ **4** Lies den Informationstext zur Biografie von Novalis.

Novalis entstammte aus einem alten niedersächsischen Geschlecht von Landadligen, das bis ins 12. Jahrhundert zurückreichte. Von diesen Vorfahren übernahm der Dichter sein Pseudonym[3]: Der gräfliche Hauptzweig der Familie in Nörten bei Göttingen gab sich den Beinamen „de novali“ – die das Neuland bestellen. Im Laufe der Jahrhunderte verlor man jedoch die Besitztümer, die Hardenbergs wurden Beamte und Offiziere. Novalis’ Vater arbeitete als Direktor der kursächsischen Salinen[4], der Sohn trat engagiert in seine Fußstapfen. [...]

[3] Pseudonym: Deckname

[4] Saline: Werk zur Salzgewinnung

Niemand in der kursächsischen Administration[5] sollte in ihm einen unsicheren, weil dichtenden Kandidaten sehen. Inzwischen hat der seinerzeit taktische Künstlername den realen verdrängt: Alle Welt sagt „Novalis“ und verspürt sogleich den zauberhaften Klang seiner Poesie. [...]
Am Pfingstsonntag, den 1. Juni 1800, begaben sich zwei junge Männer auf Wanderschaft durchs sächsische Land. [...] Zwei Wochen später kehrten der Salinenassessor[6] Georg Philipp Friedrich von Hardenberg und sein Begleiter mit reichlich Material und wertvollen Erkenntnissen zurück. Ihre Beobachtungen bildeten den Auftakt zur Erschließung der ergiebigsten Braunkohlevorkommen in ganz Deutschland. Mit welchem Fleiß und Feuereifer der berühmteste Dichter und Begründer der Romantik seinem Brotberuf nachging, wissen heute nur noch Literaturhistoriker. [...] (Joachim Scholl: 50 Klassiker, Hildesheim 2011, S. 54, 56)

[5] Administration: Verwaltung

[6] Assessor: Anwärter auf höhere Beamtenstelle

○ **5** Lege Karteikarten zu den Begriffen **Herkunft/Familie**, **Liebe**, **Beruf Dichter** und **Beruf Geologe** an. Notiere darauf alle Informationen, die du bisher zu Novalis bekommen hast.

Herkunft/Familie	Liebe	Beruf Dichter	Beruf Geologe
– Vorfahren: Land- adlige ...	– Sophie v. Kühn war seine ...	– Pseudonym: Novalis ...	– Salinenassessor – Erschließung ...
– ...	– ...	– ...	– ...

○ **6** Sieh dir weitere biografischen Daten zu Novalis’ Leben in der Tabelle an. Ergänze die Informationen auf deinen Karteikarten und lege weitere Karteikarten an, z. B. zu **Lebensdaten**.

2. Mai 1772	geboren auf Gut Oberwiederstedt (Mansfeld) als zweites von elf Kindern
ab 1790	Studium: Jura, Philosophie, Mathematik in Jena, Leipzig, Wittenberg
1794	Anstellung als Gerichtsschreiber in Tennstedt
März 1795	heimliche Verlobung mit Sophie von Kühn
1797	Stelle beim Salinendirektorium in Weißenfels
19. März 1797	Tod Sophie von Kühns (Tuberkulose[7])
1797 bis 1799	Studium der Bergwissenschaften in Freiberg
Dez. 1798	Verlobung mit Julie von Carpentier, der Tochter eines Freiberger Geologen
Dez. 1799	Salinenassessor in Weißenfels
1800	erstes Werk „Hymnen an die Nacht“ wird veröffentlicht
Aug. 1800	Erkrankung (Tuberkulose)
25. März 1801	Tod in Weißenfels

[7] Tuberkulose: Infektionskrankheit vor allem der Lunge

◒ **7** Berichtet einander mithilfe eurer Karteikarten über Novalis. Formuliert vollständige Sätze und wechselt euch in der Gruppe ab.

TIPP
Ihr könnt auch die Teilthemen untereinander verteilen.

Die blaue Blume

Erst nach Novalis' Tod erschien sein Roman „Heinrich von Ofterdingen", den er nicht mehr vollenden konnte. Er spielt im Mittelalter und beschreibt die Entwicklung des Goldschmiedesohns Heinrich zum Dichter. Von Eisenach aus begibt sich der 20-Jährige auf die weite Reise nach Nürnberg. Dort trifft er auf Mathilde, deren Liebe er gewinnen kann.

○ **1** Lest die Auszüge aus dem Roman. Fasst sie anschließend im Tandem abschnittweise mit eigenen Worten zusammen.

Die Eltern lagen schon und schliefen, die Wanduhr schlug ihren einförmigen Takt, vor den klappernden Fenstern sauste der Wind; abwechselnd wurde die Stube hell von dem Schimmer des Mondes. Der Jüngling lag unruhig auf seinem Lager und gedachte des Fremden und seiner Erzählungen. „Nicht die Schätze sind es, die ein so unaussprechliches Verlangen in mir geweckt haben", sagte er zu sich selbst; „fernab liegt mir alle Habsucht: aber die blaue Blume sehn ich mich zu erblicken. Sie liegt mir unaufhörlich im Sinn, und ich kann nichts anders dichten und denken. [...]".
– Der Jüngling verlor sich allmählich in süßen Phantasien und entschlummerte. Das träumte ihm erst von unabsehlichen Fernen und wilden, unbekannten Gegenden.
Er wanderte über Meere mit unbegreiflicher Leichtigkeit; wunderliche Tiere sah er; er lebte mit mannigfaltigen Menschen, bald im Kriege, in wildem Getümmel, in stillen Hütten. Er geriet in Gefangenschaft und die schmählichste Not. Alle Empfindungen stiegen bis zu einer nie gekannten Höhe in ihm. [...]

Was ihn aber mit voller Macht anzog, war eine hohe lichtblaue Blume, die zunächst[1] an der Quelle stand und ihn mit ihren breiten, glänzenden Blättern berührte. Rund um sie her standen unzählige Blumen von allen Farben, und der köstlichste Geruch erfüllte die Luft. Er sah nichts als die blaue Blume und betrachtete sie lange mit unnennbarer Zärtlichkeit. Endlich wollte er sich ihr nähern, als sie auf einmal sich zu bewegen und zu verändern anfing; die Blätter wurden glänzender und schmiegten sich an den wachsenden Stängel, die Blume neigte sich nach ihm zu, und die Blütenblätter zeigten einen blauen ausgebreiteten Kragen, in welchem ein zartes Gesicht schwebte. Sein süßes Staunen wuchs mit der sonderbaren Verwandlung, als ihn plötzlich die Stimme seiner Mutter weckte und er sich in der elterlichen Stube fand, die schon die Morgensonne vergoldete. [...]

[1] zunächst: in nächster Nähe

○ **2** Tauscht euch in der Klasse über die Textauszüge aus. Beantwortet dabei die folgenden Fragen.
- Welche Bedeutung haben Nacht und Traum in den Textauszügen?
- Wie wird die blaue Blume beschrieben?
- Was könnte das Geheimnis der blauen Blume sein?

○ **3** Das Motiv „Sehnsucht" ist das wichtigste Motiv der Romantik. Tauscht euch in der Klasse über den Begriff aus.

◒ **4** Wonach sehnt sich Heinrich? Untersucht im Tandem die Textauszüge, beantwortet die Frage und belegt mit Textstellen.

Merke
Das Motiv

Ein Motiv ist ein **inhaltliches Element**, das in literarischen Texten immer **wiederkehrt**. Es hat eine **besondere Bedeutung** für den Textzusammenhang. Typische **Motive** der Literatur der **Romantik** sind → das Unheimliche, die Liebe oder die Sehnsucht.

5 Lies den Informationstext über die „Hymnen an die Nacht“ sowie einen Auszug daraus.

Novalis notierte ein Erlebnis, das er am Grab Sophie von Kühns hatte, in seinem Tagebuch und verarbeitete es später im Gedichtzyklus „Hymnen an die Nacht“. Die Vorstellung, im Jenseits wieder mit der Geliebten vereint zu sein, war sehr tröstlich und hatte anscheinend dazu geführt, dass Novalis sich wieder dem Leben zuwandte. Er begann ein Studium und verlobte sich erneut. 1800 wurden die „Hymnen an die Nacht“ veröffentlicht. Sie gehören zu den bedeutendsten Werken der Romantik.

Hymnen an die Nacht – Kapitel 3
[...] Zur Staubwolke wurde der Hügel – durch die Wolke sah ich die verklärten Züge der Geliebten. In ihren Augen ruhte die Ewigkeit – ich fasste ihre Hände, und die Tränen wurden ein funkelndes, unzerreißliches Band. Jahrtausende zogen abwärts in die Ferne, wie Ungewitter. An ihrem Halse weint ich dem neuen Leben entzückende Tränen. –
Es war der erste, einzige Traum – und erst seitdem fühl' ich ewigen, unwandelbaren Glauben an den Himmel der Nacht und sein Licht, die Geliebte.

6 Erklärt einander im Tandem, was der Dichter im Auszug aus den „Hymnen an die Nacht“ beschreibt. Was könnte das „unzerreißliche Band“ bedeuten? Tauscht euch darüber aus.

7 Formuliert in der Gruppe Sätze zu Novalis' Erlebnis und zu seinen Empfindungen. Verwendet dabei die folgenden Begriffe.

Traum | Todessehnsucht | Jenseits | Nacht

8 Lege Karteikarten zu **„Heinrich von Ofterdingen“** und **„Hymnen an die Nacht“** an. Notiere die Informationen von dieser Doppelseite und ergänze die bereits angelegten Karteikarten.

TIPP
Gehe auf das Motiv Sehnsucht ein.

Heinrich von Ofterdingen ...
– ...
...

Hymnen an die Nacht ...
– ...
...

9 Formuliere die Stichworte der beiden neuen Karteikarten in Sätze um. Verwende eigene Formulierungen.

Novalis – aus eurer Sicht

Jetzt kannst du mithilfe der Texte, Bilder und der Tabelle auf den letzten beiden Doppelseiten einen informierenden Text über den Romantiker Novalis schreiben. Orientiere dich dabei an deinen Karteikarten.

TIPP
Hebe einen interessanten Punkt für den Schluss auf.

○ **1** Überlege, welches Thema du in den Mittelpunkt deines informierenden Textes stellen möchtest. Sieh dir dazu deine Karteikarten an. Formuliere eine passende Überschrift, die Interesse weckt.

○ **2** Schreibe eine Einleitung, in der du Novalis mit seinen wichtigsten Lebensdaten kurz vorstellst. Ergänze eine Aussage, die das Interesse der Leserin oder des Lesers wecken könnte.

TIPP
Du kannst dich an den Überschriften deiner Karteikarten orientieren.

Seite 272
Zitieren

○ **3** Gliedere den Hauptteil. Notiere mithilfe der Karteikarten mögliche Zwischenüberschriften und bringe sie in eine sinnvolle Reihenfolge, z. B. *chronologisch: Herkunft/Familie, Studium, Liebe, Beruf …*

○ **4** Lies noch einmal die Texte auf den Seiten 228–231. Notiere auf deinen Karteikarten Textstellen, die du als Zitate verwenden möchtest. Schreibe die Seiten- und Zeilenzahl auf, z. B. *Beruf Geologe: – übte seinen Beruf gern aus → „Fleiß und Feuereifer" (Seite 229, Zeile 17)*

○ **5** Schreibe jetzt den Hauptteil. Formuliere auf der Grundlage deiner Gliederung und mithilfe der Stichworte auf den Karteikarten einen Text mit eigenen Worten. Beachte dabei:

Schreibe im Präsens. | *Verwende Zitate.* | *Schreibe sachlich.*

Mache Zusammenhänge deutlich (weil, deshalb, dadurch, obwohl, daher, denn).

Formuliere Überleitungen zwischen den Themen.

○ **6** Schreibe den Schluss. Fasse zusammen und formuliere eine interessante Aussage zum Thema, z. B. *Novalis ist ein typischer Romantiker, weil in seinen Werken …*

Seite 274
Schreibkonferenz

◒ **7** Veranstaltet eine Schreibkonferenz und überprüft eure Texte in der Gruppe. Geht so vor:
- Gebt die Texte im Uhrzeigersinn reihum. Schreibt eure Kommentare an die Texte.
- Vereinbart eine Zeit, nach der die Texte weitergereicht werden.
- Überprüft die Texte mithilfe der folgenden Fragen:

TIPP
Ihr könnt auch die Untersuchungskriterien in der Gruppe aufteilen.

- ☐ *Wurde sachlich und verständlich geschrieben?*
- ☐ *Wurden die Informationen in einer logischen Reihenfolge wiedergegeben?*
- ☐ *Wurden eigene Formulierungen verwendet?*
- ☐ *Wurden die Informationen korrekt wiedergegeben?*
- ☐ *Wurden Zusammenhänge deutlich gemacht?*
- ☐ *Wurden Zitate sinnvoll und korrekt wiedergegeben?*

○ **8** Überarbeite deinen Text, wenn nötig.

Seite 289
Texte korrigieren und überarbeiten

○ **9** Lest einige Texte in der Klasse vor. Tauscht euch dann darüber aus, welche Informationen über den romantischen Schriftsteller Novalis für euch am interessantesten waren.

Arbeitstechnik

Einen informierenden Text materialgestützt schreiben

In einem informierenden Text fasst du wichtige Informationen zu einem Thema zusammen. Die Grundlage dafür sind verschiedene Materialien wie Texte, Übersichten oder Diagramme. Mit dem Text kannst du dir selbst einen Überblick verschaffen sowie anderen deine Kenntnisse zu einem Thema vermitteln. **Beachte** Thema, Adressat, Textart und Funktion deines Textes, wenn dies verlangt wird.

Vorbereitung

1. **Lies** alle Materialien. Notiere die einzelnen Themen, die angesprochen werden.
2. Lege **Karteikarten** zu Begriffen an, die für das jeweilige Thema stehen.
3. Lies die Texte noch einmal. **Notiere** die **Informationen** stichwortartig auf den angelegten Karteikarten.

Schreiben

1. Formuliere eine **Überschrift** und eine **Einleitung**. Beide sollen das Interesse der Leserin oder des Lesers wecken.
2. Lege die Gliederung des **Hauptteils** in Zwischenüberschriften fest und formuliere den Hauptteil auf der Grundlage der Karteikarten.
3. Fasse in einem **Schluss** zusammen und formuliere eine interessante Aussage zum Thema.

Beachte: Schreibe **sachlich** und im **Präsens**. Verwende **Zitate**, die deine Aussagen unterstützen.

Überarbeiten

Überprüfe deinen Text mithilfe der folgenden Fragen:
- Wurden die Informationen **richtig** wiedergegeben?
- Ist die **Reihenfolge** der Informationen **sinnvoll**?
- Ist der Text **sachlich**, **verständlich** und im **Präsens** (bei Vorzeitigkeit Perfekt) formuliert?
- Sind **Zusammenhänge** deutlich geworden?
- Wurde zwischen den einzelnen Themen **sinnvoll übergeleitet**?
- Sind die **Zitate sinnvoll** und **korrekt** verwendet worden?

Seite 247
materialgestütztes Schreiben mit einem Schreibziel

Eine Epoche vorstellen

TIPP
Du kannst auch eine Facharbeit zur Epoche deiner Wahl schreiben.

Seite 275 eine Facharbeit planen und schreiben

Nach der umfangreichen Beschäftigung mit der Epoche der Romantik und dem Verfassen eines informierenden Textes dazu, sollst du nun einen anschaulichen Vortrag mit Präsentation zu einer Epoche deiner Wahl vorbereiten und gestalten. In Präsentationen fasst man wichtige Informationen zusammen. Sie helfen dem Zuhörerkreis, dem Vortrag besser zu folgen.

1 Überlege, welche Literaturepoche du vorstellen möchtest.

Mittelalter | *Klassik* | *Romantik* | *Realismus* | *Expressionismus*

2 Recherchiere Informationen zu folgenden Unterthemen für die Epoche deiner Wahl:

historischer Hintergrund | *Themen und Motive* | *Merkmale der Epoche* | *Besonderheiten* | *Autoren und Werke* | *Orte*

3 Gliedere deinen Vortrag, indem du:
- die Reihenfolge der Unterthemen für deinen Vortrag festlegst,
- dir eine interessante Einleitung und einen sinnvollen Schluss überlegst.

Seite 272 Zitieren

4 Lege große Karteikarten an, auf denen du die wichtigsten Informationen zum Thema in Stichworten notierst. Ergänze passende Zitate.

TIPP
Wählt das Bildmaterial so aus, dass es einen Zugang zur Information darstellt, sie unterstreicht oder ergänzt.

5 Entscheide, welches Bildmaterial du an welcher Stelle des Vortrags nutzen willst. Mache dir dazu auf den Karteikarten Notizen.

6 Recherchiere passendes oder gestalte eigenes Bildmaterial. Du kannst folgende Ideen nutzen:

Autorenporträt | *Zitat* | *Frage* | *Übersicht* | *Tabelle* | *Gemälde* | *Abbildung von Buch/ Zeitschrift* | *Foto*

TIPP
Nutze Computerprogramme wie PowerPoint oder Prezi.

7 Erstelle nun deine Präsentationsfolien mit einem entsprechenden Programm.

Gliederung

1. Allgemeines
2. Merkmale
3. Autorinnen und Autoren
4. ...

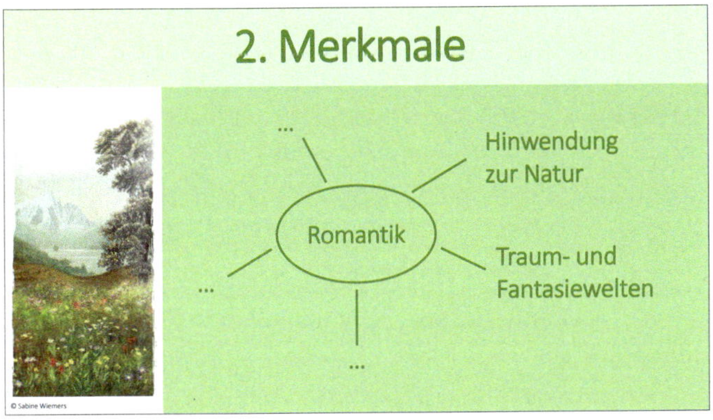

Merke

Informationsunterstützendes Bildmaterial bestimmen und gestalten

Das **Bildmaterial** (Fotos, Diagramme, Schaubilder, Cartoons, Karikaturen …) **bezieht sich** auf die **wesentlichen Informationen** des Vortrags. Es soll:

- den **Zugang** zu einer Information erleichtern,
- einen **Inhalt** verdeutlichen,
- auf **Besonderheiten** verweisen,
- eine **Aussage unterstreichen** oder **ergänzen**,
- **Zusammenhänge** und **Entwicklungen** darstellen.

8 Prüft eure Präsentationsfolien im Tandem. Nutzt dazu die folgende Checkliste. Überarbeitet sie, wenn nötig.

Checkliste

Präsentationsfolien gestalten

- ☑ gut lesbarer Schrifttyp und ausreichende Schriftgröße (mindestens 14 Punkt)
- ☑ stimmige Wahl von Hintergrund- und Schriftfarbe
- ☑ einheitliche Farben und Schriften für alle Folien
- ☑ wenige Markierungen einsetzen, um wichtige Informationen hervorzuheben
- ☑ maximal sieben Stichpunkte pro Folie
- ☑ sinnvolle Einbindung von Abbildungen und Animationen (Menge, Größe, Position beachten)
- ☑ Folien nummerieren oder Überschriften einfügen

9 Sieh dir deine Karteikarten und Präsentationsfolien noch einmal an und überlege, wie du die einzelnen Themen miteinander verbinden kannst. Schreibe Überleitungssätze auf, z. B. *Nachdem wir den geschichtlichen Hintergrund beleuchtet haben, komme ich zu den Themen der Epoche der Romantik und möchte euch diese nahebringen.*

Seite 268 einen Vortrag vorbereiten und halten

10 Übe deinen Vortrag mit der Präsentation ein.

Seite 269 Feedback

11 Halte deinen bildgestützten Vortrag in der Klasse und lass dir danach ein Feedback geben.

Test D11

Wirklichkeit statt Traumwelten – der Realismus

○ **1** Lies den Informationstext zur Epoche des Realismus und notiere die wichtigsten Informationen.

Der Realismus in der Literatur bezeichnet eine Epoche von ungefähr 1848 bis 1890, dessen neues Konzept von Literatur sich bewusst von den Romantikern abhob. Die Realisten wollten das alltägliche Leben beschreiben, ihre Helden sollten „normale" Menschen aus der Nachbarschaft sein, deren Themen das Leben, die Liebe, die Ehe und der Tod waren. Ihre Gedanken und Meinungen hielten die Autorinnen und Autoren dabei zurück, um nah an der Wirklichkeit zu bleiben. Dafür beschrieben sie alles umso genauer und ausführlicher, oft ironisch und humorvoll. Es entstanden v. a. erzählende Texte, z. B. historische Romane (z. B. Adalbert Stifter „Witiko"), Gesellschaftsromane (z. B. Theodor Fontane „Irrungen und Wirrungen") und Novellen (Theodor Storm, Gottfried Keller, Annette von Droste-Hülshoff).

○ **2** Lest im Tandem die Inhaltsangabe zu Theodor Fontanes Roman „Effi Briest" sowie den folgenden Textauszug aus dem Roman.

Die erst 17-jährige, anmutige und kindliche Effi wird von ihren Eltern mit dem mehr als doppelt so alten Baron Instetten verheiratet. Effi ist ihr Mann zu Beginn der Ehe unheimlich und fremd und sie fühlt sich in ihrem neuen Zuhause alleingelassen. Sie beginnt eine heimliche Beziehung mit Major von Crampas, die Jahre später zufällig von ihrem Mann entdeckt wird. Obwohl der Ehebruch Jahre zurückliegt, fordert Instetten den Major aufgrund der gesellschaftlicher Bedingungen zum Duell und tötet ihn dabei. Von seiner Frau lässt er sich scheiden und verstößt sie. Effi kehrt auf das Gut ihrer Eltern zurück und stirbt schließlich mit Anfang 30.

Theodor Fontane
Effi Briest
In Front des schon seit Kurfürst Georg Wilhelm von der Familie von Briest bewohnten Herrenhauses zu Hohen-Cremmen fiel heller Sonnenschein auf die mittagsstille Dorfstraße, während nach der Park- und Gartenseite hin ein rechtwinklig angebauter Seitenflügel einen breiten Schatten erst auf einen weiß und grün quadrierten Fliesengang und dann über diesen hinaus auf ein großes, in seiner Mitte mit einer Sonnenuhr und an seinem Rande mit Canna indica und Rhabarberstauden besetztes Rondell warf. Einige zwanzig Schritte weiter, in Richtung und Lage genau dem Seitenflügel entsprechend, lief eine ganz in kleinblättrigem Efeu stehende, nur an einer Stelle von einer kleinen weißgestrichenen Eisentür unterbrochene Kirchhofsmauer, hinter der der Hohen-Cremmener Schindelturm mit seinem blitzenden, weil neuerdings erst wieder vergoldeten Wetterhahn aufragte. Fronthaus, Seitenflügel und Kirchhofsmauer bildeten ein einen kleinen Ziergarten umschließendes Hufeisen, an dessen offener Seite man eines Teiches mit Wassersteg und angekettetem Boot und dicht daneben einer Schaukel gewahr wurde, deren horizontal gelegtes Brett zu Häupten und Füßen an je zwei Stricken hing – die Pfosten der Balkenlage schon etwas schief stehend. Zwischen Teich und Rondell aber und die Schaukel halb versteckend standen ein paar mächtige alte Platanen.

[...] Effi trug ein blau und weiß gestreiftes, halb kittelartiges Leinwandkleid, dem erst ein fest zusammengezogener, bronzefarbener Ledergürtel die Taille gab; der Hals war frei, und über Schulter und Nacken fiel ein breiter Matrosenkragen. In allem, was sie tat, paarte sich Übermut und Grazie, während ihre lachenden braunen Augen eine große, natürliche Klugheit und viel Lebenslust und Herzensgüte verrieten. [...]

3 Beantwortet im Tandem folgende Fragen mithilfe der Inhaltsangabe und des Romanauszugs. Macht euch Notizen.
- Wo spielt der Roman und zu welcher Zeit? Stellt Vermutungen an.
- Worum geht es? Welches Thema spricht der Roman an und welcher Konflikt ergibt sich daraus?

4 Untersucht im Tandem die Sprache des Romanauszugs. Achtet auf Satzbau und Wortwahl.

Seite 279
sprachliche Gestaltung

5 Lest im Tandem, was die Realisten unter „Wirklichkeit“ verstanden. Gebt die Aussage kurz mit eigenen Worten wieder.

Fontane schrieb: „Vor allen Dingen verstehen wir nicht darunter das nackte Wiedergeben alltäglichen Lebens, am wenigsten seines Elends und seiner Schattenseiten.“ Die Realisten waren der Meinung, das Schöne sei immer schon ein Bestandteil der Wirklichkeit und würde durch die Dichtung sichtbar. Der Künstler muss die Wirklichkeit so bearbeiten, dass er das Wesentliche herausarbeitet und vom Unwesentlichen trennt.

6 Seht euch in der Gruppe das Bild „Kinder beim Kirschenessen“ (1869) von Franz Defregger an.
- Beschreibt, was darauf zu sehen ist und wie der Maler es dargestellt hat.
- Begründet, inwiefern es sich um „realistische“ Malerei handelt.

7 Lege Karteikarten zu den Begriffen **Themen**, **Merkmale**, **Autoren** sowie zu **„Effi Briest“** an. Notiere darauf die Informationen, die du bisher auf dieser Doppelseite erhalten hast.

8 Recherchiert im Tandem den historischen Hintergrund der literarischen Epoche des Realismus und legt eine weitere Karteikarte an. Orientiert euch an folgenden Begriffen.

Revolution 1848/49 | *Bürgertum* | *soziale Frage* | *Einigungskriege*

Otto von Bismarck | *Reichsgründung* | *Industrialisierung*

9 Bereitet nun einen kurzen Vortrag zur Epoche des Realismus vor und stellt euch diese gegenseitig mithilfe eurer Karteikarten vor. Formuliert vollständige Sätze und wechselt euch in der Gruppe ab.

Ein Mann mit vielen Facetten: Theodor Fontane

○ **1** Lies den Informationstext über Theodor Fontane sowie die biografischen Daten in der Übersicht.

Fontane stammte aus einer französischen Hugenottenfamilie[1], die sich nach ihrer Vertreibung in Preußen niedergelassen hatte. Er lernte nach der mittleren Reife zunächst Apotheker und übte den Beruf auch einige Jahre aus. Aber schon früh ging er seinen literarischen Interessen nach. Erste Gedichte, im Stil der Vormärzdichtung[2], erschienen in den vierziger Jahren [des 19. Jh.]; er arbeitete als freier Korrespondent für einige Zeitungen. 1844 trat er dem literarischen Sonntagsverein „Der Tunnel über der Spree" bei. [...] Mehr aus Rücksicht auf seine Familie als aus politischer Überzeugung arbeitete er in den fünfziger Jahren für die offizielle Regierungspresse und ging 1855 für drei Jahre als preußischer Presseagent nach London. [...] 1860 übernahm er das Englandressort der konservativen *Neuen Preußischen Zeitung.* 1870 zog er sich vom politischen Journalismus zurück. Ein Vertrag mit der *Vossischen Zeitung* als Theaterkritiker sicherte ihn finanziell ab und gab ihm die Möglichkeit, sich intensiver seinen literarischen Plänen zu widmen.

[1] Hugenotten, die: evangelische Christen in Frankreich

[2] Vormärz, der: literarische Epoche zwischen 1830–1848

Biografische Daten von Theodor Fontane

1819	Geburt in Neuruppin als Sohn eines Apothekers
ab 1836	Arbeit als Apotheker in Magdeburg, Leipzig, Dresden, Berlin
1848	Teilnahme an Straßenkämpfen der Märzrevolution
1849	nach Verlust der Stelle im Krankenhaus Arbeit als freier Autor
1850	heiratet Emilie Rouanet-Kummer, sieben Kinder werden geboren
1862–1889	veröffentlicht „Wanderungen durch die Mark Brandenburg"
1864/1866/ 1870	Kriegsberichterstatter in Dänemark, Böhmen und Frankreich (Kriegsgefangenschaft)
ab 1878	„Durchbruch" als Romanautor mit Veröffentlichung von „Vor dem Sturm", „Schach von Wuthenow" (1882/83), Effi Briest (1895)
1898	Tod in Berlin

○ **2** Besprecht im Tandem die folgenden Fragen. Notiert die Antworten.
- Welchen Beruf erlernte Fontane zunächst? Als was war er später tätig?
- Wo lebte er drei Jahre mit seiner Familie und warum?
- Welcher Titel seines Werkes ist dem Genre der Reiseliteratur zuzuordnen?

○ **3** Lege Karteikarten zu folgenden Themen an. Notiere alle bisherigen Informationen.

Familie *Lebens- und Arbeitsorte* *Tätigkeiten*

○ **4** Lies das fiktive Interview mit Theodor Fontane zu seinen Gesellschaftsromanen und ihren weiblichen Hauptfiguren.

Interviewer Ihre Romane lesen sich wie Protokolle gestörter zwischenmenschlicher Beziehungen, vor allem zwischen Männern und Frauen. Was fasziniert Sie daran?
Fontane Die Menschen, vor allem Verheiratete, stecken in Konflikten, die ihr persönliches Glück bedrohen. Ehen scheitern, weil sie aus gesellschaftlichen oder finanziellen Gründen geschlossen wurden; Liebende müssen auf eine Heirat verzichten, weil Standesunterschiede im Weg stehen; Eheleute leben sich auseinander, weil nicht Zuneigung, sondern die Regeln der Gesellschaft am Anfang der Ehe standen. Diese Widersprüche wollte ich darstellen.
Interviewer Sie stehen dabei deutlich auf der Seite der Frauen, warum?
Fontane Ich wollte ihre Abhängigkeit thematisieren: Ehemänner sind Vormund ihrer Frauen, ohne Zustimmung der Männer dürfen sie weder Rechtsgeschäfte tätigen noch einen Beruf ausüben. Vor der Eheschließung unterliegen Töchter der väterlichen Autorität; wurden Frauen schuldig geschieden, hatten sie nach der Scheidung weder Anspruch auf die Kinder, noch auf einen Vermögensanteil. All das beschäftigt auch die Frauen in meinem Umfeld.
Interviewer Welche Personen haben Sie da am meisten inspiriert?
Fontane Ich pflege eine gute Beziehung zu meiner Mutter (Emilie) und meinen Schwestern (Jenny und Elisabeth), aber natürlich prägen mich auch meine Frau Emilie, meine Tochter Mete (Martha) sowie einige Freundinnen der Familie.

TIPP
Zu Fontanes bekanntesten Romanen zählen:
- Frau Jenny Treibel
- Effi Briest
- Irrungen, Wirrungen
- Stine
- Schach von Wuthenow

○ **5** Beantwortet im Tandem die folgenden Fragen. Legt eine Karteikarte „Gesellschaftsromane“ an und notiert die wichtigsten Informationen.
- Worum geht es häufig in Fontanes Gesellschaftsromanen?
- Inwiefern sind Fontanes Romane damit „realistisch“?

○ **6** Schreibe jetzt einen informierenden Text über Theodor Fontane und die Epoche des Realismus. Gehe so vor:
- Lies noch einmal alle Informationen, die du auf deinen Karteikarten notiert hast.
- Überlege, was du in einem informierenden Text über Autor und Epoche mitteilen möchtest.
- Notiere eine **Überschrift** für deinen Text, die Interesse weckt.
- Schreibe eine **Einleitung**, in der du Theodor Fontane mit den Lebensdaten und seinen bekanntesten Werken kurz vorstellst.
- Schreibe den **Hauptteil**. Notiere Zwischenüberschriften. Formuliere dann einen zusammenhängenden Text mithilfe der Informationen auf deinen Karteikarten.
- Schreibe einen **Schluss**, in dem du auf den Erfolg und die Bedeutung der Romane Fontanes eingehst.

TIPP
Ergänze die anderen Karteikarten, wenn neue Informationen hinzukommen.

Seite 233 einen informierenden Text materialgestützt schreiben

◐ **7** Veranstaltet in der Gruppe eine Schreibkonferenz und überprüft eure Texte. Gebt einander ein Feedback. Orientiert euch an Aufgabe 7 auf Seite 232.

Seite 274 Schreibkonferenz

○ **8** Überarbeite deinen informierenden Text, wenn nötig.

Seite 289 Texte korrigieren und überarbeiten

◐ **9** Bereitet zu Theodor Fontane und der Epoche des Realismus einen bildgestützten Vortrag vor und übt ihn.

◐ **10** Haltet euren Vortrag mithilfe der Karteikarten und informiert eure Klasse über Theodor Fontane und den Realismus. Erläutert, was „realistisch“ an ihm ist.

Seite 268 einen Vortrag vorbereiten und halten

Das Gute, das Wahre, das Schöne – die Klassik

[1] Klassik, die (lat. classicus): zum ersten Rang gehörig

Ursprünglich bezeichnet Klassik[1] die Kunstepoche der antiken Griechen und Römer. Daran anlehnend werden alle künstlerischen Epochen, die die Antike als Vorbild hatten, als klassisch bezeichnet. In der deutschen Literatur wird die Zeit zwischen 1786–1832 als Klassik bezeichnet. Autoren wie Johann Wolfgang von Goethe und Friedrich Schiller waren dem Sturm und Drang entwachsen und wollten in ihren Spätwerken eine ideale Wirklichkeit darstellen, deren Figuren den Menschen als Vorbilder dienten.

○ **1** Lies die Informationstexte zur Epoche der Klassik.

A *Stefan Schäfer*

Klassik (1786–1832)

Die Französische Revolution von 1789 markiert den Endpunkt der Aufklärung[1] und damit zugleich einen zentralen zeit- und literaturgeschichtlichen Wendepunkt. Goethe und Schiller sahen in der Revolution und ihren Folgen das Scheitern einer ausschließlich vernunftorientierten Aufklärung und setzten ihrerseits auf ein ästhetisches Erziehungsprogramm, das zunächst den Einzelnen und in der Folge die Gesellschaft „humanisieren" sollte. Entsprechend zielt die Literatur auf die Veredlung des Menschen durch die Darstellung des Edlen (Guten, Schönen, Wahren). Vorbild und zugleich häufiges Thema ist dabei die Antike (die ebenfalls das Ideal des Guten und Schönen zu verwirklichen suchte). [...]

[1] Aufklärung, die: literarische Epoche zwischen 1720–1800

B *Hans Gerd Rötzer*

Weimarer Klassik

Die deutsche Klassik fand in der Provinz statt. Deutschland hatte im 18. Jahrhundert weder ein politisches noch ein kulturelles Zentrum. Die Übersiedlung Wielands, Goethes, Herders und Schillers nach Weimar geht auf die private Initiative eines kunstbegeisterten Fürstenhauses zurück. Die deutsche Klassik war, zumindest für die Zeitgenossen, keine bestimmende Literaturrichtung; Aufklärung, Sturm und Drang, Weimarer Klassik und die unterschiedlichen Strömungen der Romantik überschneiden sich, – nicht nur im allgemeinen Literaturbetrieb, sondern auch in den Biographien Goethes und Schillers. Im engeren Sinne versteht man unter Weimarer Klassik die Werke Goethes und Schillers; [...]

○ **2** Lege Karteikarten zu den wichtigsten Informationen aus den beiden Texten zur Klassik an. Berücksichtige dabei folgende Punkte:

geistiges Zentrum | Ideale | Zeitraum | Vertreter

◐ **3** Lest die Informationen zu Schillers Drama „Wilhelm Tell" sowie den Auszug aus dem vierten Aufzug. Erklärt einander im Tandem die unterstrichenen Textstellen mit eigenen Worten.

Das Schauspiel „Wilhelm Tell" (1804) von Friedrich Schiller thematisiert den Freiheitskampf der Schweizer. Der habsburgische Kaiser hatte Reichsvögte[2] eingesetzt. Hermann Gessler ist einer von ihnen. Tyrannisch unterdrückt er die Bevölkerung. Wilhelm Tell wird von ihm gezwungen, einen Apfel vom Kopf seines

[2] Reichsvogt, der: Männer dieses Berufs legten Steuern fest und zogen diese ein, sie bestraften Vergehen und hielten Gericht.

Sohnes zu schießen, um ihrer beider Leben zu retten und wieder freizukommen. Im Verlauf des Geschehens entwickelt sich Wilhelm Tell zu einem Menschen, der sich für die Gemeinschaft einsetzt. Er entschließt sich zur Gegenwehr, um die Gefahr von seinem Volk abzuwenden.

Vierter Aufzug

3. Szene

Die hohle Gasse bei Küssnacht. Man steigt von hinten zwischen Felsen herunter und die Wanderer werden, ehe sie auf der Szene erscheinen, schon von der Höhe gesehen. Felsen umschließen die ganze Szene, auf einem der vordersten ist ein Vorsprung mit Gesträuch bewachsen.

Tell *tritt auf mit der Armbrust*

Durch diese hohle Gasse muss er kommen, es führt kein andrer Weg nach Küssnacht – hier vollend ich's – die Gelegenheit ist günstig. [...] Ich lebte still und harmlos – das Geschoss war auf des Waldes Tiere nur gerichtet, meine Gedanken waren rein von Mord – du hast aus meinem Frieden mich heraus geschreckt, in gärend Drachengift hast du die Milch der frommen Denkart mir verwandelt, zum Ungeheuren hast du mich gewöhnt – wer sich des Kindes Haupt zum Ziele setzte, der kann auch treffen in das Herz des Feinds.

Die armen Kindlein, die unschuldigen, das treue Weib muss ich vor deiner Wut beschützen, Landvogt – da, als ich den Bogenstrang anzog – als mir die Hand erzitterte – als du mit grausam teuflischer Lust mich zwangst, aufs Haupt des Kindes anzulegen – als ich ohnmächtig flehend rang vor dir, damals gelobt ich mir in meinem Innern mit furchtbarm Eidschwur, den nur Gott gehört, dass meines nächsten Schusses erstes Ziel dein Herz sein sollte – was ich mir gelobt in jenes Augenblickes Höllenqualen, ist eine heil'ge Schuld, ich will sie zahlen. [...]

4 Untersucht den Dramenauszug im Tandem und beantwortet folgende Fragen:
- Beschreibt, in welcher Situation Wilhelm Tell ist und was er vorhat.
- Beschreibt die Figur Wilhelm Tell und welche Veränderung sie durchgemacht hat.
- Nennt Tells Gründe für die geplante Tat und besprecht, wie ihr dazu steht.

5 Lest im Tandem den folgenden Text. Formuliert mit eigenen Worten, was der Gedanke einer „ästhetischen Erziehung" bedeutete. Legt dazu eine Karteikarte an.

Friedrich Schiller erkannte durch die Folgen der Französischen Revolution, dass Aufklärung und Vernunft den Menschen nicht besser machten. In seinen Briefen „Über die ästhetische Erziehung des Menschen" schrieb er, dass Kunst und Literatur nicht nur unterhalten und schön sein, sondern die Menschen erziehen und zu guten Menschen ausbilden sollten. Dann wäre auch die Entwicklung zu einer menschlicheren Gesellschaft möglich.

6 Die Abhandlung „Über die ästhetische Erziehung des Menschen" (1795) kann als Manifest[3] der „Weimarer Klassik" verstanden werden. Tauscht euch in der Gruppe aus, wie Schiller seine Vorstellungen im Dramenauszug in Aufgabe 3 umsetzte.

[3] Manifest, das: veröffentlichtes Programm einer Gruppe

MK

7 Recherchiert in der Gruppe den historischen Hintergrund der Epoche der Klassik und notiert eure Ergebnisse auf einer weiteren Karteikarte.

8 Stellt euch in der Gruppe mithilfe eurer Karteikarten kurz die Epoche der Klassik vor.

Das wechselhafte Leben des Friedrich Schiller

○ **1** Informiere dich mithilfe der Materialien über das Leben Friedrich Schillers.

1759–1766	Kindheit in Marbach, Ludwigsburg und Lorch
1767–1773	Lateinschule in Ludwigsburg
1773–1780	Studium der Rechte, später (ab 1775) der Medizin auf Befehl des Herzogs an der militärischen Karlsschule
1780–1782	Regimentsmedikus in Stuttgart
1782	Flucht nach Mannheim – Aufenthalt bei Freunden
1783–1784	Theaterautor des Mannheimer Nationaltheaters
1784	Ernennung zum Weimarischen Rat, ohne feste Bezüge
1785–1786	aus Geldnot Aufenthalt bei Freunden in Leipzig und Dresden
1787	Übersiedlung nach Weimar – Bekanntschaft mit Herder, Wieland und Humboldt – historische Studien – erste Begegnung mit Goethe
1789	Berufung zum Professor für Geschichte in Jena, Ernennung zum Hofrat, ohne feste Bezüge
1790	Heirat mit Charlotte von Lengenfeld – weiterhin auf finanzielle Unterstützung durch adlige Gönner angewiesen
1791	Aufgabe der Lehrtätigkeit wegen Erkrankung mit häufigen Rückfällen
1794	Beginn der Freundschaft mit Goethe
1799	Umzug nach Weimar
1800	Angebot von Königin Luise, am Schauspielhaus in Berlin zu wirken – mit hohem Gehalt
1802	Erhebung in den Adelsstand
1805	Tod in Weimar

Der deutsche Dichter, Philosoph und Historiker Johann Christoph Friedrich Schiller wurde am 10. November 1759 in Marbach am Neckar (Württemberg) geboren. Er wuchs als einziger Sohn eines Militärarztes und einer Bäckerstochter mit fünf Schwestern in einfachen Verhältnissen auf. Nach dem Besuch der Dorf- und Lateinschule studierte er ab 1773 in Stuttgart erst Rechtswissenschaften und ab 1775 Medizin. Sein erstes Theaterstück „Die Räuber" wurde 1782 uraufgeführt und war sofort ein voller Erfolg. Schillers Landesherr Herzog Karl Eugen jedoch, der ihm das Studium finanziert hatte und seine Zukunft mitbestimmen wollte, verbot ihm das Schreiben von Stücken und Gedichten. Schiller widersetzte sich dieser Anweisung und floh von Württemberg nach Thüringen. Es folgten unstete Jahre mit wechselnden Anstellungen und wenig Geld, in denen er auf die Unterstützung durch Freunde und Gönner angewiesen war. Dennoch entstanden in dieser Zeit zahlreiche erfolgreiche Dramen und Schiller kann als einer der ersten deutschen Schriftsteller bezeichnet werden, der seinen Lebensunterhalt allein mit Schreiben verdiente. Mit der Hochschulprofessur in Jena stellte sich etwas finanzielle Entspannung ein. 1790 heiratet Schiller Charlotte von Lengenfeld, mit der er zwei Töchter und zwei Söhne bekam. Im Jahr 1794 begann Schillers Freundschaft und Zusammenarbeit mit dem zehn Jahre älteren Goethe, die heute als „Weimarer Klassik" bezeichnet wird.

Um sich zu finanzieren, schrieb Schiller neben Essays, Traktaten und Erzählungen über 2 000 Briefe und ca. 900 Gedichte und Balladen (z. B. „Das Lied von der Glocke", „Die Bürgschaft"), von denen die „Ode an die Freude" von Beethoven in der 9. Sinfonie vertont wurde. Erfolge feierte er zu Lebzeiten vor allem mit seinen Dramen (z. B. „Don Karlos", „Wallenstein, „Maria Stuart", „Die Jungfrau von Orleans"). Am 9. Mai 1805 starb Schiller in Weimar im Alter von 45 Jahren an den Folgen einer nie ganz auskurierten Lungenentzündung.

2 Tauscht euch im Tandem über die Lebensumstände Schillers aus. Klärt, welche Schicksalsschläge er meistern musste.

3 Überlege, welchen Begriffen du die Informationen dieser Seiten zuordnen kannst. Schreibe sie auf, z. B. *Ausbildung: Lateinschule...*

4 Notiere auf Karteikarten zu den Begriffen aus Aufgabe 3 stichwortartig die wichtigsten Informationen.

Schillers lange Zeit schwierige finanzielle Situation, die Abhängigkeit von Gönnern sowie die Unfreiheit in politischen Ansichten ließen ihn in seinen Werken in ideale Welten flüchten. Für das Gute, die Freiheit und die Wahrheit lässt er seine Figuren Konventionen brechen, Freiheit fordern, ja zum Mord an Herrschenden aufrufen.

5 Lest im Tandem die Zitate aus drei von Schillers Werken. Besprecht, wie sich seine Vorstellungen von der ästhetischen Erziehung der Menschen darin widerspiegeln. Ergänzt eure Gedanken auf der Karteikarte von Seite 241, Aufgabe 5.

„Wer nichts waget, der darf nichts hoffen." (aus: Wallenstein 7. Auftritt/Wachtmeister)

„Was man nicht aufgibt, das hat man nie verloren." (aus: Maria Stuart, II, 5 / Elisabeth)

„Die Lüge muß hier gangbare Münze sein, wenn die Wahrheit so wenig Glauben findet." (aus: Kabale und Liebe V,2 / Ferdinand)

6 Schreibe einen informierenden Text über Friedrich Schiller. Gehe so vor:
- Überlege, was du über Friedrich Schiller mitteilen möchtest.
- Notiere eine passende Überschrift. Schreibe eine Einleitung, in der du den Dichter kurz vorstellst und einen interessanten Punkt erwähnst.
- Schreibe den Hauptteil. Notiere Zwischenüberschriften und formuliere einen zusammenhängenden Text mithilfe der Informationen auf deinen Karteikarten.
- Schreibe einen Schluss, in dem du auf einen wichtigen Aspekt eingehst.

Seite 233 einen informierenden Text materialgestützt schreiben

7 Überprüft eure Texte im Tandem und gebt einander Feedback. Orientiert euch an der Checkliste von Seite 233. Überarbeitet anschließend eure Texte, wenn nötig.

Seite 289 Texte korrigieren und überarbeiten

8 Bereitet in der Gruppe einen bildgestützten Vortrag zur Epoche der Klassik sowie zu Friedrich Schiller vor. Nutzt dazu eure Karteikarten der Seiten 240–243 und übt den Vortrag.

9 Haltet euren Vortrag in der Klasse. Geht dabei auch auf die Zitate aus Aufgabe 5 ein und diskutiert, ob diese auch für euch Gültigkeit haben.

Seite 268 einen Vortrag vorbereiten und halten

Von Zauberern, Helden und Liebe – die Literatur des Mittelalters

1 Lies die folgenden Informationstexte zur Literaturepoche des Mittelalters und zu einem Beispiel. Notiere die wichtigsten Informationen auf einer Karteikarte.

Als Mittelalter wird die auf die Antike folgende und der Neuzeit vorangehende geschichtliche Epoche bezeichnet. Es wird davon ausgegangen, dass das Mittelalter mit dem Untergang der antiken Welt (3.–5. Jahrhundert) beginnt und um 1500 mit der Reformation endet. […]
Die aus dieser Zeit überlieferte Literatur ist vielfältig. So stammen Zauber- und Segenssprüche sowie das „Hildebrandslied“ aus dem frühen Mittelalter und sind in althochdeutscher Sprache verfasst. Die Literatur des hohen Mittelalters, meist in mittelhochdeutscher Sprache, besteht aus Verserzählungen (Heldenepen z. B. von Hartmann von Aue und Wolfram von Eschenbach), die vom höfischen Leben und ritterlichen Bewährungsproben erzählen. Ebenfalls auf mittelhochdeutsch geschrieben und gesungen wurden die Lieder des Minnesangs, in welchen Minnedichter ihre Liebe und Verehrung für meist adlige Frauen in Gedichten ausdrückten (Walther von der Vogelweide).

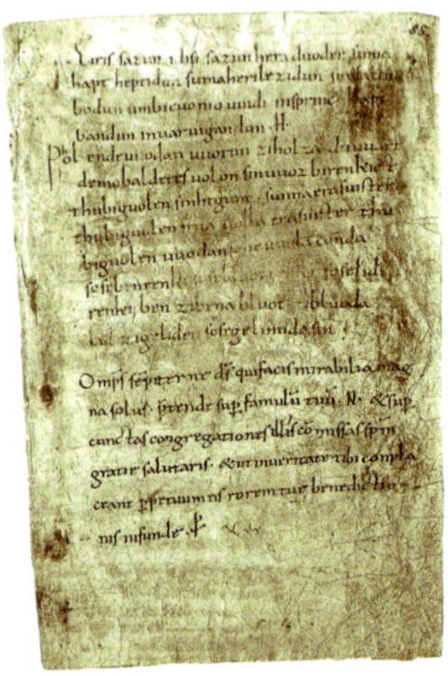

Die Merseburger Zaubersprüche
Auf einem sehr alten Blatt einer Sammelhandschrift der Merseburger Domstiftsbibliothek (Hs 136) sind zwei Sprüche in althochdeutsch überliefert: die sogenannten Merseburger Zaubersprüche. Die Zeilen geben magische Beschwörungsformeln aus vorchristlicher Zeit in seltener Ursprünglichkeit wieder und halten damit heidnisch-germanisches Brauchtum fest. […] Die Aufzeichnung dürfte, wie man jetzt annimmt, im ersten oder zweiten Drittel des 10. Jahrhunderts erfolgt sein. […] Die Merseburger Zaubersprüche erhielten ihren Namen nach dem Fundort.

2 Lies den althochdeutschen Text des zweiten Merseburger Zauberspruchs links laut vor dich hin.

Zweiter Merseburger Zauberspruch (in normalisierter Orthografie)

Phôl ende Wuodan fuorun zi holza.
Dû wart demo balderes folon sîn fuoz birenkit.
thû biguol en Sinthgunt, Sunna era
swister;
thû biguol en Frîja, Folla era swister;
thû biguol en Wuodan, sô hê wola conda:
sôse bênrenki, sôse bluotrenki,
sôse lidirenki:
bên zi bêna, bluot zi bluoda,
lid zi geliden sôse gelîmida sîn.

Phol und Wodan begaben sich in den Wald.
Dort wurde dem Fohlen Balders der Fuß gerenkt.
Da besangen ihn Sinhtgunt und Sunna, ihre
Schwester.
Da besangen ihn Frija und Volla, ihre Schwester.
Da besang ihn Wodan, so wie er es gut verstand:
Wenn Knochenrenkung, wenn Blutrenkung,
wenn Gelenkrenkung:
Knochen zu Knochen, Blut zu Blut,
Glied zu Glied! So seien sie zusammengefügt!

3 Lest die Übersetzung des Zauberspruchs rechts. Tauscht euch im Tandem über euren ersten Eindruck und den Inhalt des Spruchs aus.

4 Klärt folgende Fragen in der Gruppe: Worum geht es im Zweiten Merseburger Zauberspruch? Welchen Zweck hatte er? Woran erkennt man, dass es sich um einen Zauberspruch handelt? Legt eine Karteikarte zu Zaubersprüchen an und macht euch Notizen.

TIPP
Geht auf Wiederholungen, Klang, Buchstaben, Buchstabenfolgen und Wortendungen ein.

5 Untersucht jetzt im Tandem die sprachlichen Besonderheiten des Originaltextes des Zweiten Merseburger Zauberspruchs im Vergleich zur Übersetzung.

6 Lies den folgenden Informationstext zum Nibelungenlied.

Das Nibelungenlied ist eines der bekanntesten literarischen Werke des Mittelalters und wegen seiner Themen um Liebe, Rache, Neid und Tod bis heute von Bedeutung. Es berichtet vom mutigen und starken Königssohn Siegfried von Xanten, der viele Abenteuer erlebte, von Rittern bewundert und den Frauen begehrt wurde. Das Nibelungenlied wurde lange ausschließlich mündlich weitergegeben und in nur drei bedeutenden Handschriften aus dem 13. Jahrhundert überliefert. Diese aufwändig verzierten Kunstwerke wurden erst im 18. Jahrhundert wiederentdeckt. Sie sind heute Weltdokumentenerbe und werden in verschiedenen Bibliotheken aufbewahrt.

7 Lest den Textauszug, der auf neuhochdeutsch[1] verfasst ist, und tauscht euch in der Gruppe über das Werk und seine Handlung aus.

„Siegfried der Drachentöter?“, fragte König Giselher. […] „Was wisst Ihr von ihm, Freund Hagen?“, fragte König Gunther. „Man kann ihn nicht töten“, sagte Hagen, „seine Haut ist vollständig mit Horn überzogen. Er hat sich im Blut des erschlagenen Drachen gebadet, da ist ihm ein Panzer gewachsen, der ihn unverwundbar macht. Außerdem besitzt er die Tarnhaut, mit der er sich jedem Blick entziehen kann, die hat er dem Zwerg Alberich abgenommen, dem Hüter des Nibelungenhorts[2], und er besitzt auch das Schwert Balmung, das schärfste aller Schwerter […]!“ […]

[1] neuhochdeutsch: unsere heutige Sprache, die sich im 16./17. Jh. entwickelte

[2] Nibelungenhort: sagenumwobener Schatz der Nibelungen, eines germanischen Volkes

8 Lest im Tandem die ersten Verse des Nibelungenliedes. Achtet auf die Aussprache:
- ei → als e und i sprechen
- verbundene Vokale (œ, œ, öu, üe) → als Umlaute sprechen
- das a bei klagen und sagen → kurz sprechen wie „klaggen“, „saggen“
- o und u werden ebenfalls ganz kurz gesprochen
- Vokale mit dem Zeichen ^ → lang sprechen

Uns ist in alten mæren
Von helden lobebæren,
von fröuden, hôchgezîten,
von küener recken strîten

Wunders vil geseit
Von grôzer arebeit,
von weinen und von klagen,
muget ír nu wunder hœren sagen.

TIPP
Achtet z. B. auf Groß- und Kleinschreibung, Vokale und die Wortstellung

9 Versucht im Tandem den Text zu übersetzen. Beschreibt, was euch an der mittelhochdeutschen Sprache aufgefallen ist. Legt eine Karteikarte dazu an und macht euch Notizen.

10 Stellt euch eure Ergebnisse zur Literatur des Mittelalters mithilfe eurer Karteikarten in der Gruppe vor.

Ich saz ûf eime steine – Walther und der Minnesang

Der Minnesang bezeichnet die ritterlich-höfische Liebeslyrik im Mittelalter. Minne bedeutet Liebe oder Verehrung. Die Dichter bedachten und verehrten die meist adligen Frauen mit ihren Liebesgesängen. Walther von der Vogelweide gilt als populärster Vertreter des Minnesangs.

○ **1** Lies den Text über Walther von der Vogelweide. Notiere wichtige Fakten.

Walther von der Vogelweide, mittelhochdeutscher Minnesänger und Sangspruchdichter, * um 1170, † um 1230; seine Herkunftsregion (Südtirol, Österreich oder Franken) und sein Geburtsstand sind unsicher, vermutlich gehörte er nicht dem Adel an, sondern war ein Berufsdichter, der sich an verschiedenen Fürstenhöfen etablieren konnte [...]; am Wiener Hof Schüler *Reinmars von Hagenau*, [...]; seit 1220 sesshaft auf dem ihm vom Kaiser (Friedrich II] geschenkten Lehen[1] in oder bei Würzburg; angeblich im Kreuzgang des Würzburger Münsters bestattet. Walther von der Vogelweide führte den Minnesang und die Sangspruchdichtung [...] zu einem neuen Höhepunkt. In Auseinandersetzung mit dem höfischen Minnesang [...] wandte er sich mit seinen „Mädchenliedern" und den „Liedern der Niederen Minne" von der reinen Standesdichtung ab und schuf ein neues Ideal von gegenseitiger Liebe, Sinnlichkeit und Gleichwertigkeit von Tugendadel und Geburtsadel. Mit Elementen aus Tanzlied, Vagantendichtung[2] und Pastorelle[3] erweiterte Walther das Themen- und Formenspektrum. [...] wichtigste Neuerung ist die Einführung aktuell politischer Themen (Kritik am drohenden Zerfall des Reiches und am päpstlichen Machtanspruch). Im Spätwerk finden sich auch religiöse [...] und elegische Gedichte. [...]

[1] Lehen: Grundbesitz, z. B. ein Stück Land

[2] Vagantendichtung: lateinische Lyrik im Mittelalter

[3] Pastorelle: mittelalterliche Lyrik, in der ein Ritter um eine Schäferin wirbt

○ **2** Lies das Gedicht von **Walther von der Vogelweide**. Sieh dir dann die Übersetzung an.

Ich saz ûf eime steine
und dahte bein mit beine:
dar ûf sazte ich den ellenbogen
ich hete in mîne hant gesmogen
daz kinne und ein mîn wange.
Dó dâhte ich mir vil ange,
wie man zer welte solte leben:
deheinen rât kond ich gegeben
wie man driu dinc erwurbe,
der keines niht verdurbe.
diu zwei sint êre und varnde guot,
daz dicke ein ander schaden tuot:
daz dritte ist gotes hulde,
der zweier übergulde.
diu wolte ich gerne in einen schrîn:
jâ leider desn mac niht gesîn,
daz guot und weltich êre
und gotes hulde mêre
zesamene in ein herze komen.

Ich saß auf einem Stein
und schlug ein Bein über das andere.
Darauf stützte ich meinen Ellenbogen,
In meine Hand legte ich
mein Kinn und meine Wange.
Da dachte ich lange darüber nach,
wie man in der Welt leben sollte.
Ich konnte keinen Rat finden,
wie man drei Dinge erwerben könnte,
so dass keines verderbe.
Die [ersten] zwei sind Ehre und vergängliche Güter,
die einander ziemlich schaden:
das dritte ist die Huld [Gnade] Gottes,
das die beiden [anderen] übertrifft.
Die drei hätte ich gern in einem Schrein:
ja leider wird das wohl nicht möglich sein,
dass weltliches Gut und Ehre
und Gottes Huld
zusammen in ein Herz kommen.

stîg unde wege sint in benomen;
untriuwe ist in der sâze,
gewalt vert ûf der strâze,
fride unde reht sint sêre wunt.
diu driu enhabent geleites niht,
diu zwei enwerden ê gesunt.

Stege und Wege sind ihnen verwehrt,
Untreue liegt im Hinterhalt,
Gewalt herrscht auf der Straße,
Frieden und Recht sind sehr verletzt.
Die drei haben keinen Schutz,
bevor die beiden nicht genesen.

3 Tauscht euch im Tandem über das Gedicht von Walther von der Vogelweide aus. Beantwortet dabei die folgenden Fragen:
- Welche drei Dinge sind für den lyrischen Sprecher erstrebenswert?
- Was spricht dagegen, sie gleichzeitig zu erlangen?
- Welche Gedanken des Dichters sind auch heute noch aktuell?

4 Vergleicht in der Gruppe die mittelhochdeutsche Sprache des Gedichts mit dem Neuhochdeutschen. Nennt Merkmale des Mittelhochdeutschen.

5 Schreibe einen informierenden Text für die Schülerzeitung der Walther von der Vogelweide-Schule. Informiere über die Zeit des Mittelalters und den Dichter, sein Werk und den Minnesang. Gehe so vor:
- Sieh dir deine Karteikarten an und überlege, welche Informationen du für den Text benötigst. Beachte, für wen du den Text schreibst.
- Notiere eine passende Überschrift und schreibe eine Einleitung.
- Schreibe den Hauptteil. Formuliere einen zusammenhängenden Text mithilfe der passenden Informationen von deinen Karteikarten.
- Schreibe einen Schluss.

TIPP
Lege eine Mindmap zu allen Informationen an. Nutze sie dann für deinen Vortrag.

Seite 233
einen informierenden Text materialgestützt schreiben

6 Überprüft eure Texte im Tandem und gebt einander Feedback. Orientiert euch an der Checkliste von Seite 233. Überarbeitet anschließend eure Texte, wenn nötig.

Seite 269
Feedback

Seite 289
Texte korrigieren und überarbeiten

Merke
Materialgestütztes Schreiben mit einem Schreibziel

Beim Schreiben eines Textes mit einem **Schreibziel** muss eine konkrete **Erwartung** berücksichtigt werden. Diese hängt ab:
- vom **Thema** → Was wird gefragt? Was soll untersucht werden?
- vom **Adressaten** → Wer liest den Text?
- von der **Textart** und ihrer **Funktion** → Rezension, Sachbuchartikel, Anleitung …
  → informieren, appellieren, argumentieren

Um einen Text mit Schreibziel zu verfassen, muss das **Material** entsprechend dem Schreibziel **ausgewählt** und **genutzt** werden.

7 Bereitet in der Gruppe einen bildgestützten Vortrag zur Literatur des Mittelalters und Walther von der Vogelweide vor. Nutzt dazu eure Karteikarten der Seiten 244–247 und übt den Vortrag.

Seite 268
einen Vortrag vorbereiten und halten

8 Haltet euren Vortrag in der Klasse. Diskutiert, welche Bedeutung Begriffe wie Treue, Rache, Ehre, Held und Liebe im Mittelalter hatten und welche Rolle sie für euch spielen.

Vom Satz zum Text

Der Satz ist eine selbstständige Einheit. Häufig aber äußern wir Folgen von Sätzen, nämlich Texte. Der Übergang vom Satz zum Text erfolgt durch Satzverbindungen.

[1] Romanfragment, das: unvollendeter, unvollständiger Roman

1 Lies die Kurzfassung des Romanfragments[1] „Heinrich von Ofterdingen" von Novalis.

a Nachdem die Berichte des Fremden in ihm eine Sehnsucht nach der Ferne geweckt haben, führt die Handlung des Romans den jungen Heinrich durch eine verklärt gesehene, mittelalterliche Welt.
b Durch eine trauernde arabische Gefangene lernt er die Folgen der Kreuzzüge kennen, während das Reich des Unterirdischen ihm durch einen alten Bergmann vorgestellt wird.
c Heinrich kommt schließlich zu dem Dichter Klingsohr, sodass er dessen Tochter Mathilde kennenlernt und sich in diese verliebt.
d Im 2. Teil des Romans verlässt Heinrich Augsburg als Pilger, weil seine geliebte Mathilde kurz vorher verstarb.

2 Übernimm die Sätze aus Aufgabe 1 in dein Heft und markiere in jedem Satz die finiten Verbformen.

3 Vergleicht eure Ergebnisse aus Aufgabe 2 im Tandem. Unterstreicht dann mit einer anderen Farbe die ein- und zweiteiligen Prädikate. Bestimmt ihre Form, z. B. *Satz 1: (sie) haben geweckt - zweiteilig (3. Person Plural Perfekt Indikativ Aktiv), ...*

4 Ordne die Sätze aus Aufgabe 1 den drei Satzarten zu.

Verberstsatz | *Verbzweitsatz* | *Verbletztsatz*

Seite 294
Prädikat

5 Ordnet im Tandem die Satzarten aus Aufgabe 4 ihren jeweiligen Funktionen zu.

Aussage | *Frage* | *Aufforderung*

6 Schreibe zu jeder Satzart aus Aufgabe 4 ein eigenes Beispiel auf. Notiere die Funktion des jeweiligen Satzes. Nutze das Bild als Anregung.

7 Schreibe den folgenden Text ab.

Der erste Teil von Novalis' Roman („Die Erwartung") endet mit Klingsohrs Märchen von Eros und Fabel und dem Beginn eines neuen Goldenen Zeitalters. Der zweite Teil des Romans sollte nach Novalis' Plan „Die Erfüllung" heißen allerdings musste der Autor seine schriftstellerische Arbeit krankheitsbedingt abbrechen. Es entstanden nur noch wenige Seiten Text. In diesem Teil verlässt Heinrich nach Mathildes Tod als Pilger Augsburg und gelangt zu einem Einsiedler. Dieser deutet ihm die „unmittelbare Sprache" der Natur und wiederholt die Ankündigung des Goldenen Zeitalters. Aus Novalis' Entwürfen und Tiecks Herausgeber-Bericht weiß man dass Heinrich noch durch weitere Welten und Zeiten geführt werden sollte.

8 Markiere in jedem Teilsatz aus Aufgabe 7 die finite Verbform. Notiere dann die Satzmuster zu jedem Satz und setze die Satzzeichen, z. B. *Satz 1: HS (Hauptsatz); Satz 2: …*

Seite 293 Satzreihen/ Satzgefüge

9 Welche der folgenden Teilsätze gehören zusammen? Verbinde sie zu Satzgefügen und Satzreihen. Unterstreiche in den Teilsätzen jeweils die Konjunktion und die finite Verbform.

TIPP
Achtet auf die Stellung der finiten Verbformen.

Die Romanfigur Heinrich von Ofterdingen verlässt die Heimat,	verließ Heinrich Augsburg als Pilger.
Der Roman gilt als wichtiges Werk der Romantik,	aber diese stirbt schon kurze Zeit später.
Der zweite Teil des Romans blieb unvollendet,	weil die Berichte eines Fremden Fernweh in ihm ausgelöst haben.
Heinrich verliebt sich heftig in Mathilde,	sodass Ludwig Tieck diesen postum veröffentlichte.
Nachdem Mathilde verstarb,	denn Novalis' Gesundheitszustand verschlechterte sich stetig.
Novalis starb vor der Fertigstellung des Romans,	obwohl es von einigen Zeitgenossen kritisiert wurde.

10 Lest einander im Tandem jeden Satz aus Aufgabe 9 vollständig vor. Klärt, ob es sich um eine Satzreihe oder ein Satzgefüge handelt und begründet.

11 In den folgenden Sätzen fehlen die Konjunktionen. Schreibe jeden Satz ab, ergänze die passende Konjunktion und setze das Komma.

um | *nachdem* | *weil* | *obwohl* | *da* | *dass*

a Viele Lesenden sind vom Roman „Heinrich von Ofterdingen" fasziniert ▬ der besondere Erzählstil einen unwiderstehlichen Sog entwickelt.
b Diese Faszination wurde schon von den meisten Zeitgenossen empfunden ▬ Heinrich Heine und Clemens Brentano dem Roman mit Ablehnung begegneten.
c Es darf also nicht verwundern ▬ der Roman neben Tiecks „Franz Sternbalds Wanderungen" und Brentanos „Godwi" als einer der bedeutendsten Romane der Frühromantik gilt.
d Der Roman muss als Abgrenzung zum klassischen Bildungsroman verstanden werden ▬ sich der Protagonist nicht in der Realität bewegt.
e Ludwig Tieck sorgte für die Veröffentlichung des Romans ▬ Novalis nach langer Krankheit gestorben war.
f Schlegel und Tieck veröffentlichten die zum Teil unvollendet gebliebenen Werke des jung Verstorbenen ▬ dessen Werk in der Öffentlichkeit bekannt zu machen.

12 Der letzte Satz unterscheidet sich von den anderen Sätzen. Tauscht euch in der Klasse aus, was das Besondere an diesem Satz ist.

Komma gesetzt?

1 Überprüft die folgenden Aussagen im Tandem. Korrigiert falsche Aussagen.

a Satzreihen bestehen aus einem Hauptsatz und einem oder mehreren Nebensätzen.
b Satzgefüge bestehen aus zwei (oder mehreren) Hauptsätzen.
c Satzreihen werden durch nebenordnende Konjunktionen verbunden.
d Satzgefüge werden durch unterordnende Konjunktionen verbunden.
e Nebenordnende Konjunktionen sind: weil, da, damit, wenn, sodass, falls, indem, während, dass, obwohl
f Unterordnende Konjunktionen sind: und, aber, oder, doch, denn, trotzdem.

2 Verbinde die Satzpaare mithilfe der Konjunktionen zu Satzreihen. Schreibe sie ab und setze Kommas, wenn nötig.

sondern *denn* *aber* *und*

Eine literarische Epoche ist ein Abschnitt der Literaturgeschichte.	Sie umfasst zeitspezifische Werke.
Walther von der Vogelweide gilt als bedeutender Vertreter des mittelalterlichen Minnesangs.	Er schrieb zahlreiche Minnelieder.
Friedrich Schiller ist nicht nur ein Vertreter der Klassik.	Er gilt auch als Vorreiter der Epoche des Sturm und Drang.
Theodor Fontane gilt als erfolgreicher Schriftsteller des Realismus.	Auch Theodor Storm erzielte mit seinen Werken Erfolge.

3 Lies die folgenden Sätze. Entscheide, ob es sich um Satzreihen oder Satzgefüge handelt und notiere deine Ergebnisse, z. B.
Satzreihe: (1), Satzgefüge: ...

(1) Es können rund 20 Literaturepochen unterschieden werden, begonnen wird bei der Zählung mit dem Mittelalter als literarischer Epoche. (2) Das liegt darin begründet, dass es für die Zeit davor zu wenig erhaltene Werke und Schriften gibt. (3) Es ist wichtig zu verstehen, dass die meisten Epochen in Beziehung zueinander stehen und teilweise nebeneinander existieren. (4) Deshalb ist es nicht immer möglich, eine Autorin oder einen Autor strikt einer Epoche zuzuordnen. (5) Weil viele gesellschaftliche Prozesse gleichzeitig ablaufen und sich gegenseitig bedingen, ist eine strenge zeitliche Einteilung kaum möglich.

4 Setze die Wörter und Wortgruppen in die folgenden Sätze ein. Schreibe sie auf und setze die Kommas.

und zwar *insbesondere* *nämlich* *wie*

a Die Literatur des Mittelalters ist äußerst vielfältig ▬ zahlreiche Beispiele zeigen.
b Die älteste mittelhochdeutsche Handschrift ▬ der Codex Menasse ist gleichsam die umfangreichste deutsche Liedersammlung.

c Die mittelalterliche Literatur ▬ die Heldenepen zieht noch heute zahlreiche Lesenden in ihren Bann.
d Die Nibelungensage wurde auch als Oper vertont ▬ von Richard Wagner.

5 Besprecht im Tandem, worauf sich die **näheren Erläuterungen** in den Sätzen von Aufgabe 4 jeweils beziehen.

Seite 295 nähere Erläuterung

6 Verbinde die folgenden Sätze zu einem Satz mit **Apposition**, die eine zusätzliche Information gibt. Markiere das Wort, welches die Apposition näher bestimmt.

Seite 295 Apposition

a Goethe lernt Schiller an einem Sonntag in Rudolstadt kennen. Es war der 7. September 1788.
b Goethe verhält sich zunächst zurückhaltend gegenüber Schiller. Goethe ist der ältere von beiden.
c Die Freundschaft hält bis zu Schillers frühem Tod. Die Freundschaft geht Goethe erst sechs Jahre nach dem ersten Treffen ein.
d Schiller und Goethe prägen mit ihren Werken die Epoche der Weimarer Klassik. Als „Dichterfürsten“ werden Schiller und Goethe auch bezeichnet.

7 Diktiert euch abwechselnd folgende Sätze mit **Infinitivgruppen**. Setzt Kommas und begründet, warum ihr diese gesetzt habt.

Seite 296 Infinitivgruppen

a Über die Literatur des Realismus kann nicht gesprochen werden ohne Theodor Fontane und Theodor Storm zu nennen.
b Außer der Novelle „Der Schimmelreiter“ sind als weitere Werke noch Storms „Immensee“, „Pole Poppenspäler“ oder „Der kleine Häwelmann“ zu nennen.
c Anstatt sich oft zu sehen schrieben sich Fontane und Storm regelmäßig Briefe.
d Sie unterhielten diese Brieffreundschaft um sich z. B. über Literatur austauschen zu können.
e So inspirierten sie sich gegenseitig statt einander zu meiden.

8 Partizipialgruppen, die aus mehreren Wörtern bestehen, können wie Nebensätze betrachtet werden. Schreibe die Sätze ab, markiere die **Partizipialgruppe** und die Kommas.

Seite 296 Partizipialgruppen

a Das Meer und seine Heimatstadt sehr liebend, verbrachte Storm fast sein ganzes Leben im Norden von Deutschland.
b Seine Heimatstadt Husum, bekannt als „Graue Stadt am Meer“, tut viel für seinen berühmten Bürger.
c Gewissenhaft arbeitend, wurde Storm während des Deutsch-Dänischen Krieges zum Landvogt gewählt.

9 Formuliert im Tandem vier eigene Sätze mit Partizipialgruppen. Erläutert einander, wo und warum man die Kommas setzen muss.

TIPP
Orientiert euch an den Sätzen in Aufgabe 8.

Romantische, klassische und realistische Novellen

1 Diktiert einander im Tandem den Text. Prüft anschließend, ob die Kommas richtig gesetzt wurden.

Gottfried Keller

Kleider machen Leute

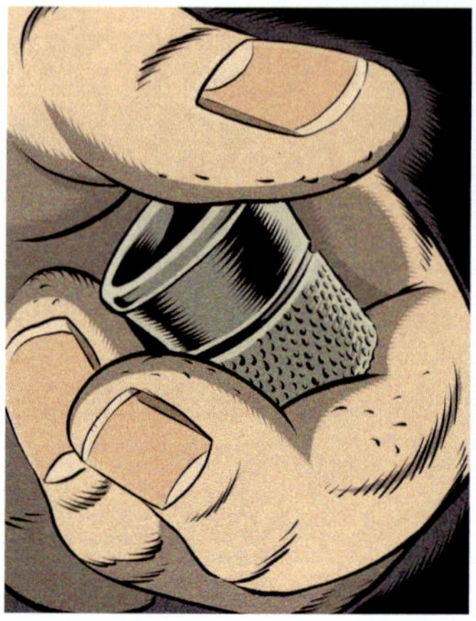

Im Mittelpunkt der Novelle steht Wenzel Strapinski, der sich als arbeitsloser Schneidergeselle auf Wanderschaft begeben hat. Eines Tages wird er für einen polnischen Grafen gehalten, denn seine Kleidung und sein Auftreten wirken elegant. Nettchen, die Tochter eines reichen Amtmanns, verliebt sich in den vermeintlichen Grafen. Ein eifersüchtiger Nebenbuhler sorgt allerdings dafür, dass die Wahrheit auf dem Verlobungsfest ans Licht kommt. Strapinski flieht, seine Braut aber findet ihn, rettet ihn vor dem Erfrieren und stellt ihn zur Rede. Nachdem sie sich davon überzeugt hat, dass seine Liebe echt ist, folgt die Hochzeit. Wenzel gründet mit Nettchens Vermögen ein Geschäft und bringt es zu Wohlstand und Ansehen, womit das Sprichwort „Kleider machen Leute" Gültigkeit zeigt.

2 Markiere in jedem Satz die finite Verbform.

3 Notiere, ob es sich bei den Sätzen um Satzreihen oder Satzgefüge handelt.

4 Verbinde die folgenden Sätze zu Satzreihen oder Satzgefügen. Verwende die angegebenen Konjunktionen, z. B. *a Der Deich spiegelt Hauke Haiens Leben wider, weil er anfänglich hält und später bricht.*

Theodor Storm

Der Schimmelreiter

a Der Deich spiegelt Hauke Haiens Leben wider. – Anfänglich hält der Deich und später bricht er. (weil)
b Haukes Leben verläuft anfangs in ruhigen Bahnen. – Der Deich hält. (und)
c Später bricht der Deich. – Gleichermaßen bricht Haukes Leben. (weil)
d Der Deich symbolisiert den Kampf des Menschen mit der Natur. – Der Deich ist auch Hauke Haiens Lebenswerk. (aber)
e Der Schimmel ist ein Dingsymbol der Novelle. – Der Schimmel symbolisiert den Teufel und das Unheil. (denn)

5 Prüft im Tandem eure Sätze aus Aufgabe 4. Nennt die Konjunktionen, die Hauptsätze miteinander verbinden, und die Konjunktionen, die Haupt- und Nebensätze verbinden.

6 Lies den folgenden Text. Schreibe ihn ab und setze die Satzzeichen.

Annette von Droste-Hülshoff
Die Judenbuche
Das Dingsymbol in dieser Novelle stellt eine Buche dar denn in deren unmittelbarer Nähe geschehen alle negativen Dinge der Geschichte Vier Menschen sterben dort deshalb gilt die Buche als Endstation eines zerstörten oder verfehlten Lebens Die Bäume werden abgeschlagen und stellen das Symbol für die Toten dar Die Ereignisse im Brederwald sind schon deshalb düster weil sie immer in der Dämmerung geschehen. Die Buche steht als Symbol für ein unheilvolles Ereignis.

7 Schreibe den folgenden Text ab. Markiere die Hauptsätze rot und die Nebensätze blau. Kreise die Konjunktionen und Relativpronomen ein.

E.T.A. Hoffmann
Der goldne Topf
Hoffmann stellt in der Novelle dar, dass sich das Reich der Fantasie mit der bürgerlichen Welt nicht verträgt. Die Wirklichkeit und die mystische Welt wechseln sich ab und gehen zuletzt, sich wechselseitig ergänzend, ineinander über. Der Höhepunkt des Konflikts findet sich in der Gefangenschaft des Studenten Anselmus in der Flasche, als er es letztendlich schafft, die bürgerliche Welt zu überwinden. Der Spiegel oder Spiegelungen tauchen in Hoffmanns Werk an zahlreichen Stellen auf und verweisen immer wieder auf dessen Funktion als verzerrtes Abbild der Wirklichkeit. Das Motiv greift Hoffmann auch in Kristallen oder Edelsteinen, die reflektieren, auf. Der Spiegel dient der Überprüfung der Realität, deshalb kann er Fantasie und Wirklichkeit trennen.

8 Lies den folgenden Text.

Heinrich von Kleist
Michael Kohlhaas
Die beiden Pferde von Michael Kohlhaas, die ihm entwendet wurden, sind ein Leitmotiv der Novelle. Sie durchziehen die Geschichte und sind Anlass und Gegenstand für den Rechtsstreit und den nachfolgenden Rachefeldzug von Kohlhaas. Sie spiegeln außerdem seinen inneren Zustand und seine Rechtschaffenheit wider.
Nachdem die Pferde geschändet wurden, ist auch Kohlhaas nicht mehr rechtschaffen, sondern gewalttätig und schrecklich. Als die Pferde am Ende der Novelle wieder wohlgenährt sind, scheint auch die Rechtschaffenheit von Michael Kohlhaas wiederhergestellt.

9 Zerlege die Satzreihen und Satzgefüge aus dem Text in möglichst viele Hauptsätze. Schreibe sie auf.

10 Lest einander im Tandem eure Hauptsätze vor. Klärt, welche Wirkung die kurzen Hauptsätze vermitteln.

Prüfungsvorbereitung

Sich auf die Abschlussprüfung vorbereiten

Das wiederholst du jetzt:
- eine Erörterung verfassen
- eine Sachtextanalyse verfassen
- einen literarischen Text produktiv bearbeiten

Vor der Prüfung

Selbstverständlich solltest du dich auf die Prüfung vorbereiten bzw. dafür üben. Dabei gilt:

- Es ist besser, regelmäßig über einen längeren Zeitraum zu arbeiten als unmittelbar vor einer Prüfung stundenlang am Stück.
- Mache dich mit den Anforderungen vertraut, die auf dich in der Prüfung warten. Verwende frühere Prüfungen als Übungsmaterial.
- Arbeite mindestens einmal unter Prüfungsbedingungen (dieselbe Zeit, dieselben Hilfsmittel bzw. Materialien).
- Am Prüfungstag solltest du ausgeschlafen sein und etwas gegessen haben (auch dann, wenn du nervös bist und glaubst, keinen Hunger zu haben).

In der Prüfung

1. Aufgabenstellung analysieren

- Lies zuerst die Aufgabe(n) genau. Markiere die Operatoren.
- Mache dir mithilfe der Operatoren klar, was von dir erwartet wird.
- Falls es Wahlaufgaben gibt, entscheide dich jetzt für eine Aufgabe.

Seite 298
Operatoren

2. Zeit einteilen

Bei Prüfungen hat sich das Zeitschema 2-3-1 bewährt, d.h. man verwendet zwei von sechs Zeiteinheiten für die Vorbereitung, drei Zeiteinheiten für das Schreiben und eine für die Korrektur.

2-3-1 Zeitschema

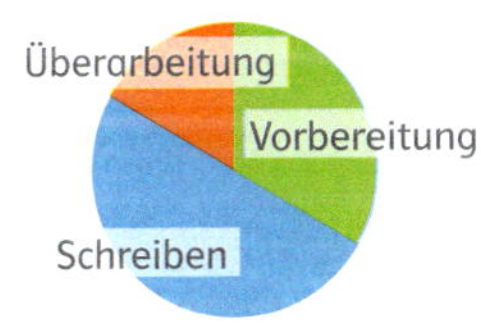

3. Prüfung vorbereiten

- Beschäftige dich mit dem Thema der Aufgabe und lies die zugrunde gelegten Texte gründlich.
- Wenn Texte vorgegeben sind, solltest du den Inhalt stichwortartig zusammenfassen. Markiere Stellen, die du zitieren willst.
- Lege einen Schreibplan an, er hilft dir anschließend deinen Text schneller und strukturierter zu schreiben.
- Wenn du alle wichtigen Inhaltsaspekte gesammelt hast, solltest du sie gliedern. Nummeriere deine Stichpunkte.

4. Prüfung schreiben

- Nutze für die Niederschrift deinen Schreibplan. Wenn du Angst vor dem weißen Blatt hast, verwende einen Standardeinleitungssatz, z.B.
  Achte beim Schreiben auf eine klare Gliederung. Mache Absätze und lasse Zeilen zwischen den Hauptteilen der Arbeit frei.

In seinem 1771 erschienenen (= Erscheinungsdatum) Gedicht (= Textart) „Maifest" (= Titel) von Johann Wolfgang Goethe (= Autor) geht es um die leidenschaftliche Liebe (= Thema)

- Bevor du einen neuen Absatz beginnst, lies den bereits geschriebenen Absatz noch einmal. Dabei kannst du Fehler erkennen, Wiederholungen vermeiden und die Übergänge sprachlich elegant gestalten.

5. Prüfung überarbeiten

Überprüfe deine Arbeit abschließend in gesonderten Korrekturdurchgängen (je einen für Inhalt, Ausdruck und äußere Form).

Kapitel 1

Eine Erörterung verfassen

1 Thema und strittige Frage klären → **2** Stoffsammlung erstellen → **3** eigenen Standpunkt entwickeln → **4** Gliederung erstellen → **5** Erörterung schreiben → **6** Erörterung überarbeiten

1 Mache dir das Thema in seinem ganzen Umfang bewusst. Forme eine Entscheidungsfrage, die sich mit „Ja" oder „Nein" beantworten lässt. Zur Erfassung des Themas kannst du

- Fragen an das Thema stellen und sie für dich beantworten.
- wichtige Begriffe klären bzw. hinterfragen.
- das Thema in Teilthemen zerlegen.
- das Thema in einen übergeordneten Zusammenhang stellen.

Beispiel zu 1

Bundes-Freiwilligendienst.de: Was ist ein FSJ?

FSJ ist die Abkürzung für das Freiwillige Soziale Jahr. Es handelt sich dabei um eine ehrenamtliche, über mehrere Monate laufende Tätigkeit in insbesondere sozialen Bereichen für Jugendliche.
Genauer gesagt handelt es sich beim FSJ um ein soziales Bildungsjahr für Menschen im Alter von 17 bis 27 Jahren. Die Vollzeitschulpflicht muss abgeschlossen sein. Die Jugendlichen leisten unterstützende Tätigkeiten, zum Beispiel in Behinderteneinrichtungen, Altenheimen oder Krankenhäusern. Zudem besuchen sie Seminare, die der Entwicklung der Persönlichkeit dienen. Die Teilnehmer bekommen so die Chance, einen tiefen Einblick in die unterschiedlichen Einsatzfelder sozialer Berufe zu erlangen.
Darüber hinaus lernen die jugendlichen Freiwilligen Schritt für Schritt ihre eigenen Kompetenzen kennen und sehen, wie ihr Handeln von Dritten wahrgenommen und eingeschätzt wird. Das FSJ dient somit auch der beruflichen Orientierung: Nach Abschluss der Freiwilligentätigkeit weiß man genau, ob ein sozialer Beruf das Richtige für den eigenen Werdegang ist.
Dennoch ist das Freiwillige Soziale Jahr keine Ausbildung sowie kein Arbeitsverhältnis. Die Freiwilligen entwickeln ihre Kritik-, Kommunikations- und Kooperationsfähigkeit. Sie bekommen Einblick in soziale sowie kulturelle Zusammenhänge und werden in die Lage versetzt, ihre eigenen Wertvorstellungen neu zu hinterfragen.
Vor allem aber zeigen Jugendliche und junge Menschen während des sozialen Jahres ihr Engagement für ihre Mitmenschen. Sie tun etwas für andere, verantwortungsvoll, freiwillig, ehrenamtlich.

Kontra-Argumente:
- *ehrenamtlich, d. h. keine (richtige) Bezahlung*
- *hoher Zeitaufwand*
- *keine Ausbildung und auch kein Arbeitsverhältnis*

Pro-Argumente:
- *dient der Persönlichkeitsentwicklung und fördert soziale Kompetenzen*
- *unterstützt die Berufsorientierung (mit Blick auf soziale Berufe)*
- *belegt gesellschaftliches Engagement*
- *bietet Einblick in soziale sowie kulturelle Zusammenhänge*

*→ **strittige Frage**: Ist ein FSJ nach der Schule bzw. vor der Ausbildung für mich ein Gewinn?*

2 Erstelle eine Stoffsammlung. Nutze dazu die vorgegebenen Materialien.
- Sammle Pro- und Kontra-Argumente sowie dazu passende Belege oder Beispiele.
- Gewichte die Argumente: Welche Argumente sind die überzeugendsten? Beachte dabei auch, was dir persönlich wichtig ist.

Beispiel zu 2

Stoffsammlung (Argumente gewichtet)

Pro-Argument (+ Stützung)	*Kontra-Argumente (+ Stützung)*
1. dient der Entwicklung der Persönlichkeit (man ist danach reifer, wird von Arbeitgebern ernster genommen) *2. bietet Einblicke in soziale sowie kulturelle Zusammenhänge (man lernt bestimmt viele interessante Menschen kennen)* *3. belegt gesellschaftliches Engagement (was bei vielen Arbeitgebern ein Pluspunkt ist)*	*1. ohne richtige Bezahlung (meine Bekannten und Freunde bekommen dagegen schon volles Lehrlingsgehalt)* *2. keine Ausbildung und auch kein Arbeitsverhältnis (Unsicherheit, wie es weitergeht, bleibt)* *3. hoher Zeitaufwand (trotz einer ehrenamtlichen Tätigkeit bleibt kaum Zeit für Hobbys)*

3 Wäge die wichtigsten Pro- und Kontra-Argumente gegeneinander ab und formuliere deinen persönlichen Standpunkt zur strittigen Frage.

4 Erstelle eine Gliederung für deine Erörterung.

Einleitung
- Führe zum Thema und der strittigen Frage hin (Zitat, aktueller Bezug).
- Kläre die wichtigen Begriffe.
- Leite inhaltlich und sprachlich zum Hauptteil über.

Hauptteil
- Du kannst eine Erörterung nach verschiedenen Modellen aufbauen:

Das Pingpong-Prinzip

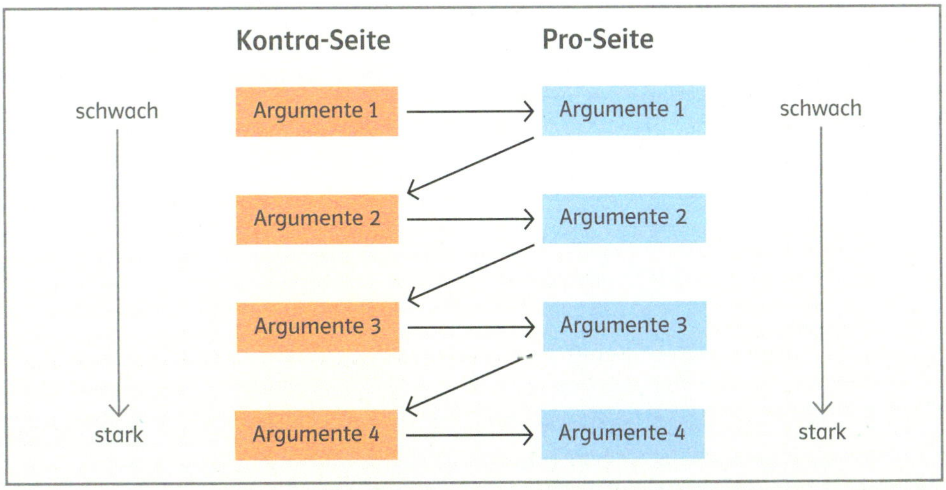

Das Sanduhr-Prinzip

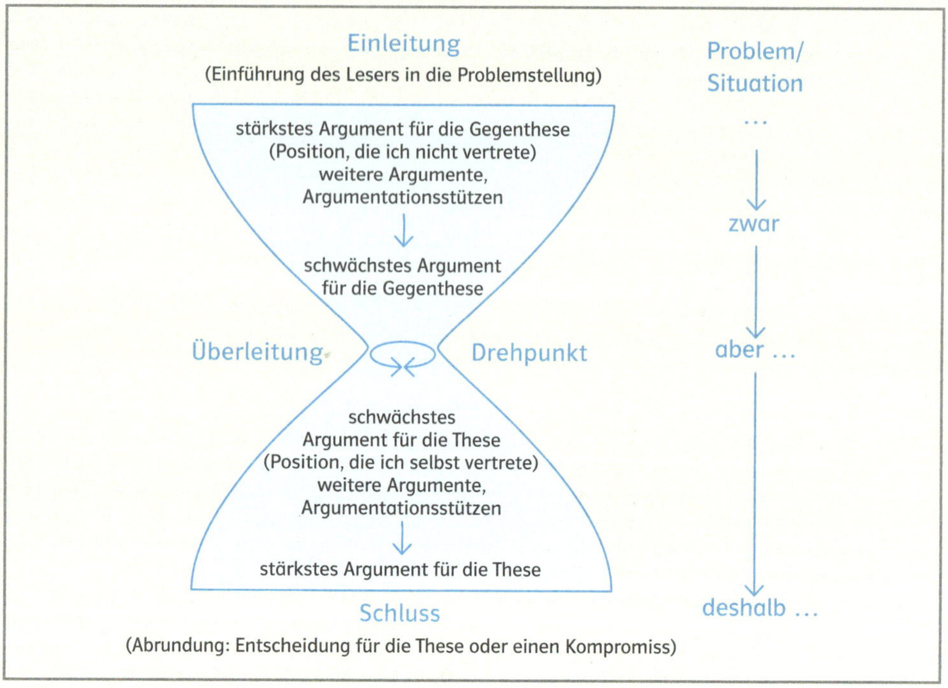

Schluss
- Stelle den Bezug zur Einleitung her.
- Bilde ein Fazit. Mache dabei deine eigene Position deutlich.

5 Schreibe deine Erörterung.

Checkliste

Prüfe und überarbeite deinen Text in drei Kontrollschritten:

1. Aufbau/Inhalt
- ☑ Habe ich zum Thema hingeführt?
- ☑ Folge ich dem von mir gewählten Argumentationsschema?
- ☑ Sind alle Argumente auch gestützt?
- ☑ Wird mein eigener Standpunkt hinreichend deutlich?
- ☑ Unterscheide ich deutlich zwischen Pro- und Kontra-Argumentation?

2. Ausdruck
- ☑ Habe ich gute Übergänge zwischen den Textteilen und insbesondere beim Übergang zwischen der Kontra- und Pro-Argumentation gestaltet?
- ☑ Gebe ich dem Leser Orientierungshilfen (z. B. durch Gliederungswörter)?
- ☑ Schließen die Sätze richtig aneinander an (Pronomen)?
- ☑ Schreibe ich sachlich und standardsprachlich?
- ☑ Vermeide ich sprachliche Wiederholungen?

3. äußere Form
- ☑ Sind meine Rechtschreibung und Zeichensetzung korrekt?
- ☑ Ist der Text frei von Grammatikfehlern?
- ☑ Habe ich richtig zitiert?

Beispiel zu 5

Viele Schulabsolventen sind unmittelbar nach Schulende noch gar nicht sicher, was genau sie später einmal beruflich machen möchten. Genau diese Frage ist aber eine der wichtigsten im Leben überhaupt. Warum also sollte man sich für die Frage im Zweifelsfall nicht etwas mehr Zeit nehmen und zunächst ein sogenanntes Freiwilliges Soziales Jahr absolvieren (FSJ)?
Beim FSJ handelt es sich um eine ehrenamtliche Tätigkeit, bei der sich Jugendliche nicht nur für andere Menschen einsetzen, sondern außerdem noch etwas lernen können. Der Frage, ob ein FSJ eine sinnvolle Tätigkeit nach Schulabschluss darstellt, möchte ich im Folgenden durch Abwägen der verschiedenen Argumente nachgehen.

Einleitung
- zum Thema hingeführt
- wichtiger Begriff wird erklärt
- Überleitung zum Hauptteil

Gegen ein FSJ spricht zunächst, dass man für seine Arbeit keine richtige Bezahlung im Sinne eines Lohnes bekommt. Das bedeutet nicht nur, dass man noch länger von seinen Eltern vollständig finanziell abhängig ist, sondern auch, dass sich zu Freunden und Bekannten, die dann vielleicht schon eine Ausbildungsvergütung von vielleicht fast tausend Euro bekommen, eine Lücke auftut. Diese können sich dann Dinge leisten oder tun, auf die man selbst verzichten muss. Das tut der Freundschaft nicht gut. Hinzu kommt, dass ein FSJ, auch wenn man etwas lernt, keine Ausbildung ist und man auch kein reguläres Arbeitsverhältnis eingeht. Damit bleibt auch die Unsicherheit, wie es weitergeht. Anspruch auf ein Arbeitslosengeld oder Ähnliches hat man nach einem FSJ außerdem nicht. Schließlich ist zu bedenken, dass das Absolvieren eines FSJ so zeitaufwändig wie eine Ausbildung ist. Aber obwohl ein FSJ eine ehrenamtliche Tätigkeit darstellt, bleibt kaum Zeit für Freizeitbeschäftigungen oder ein etwas entspannteres Leben.
Es wird so deutlich, dass ein Freiwilliges Soziales Jahr durchaus seine Nachteile aufweist: Eine hohe Arbeitsbelastung wird finanziell nicht belohnt, Unsicherheiten und Abhängigkeiten bleiben bestehen. Warum aber entscheiden sich dann so viele junge Menschen dafür, ein FSJ zu leisten?
Was zunächst ganz klar für einen solchen Dienst spricht, ist die Tatsache, dass ein FSJ ein Beleg für ein gesellschaftliches Engagement darstellt, was für viele Arbeitgeber ein Pluspunkt ist. Außerdem bietet eine solche ehrenamtliche Tätigkeit Einblicke in soziale sowie kulturelle Zusammenhänge der Institutionen, für die man arbeitet. Hier scheint mir vor allem wichtig, dass man interessante Menschen kennenlernen und sich mit ihnen austauschen kann. Vor allem aber dient ein solches FSJ der Entwicklung der eigenen Persönlichkeit. Man entwickelt, wie es auf der Homepage des Bundes-Freiwilligendienstes heißt, „Kritik-, Kommunikations- und Kooperationsfähigkeit" und lernt, wie das „Handeln von Dritten wahrgenommen und eingeschätzt wird". Nach einem FSJ ist man reifer und wird sicherlich auch von Arbeitgebern entsprechend ernster genommen.

Hauptteil
- mit dem stärksten Argument der Kontra-Position begonnen
- Überleitungen zwischen den Argumenten sprachlich abwechslungsreich gestaltet
- mit dem schwächsten Argument die Darstellung der Kontra-Position abgeschlossen
- Überleitung zur Pro-Argumentation gestaltet
- Darstellung der Pro-Position mit dem schwächsten Argument begonnen
- mit dem stärksten Argument die Darstellung der Pro-Position abgeschlossen
- auf das Ausgangsmaterial eingegangen und daraus zitiert

Ich für mich kann mir deshalb auch sehr gut vorstellen, ein FSJ zu absolvieren. Dies gilt natürlich vor allem dann, wenn man nach der Schule noch nicht sicher weiß, was man tun möchte. Statt nur wegen etwas mehr Geld gleich eine Ausbildung zu beginnen, würde ich mir die überaus wichtige Frage der Berufswahl lieber noch etwas gründlicher überlegen und dabei nicht nur Gutes für andere, sondern auch – von der Kompetenzentwicklung bis zu den Pluspunkten beim späteren Arbeitgeber – für mich selbst tun.

Schluss
- Zusammenhang zur Einleitung hergestellt
- eigene Meinung zum Thema begründet

6 Überarbeite deine Erörterung mithilfe der Checkliste.

Kapitel 4

Einen Sachtext analysieren

1	2	3	4	5	6
Aufgabe lesen/ erste Eindrücke notieren →	Sachtext aspektorientiert analysieren →	Analyse-ergebnisse ordnen →	Gliederung erstellen →	Sachtext-analyse schreiben →	Sachtext-analyse überarbeiten

1 Lies den folgenden Text und formuliere erste Eindrücke zu zentralen Aussagen, interessanten Fakten, auffälligen sprachlichen Mitteln.

Lena Gürtler, Alexandra Ringling
Geschlechterrollen bei Kinderspielzeug (2015)

Barbies und Plüschtiere auf der einen Seite, ferngesteuerte Autos und Ritterburgen auf der anderen – so sortieren Hamburger Drittklässler Jungs- und Mädchenspielzeug. „Mit Barbies spielen bringt keinen Spaß", sagt der neunjährige Kendrick. Ob er es schon mal ausprobiert hätte, will seine Lehrerin wissen. „Nein." Wieso auch – so wie Kendrick wissen schon die meisten Kinder, welches Spielzeug ganz eindeutig für sie bestimmt ist und welches nicht.

Für die Gender-Forscherin Stevie Schmiedel spiegelt sich im Spielzeug wieder, dass Frauen jahrhundertelang einzig für Küche und Kinder zuständig waren. „Aber das alles hat sich inzwischen verändert und deshalb sollte sich auch das Spielzeug verändern", sagt sie. Doch das Gegenteil scheint der Fall. Im Spielzeugladen waren die Rollen nie so klar verteilt wie heute: Eine rosa Welt für Mädchen, voller Puppen, Plüschtieren mit riesigen Augen und zarten Feenfiguren. Auf der anderen Seite die Jungenwelt, voller Burgen, Actionfiguren und Rennautos. Bei Lego machen sich die Mädchen mit riesigen pinken Lippenstiften im Haus hübsch, während die Jungs auf Expedition in der Arktis Schätze heben.
[...]

Doch hinter der Aufteilung steckt viel mehr als nur ein rosa oder blauer Farbanstrich. Axel Dammler hat sich mit seinem Marktforschungsinstitut „Iconkids & Youth" auf Kinder und Jugendliche spezialisiert. Zu seinem Kundenkreis zählen viele Größen der Spielzeug-, Essens- und Kosmetikindustrie. Und Dammler sagt ihnen, wie Kinder funktionieren: „Wenn man es mal boshaft sagen wollte, dann haben Jungs tatsächlich das Ballergen mit der Pistole und Mädchen haben das Kuschelgen mit Plüsch und Puppen." Dammler ist überzeugt, wir tragen den Steinzeitmenschen in uns und darum wollen sich Mädchen eben kümmern und Jungs kämpfen.

[...] Die Industrie folge immer nur den Trends in der Gesellschaft: „In dem Moment, wo wir eine Strömung in der Gesellschaft sehen, die mehr in Richtung Emanzipation und Gleichstellung geht, wird das auch in der Spielware reflektiert", sagt er.

Als Beispiel für die Trendwende führt er die neuen Disney-Prinzessinnen an. Die seien immerhin viel selbstbewusster als früher. Gleichzeitig

Beispiel zu 1

'Gedankliche Struktur

(blaue Markierung zur Verdeutlichung des Aufbaus)

***These**: Kinderspielzeug zeigt Geschlechterrollen und hilft zugleich dabei, diese herauszubilden*
***Entfaltung der These durch Beispiel**: Hamburger Drittklässler zeigen geschlechtsspezifisches Verhalten*
***Expertenmeinung als Beleg**: Spielzeug als Spiegel der Geschlechterrolle*

***Beobachtung**: Rollen waren nie so klar verteilt wie heute*

***These Dammler**: Es gibt herkömmliches Rollenverhalten und die Industrie folgt nur den Trends in der Gesellschaft.*

***Gegenthese**: Verhalten spiegelt nicht das herkömmliche Rollenverhalten. Kinder spiegeln nur, was ihnen die Industrie vormacht*

***abschließender Appell**: Eltern sollten bewusster einkaufen*

aber baumeln kleine Feen in kurzen Röcken mit ihren Beinchen in Spielzeugkatalogen, während für die Jungs Piraten kämpfen oder cool kicken. Lieb und nett gegen cool und mutig – unterscheiden sich so Jungen und Mädchen? Wenn man den Hamburger Drittklässlern glauben darf: ja. Genau diese Eigenschaften ordnen sie den Geschlechtern zu und ihre Lehrerin ist erstaunt: „So erlebe ich die Kinder im Schulalltag gar nicht." Aber die Kinder spiegelten eben wieder [sic!], was ihnen die Industrie vormache. Zwar vergeht die Rosa-Phase bei Mädchen irgendwann, aber was damit zusammenhängt, das bleibt, sagt Gender-Expertin Schmiedel: „Wir bringen kleinen Mädchen nicht bei, mit der Faust auf den Tisch zu hauen", sagt sie und genau darum gäbe es eben immer noch Gehaltsunterschiede von über 20 Prozent.
Natürlich gibt dafür niemand der Industrie die Schuld. Aber einen Gedanken der Eltern daran ist es vielleicht wert, bei der nächsten Einkaufstour mit ihren Kindern.

Quelle: https://www.ndr.de/fernsehen/sendungen/panorama3/Geschlechterrollen-bei-Kinderspielzeug,geschlechterrollen100.html

Sprache
- *Leserlenkung durch rhetorische Frage und indirekten Appell*
- *anschaulich durch viele Beispiele, Beispiele ermöglichen einen Wiedererkennungseffekt*
- *weitgehend sachliche Standardsprache, der Informationsaspekt steht im Vordergrund; der abschließende Appell wirkt eher zurückhaltend*
- *Distanz durch relativierende Mittel*

2 Analysiere die gedankliche Struktur des Textes und benenne die Absicht, die mit dem Text verfolgt wird.
- Benenne das Thema und die zentralen Aussagen bzw. Thesen.
- Fasse den Text abschnittsweise zusammen.
- Prüfe, ob und wie die Thesen und Aussagen belegt sind (Argumente, Beispiele, Fakten, Expertenmeinungen …).
- Prüfe, ob und welche Gegenpositionen dargestellt werden.

Untersuche die sprachliche Gestaltung.
- Benenne auffällige Sprachmittel in der Wortwahl und dem Satzbau.
- Benenne Stilmittel (Antithesen, Übertreibungen).
- Benenne sprachliche Bilder (Metaphern, Vergleiche).

3 Ordne deine Analyseergebnisse.
- Verdeutliche und erkläre Zusammenhänge zwischen Aussageabsicht und Sprache bzw. Struktur des Textes.
- Recherchiere nötigenfalls Zusatzinformationen, zum Beispiel zur Autorin oder zum Autor oder dem Thema.

4 Erstelle eine Gliederung deiner Textanalyse.

Einleitung
- Titel, Autorin/Autor, Textart (z. B. Zeitungsartikel, Sachbuchausschnitt), Erscheinungsjahr, Thema
- Überleitung zum Hauptteil

Hauptteil
- Inhaltsangabe
- Kernaussage und deren Entfaltung (Argumente, Beispiele, Zitate)
- Aussage- bzw. Wirkungsabsicht
- Sprache in Bezug auf die Aussage- bzw. Wirkungsabsicht

Schluss
- begründete Bewertung des Textes bzw. eigene begründete Meinung zum Thema

Beispiel zu 4

Einleitung

- *Basisinformationen: Lena Gürtler, Alexandra Ringling: Artikel „Geschlechterrollen bei Kinderspielzeug" (2015 auf der Homepage des NDR), Thema (= Überschrift)*
- *Überleitung zum Hauptteil: Ist das Thema heute wirklich noch aktuell?*

Hauptteil

- *Inhaltsangabe: Einstieg durch das Beispiel von Hamburger Drittklässlern, die nach Jungs- und Mädchenspielzeug sortieren*
- *das sollte eigentlich heute nicht mehr so sein, da sich traditionelle Rollenmuster verändert haben, was sich auch im Spielzeug zeigen sollte; tatsächlich zeigt das Spielzeug heute Geschlechterrollen deutlicher als je zuvor*
- *These Dammlers: Industrie folgt nur den Trends in der Gesellschaft*
- *Gegenthese Schmiedel: Kinder spiegeln nur, was ihnen die Industrie vormacht (Stützung durch Grundschulbeobachtung aus Hamburg)*
- *Kinderspielzeug zeigt Geschlechterrollen und hilft zugleich dabei, diese herauszubilden*
- *Autorinnen wollen informieren und ein Bewusstsein für Rollenklischees in der Spielzeugwelt schaffen; abschließender Appell zum bewussteren Einkauf*
- *Sprache ist überwiegend standardsprachlich, was seriös wirkt und zur Glaubwürdigkeit der Autorinnen beiträgt; viele Beispiele, die Wiedererkennungseffekt ermöglichen*

Schluss

- *interessanter Artikel, der deutlich macht, dass scheinbar unbedeutende Kinderspielsachen möglicherweise Auswirkungen auf das spätere Gehalt haben*

5 Schreibe deine Sachtextanalyse.

Checkliste

Prüfe und überarbeite deinen Text in drei Kontrollschritten:

1. Aufbau/Inhalt

☑ Habe ich in der Einleitung alle Basisinformationen wiedergegeben (Autor, Datum, Textsorte, Thema)?
☑ Habe ich die zentralen Thesen des Textes benannt?
☑ Habe ich die Position des Autors zum Thema deutlich gemacht?
☑ Habe ich sprachliche Mittel benannt und erläutert, wie sie die Absicht des Autors unterstützen?
☑ Habe ich meine eigene Meinung zum Thema nachvollziehbar begründet?

2. Ausdruck

☑ Habe ich gute Übergänge zwischen den Textteilen gestaltet?
☑ Gebe ich dem Leser Orientierungshilfen (z. B. durch Gliederungswörter)?
☑ Schließen die Sätze richtig aneinander an (Pronomen)?
☑ Schreibe ich sachlich und standardsprachlich?
☑ Vermeide ich sprachliche Wiederholungen?

3. äußere Form

☑ Sind meine Rechtschreibung und Zeichensetzung korrekt?
☑ Ist der Text frei von Grammatikfehlern?
☑ Habe ich richtig zitiert?

Beispiel zu 5

In ihrem Artikel aus dem Jahr 2015, der auf der Homepage des NDR erschienen ist, befassen sich die Autorinnen Lena Gürtler und Alexandra Ringling mit „Geschlechterrollen bei Kinderspielzeug", wie die Überschrift ihres Artikels lautet. Ist das heute wirklich noch ein Thema, mit dem man sich befassen muss?

Einleitung
- Einleitungssatz mit allen Basisinformationen
- Überleitung vorhanden

Dass dies so ist, zeigen die Autorinnen gleich zu Beginn am Beispiel von Hamburger Drittklässlern, die ihr Spielzeug nach Jungs- und Mädchenspielzeug sortieren. Laut Marktforscher Axel Dammler existiert durchaus ein herkömmliches Rollenverhalten. Die Industrie, so wird er zitiert, folge nur den Trends in der Gesellschaft. Dagegen zitieren die Autorinnen noch einmal die Lehrerin aus Hamburg, die Geschlechtereinordnungen ihrer Kinder nicht mit ihrem Verhalten im Alltag zusammenbringen kann. Was laut der Genderexpertin Schmiedel daran liegt, dass „die Kinder […] eben [spiegelten], was ihnen die Industrie vormache". Mit der Konsequenz, dass es „immer noch Gehaltsunterschiede von über 20 Prozent" gebe.

Hauptteil
- Textinhalt im Präsens zusammengefasst
- aus dem Text zitiert

Hieraus ergibt sich die zentrale Aussage des Textes: Kinderspielzeug spiegelt nicht nur Geschlechterrollen, sondern trägt auch dazu bei, solche Geschlechterrollen überhaupt herauszubilden. Die beiden Autorinnen wollen dabei zunächst informieren und ein Bewusstsein für Rollenklischees in der Spielzeugwelt schaffen. Dies wird deutlich an ihrer überwiegend standardsprachlichen-sachlichen Sprache, die seriös wirkt und zu ihrer Glaubwürdigkeit beiträgt. Auffälligstes Merkmal der Sprache sind dabei die vielen Beispiele („Barbies und Plüschtiere […] Autos und Ritterburgen"), die beim Leser einen Wiedererkennungseffekt ermöglichen. Über ihre Informationsabsicht hinaus wollen Gürtler und Ringling aber auch zum Nachdenken anregen und appellieren so am Ende auch vorsichtig: „Natürlich gibt dafür niemand der Industrie die Schuld. Aber einen Gedanken der Eltern daran ist es vielleicht wert, bei der nächsten Einkaufstour mit ihren Kindern."

- zentrale These des Textes genannt
- Sprache des Textes beschrieben und auf die Absicht bezogen
- Aussagen durch Zitate aus dem Text belegt

Ich fand den Artikel sehr interessant zu lesen, da er deutlich macht, dass scheinbar unbedeutende Kinderspielsachen möglicherweise Auswirkungen auf das spätere Gehalt haben. Eltern und Großeltern sollten hier wirklich sensibler sein bzw. werden.

Schluss
- eigene Meinung zum Text begründet

6 Überarbeite deine Sachtextanalyse mithilfe der Checkliste.

Einen literarischen Text produktiv bearbeiten

1 Aufgabe lesen/erste Ideen notieren →	**2** Ausgangstext untersuchen →	**3** Ideen entwickeln/Ergebnisse ordnen →	**4** produktiven Text planen →	**5** produktiven Text schreiben →	**6** produktiven Text überarbeiten

1 Lies den Ausgangstext und halte erste Gestaltungsideen fest.
→ z. B. Stimmung der Figur, zentrales Gefühl, auffällige sprachliche Mittel, …

2 Untersuche den Ausgangstext.
- **Prosatext**: Erzählform, Erzählverhalten, Textsorte, Zeitgestaltung, zentrale Motive, Handlungsschritte bzw. Inhalt, auffällige Sprachmittel (Besonderheiten der Wortwahl oder des Satzbaus), Stilmittel
- **Gedicht**: Gedichtform (Ballade, Lied, …), Zahl der Strophen und Verse, Reimschema, Metrum, Sprecher im Gedicht, lyrische Situation, Adressat, Stilmittel, sprachliche Bilder (Vergleiche, Metaphern, Personifikationen)
- **Szene/Dramenauszug**: Geschehen, Schauplatz, Figuren und ihre Beziehung zueinander, Sprechweise der Figuren, sprachliche Besonderheiten der Sprechweise, Art des Gesprächs, Gesprächsanteile

Robert Walser
Mittagspause (1915)

Ich lag eines Tages, in der Mittagspause, im Gras, unter einem Apfelbaum. Heiß war es, und es schwamm alles in einem leichten Hellgrün vor meinen Augen. Durch den Baum und durch das liebe Gras strich der Wind. Hinter mir lag der dunkle Waldrand mit seinen ernsten, treuen Tannen. Wünsche gingen mir durch den Kopf. Ich wünschte mir eine Geliebte, die zum süßen duftenden Wind passte. Da ich nun die Augen schloss und so dalag, mit gegen den Himmel gerichtetem Gesichte, bequem und träg auf dem Rücken, umsummt vom sommerlichen Gesumm, erschienen mir, aus all der sonnigen Meeres- und Himmelshelligkeit herab, zwei Augen, die mich unendlich liebenswürdig anschauten. Auch die Wangen sah ich deutlich, die sich den meinigen näherten, als wollten sie sie berühren, und ein wunderbar schöner, wie aus lauter Sonne geformter, feingeschweifter und üppiger Mund kam aus der rötlich-bläulichen Luft nahe bis zu dem meinigen, ebenfalls so, als wolle er ihn berühren. Das Firmament, das ich zugedrückten Auges sah, war ganz rosarot, umsäumt von edlem Sammetschwarz. Es war eine Welt von lichter Seligkeit, in die ich schaute, und da waren Mund und Wangen und Augen verschwunden, und des süßen Himmelskusses war ich

Beispiel zu 2

Inhalt
Ich-Erzähler hat einen Tagtraum: eine Geliebte beugt sich zu ihm hinab und küsst ihn; nachdem sich der Traum auflöst, geht er zurück in sein Büro und arbeitet fleißig bis zum Feierabend weiter

Form
- *Kurzgeschichte (Prosaskizze)*
- *Erzählform und -haltung: personaler Ich-Erzähler*
- *Ort: in der Natur: im Gras, unter einem Apfelbaum (als Kontrast zum Büro)*
- *Zeit: Mittagspause an einem Arbeitstag, im Sommer*

Sprache
altertümlich-poetische Sprache mit einigen stilistischen Auffälligkeiten, z. B. Alliteration (z. B. „treuen Tannen"), konsonantischer Gleichklang im Wortinneren (z. B. „umsummt vom sommerlichen Gesumm"), Reihungen („Mund und Wangen und Augen", „Angst und Unbehagen"), viele Adjektive

mit einmal beraubt. Auch war es ja Zeit, in die Stadt hinunterzugehen, in das Geschäft, an die tägliche Arbeit. Soviel ich mich erinnere, machte ich mich nur ungern auf die Beine, um die Wiese, den Baum, den Wind und den schönen Traum zu verlassen. Doch in der Welt hat alles, was das Gemüt bezaubert und die Seele beglückt, seine Grenze, wie ja auch, was uns Angst und Unbehagen einflößt, glücklicherweise begrenzt ist. So sprang ich denn hinunter in mein trockenes Bureau und war hübsch fleißig bis an den Feierabend.

(z. B. „geformter, feingeschweifter und üppiger Mund"), Vergleiche (z. B. „wie aus lauter Sonne geformter", „so, als wolle er ihn berühren")

3 Mache dir klar, welche Art von Text du schreiben sollst. Notiere Ideen, wie sich der Ausgangstext umsetzen lassen könnte.

Tagebucheintrag
- Gedanken einer Figur werden aus der Perspektive dieser Figur wiedergegeben
- mögliche Gedankeninhalte: Gefühle in vergangenen Situationen, Abwägen von Handlungsmöglichkeiten
- Form: Präteritum, Ich-Form (aus der Sicht der Figur); ggf. Anrede des Tagebuchs

innerer Monolog
- Gedanken einer Figur werden aus der Perspektive dieser Figur wiedergegeben
- mögliche spontane Gedankeninhalte: Gefühle in der jeweiligen Situation, Abwägen von Handlungsmöglichkeiten, Hinterfragen des eigenen Verhaltens
- Form: Präsens, Ich-Form (aus der Sicht der Figur)

Rollenbiografie
- eine Figur stellt sich selbst vor mit allen bekannten und wichtigen Informationen (Name, Herkunft, Lebensumstände, Aussehen, Verhalten, Ziele, Beziehung zu anderen Figuren, Gedanken, …)
- Form: Präsens, Ich-Form (aus der Sicht der Figur)

Paralleltext
- Inhalt, Form und Sprache eines Textes werden aufgegriffen, aber unter mindestens einem wesentlichen Aspekt neu geschrieben (z. B. ein Sommer- statt einem Wintergedicht)
- hilft, die Machart des Ausgangstextes zu verstehen bzw. zeigt, dass sie verstanden worden ist

Ordne deine Arbeitsergebnisse mit Blick auf die Textart, die du schreiben sollst. Achte vor allem auf:
- wichtige Inhalte
- zentrale Gestaltungsmerkmale

4 Erstelle einen Schreibplan für deinen Text. Achte auf:
- Schreibhaltung (an wen schreibst du wie)
- Mitteilungsabsicht
- Gliederung bzw. Reihenfolge der Inhalte
- formale Besonderheit (v. a. bei Gedichten, aber z. B. auch beim Tagebucheintrag)

5 Schreibe deinen Text.

Checkliste

Prüfe und überarbeite deinen Text in drei Kontrollschritten:

1. Aufbau/Inhalt

- ☑ Wird die gewählte Perspektive (z. B. Ich-Form) konsequent durchgehalten?
- ☑ Orientiere ich mich inhaltlich und ggf. formal am Ausgangstext?
- ☑ Wird deutlich, was ich mitteilen bzw. ausdrücken will?
- ☑ Hat mein Text einen nachvollziehbaren Aufbau und ist in sich (logisch, zeitlich) schlüssig?

2. Ausdruck

- ☑ Orientiere ich mich ggf. an der Sprache des Ausgangstextes?
- ☑ Gebe ich dem Leser Orientierungshilfen (z. B. durch Gliederungswörter)?
- ☑ Schließen die Sätze richtig aneinander an (Pronomen)?
- ☑ Vermeide ich sprachliche Wiederholungen bzw. setze ich diese bewusst ein?

3. äußere Form

- ☑ Sind meine Rechtschreibung und Zeichensetzung korrekt?
- ☑ Ist der Text frei von Grammatikfehlern?
- ☑ Schreibe ich im richtigen Tempus?

Beispiel zu 5

Tagebucheintrag

- Anrede an das Tagebuch
- Ich-Perspektive
- Präteritum
- an der Sprache des Ausgangstextes orientiert

Liebes Tagebuch,

heute in der Mittagspause hatte ich einen herrlichen Traum. Ich sah das Gesicht meiner Geliebten, ihre Augen, ihre Wangen und ihren herrlichen Mund, der sich dicht zu dem meinigen neigte und meine Lippen berührte. Es war so schön, doch leider nicht von Dauer. Als ich mir den Himmel mit meinen geschlossenen Augen vorstellte, war auf einmal das Gesicht weg ...
Natürlich ist das wieder ein Zeichen. Ich wünsche mir so sehr eine Freundin!!! Wenn ich mich nur getrauen würde, das hübsche Fräulein aus der Buchhaltung einmal anzusprechen! Auf der Arbeit war ich nach der Mittagspause jedenfalls wieder recht fleißig. Sie hat bestimmt schon mitbekommen, wie sehr ich in der Gunst des Büroleiters stehe.

Beispiel zu 5

Innerer Monolog

Oh nein, jetzt ist meine Geliebte weg! Ach, wie schön es war, wie sich ihre süßen Lippen gegen die meinen neigten. Und jetzt: Jetzt muss ich wieder in die Stadt, wieder ins Büro, wieder schön fleißig sein! Gern mach ich mich ja nicht auf. Na ja, immerhin könnte ich gleich das hübsche Fräulein aus der Buchhaltung wieder treffen. Hatte nicht sogar mein Traumgesicht eine gewisse Ähnlichkeit mit ihr? Noch einmal kurz die Augen schließen, vielleicht kann ich das Bild in meinem Inneren noch einmal entstehen lassen ...

- Ich-Perspektive
- spontane Sprechsituation wird deutlich
- Präsens

Beispiel zu 5

Rollenbiografie

Ich bin ein junger Mann, der in einem Büro in der Stadt arbeitet. Ich bin nur ein kleiner Angestellter, bemühe mich aber, fleißig zu sein. Im Moment lebe ich alleine und habe noch keine eigene Familie gegründet.
Meine Mittagspause nutzte ich im Sommer nach Möglichkeit, um Zeit in der Natur zu verbringen. Ich liege dann gerne im Gras, schaue in den Sommerhimmel oder genieße mit geschlossenen Augen die Geräusche und Gerüche des Sommers (das Gesumm der Insekten, das Rauschen des Windes, den milden Duft der Blüten und Früchte).
Mein größter Wunsch ist es im Moment, mich zu verlieben! Davon träume ich gerne in meinen Mußestunden. Ich bin aber nicht nur ein Träumer, sondern denke auch nach. Und so weiß ich, dass in der Welt alles, was das Gemüt bezaubert und die Seele beglückt, seine Grenze hat, wie ja auch das, was uns Angst und Unbehagen einflößt, glücklicherweise begrenzt ist.

- alle wesentlichen Informationen über die Figur aus dem Ausgangstext erschlossen und wiedergegeben
- Ich-Form aus der Sicht der Figur
- Präsens
- Textverständnis wird deutlich

Beispiel zu 5

Paralleltext

Ich lag eines Abends, nach der Mühsal des Tages, auf dem Sofa, im Salon, unter dem alten Kronleuchter. Draußen war es stürmisch, und der Wind rauschte in meinen Ohren und Regen prasselte in meinem Gehirn. Durch das Fenster sah ich draußen das Toben der Elemente und die Fensterläden schlugen bedrohlich gegen den Rahmen. Hinter mir lag ein furchtbarer Tag, voll Last und Leid, Kummer und Qual. Ich versuchte, meine Gedanken aus dem Kopf zu vertreiben. Da ich nun die Augen schloss und so dalag, mit gegen den Kronleuchter gerichtetem Gesichte, angespannt auf dem Rücken, umrauscht und angeprasselt, da sah ich plötzlich die Fratze eines ...

- inhaltliche und formale Elemente des Ausgangstextes aufgegriffen
- ein wesentlicher Aspekt ist neu gestaltet
- Sprache des Ausgangstextes aufgegriffen

7 Überarbeite deinen Text mithilfe der Checkliste.

Arbeitstechniken und Merkwissen

Sprechen und Hören

1. Sprachlicher Umgang mit anderen

Seite 147, 151, 153, 154

Kommunikationssituationen analysieren

Im Alltag, aber auch in der Literatur oder im Film, erlebst du **Kommunikationssituationen**. Sie sind geprägt durch **verbale** (sprachliche) und **nonverbale** (Körperhaltung, Gestik, Mimik) Elemente.
Können **Sender** und **Empfänger** im Gespräch nicht ihre **Ziele** erreichen, liegt das häufig an der Art, **wie sie kommunizieren**. Um die misslungene Kommunikation zu verbessern, sollte sie zuerst untersucht werden.

Stelle dazu die folgenden Fragen und beantworte sie:
1. Wer spricht mit wem (**Sender/Empfänger**)?
2. In welcher **Situation** wird gesprochen?
3. Worum geht es in dem Gespräch? (**Inhalt**)
4. Was wird auf der **Sachebene** mitgeteilt?
5. In welcher Beziehung stehen Sender und Empfänger (**Beziehungsebene**)?
6. Welche **Absicht** oder welches **Ziel** verfolgen Sender und Empfänger?
7. **Erreichen** Sender und Empfänger ihr **Ziel**?
8. **Warum** wird das Ziel nicht erreicht?
9. Wird im Gespräch gegen die **Konversationsmaximen** (von Grice) verstoßen?
10. Welche **weiteren Ursachen** könnte es geben (z. B. mangelnde Hörbereitschaft, Unhöflichkeit, verschiedene Erfahrungen, soziale Probleme)?

Seite 147

Gesprächsregeln

Wenn euch ein Gespräch gelingen soll, müsst ihr folgende Regeln beachten:
- freundlich und höflich sein, niemanden beschimpfen oder beleidigen
- einander zuhören und jeden ausreden lassen
- Meinungen und Gefühle anderer zulassen und achten
- höflich nachfragen, wenn ihr etwas nicht verstanden habt
- die eigene Meinung sachlich äußern
- beim Thema bleiben

Seite 235, 239, 243, 247

Einen Vortrag vorbereiten und halten

1. Bereite dich auf den Vortrag mit **Aufwärmübungen** vor.
2. **Übe** deinen Vortrag. Trage ihn vor Freunden, den Eltern oder dem Spiegel vor.
3. Trage deinen Vortrag **vor der Klasse vor**:
   - Atme ruhig und stelle dich entspannt und aufrecht hin. Stehe fest auf dem Boden.
   - Versuche möglichst frei zu sprechen. Halte Blickkontakt.
   - Sprich langsam, laut und deutlich. Mache Pausen.
4. **Beantworte** nach deinem Vortrag die **Rückfragen** deiner Zuhörer.

Feedback geben und nehmen

Seite 19, 23, 27, 39, 43, 45, 47, 49, 57, 79, 85, 89, 92, 147, 151, 161, 173, 193, 197, 201, 217, 219, 221, 235, 239, 243, 247

Wenn du etwas vorgetragen, erzählt oder geschrieben hast, möchtest du auch wissen, ob es den Zuhörerinnen und Zuhörern gefallen hat. Sie sagen dir, was du gut gemacht hast oder woran du vielleicht noch arbeiten musst. Das nennt man eine **Rückmeldung** oder auch ein **Feedback** geben.

1. Feedback geben mit der „sprechenden Hand“
- Daumen: Beim Vortrag solltest du aufmerksam zuhören. Mache dir, wenn nötig, Notizen.
- Zeigefinger: Nenne zuerst alles, was dir gut gefallen hat.
- Mittelfinger: Kläre dann offene Fragen und beschreibe ohne Wertung, was dir noch aufgefallen ist.
- Ringfinger: Gib, wenn nötig, Tipps zur Verbesserung.
- kleiner Finger: Achte darauf, positiv und freundlich zu sprechen, um den anderen nicht zu verletzen.

2. Feedback nehmen mit der „sprechenden Hand“
Um gut mit einem Feedback umgehen zu können, beachte folgende Punkte. Nimm deine Hand zu Hilfe.
- Daumen: Höre zuerst genau zu, was dir jemand sagt. Mache dir eventuell Notizen.
- Zeigefinger: Frage nach, wenn du etwas an der Kritik nicht verstanden hast.
- Mittelfinger: Rechtfertige dich nicht. Denk daran, es ist die persönliche Sichtweise einer Person.
- Ringfinger: Überlege, welche nützlichen Informationen dir das Feedback gebracht hat.
- kleiner Finger: Überlege, wo deine Stärken und wo deine Schwächen liegen. Versuche, gute Anregungen für dich zu nutzen.

2. Mündlich erzählen/freies Gestalten

Szenische Lesung

Seite 151, 153, 209, 217

Hierbei wird ein Text **mit verteilten Rollen** vor Publikum vorgetragen. **Sprechweise, Sprechtempo** sowie **Pausen** werden gezielt eingesetzt. Die Wirkung des Textes wird durch **Mimik, Gestik** und **Körperhaltung** verstärkt.

Das Standbild

Seite 221

In einem **Standbild** kann man **Gefühle, Situationen, Figuren und** ihr **Verhältnis zueinander bildlich** darstellen. Es sieht aus wie ein **angehaltener Film** oder wie ein Bild ohne Sprache und Bewegung.
Ein Standbild dient dazu, einen **Text besser verstehen** und **deuten** zu können.

Seite 7, 43, 45, 47, 49, 147

Rollenspiel

Um einen Konflikt oder ein Thema besser zu verstehen, könnt ihr ein **Rollenspiel** durchführen. Geht so vor:

1. Sammelt **Informationen** über die Situation und die Figuren.
2. **Versetzt euch** in die Figuren **hinein** und versucht ihre Gefühle, ihr Denken, Handeln und Reden zu verstehen.
3. Schreibt **Rollenkarten** für jede Figur mit allen Informationen.
4. Schlüpft in die Rollen der Figuren und **spielt** die Situation **nach**.

Schreiben

1. Argumentieren/Informieren

Seite 11, 19, 23, 27

Wichtige und starke Argumente

Wichtige Argumente sind **logisch begründbar** und **leicht beweisbar**.
Sie bestehen aus einer **allgemeingültigen Feststellung** oder **Wahrheit**.
Gegen sie gibt es **kaum** überzeugende **Gegenargumente**.

Seite 11, 16, 20, 24

Eine Erörterung vorbereiten

In einer Erörterung setzt du dich mit einer kontroversen Fragestellung auseinander. Du versuchst, deinen Standpunkt unter Berücksichtigung von Gegenargumenten zu entwickeln und darzulegen.

Vorbereitung

1. Kläre, was die **Aufgabenstellung** von dir verlangt. Stelle fest, zu welcher Fragestellung oder zu welchem Thema du schreiben sollst.
2. Beschaffe **Informationen zum Thema** (Texte, Statistiken, Bilder) und notiere wichtige Aussagen.
3. Werte die Materialien aus, indem du **Pro- und Kontra-Argumente** in einer Tabelle sammelst. Ergänze eigene Argumente.
4. Wäge die Argumente gegeneinander ab und finde einen **eigenen Standpunkt**.
5. Formuliere **Argumente mit passenden Beispielen** für deinen Standpunkt. Beachte mögliche Gegenargumente.
6. **Ordne** deine Argumente nach ihrer Überzeugungskraft.

Seite 12, 19

Eine lineare Erörterung verfassen

1. **Gliedere** deine Erörterung in Einleitung, Hauptteil und Schluss.
2. Beachte, an welchen **Adressaten** deine Erörterung gerichtet ist und stelle dich inhaltlich und formal darauf ein.

3. Führe in der **Einleitung** zur Fragestellung hin, z. B. mithilfe eines Beispiels oder eines aktuellen Ereignisses. Nenne das Thema.
4. Formuliere im **Hauptteil** deinen Standpunkt und begründe ihn mit Argumenten. Baue eine Argumentationskette vom schwächsten zum stärksten Argument auf. Stütze deine Argumente durch Belege und Beispiele.
5. **Beachte**:
   - Du kannst auch **Gegenargumente** einbringen und entkräften.
   - Nutze sinnvolle **Verknüpfungen** zwischen den Argumenten.
   - Schreibe in verständlicher **Sprache** und im **Präsens**.
6. Beende deine Erörterung mit dem **Schluss**. Ziehe Schlussfolgerungen aus deiner Argumentation, nenne Wünsche oder beziehe dich auf deine Einleitung.
7. **Überprüfe** deinen Text. Achte auf korrekte Rechtschreibung und Grammatik.

Eine dialektische Erörterung verfassen

Seite 15, 23, 27

In einer dialektischen Erörterung setzt du dich mit unterschiedlichen Meinungen zu einem Thema auseinander. Du legst deinen Standpunkt begründet dar und berücksichtigst dabei auch die Gegenargumente.
1. Nenne in der **Einleitung** das **Thema** deiner Erörterung und nutze für die Hinführung ein Zitat oder einen aktuellen Bezug.
2. Formuliere im **Hauptteil** deine dialektische Argumentation nach dem Pingpong- oder dem Sandhuhr-Prinzip. Belege deine Argumente mit Beispielen und verknüpfe sie.

Pingpong-Prinzip
schwächstes Argument der Gegenthese
→ schwächstes Argument für die These
↓
stärkstes Argument der Gegenthese
→ stärkstes Argument für die These

Sanduhr-Prinzip
stärkstes bis schwächstes Argument der Gegenthese
↓
schwächstes bis stärkstes Argument für die These

3. Am **Schluss** ziehst du ein Fazit oder formulierst eine Forderung.

Einen informierenden Text materialgestützt schreiben

Seite 233, 239, 243, 247

In einem informierenden Text fasst du wichtige Informationen zu einem Thema zusammen. Die Grundlage dafür sind verschiedene Materialien wie Texte, Übersichten oder Diagramme. Mit dem Text kannst du dir selbst einen Überblick verschaffen sowie anderen deine Kenntnisse zu einem Thema vermitteln.

Beachte Thema, Adressat, Textart und Funktion deines Textes, wenn dies verlangt wird.

Vorbereitung
1. **Lies** alle Materialien. Notiere die einzelnen Themen, die angesprochen werden.
2. Lege **Karteikarten** zu Begriffen an, die für das jeweilige Thema stehen.
3. Lies die Texte noch einmal. **Notiere** die **Informationen** stichwortartig auf den angelegten Karteikarten.

Schreiben

1. Formuliere eine **Überschrift** und eine **Einleitung**. Beide sollen das Interesse der Leserin oder des Lesers wecken.
2. Lege die Gliederung des **Hauptteils** in Zwischenüberschriften fest und formuliere den Hauptteil auf der Grundlage der Karteikarten.
3. Fasse in einem **Schluss** zusammen und formuliere eine interessante Aussage zum Thema.

Beachte: Schreibe **sachlich** und im **Präsens**. Verwende **Zitate**, die deine Aussagen unterstützen.

Überarbeiten

Überprüfe deinen Text mithilfe der folgenden Fragen:

- Wurden die Informationen **richtig** wiedergegeben?
- Ist die **Reihenfolge** der Informationen **sinnvoll**?
- Ist der Text **sachlich**, **verständlich** und im **Präsens** (bei Vorzeitigkeit Perfekt) formuliert?
- Sind **Zusammenhänge** deutlich geworden?
- Wurde zwischen den einzelnen Themen **sinnvoll übergeleitet**?
- Sind die **Zitate sinnvoll** und **korrekt** verwendet worden?

Seite 247

Materialgestütztes Schreiben mit einem Schreibziel

Beim Schreiben eines Textes mit einem **Schreibziel** muss eine konkrete **Erwartung** berücksichtigt werden. Diese hängt ab:

- vom **Thema** → Was wird gefragt? Was soll untersucht werden?
- vom **Adressaten** → Wer liest den Text?
- von der **Textart** und ihrer **Funktion** → Rezension, Sachbuchartikel, Anleitung …
  → informieren, appellieren, argumentieren

Um einen Text mit Schreibziel zu verfassen, muss das **Material** entsprechend dem Schreibziel **ausgewählt** und **genutzt** werden.

Seite 10, 18, 22, 24, 232

Zitieren

Mit Textzitaten kann man **Aussagen belegen** und **bekräftigen**. Wörtliche Zitate setzt man in **Anführungszeichen**. Die Fundstelle wird in **Klammern** angegeben.

Man nennt **Autorin oder Autor, Titel, Erscheinungsort, Erscheinungsjahr** und **Seitenzahl**. Bei Internetquellen die **Internetadresse** und das **Recherchedatum**.
→ „…“ (Max Müller: Das Piercing, Bonn, Musterverlag 2018, S. 8)
→ „…“ (Urban Slamal, in: https://www.taetowiermagazin.de/szene/titel+tattoos+unter+18+jahre_142.html, 05.12.2018)

Einen Arbeitsvorgang beschreiben

Seite 57, 63, 65, 67

1. Nenne zuerst die **Tätigkeit**, notwendige **Arbeitsmittel**, den **Ort** sowie den **Zweck**, den diese Tätigkeit hat.
2. Beschreibe anschließend in **Arbeitsschritten** den Arbeitsablauf in der richtigen **zeitlichen Reihenfolge**. Verwende die passenden **Fachwörter** und schreibe **sachlich** und **genau**.
3. Mache die **zeitliche Abfolge** durch entsprechende Wörter und Wortgruppen **deutlich**. → zuerst …, als Nächstes …, anschließend …, zum Schluss …
4. Schreibe im **Präsens**.
5. Verwende unpersönliche Formulierungen wie das **Passiv** oder die **man-Form**.
   → Die Manschette wurde dem Patienten angelegt.
   → Man legt als Nächstes dem Patienten die Manschette an.

Ein Ergebnisprotokoll verfassen

Seite 149

Das Ergebnisprotokoll ist ein **knapper Bericht** über eine **Diskussion** oder **Versammlung**. Es **fasst die Ergebnisse** sachlich **zusammen** und dient als **Gedächtnisstütze**. So schreibst du ein Protokoll:

1. Nenne im **Protokollkopf** den Titel der Veranstaltung, Datum, Ort, Uhrzeit, Anwesende und Protokollantin oder Protokollant.
2. Gliedere den **Hauptteil** nach Tagungsordnungspunkten (TOP). Notiere alle Ergebnisse, Beschlüsse und Abmachungen.
3. Notiere am **Schluss**: Datum und Ort der Anfertigung, Unterschrift und Name der Protokollantin oder des Protokollanten.

Beachte: Schreibe **knapp** und **sachlich** und im **Präsens**.

Innerer Monolog

Seite 111, 127, 201, 219

Ein **innerer Monolog** ist das **Selbstgespräch** einer Figur. Dabei gibt man **Gedanken** und **Gefühle** dieser Figur in der **Ich-Form** wieder.

Die Figur kann dabei über **Konflikte** nachdenken, sich selbst **Fragen** stellen, z. B. zu verschiedenen **Handlungsalternativen**, die **Zukunft** planen, sich **kritisch** mit dem **eigenen Verhalten** auseinandersetzen.

Das Flussdiagramm

Seite 109

Mithilfe eines **Flussdiagramms** kann man **Abläufe oder Ketten von Ereignissen und Vorgängen** darstellen. Man schreibt die Ereignisse oder Vorgänge unter- oder nebeneinander und verbindet sie mit Pfeilen. Wenn Ereignisse gleichzeitig stattfinden, stellt man das mit **Verzweigungen** dar.

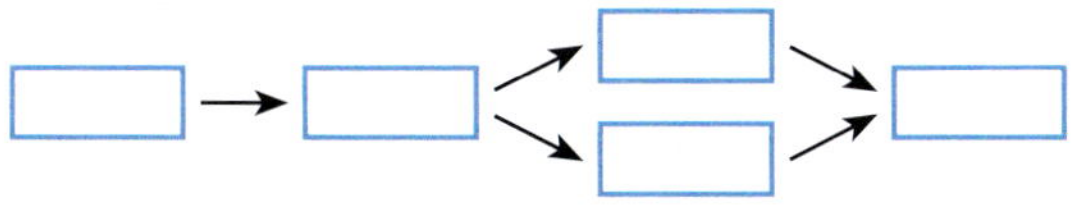

Seite 66, 109, 111, 247

Informationen in einer Mindmap sammeln und ordnen

In einer **Mindmap** kannst du Informationen, aber auch Ideen und Gedanken **ordnen**. Du verschaffst dir damit einen besseren **Überblick über ein Thema**.

Informationen sammeln
1. Gliedere deinen Text in **Sinnabschnitte**.
2. Verfasse zu jedem Sinnabschnitt eine **Überschrift**.
3. Schreibe die **wichtigsten Wörter** oder **Wortgruppen** aus jedem Sinnabschnitt auf oder unterstreiche sie.

Anfertigen der Mindmap
1. Schreibe das **Thema** (oder die Hauptüberschrift) in die Mitte.
2. Ordne die **Oberbegriffe** (oder die Überschriften) um die Mitte herum auf Hauptlinien an.
3. Schreibe die **wichtigsten Informationen** auf Linien an die Oberbegriffe.

Seite 232, 239

Texte in einer Schreibkonferenz besprechen

In einer Schreibkonferenz **überprüft** und **verbessert** ihr eure selbst geschriebenen **Texte** in der Gruppe. Dabei wird jedes Mitglied zum **Spezialisten** für einen bestimmten Bereich ernannt. Geht so vor:
1. **Tauscht** eure Texte in der Gruppe im Uhrzeigersinn.
2. **Lest** den Text ein erstes Mal.
3. Achtet beim **zweiten Lesen** vor allem auf den Bereich, für den ihr zu Spezialisten ernannt wurdet.
4. **Schreibt** an den Rand, **was gut gelungen ist**, und notiert **Verbesserungsvorschläge**.
5. Anschließend werden die Hefte im Uhrzeigersinn **weitergegeben**, bis alle Spezialisten alle Texte in der Gruppe beurteilt haben.
6. Jeder erhält seine Geschichte zurück, **liest die Anmerkungen** und kann nachfragen. Dann kann jeder seine Geschichte **überarbeiten**.

Seite 197

Rollenbiografie

Eine **Rollenbiografie** kann helfen, eine **Figur** besser zu **verstehen**.

Man stellt der Figur Fragen zu **Name, Alter, Familie, Interessen, Selbstbild, Beziehungen usw.** und beantwortet sie mithilfe des Textes. Man braucht **Einfühlungsvermögen** und manchmal **Fantasie**, um die Fragen zu beantworten.

Eine Rollenbiografie schreibt man in der **Ich-Form**.

Seite 27

Der Leserbrief

Leserbriefe bieten die Möglichkeit, zu einem Artikel in einer Zeitung oder Zeitschrift seine **Meinung** zu **sagen**. Man äußert sich **schriftlich** zu einem bestimmten **Thema** und bezieht **Stellung** dazu.

Der Kommentar

Seite 23, 169

Ein **Kommentar** gibt die **persönliche Meinung** einer Autorin oder eines Autors zu einem Thema wieder. Dabei bezieht sich der Kommentar meist auf eine Meldung oder Nachricht. Die Autorin oder der Autor **begründen** ihre Meinung mit **Argumenten** und ziehen **Schlussfolgerungen**.

Eine Facharbeit planen und schreiben

Seite 234

In einer Facharbeit kannst du dich **ausführlich** mit einem **selbst gewählten Thema** beschäftigen. Sammle dazu **Gedanken** und **Ideen in** einer **Mindmap** und stelle **Zusammenhänge** zwischen den einzelnen Punkten her. Um ein **Thema zu finden**, kannst du dich an folgenden Fragen orientieren:
- Welches Thema interessiert mich?
- Worüber wollte ich schon immer mehr wissen?
- Welches Problem beschäftigt mich? Kann ich zu dessen Lösung beitragen und wie?
- Was wollte ich schon immer einmal ausprobieren?
- Kenne ich eine Firma, einen Betrieb oder eine Einrichtung, deren Arbeit mich interessiert und die mich bei der Bearbeitung meines Themas unterstützen kann?
- Steht ein Ereignis oder eine Veranstaltung an, wozu ich einen (künstlerischen) Beitrag leisten kann?

Zeitplan
Erstelle **vor dem Beginn** der Arbeiten einen Zeitplan. Plane bewusst **Pausen** und **zeitliche Puffer** ein. Du kannst die folgende Tabelle für dich anpassen und ergänzen. Stimme dich auch mit deiner Betreuerin/deinem Betreuer ab.

Woche (vom Abgabetermin zurückrechnen)	Aufgaben
in der Woche vor Abgabe	Ausdrucken und Endkorrektur
Woche … bis 2 vor Abgabe	Schreiben (Einleitung, Hauptteil, Schluss)
Woche … bis … vor Abgabe	Sortieren der Rechercheergebnisse, erste Textentwürfe
Woche … bis … vor Abgabe	Gliederung, vertiefte Recherche, ev. Durchführung eines praktischen Teils (z. B. Experiment, Interview, Untersuchung, Exkursion)
Woche … bis … vor Abgabe	Erstellen der Grobgliederung, erste Rechercheergebnisse
Woche … bis … vor Abgabe	Themenfindung, erste Recherche, Formulieren der Fragestellung, Festlegung inhaltlicher Schwerpunkte

Aufbau
Einleitung:
- Nenne das Thema, mit dem du dich beschäftigt hast. Formuliere deine Fragestellung sowie das Ziel deiner Arbeit.
- Erkläre, warum du dich damit beschäftigt hast.
- Gib einen Überblick über den Aufbau der Arbeit und das Vorgehen bei der Erstellung.

Hauptteil:
Lege die Ergebnisse deiner Recherche dar. Achte auf eine sinnvolle Reihenfolge und die logische Verknüpfung einzelner Unterthemen.

Schluss:
Fasse deine Ergebnisse zusammen und ziehe ein Fazit zu deiner Fragestellung aus der Einleitung.

Checkliste
- ☑ Ist die Gliederung meiner Arbeit erkennbar (z. B. Einleitung, Hauptteil mit Unterthemen, Schluss) und stimmt sie mit dem Inhaltsverzeichnis überein?
- ☑ Ist die Facharbeit vollständig (z. B. Deckblatt, Inhaltsverzeichnis, Quellenverzeichnis, Eigenständigkeitserklärung, Anhang)?
- ☑ Habe ich richtig zitiert und alle Quellen angeführt?
- ☑ Habe ich die vorgegebene Gestaltung beachtet (z. B. A4-Format, einseitig beschrieben, Blocksatz, Randbreite, Schriftart- und größe, Zeilenabstand, Seitennummerierung)?

Beispiel für eine Eigenständigkeitserklärung
Hiermit versichere ich, dass ich diese Arbeit selbstständig verfasst habe. Alle genutzten Quellen sind aufgelistet. Zitate habe ich als solche gekennzeichnet.

Literatur und Verstehen

Seite 102, 104, 106, 108, 110, 112, 122, 126, 128, 150, 152, 154, 186, 188, 190, 192, 194, 196, 198, 200

Mit dem Leseschlüssel Texte lesen und verstehen

(siehe Klappe vorn)

1. Umgang mit literarischen Texten

Seite 123, 129

Anekdote

Eine **Anekdote** ist eine **kurze Erzählung**, die ein **Ereignis** aus dem Leben einer meist bekannten **Persönlichkeit** erzählt. Ziel ist es, die Persönlichkeit mit wenigen Sätzen so zu **charakterisieren**, dass man **Schlüsse** auf ihren Charakter ziehen kann.
Anekdoten haben häufig eine **Pointe** am Ende.
Meist werden Anekdoten **mündlich** weitergegeben, manchmal auch aufgeschrieben.
Die **Urheber** sind oft **unbekannt**.

Seite 127, 129

Kurzgeschichten

Kurzgeschichten sind **kurze Erzählungen**, die eine **außergewöhnliche Situation** darstellen. Sie entstanden im 19. Jahrhundert als *short stories* in den **USA**.
In **Deutschland** spielte die Kurzgeschichte 1945 bis 1970 eine große Rolle.
Die deutschen Autorinnen und Autoren schrieben in kurzen, einfachen und sachlichen Texten über Kriegs- und Nachkriegserlebnisse.

Kurzgeschichten weisen meist folgende **Merkmale** auf:
- **außergewöhnliche Situation**: Es wird von einem wichtigen Ausschnitt aus dem Leben eines oder mehrerer Menschen berichtet.
- **unvermittelter Anfang**: Man wird sofort in das Geschehen hineingezogen. Angaben zu Ort, Zeit oder Vorgeschichte fehlen.
- **offenes Ende**: Das Ende will Leserinnen und Leser zum Nachdenken anregen und macht keine Angaben zum weiteren Geschehen.
- **wenige Figuren**: Über die wenigen Figuren der Geschichte erfährt man nur so viel, wie für das Verständnis des Geschehens unbedingt nötig ist.
- **Inhalte des Alltags**: Dargestellt wird eine ganz alltägliche Situation.
- **kurze, lineare Handlung**: Die Handlung entwickelt sich geradlinig zum Höhepunkt hin.
- **Wendepunkt**: Die Geschichte hat eine überraschende Wendung.
- **verdichtete Sprache**: Die Geschichte ist in einem einfachen Sprachstil, mit kurzen Sätzen und in Alltagssprache geschrieben.

Parabel

Seite 107, 125, 133

Eine **Parabel** ist eine **kurze, lehrhafte Erzählung**, die als **Gleichnis** angelegt ist. Die **Lehre** oder **Lebensweisheit** wird meist nicht direkt formuliert, sondern muss **entschlüsselt** werden. Dazu überträgt man die **Bildebene** (das, was erzählt wird/ die dargestellte Situation) des Textes auf die **Sachebene** (das, was gemeint ist/ die Lebensrealität).

Eine literarische Figur charakterisieren

Seite 123, 189, 193, 197, 201, 211

In einer schriftlichen Charakterisierung geht es darum, das Wesen einer literarischen Figur zu erfassen und zu beschreiben.

Vorbereitung
1. **Lies** den literarischen Text **genau**. Achte auf direkte und indirekte Charakterisierung.
2. **Notiere** über die literarische Figur in Stichworten:
   - **Aussehen** (Kleidung, Körperhaltung, Mimik, Gestik)
   - **Lebensumstände** (Familie, Herkunft)
   - **Beziehung zu anderen Figuren**
   - **Verhalten** und **typische Eigenschaften**
   - **innere Haltung** (Gefühle, Einstellungen, Interessen)

Schreiben
1. Beginne mit der **Einleitung**: Gib kurze Informationen zum **Text** (Titel, Autor) und zur **Figur** (Name, Rolle im Text).
2. Verfasse den **Hauptteil**: Beschreibe das **Äußere**, die **Eigenschaften** und das **Wesen** der Figur mithilfe deiner Stichworte. Belege deine Aussagen mit **Textzitaten**.
3. Schreibe den **Schluss**: Beschreibe, wie die Figur auf dich wirkt, und begründe deine Meinung.

Beachte: Schreibe im **Präsens**.

Seite 103, 109, 129

Direkte und indirekte Charakterisierung

- **direkt**: Der Erzähler, die Figur selbst oder andere Figuren nennen die Eigenschaften der Figur. → Er ist ein guter Vater.
- **indirekt**: Die Eigenschaften lassen sich daraus ableiten, wie die Figur handelt, was sie sagt oder denkt. → Er tröstet den Sohn. → bedeutet: Er ist ein guter Vater.

Seite 101, 105, 127, 129

Der Erzähler in epischen Texten

Der **Erzähler** im epischen Text ist **nicht identisch** mit dem **Autor**. Der Autor denkt sich einen Erzähler aus und legt fest, wie dieser erzählen soll.

Es gibt zwei **Erzählformen**, in denen das Geschehen erzählt wird:
1. die **Ich-Form**: Der Erzähler ist selbst eine Figur in der Geschichte und erzählt aus der Perspektive dieser Figur.
2. die **Er-/Sie-Form**: Der Erzähler ist nicht am Geschehen beteiligt, er bleibt im Hintergrund.

Der Erzähler hat eine bestimmte **Haltung zum Geschehen**. Es gibt drei Möglichkeiten des **Erzählverhaltens**:
1. **auktorial** (allwissend): Der Erzähler weiß alles, überblickt das Geschehen, kennt die Gedanken und Gefühle der Figuren, kann bewerten und kommentieren. Er steht außerhalb des Geschehens.
2. **personal**: Der Erzähler erzählt aus der Sicht einer oder mehrerer beteiligter Figuren. Er erzählt, was diese Figur weiß, er kommentiert und bewertet aus deren Sicht.
3. **neutral**: Der Erzähler ist nicht wahrnehmbar. Leserin oder Leser erfahren die Handlung unmittelbar, z. B. durch einen Dialog.

Seite 103

Äußere und innere Handlung

Um einen **Text** besser **deuten** zu können, sollte man **Handlungen** und ihre Abläufe von der **Gedanken- und Gefühlswelt** unterscheiden.
Zur **äußeren Handlung** gehört alles, was wahrnehmbar ist: Was machen die Figuren? Was sagen sie?
Zur **innere Handlung** gehören die Gedanken und Gefühle der Figuren: Was denkt die Figur über sich, andere oder die Situation? Wie fühlt sie sich dabei?

Seite 102

Lineares und nichtlineares Erzählen

Wird durchgängig in einer **zeitlichen Reihenfolge** erzählt, spricht man von **linearem Erzählen**.
Werden die zeitlich aufeinanderfolgenden Ereignisse durch **Rückblenden** unterbrochen, spricht man von **nichtlinearem Erzählen**.

Rückblenden informieren über **frühere Ereignisse**. Sie helfen, die Geschichte und die Figuren besser zu verstehen.

Handlungs- und Stimmungsraum

Seite 107

Der **Handlungsraum** ist der Raum (Schule, Straße, Landschaft …), in dem sich die Figuren der Geschichte bewegen.
Der **Stimmungsraum** vermittelt eine bestimmte Atmosphäre, die die Gefühle der Figuren widerspiegelt.

Die Zeitgestaltung

Seite 127, 129

Um abwechslungsreicher zu erzählen, werden unterschiedliche Formen der Zeitgestaltung genutzt. Ereignisse können **zeitlich gerafft, gedehnt** oder **zeitdeckend** dargestellt werden.

zeitraffend: Ein längeres Geschehen wird kürzer zusammengefasst.
zeitdehnend: Eine Figur oder Situation wird ausführlich beschrieben oder es werden längere Gedankengänge geäußert.
zeitdeckend: Die in der Geschichte erzählte Zeit entspricht der Zeit, die man zum Lesen braucht, z. B. bei Dialogen.

Die sprachliche Gestaltung untersuchen

Seite 79, 84, 88, 92, 127, 129, 134, 149, 169, 237, 245

Die **sprachliche Gestaltung** in einem Text unterstützt die **Absicht** des Erzählers (und damit des Autors) und soll bei den Lesern eine bestimmte **Wirkung** hervorrufen.
Untersuche folgende sprachliche **Gestaltungsmittel** und kläre ihre **Wirkung**:
1. **Wortwahl** (häufig verwendete Wortarten, Wiederholungen, sprachliche Bilder …)
2. **Satzbau** (Satzlänge, Satzbau, wörtliche Rede …)
3. **Sprachebene** (Umgangssprache, Jugendsprache …)
4. **sprachliche Besonderheiten** (Übertreibungen, Tempuswechsel …)

Das Symbol

Seite 107, 252, 253

Ein **Symbol** ist ein **Sinnbild oder Zeichen**, das stellvertretend für einen nicht sichtbaren Sachverhalt steht. → Rose: Liebe
Das **Symbol** kann ein Gegenstand, ein Lebewesen oder eine Farbe sein, es **tritt** in einer Geschichte **immer wieder auf** und spielt eine **wichtige Rolle**. Es verweist auf eine **tiefere Bedeutung**.

Das Motiv

Seite 231

Ein Motiv ist ein **inhaltliches Element**, das in literarischen Texten immer **wiederkehrt**. Es hat eine **besondere Bedeutung** für den Textzusammenhang. Typische **Motive** der Literatur der **Romantik** sind → das Unheimliche, die Liebe oder die Sehnsucht.

Seite 127, 129

Eine Textbeschreibung verfassen

Du schreibst eine **Textbeschreibung**, um mitzuteilen, wie du einen **Text verstanden** hast und wie du ihn **beurteilst**.

1. Schreibe eine **Einleitung**. Informiere über Autorin/Autor, Titel, Textart und Thema.
2. Verfasse den **Hauptteil**.
   - Fasse den **Inhalt** zusammen.
   - Informiere über **Figuren**, **Figurenkonstellationen**, **Handlung**, **Ort**, **Zeit** sowie über die **Erzählform** und das **Erzählverhalten**.
   - Beschreibe die **sprachliche Gestaltung** und ihre Wirkung.
3. Schreibe einen **Schluss**, in dem du die **Kernaussage** des Textes und die mögliche **Absicht** der Autorin/des Autors formulierst. Äußere deine **eigene Meinung** zum Text und begründe sie.

Seite 127, 129

Eine Inhaltsangabe schreiben

Vorbereitung

1. Stelle W-Fragen an den Text und beantworte sie.
2. Gliedere den Text in Abschnitte und fasse den Inhalt in einer Übersicht zusammen.
3. Notiere Gefühle und Gedanken, die im Text zum Ausdruck kommen.
4. Formuliere das Thema und die wichtigste Aussage des Textes.

Inhalt und Aufbau

1. Gliedere deine Inhaltsangabe in Einleitung, Hauptteil und Schluss.
2. Nenne in der Einleitung: Autorin/Autor, Titel, Textart und das Thema.
3. Stelle im Hauptteil die Handlung in der richtigen Reihenfolge dar.
   Verbinde sie mit den wichtigsten Gedanken und Gefühlen der Figuren.
4. Formuliere zum Schluss, wie der Text und das Verhalten der Figuren auf dich wirken.

Beachte: Schreibe sachlich und im Präsens. Mache Zusammenhänge deutlich, indem du die Sätze mit Konjunktionen und Adverbien verbindest.

2. Umgang mit Sachtexten

Seite 8, 16, 21, 24, 76, 82, 86, 90, 170, 172

Leseschlüssel für Sachtexte

Mithilfe dieser Technik kannst du jeden Sachtext gut verstehen, die wichtigsten Informationen daraus entnehmen und im Kopf behalten.

Vor dem Lesen

1. Sieh dir die Bilder und die Überschriften an.
2. Vermute, worum es in dem Text gehen könnte.
3. Fasse zusammen, was du bereits zum Thema weißt.

Während des Lesens

Überfliegendes Lesen

1. Überfliege den Text. Lies die Anfänge der Abschnitte, wichtige Wörter und bekannte Begriffe.
2. Gliedere den Text in Sinnabschnitte.

Genaues Lesen
1. Kläre unbekannte Begriffe aus dem Textzusammenhang oder mithilfe eines Lexikons oder des Internets.
2. Lies den Text gründlich. Notiere abschnittweise die wichtigsten Informationen.
3. Finde zu jedem Sinnabschnitt eine Überschrift.

Nach dem Lesen
1. Formuliere Fragen zum Inhalt des Textes und beantworte sie.
2. Fasse den Inhalt des Textes abschnittweise zusammen.

Funktionen von Sachtexten erkennen

Seite 77, 80, 84, 88, 92

In einem Sachtext kann eine Autorin oder ein Autor verschiedene **Aussageabsichten** vermitteln. Es können drei Grundformen der Kommunikation gewählt werden:
- **Informieren**: Fakten nennen, Sachverhalte beschreiben, Zusammenhänge erklären → Lexikonartikel, Bericht …
- **Argumentieren**: Stellung zu einem Thema beziehen, durch Pro- und/oder Kontra-Argumente begründen → Kommentar, Leserbrief …
- **Appellieren**: für etwas werben, zu einer bestimmten Verhaltensweise oder Handlung auffordern → Werbung, Spendenaufruf …

Beachte: Häufig haben Sachtexte **mehrere Funktionen gleichzeitig**, z. B. informieren und appellieren sie.

Sprachliche Mittel in Sachtexten

Seite 79, 84, 88, 92

In Sachtexten wird häufig **neutral**, **sachlich** und **präzise** formuliert. Meist wird **Fachsprache** verwendet. Merkmale sind: unpersönliche Ausdrucksweise, komplexer Satzbau, Nominalstil und ein Fachwortschatz. Es wird über ein Thema, einen Vorgang, eine Handlung oder eine Meinung informiert. Der Autor verwendet entsprechend seiner **Absicht** (informieren, appellieren, argumentieren) bestimmte sprachliche Mittel. Diese haben bestimmte **Funktionen**.

sprachliche Mittel	Funktion
auffällige Komposita/Wortzusammensetzungen	Aufmerksamkeit, Anschaulichkeit
wörtliche Rede/Zitate	Beweis, Glaubwürdigkeit
Fachworter	Fachkompetenz, Eindeutigkeit
Passiv	Handlung/Vorgang im Vordergrund
Aufzählungen	Verstärkung, Informationsdichte
Nominalstil	Sprachökonomie, Informationsdichte
sprachliche Bilder	Anschaulichkeit

Seite 79, 84, 88, 92

Eine Sachtextanalyse schreiben

1. Schreibe eine **Einleitung**. Nenne Autorin/Autor, Titel, Thema, Textart, Erscheinungsdatum und die Quelle des Textes.
2. Verfasse den **Hauptteil**.
   - Fasse den Inhalt des Textes abschnittweise zusammen.
   - Nenne die Kernaussage des Textes.
   - Formuliere die Meinung und Absicht der Autorin/des Autors und belege sie mit Argumenten bzw. Informationen.
   - Nenne die charakteristischen sprachlichen Mittel und erläutere, wie sie die Absicht der Autorin/des Autors unterstützen.
3. Schreibe einen **Schluss**. Beurteile den Text, stelle weitere Fragen, notiere deine eigene Meinung zum Thema und begründe sie.

Seite 9, 18, 21, 27, 85, 89, 93, 163, 176

Diagramme untersuchen und auswerten

1. **erster Überblick**
   - Lies die Überschrift und alle zusätzlichen Angaben.
   - Nenne das Thema des Diagramms.
   - Nenne die Diagrammform.
   - Gib die Quelle an, aus der die Daten stammen.
2. **genauere Untersuchung**
   - Kläre unbekannte Begriffe.
   - Gib an, welche Angaben gemacht werden und worauf sie sich beziehen.
   - Vergleiche die Daten. Beachte den höchsten und den niedrigsten Wert, untersuche Trends und Unterschiede.
3. **Diagramm beschreiben**
   - Fasse alle Einzelaussagen zusammen. Beantworte folgende Fragen:
   - Was hast du durch das Diagramm erfahren?
   - Welche Entwicklungen kannst du erkennen?
   - Welche Ergänzungen sind denkbar/wünschenswert?
   - Welche Fragen werden nicht geklärt?
4. **Diagramm auswerten**
   - Erkläre und bewerte die Ergebnisse deiner Untersuchung.
   - Leite Schlussfolgerungen ab.

Seite 80, 85, 89, 93

Diagrammformen

Es gibt verschiedene Möglichkeiten, Untersuchungsergebnisse in Form von Zahlen anschaulich zu machen:

Kreisdiagramm: Es zeigt, welchen (prozentualen) **Anteil an einer Gesamtheit** einzelne Daten haben. Die Ergebnisse sind an der **Größe des Abschnitts** (Segment) ablesbar.

Balkendiagramm: Damit lassen sich **einzelne Objekte vergleichen** (größer oder kleiner, schlechter oder gleich) und bewerten. Die Ergebnisse sind an der **Länge der Balken** ablesbar.

Säulendiagramm: Damit lassen sich **Veränderungen über die Zeit** (Steigerung, Rückgang, Stagnation) darstellen. Die Ergebnisse sind an der **Höhe der Säulen** ablesbar.

3. Umgang mit Medien

Seite 169

Manipulation in Medien

Als **Manipulation** wird die **absichtlich verzerrte** oder **gefälschte Darstellung** von **Tatsachen** in Texten und Bildern bezeichnet. **Absicht** ist es, die **Wahrheit zu verschleiern** oder zu **beschönigen** und so die **Meinung** anderer zu **beeinflussen**.

Manipulation kann sich zeigen in:
- einer stark wertenden **Wortwahl**,
- häufigen **Wiederholungen** und bewussten **Weglassungen**,
- dem **Herausreißen** von Informationen aus dem **Zusammenhang**,
- der **Auswahl** und **Gewichtung** von Informationen,
- bewusst **falschen** Informationen (Fake News),
- der digitalen **Veränderung** von Bildern.

Seite 235

Informationsunterstützendes Bildmaterial bestimmen und gestalten

Das **Bildmaterial** (Fotos, Diagramme, Schaubilder, Cartoons, Karikaturen …) **bezieht sich** auf die **wesentlichen Informationen** des Vortrags. Es soll:
- den **Zugang** zu einer Information erleichtern,
- einen **Inhalt** verdeutlichen,
- auf **Besonderheiten** verweisen,
- eine **Aussage unterstreichen** oder **ergänzen**,
- **Zusammenhänge** und **Entwicklungen** darstellen.

Seite 171, 173, 175

Ein Erklärvideo gestalten und produzieren

Vorbereitung
1. Erstellt ein **Storyboard** zu eurem Video. Gliedert es in **Szenen** und macht Angaben zu **Inhalt**, **Sprechtext**, **Handlung**, **Kameraeinstellung** und **Visualisierung**.
2. Teilt die Arbeitsbereiche **Regie**, **Sprecherinnen/Sprecher**, **Grafikerinnen/Grafiker**, **Requisite** und **Technik** auf.
3. Erstellt das **Anschauungsmaterial**.
4. Organisiert die **technische Ausstattung**.
5. Macht euch mit einem **Video-Schnittprogramm** vertraut.

Aufnahme
1. Sucht einen **ruhigen Ort** ohne Hintergrundgeräusche und Störungen.
2. Nehmt euer Erklärvideo in **einzelnen Szenen** auf, sodass ihr immer wieder Pausen machen könnt.
3. Sprecht mit angemessener **Lautstärke**, **Betonung** und **Geschwindigkeit**.
4. Zeigt **Anschauungsmaterial**, das die Inhalte eures Videos unterstützt.
5. **Speichert** alles ab, damit nichts verloren geht.

Nachbearbeitung
1. **Bearbeitet** das Video, indem ihr die einzelnen Sequenzen zuschneidet und zusammenfügt sowie die Ton- und Bildspur aufeinander abstimmt.

2. Seht euch die Aufnahmen einzelner Sequenzen an und macht **Vorschläge**, was verbessert werden kann.
3. **Dreht** einzelne Szenen **neu**, wenn nötig.
4. **Schneidet** eure Sequenzen so zurecht, dass sie einen klaren Anfang und ein klares Ende haben.
5. Passt die **Lautstärke** der einzelnen Tonspuren so an, dass sie im gesamten Video **einheitlich** ist.
6. Fügt die Szenen abschließend in der **richtigen Reihenfolge** aneinander.
7. **Speichert** euer Erklärvideo auf einem **Datenträger**.

Seite 172

Sendeformate

Als **Sendeformate** werden die verschiedenen Arten von Fernsehbeiträgen und Sendungen bezeichnet. → Nachrichten, Reportagen, Unterhaltungsshows, Dokumentarfilme, Doku-Soaps, Serien, Zeichentrickfilme, Fernsehfilme …
Man kann zwei verschiedene **Formate** unterscheiden:
- **Erfundene (fiktive) Formate** erzählen ausgedachte Geschichten nach einem Drehbuch. → Fernsehfilme, Serien, Unterhaltungsshows …
- **Nicht erfundene (nonfiktive) Formate** wollen Tatsachen vermitteln. → Nachrichten, Wissenssendungen, Reportagen, Dokumentationen …

Es gibt Sendungen, die **zwischen fiktiven und nonfiktiven Formaten** einzuordnen sind. Sie geben vor, die Wirklichkeit zu zeigen, dabei handeln ausgewählte Darsteller nach einem vorgegebenen Drehbuch. → Reality-TV, Doku-Soaps

4. Praktikum und Berufsvorbereitung

Seite 37, 45, 46, 48, 56, 62, 64, 66

Informationen zu einem Beruf auf einer Berufekarte sammeln

1. **Wähle** einen Beruf aus.
2. Notiere auf einer Karteikarte die folgenden Stichworte:
   - **Berufsbezeichnung**
   - **Arbeitsorte und Arbeitszeiten**
   - **Tätigkeiten und geforderte Fähigkeiten**
   - **Arbeitsmittel/Arbeitsgeräte**
   - **Kontakt zu Menschen**
   - **geforderter Schulabschluss**
   - **Art der Ausbildung** (z.B. dual) und **Dauer der Ausbildung**
   - **Ausbildungsvergütung**
3. **Sammle Informationen** zu diesen Stichworten. Nutze verschiedene Informationsquellen:
   - **Frage** Menschen, die diesen Beruf ausüben.
   - **Beobachte** diese Menschen bei der Arbeit.
   - Suche **Texte** in Büchern, Zeitungen oder Zeitschriften, die sich mit dem Beruf beschäftigen.
   - Suche im **Internet** nach Informationen über den Beruf.
4. **Fülle** deine Berufekarte **aus**.

Stellenanzeigen

Seite 37, 44, 46, 48

In **Stellenanzeigen** erhält man **Informationen** über:

- die **Ausbildung** (Beruf, Ausbildungsart, Unternehmen, Schule, Ort, Zeitpunkt, Dauer, Ablauf, Inhalte, Weiterbildung)
- das **Unternehmen** (Name, Struktur, Arbeitsinhalte, Kontaktdaten, Ansprechpartner, Erwartungen an die Bewerbung, Bewerbungsfrist)
- die **Anforderungen** (Schulabschluss, Kompetenzen, Kenntnisse, Erfahrungen, persönliche Eigenschaften)

Bei den **Anforderungen** an die Bewerber unterscheidet man in:

- **Muss-Kriterien**, wie z. B. dem Schulabschluss (sie werden meist so beschrieben → … wird vorausgesetzt, … unbedingt notwendig, … wird erwartet, erforderlich sind …, Voraussetzung ist …)
- **Kann-Kriterien**, wie z. B. praktische Erfahrungen (sie werden meist so beschrieben → idealerweise …, … wären von Vorteil, bevorzugt werden Bewerber …, … wünschenswert wäre …)

Eine Bewerbung für einen Ausbildungsplatz schreiben

Seite 39, 45, 47, 48

Schreibe deine Bewerbung nach folgendem **Aufbau**:

1. **Kopf der Bewerbung**:
   - Adressen von **Absender** und **Empfänger** (Firma) sowie **Datum**
   - **Betreffzeile** → Bewerbung um einen Ausbildungsplatz als …
   - höfliche **Anrede** → Sehr geehrte Damen und Herren …; Sehr geehrte Frau …; Sehr geehrter Herr …
2. **Einleitung**:
   - **Grund** des Anschreibens (Wahl des Ausbildungsbetriebes begründen)
3. **Hauptteil**:
   - Begründung des **Berufswunschs**
   - Begründung der **Wahl des Betriebes**
   - Begründung deiner **Eignung** und deines **Interesses** (deine Eigenschaften, Stärken, Interessen und Fähigkeiten, die zu dem Beruf passen)
   - **Schulsituation** und **Schulabschluss** (Klasse, Schulform, voraussichtlicher Abschluss und Abschlussjahr, beste Fächer)
4. **Schluss**:
   - **Einladungswunsch** zu einem Vorstellungsgespräch
5. **Grußformel** → Mit freundlichen Grüßen
6. eigenhändige **Unterschrift**
7. **Anlagen**: tabellarischer Lebenslauf, Kopie des letzten Schulzeugnisses

Formale **Gestaltungsregeln** beachten:

- eine gut lesbare **Schrift** verwenden (z. B. Arial oder Tahoma)
- **Schriftgröße** 11 oder 12 Punkt
- **Zeilenabstand** 1,5 zeilig
- **Seitenränder** 2,5 bis 3 cm
- Bestandteile der Bewerbung durch **Leerzeilen** und **Absätze** trennen

Seite 43

Ein Vorstellungsgespräch vorbereiten

☑ Termin bestätigen
☑ Bewerbungsmappe, Stift, Papier mitnehmen
☑ Kleidung auswählen (sauber, angemessen ...)
☑ Haare waschen und frisieren
☑ Anfahrt planen und rechtzeitig losgehen
☑ Einladungsschreiben mitnehmen (Name der Ansprechpartnerin oder des Ansprechpartners markieren und merken)
☑ inhaltlich vorbereiten: über Firma informieren, Gründe für Bewerbung kennen, Rückfragen notieren

Seite 58, 62, 64, 66

Tagesbericht

In einem **Tagesbericht** notierst du alles, was du an einem **Praktikumstag erledigt** hast. Damit du nichts vergisst, mache dir während des Arbeitstages **Notizen** (Uhrzeiten, Tätigkeiten, Fachausdrücke).
Für den Tagesbericht kannst du eine **Tabelle** nutzen oder einen **ausführlichen Text** schreiben. Orientiere dich an den **W-Fragen**: Wer? Wann? Wo? Was? Warum?

Seite 59, 63, 65, 67

Einen Praktikumsbericht schreiben

Für deinen Praktikumsbericht kannst du eine **Praktikumsmappe** anlegen, in der du alle Bestandteile eines Praktikumsberichts sammelst. Gestalte ein **Deckblatt** und lege ein **Inhaltsverzeichnis** an. Schreibe dann den Bericht in folgender **Reihenfolge**:

1. Nenne in einer **Einleitung** den **Beruf** und den **Praktikumsbetrieb** und **begründe**, warum du beides gewählt hast.
2. Stelle das **Unternehmen** vor. Nenne alle **Fakten** und **Zahlen**, die du dazu ermitteln konntest (Branche, Ausbildungsberufe, Anzahl der Beschäftigten usw.).
3. Stelle deinen **Tätigkeitsbereich** vor.
   - Beschreibe **Aufgaben**, die du erledigt hast.
   - Beschreibe einen Arbeitstag in einem tabellarischen (Ort, Zeit, Tätigkeit, Arbeitsmittel) oder ausführlichen **Tagesbericht**.
   - Beschreibe einen **Arbeitsvorgang** ausführlich.
4. **Werte** das Praktikum **aus**. Notiere, wie dir das Praktikum insgesamt und wie dir die erledigten Aufgaben gefallen haben.
5. Ziehe ein **Fazit**. Erkläre, ob du in diesem **Beruf** oder **Betrieb** später arbeiten möchtest. Nimm Bezug auf deine **Erwartungen** vor dem Praktikum.
6. Verwende **Materialien** wie Fotos, Werbeflyer oder Interviews mit Mitarbeitern.
7. Überprüfe die **sprachliche Form** deines Praktikumsberichts (Sachlichkeit, Präteritum, korrekte Rechtschreibung).

RGS

Rechtschreibung, Grammatik und Sprachbetrachtung/Sprache thematisieren

1. Rechtschreibung

Rechtschreibstrategien

Seite 28, 29, 33

Rechtschreibstrategie Mitsprechen

Wie ein Wort geschrieben wird, richtet sich häufig nach der **Aussprache**.
Wenn man beim Schreiben die Wörter **Silbe für Silbe** mitspricht, kann man meist hören, wie sie geschrieben werden.
→ Wassereimer, Mappe, rennen

Rechtschreibstrategie Verlängern

- Will man wissen, ob am Wortende **b** oder **p**, **d** oder **t**, **g** oder **k** geschrieben wird, muss man das Wort **verlängern** und dann **deutlich sprechen**.
  - Bilde bei Substantiven den Plural: Hunt oder Hund? → Hunde
  - Steigere bei Adjektiven: starg oder stark? → stärker
  - Bilde bei Verben den Infinitiv: schriep oder schrieb? → schreiben
- Schreibt man das Wort mit h in der Mitte? **Verlängere** das Wort und sprich in Silben: dreht → dre - hen, Schuh → Schu - he

Rechtschreibstrategie Ableiten

Will man wissen, ob ein Wort mit **e** oder **ä**, **eu** oder **äu** geschrieben wird, muss man es **ableiten**. Findet man verwandte Wörter mit **a** oder **au**, dann schreibt man **ä** oder **äu**.
→ Wärme – warm, Träume – Traum

Großschreibung

Seite 50

Signale für die Großschreibung

So kannst du testen, ob ein Wort ein Substantiv oder eine Substantivierung ist und großgeschrieben wird:
- Steht vor dem Wort ein **Artikel,** der sich auf das Wort bezieht (der, die, das, dem, den, ein, eine …) oder ein Schmelzwort (am, beim, zur, ins …)?
- Lässt sich direkt vor das Wort ein **Adjektiv** setzen, welches sich dabei verändert (schöner Baum, langes Leben)?
- Bezeichnet das Wort ein Lebewesen oder einen Gegenstand?
- Endet das Wort auf **-heit**, **-keit**, **-ung**, **-schaft**, **-nis** oder **-tum**?
- Stehen vor dem Wort Wörter wie **alles**, **wenig**, **nichts**, **etwas**, **viel**?
- Steht vor dem Wort eine **Präposition** (auf Biegen und Brechen)?

Beachte: Schon wenn **ein** Signal zutrifft, wird das Wort **meist großgeschrieben**.

Seite 51, 52

Schreibung von Eigennamen

Eigennamen werden **großgeschrieben**. Sie bezeichnen Lebewesen, Straßen, Gebäude, Institutionen, Produkte usw.

- Sind **Adjektive** oder **Präpositionen** Bestandteil des Eigennamens, werden diese **großgeschrieben** → vor dem Alten Tor, die Schwäbische Alb, der Nahe Osten …
- Auch wenn das Wort auf **-er** endet und von einem **geografischen Namen** abgeleitet ist, schreibt man es **groß** → der Hamburger Hafen, der Schweizer Käse, die Frankfurter Schule

Weitere Rechtschreibregeln

Seite 50

Schreibung von Zeitangaben

Zeitangaben, die **Substantive** sind, werden **großgeschrieben**.
Zeitangaben, die **Adverbien** sind, werden **kleingeschrieben**.

Adverbien wie montags oder abends werden verwendet, wenn sich eine Handlung oder ein Vorgang immer zu derselben Zeit wiederholt. → Ich gehe montags (immer) zum Training. (Ich gehe jeden Montag zum Training.)

Substantive in Zeitangaben erkennt man oft am Begleiter → der Mittwoch, jeden Vormittag, eines Abends, am Morgen, ab Donnerstag …

Seite 33

Das lange i

Das lang gesprochene **i** wird in der Regel als **ie** wiedergegeben.
→ fliegt, rief, lief, telefonieren, kapieren …
Bei Fremdwörtern steht trotz lang gesprochenem **i** oft nur ein einfaches **i**.
→ Klima, Krise …

Seite 30, 31

Trennbare und untrennbare Verben

Zusammengesetzte Verben können gebildet werden aus:

- Adjektiven → klarstellen
- Präpositionen → aufstehen
- Adverbien → hingehen
- Substantiven → teilnehmen

Ob ein Verb **trennbar** ist **oder nicht**, könnt ihr herausfinden, indem ihr die 1. Person Singular oder das Partizip II bildet.
trennbar: aufstellen → ich stelle auf – aufgestellt
untrennbar: überbieten → ich überbiete – überboten

Außerdem werden trennbare und untrennbare Verben **unterschiedlich betont**:
Betonung auf der **Vorsilbe**: aufstellen → trennbar
Betonung auf dem **Wortstamm**: überbieten → untrennbar

Regeln der Getrennt- und Zusammenschreibung von Verben

Seite 30, 31, 32

Die **meisten** Verbindungen mit Verben werden **getrennt geschrieben**.
→ spazieren gehen, dabei sein, Fahrrad fahren, bitter schmecken …
Es sei denn, es entsteht eine **neue Bedeutung**:
→ freisprechen, kopfstehen, eislaufen, …
Diese wird auch im **Partizip II** und im **Infinitiv mit zu zusammen geschrieben**:
→ freigesprochen – freizusprechen

getrennt geschrieben werden …	zusammengeschrieben werden …
Substantiv + Verb Fahrrad fahren, Kuchen backen, …	**Präposition + Verb** übernehmen, aufstellen, …
Verb + Verb schreiben lernen, spazieren gehen, …	**Präfix *zu* + Verb** zugeben, zustimmen, zulassen …
Verbindungen mit dem Verb *sein* da sein, vorbei sein, zusammen sein, …	
***zu* + Verb im Infinitiv** Das ist schwer zu sagen.	
Adjektiv/Adverb + Verb frei sprechen, hoch springen, …	
Zusammensetzungen mit mehrteiligen Personennamen (z. B. Straßen- und Gebäudenamen), dann wird mit Bindestrich verbunden Heinrich-Heine-Allee, Anne-Frank-Gymnasium, …	**Zusammensetzungen mit einfachen Personennamen** (z. B. Straßen- und Gebäudenamen) Elisabethstraße, Johannesplatz, …

Texte korrigieren und überarbeiten

Seite 12, 15, 19, 23, 27, 39, 45, 47, 49, 59, 63, 65, 67, 79, 85, 89, 92, 193, 197, 201, 233, 239, 243, 247

Prüfe deine Texte nach dem Schreiben immer auf sprachliche Richtigkeit, korrigiere und überarbeite sie dann.

1. **Lies** den Text **laut**. Dann fallen die „**Stolperstellen**" auf, z. B. fehlende oder überflüssige Buchstaben und Wörter. Korrigiere diese Stellen.
2. Korrigiere und überarbeite den Text jetzt in **vier Durchgängen**:
   - Prüfe die **Rechtschreibung**. Markiere falsche Wörter und korrigiere sie mithilfe der **Rechtschreibstrategien**.
   - Prüfe die **Zeichensetzung**: Satzschlusszeichen, Zeichen der wörtlichen Rede und Kommas. Korrigiere die Zeichensetzung.
   - Prüfe die **Zeitformen** und die **grammatischen Endungen**. Markiere die Fehler und korrigiere sie.
   - Prüfe, ob **Wortwiederholungen** oder Fehler beim **Satzbau** vorhanden sind. Markiere sie. **Ersetze Wörter** und **stelle die Sätze um**.
3. Prüfe zum **Schluss**: Sind Sätze zu lang? Wurden treffende Verben und Adjektive benutzt? Sind alle Sätze logisch und verständlich? Überarbeite diese Sätze.

2. Grammatik

Das Wort und die Wortarten

Seite 68

Wortarten

Bestimmte Wortarten können sich verändern, andere verändern sich nicht.

- **veränderbare Wortarten** sind: Verben (→ gehen), Substantive (→ Haus), Adjektive (→ klein), Artikel (→ der) und Pronomen (→ ich)
- **unveränderbare Wortarten** sind: Präpositionen (→ mit), Konjunktionen (→ und), Adverbien (→ vielleicht) und Interjektionen (→ Oh!)

Seite 114, 117

Verben

- sind Tätigkeitswörter. Sie geben an, was jemand **tut** (→ er schreibt), was **geschieht** (→ es regnet), in welchem **Zustand** jemand oder etwas ist (→ sie bleibt).
- haben einen **Infinitiv**/eine Grundform (→ laufen, lesen).
- sind **veränderbar**, sie werden **konjugiert**. Die **Konjugation** umfasst **fünf** grammatische **Größen**:
  - **Person**: 1. → ich sehe, wir sehen, 2. → du siehst, ihr seht, 3. → er/sie/es sieht, sie sehen
  - **Numerus**: Singular → ich sehe, du siehst, er/sie/es sieht und Plural → wir sehen, ihr seht, sie sehen
  - **Tempus** (Zeitform) Präsens → er sieht, Perfekt → er hat gesehen, Präteritum → er sah, Plusquamperfekt → er hatte gesehen, Futur I → er wird sehen, Futur II → er wird gesehen haben
  - **Modus**: Indikativ → er sieht, Konjunktiv I → er sehe, Konjunktiv II → er sähe, Imperativ → Sieh! Seht!
  - **Handlungsart**: Aktiv → er sieht, Passiv → er wird gesehen

Seite 114, 117

Zeitformen des Verbs

Person	Präsens	Präteritum	Perfekt	Plusquamperfekt	Futur
1. Person Singular	ich gehe	ich ging	ich bin gegangen	ich war gegangen	ich werde gehen
2. Person Singular	du gehst	du gingst	du bist gegangen	du warst gegangen	du wirst gehen
3. Person Singular	er/sie/es geht	er/sie/es ging	er/sie/es ist gegangen	er/sie/es war gegangen	er/sie/es wird gehen
1. Person Plural	wir gehen	wir gingen	wir sind gegangen	wir waren gegangen	wir werden gehen
2. Person Plural	ihr geht	ihr gingt	ihr seid gegangen	ihr wart gegangen	ihr werdet gehen
3. Person Plural	sie gehen	sie gingen	sie sind gegangen	sie waren gegangen	sie werden gehen

Das Präsens

Die Zeitform (das Tempus) **Präsens** kann für die drei Zeitstufen **Gegenwart**, **Vergangenheit** und **Zukunft** verwendet werden.
Zeitstufe **Gegenwart**: Es wird ausgedrückt, **was gerade geschieht**.
→ Ich lese gerade ein Buch von Janosch.
Zeitstufe **Vergangenheit**: Es wird gesagt, **was früher geschah**.
→ Janosch erfindet 1964 den fliegenden Onkel Poppoff.
Zeitstufe **Zukunft**: Es wird beschrieben, **was zukünftig geschehen wird**.
→ Die Tigerente begeistert sicher auch morgen noch viele Kinder.
Mit dem **Präsens** drückt man auch aus, **was immer gilt**.
→ Janosch ist bekannt.

Die Zeitformen der Vergangenheit

Das **Präteritum** verwendet man, wenn man **schriftlich** von etwas Vergangenem erzählt oder berichtet. → ich ging, ich sagte …
Das **Perfekt** verwendet man, wenn man **mündlich** über etwas Vergangenes erzählt oder berichtet. → ich bin gegangen, ich habe gesagt …
Das **Plusquamperfekt** verwendet man, wenn man über etwas erzählen oder berichten will, das noch **weiter zurückliegt** als das, was bereits in der Vergangenheit geschehen ist. → Nachdem ich das Buch gekauft hatte, begann ich sofort mit dem Lesen.

Das Futur II (vollendete Zukunft)

Seite 115

Mit dem **Futur II** kann man ausdrücken,
- dass ein **Ereignis** zu einem bestimmten Zeitpunkt **in der Zukunft abgeschlossen** sein wird. → Morgen wirst du alles vergessen haben.
- was man über ein **vergangenes Ereignis vermutet**. → Er wird wohl eine Panne gehabt haben.

Das **Futur II** wird aus der **Personalform** von **werden** im **Präsens**, dem **Partizip Perfekt des Verbs** und dem **Infinitiv** von **haben** oder **sein** gebildet. → ich werde gelesen haben, du wirst gestürzt sein, er wird gefahren sein, wir werden vergessen haben, ihr werdet verloren haben, sie werden aufgewacht sein

Modi des Verbs

Seite 116, 139

Mit dem **Modus** kann man ausdrücken, **wie** man etwas **sieht** oder **betrachtet**. Man kann damit die **Adressaten** beeinflussen: Sie sollen die Aussage für **wirklich**, **möglich** oder **wünschenswert** halten.

Es gibt **drei Aussageformen** des Modus:
- **Indikativ** (Wirklichkeitsform): ein Sachverhalt wird als **wirklich** dargestellt.
  → Sie hält ihre Rede.

- **Konjunktiv I und II** (Möglichkeitsform)/Umschreibung mit „würde“: drückt Wünsche, Meinungen, Vermutungen, Vorstellungen aus. → Sie halte ihre Rede./Sie hielte ihre Rede/Sie würde ihre Rede halten, wenn …
- **Imperativ** (Befehlsform): fordert zu etwas auf. → Halte deine Rede!

Seite 57, 117

Aktiv und Passiv

Ereignisse und Vorgänge können aus **verschiedenen Perspektiven** beschrieben werden.
- Beim **Aktiv** steht der **Handelnde** im Vordergrund. → Der Uhrmacher wechselt die Batterie der Uhr.
- Beim **Passiv** stehen **Handlungen** oder **Vorgänge** im Vordergrund. → Die Batterie der Uhr wird gewechselt.
  Das **Passiv** wird mithilfe der Personalformen von **werden** und dem **Partizip II** des Verbs gebildet. → Die Batterie wird gewechselt.

Seite 137

Modalverben

Modalverben verändern die **Aussage eines Satzes**.

Dabei zeigen sie an, ob eine Handlung als **Fähigkeit/Möglichkeit** (→ können), als **Absicht** (→ wollen), als **Erlaubnis** (→ dürfen), als **Wunsch** (→ mögen), als **Forderung** (→ sollen) oder als **Verpflichtung/Zwang** (→ müssen) verstanden werden soll.

Bei höflichen **Bitten**, **Aufforderungen** oder **Empfehlungen** werden die Modalverben häufig im **Konjunktiv II** verwendet. → Könnten Sie mir bitte helfen? → Du müsstest mehr üben! → Wir sollten nachfragen.

Seite 50

Adverbien

Adverbien (Singular: Adverb) sind Umstandswörter, sie bestimmen **Verben oder Adjektive näher**. → abends, gern, heute, morgen, hier …

Adverbien
- können mit einer W-Frage (Wann? Wo?) erfragt werden,
- machen zusätzliche Angaben über ein Geschehen,
- werden kleingeschrieben,
- sind unveränderbar,
- können am Satzanfang stehen,
- sind im Satz leicht umstellbar.

Seite 203

Attribute

Mit **Attributen** kann man ein Wort (meist ein **Substantiv**) **genauer beschreiben**. → Die jüngste Weltumseglerin geht an den Start.

Attribute sind **Teile von Satzgliedern**. Sie können weggelassen werden (Weglassprobe), ohne dass sich der Satz grammatisch ändert. → Laura, das mutige Mädchen, segelt durch die Karibik.

Attribute können **vor** oder **nach dem Bezugswort** stehen. → die erfolgreiche Seglerin – die Verhinderung der Weltumseglung

Man erfragt **Attribute** mit **Was für ein/eine?** oder **Welche/Welcher/Welches?**

Attribute können auftreten als:
- Adjektive → die riskante Fahrt
- Substantive im Genitiv → das Boot der Seglerin
- Substantive mit Präposition → das Mädchen mit den Plänen
- Adverbien → das Mädchen dort
- Attributsätze → die Seglerin, die noch sehr jung war
- Infinitivgruppen → beim Versuch, sie zu überholen

Anredepronomen

Seite 50

Das höfliche Anredepronomen **Sie** und seine Formen **Ihnen** und **Ihr** schreibt man **groß**. Bei den vertrauten Anredepronomen **du**, **ihr**, **euch** sowie den entsprechenden Possessivpronomen **dein** und **euer** ist in Briefen **Groß- und Kleinschreibung möglich**.

Der Satz

Satzreihen

Seite 248, 249, 250

Satzreihen bestehen aus zwei (oder mehreren) **Hauptsätzen**. Sie können durch **nebenordnende Konjunktionen** verbunden werden. → Ich zögere nicht und (ich) helfe Schwächeren.
Zwischen den Hauptsätzen steht ein **Komma**, **außer** bei den Konjunktionen und sowie oder.
Nebenordnende Konjunktionen sind → und, aber, oder, doch, denn, trotzdem …

In **Hauptsätzen** steht die **finite Verbform** an **erster** oder **zweiter** Stelle.

Satzgefüge

Seite 248, 249, 250

Satzgefüge bestehen aus einem **Hauptsatz** und einem oder mehreren **Nebensätzen**. Der oder die können stehen:
- **vor** dem Hauptsatz → Weil er gleich danebensteht, hilft Franz dem Mann.
- **nach** dem Hauptsatz → Franz hilft dem Mann, weil er gleich danebensteht.
- **zwischen** Hauptsatzteilen → Franz, weil er gleich danebensteht, hilft dem Mann. oder **zwischen** Hauptsätzen → Franz hilft dem Mann, weil er gleich danebensteht, und er stützt ihn.

Verbunden werden Haupt- und Nebensätze durch **unterordnende Konjunktionen**, vor denen **immer** ein **Komma** steht. → weil, da, damit, wenn, sodass, falls, indem, während, dass, obwohl …

In **Nebensätzen** steht die **finite Verbform** immer am **Satzende**.

Seite 248

Das Prädikat und seine Stellung im Satz

Prädikate können aus **einem** oder **zwei Teilen** bestehen und durch die Satzglieder Subjekt, Objekt und Adverbialbestimmungen ergänzt werden.

einteiliges Prädikat → Romeo liebt Julia.
zweiteiliges Prädikat → Romeo hat Julia geliebt. (zusammengesetzte Zeitform)
→ Romeo fährt auf Julia ab. (trennbares Verb)

Das Prädikat steht im **Zentrum** des Satzes. Nach der **Stellung des gebeugten** (konjugierten) **Verbs** kann man die **Satzarten** unterscheiden:

Verberstsatz: finites Verb steht an erster Stelle
- Aufforderungssatz → Bring mir bitte mein Parfüm!
- Entscheidungsfrage → Hast du mein Parfum benutzt?

Verbzweitsatz: finites Verb steht an zweiter Stelle
- Aussagesatz → Ich nutze kein Parfum.
- Fragesatz → Warum nutzt du Parfum?

Verbletztsatz: finites Verb steht an letzter Stelle
- Nebensatz → (Frage mich bitte), bevor du mein Parfum nutzt.

Seite 96

Adverbialbestimmung

Adverbialbestimmungen liefern wichtige Informationen über:
- die **zeitlichen** Umstände (Wann? Wie lange? Seit wann? Wie oft?)
- die **räumlichen** Umstände (Wo? Wohin? Woher? Wie weit?)
- die **Art und Weise** (Wie? Auf welche Weise?)
- die **Gründe** (Warum? Weshalb? Wieso?)

Seite 95

Objekte

Das Objekt ergänzt einen Satz durch Informationen. Man unterscheidet:
Akkusativobjekte → Man fragt: Wen oder was? → Sie liebt ihren Kater.
Dativobjekte → Man fragt: Wem? → Er antwortet seiner Freundin.
Präpositionalobjekte → Man fragt mit der Präposition: Zu wem? Von wem? Wozu? Wofür? Worüber? Worauf? … → Sie bedankt sich für das Geschenk.

Seite 95

Satzglieder und ihre Beziehungen untereinander

Wörter und Wortgruppen, die man in einem Satz umstellen kann, ohne dass sich die Bedeutung verändert, heißen **Satzglieder**.

Das **Prädikat** steht im **Zentrum** des Satzes. Es kann **einteilig** oder **mehrteilig** sein. Das **Prädikat** kann durch die Satzglieder **Subjekt**, **Objekt** und **Adverbialbestimmung** ergänzt sein.

Das **Subjekt** bestimmt das Prädikat in **Person** und **Numerus**. → Er schreibt Gedichte. → Sie schreiben Gedichte.

Objekte sind Ergänzungen des Prädikats. Verben verlangen Objekte in einem bestimmten **Kasus** (Genitiv, Dativ, Akkusativ).
→ gedenken + Genitivobjekt → Er gedachte der Toten. (der Toten = Genitiv)
→ begegnen + Dativobjekt → Sie begegnete dem Fremden. (dem Fremden = Dativ)
→ sehen + Akkusativobjekt → Wir sehen die Stadt. (die Stadt = Akkusativ)

Manche Verben verlangen eine Ergänzung, die durch eine **Präposition** eingeleitet wird. Diese nennt man **Präpositionalobjekte**. → hoffen auf → Der Dichter hoffte auf großen Erfolg.

Adverbialsätze

Seite 97

Die **Adverbialbestimmung** kann auch die Form eines Nebensatzes haben. Dieser wird **Adverbialsatz** genannt. Man unterscheidet:
- **Lokalsatz** (Ort/Wo?) → Der Schriftsteller schrieb dort, wo er das Meer rauschen hörte.
- **Temporalsatz** (Zeit/Wann?) → Der Journalist stellte Informationen zusammen, bevor er den Artikel schrieb.
- **Modalsatz** (Art und Weise/Wie?) → Der Schriftsteller sammelte Erfahrung, indem er schrieb.
- **Kausalsatz** (Grund/Warum?) → Das Buch wurde gut verkauft, weil der Verlag geholfen hatte.

nähere nachgestellte Erläuterung

Seite 251

Nähere Erläuterungen geben zu bestimmten Angaben eines Satzes **mehr Informationen**. Sie können eingeleitet werden durch z. B. → und zwar, zum Beispiel, vor allem, beispielsweise, nämlich, insbesondere, wie, also.

Sind sie **nachgestellt**, trennt man sie vom übrigen Satz durch ein **Komma** ab.
→ Ich komme zu dir, und zwar nächste Woche.

Sind sie **eingeschoben**, stehen sie zwischen **zwei Kommas**.
→ Die Nachrichten, besonders von gestern, haben mich erschreckt.

Apposition

Seite 251

Die Apposition ist eine besondere **Form des Attributs**.
Sie **bestimmt** ein **Substantiv** näher und steht im selben **Kasus** wie dieses.
Sie enthält keine Verbform.

Dativ
→ Der Richter glaubte dem Mann, einem Polizisten.

Auch **Datumsangaben nach Wochentagen** sind Appositionen.

Dativ
→ Am Freitag, dem 4. Oktober, rief der Polizist an.

Eine Apposition wird immer **mit Komma** vom übrigen Satz abgetrennt.
Ist sie **eingeschoben**, steht sie zwischen **zwei Kommas**.

Seite 251

Infinitivgruppen

Infinitivgruppen können die Funktion von **Nebensätzen** übernehmen.
Sie werden vom Hauptsatz durch **Komma** getrennt:

- wenn sie mit **um, ohne, statt, anstatt, außer, als** eingeleitet werden.
- wenn sie von einem **Substantiv** abhängig sind → Das **Ziel** war, ihr zu helfen.
- wenn sie von einem Verweiswort (darauf, dazu, davor, danach, dabei) oder **es** abhängig sind → Sie freute sich darauf, ihr zu helfen.
- um **Missverständnisse** zu **verhindern** (zum leichteren Verständnis) → Sie befahl, ihr zu helfen./Sie befahl uns, zu helfen.

Seite 251

Partizipialgruppen

Auch **Partizipialgruppen** können die Funktion von **Nebensätzen** übernehmen.
Partizipialsätze werden mit dem **Partizip I** (→ lachend, gehend …) oder dem **Partizip II** (→ gelacht, gegangen …) gebildet.
Sie werden vom Hauptsatz durch **Komma** getrennt:

- wenn ein **Wort** oder eine **Wortgruppe** auf sie **verweist**. → Bitterlich weinend, **so** fand er das Mädchen.
- wenn sie **nachgestellte Erläuterungen** eines Substantivs sind. → Das **Mädchen**, in Tränen aufgelöst, stand auf der Straße.

Seite 223

Die indirekte Rede

Die **direkte Rede** (wörtliche Rede) kann man mithilfe des **Konjunktivs** in die **indirekte Rede** umwandeln.

Man verwendet den **Konjunktiv I** (→ er dürfe). Wenn dieser sich aber vom Indikativ nicht unterscheidet, wird **Konjunktiv II** als **Ersatzform** (→ sie dürften) verwendet. Häufig wird auch die Umschreibung mit **würde** verwendet (→ sie würden dürfen). Man kann aber auch alle Aussagesätze mit der Konjunktion **dass** einleiten (→ Sie sagte, dass sie es darf/dürfe/dürfte.).

Bildung des **Konjunktiv I**: Ableitung vom Verbstamm → er dürfe, sie laufe …
Bildung von **Konjunktiv II**: Ableitung vom Präteritum → er dürfte, sie liefe …

Sprachbetrachtung

Seite 71

Bedeutung von Wörtern

Antonyme sind Wörter mit gegenteiliger Bedeutung. → groß – klein
Synonyme sind Wörter mit **gleicher** oder **ähnlicher Bedeutung**. → Lift – Aufzug

Seite 183

Fremdwörter, Lehnwörter und Erbwörter

Wörter aus anderen Sprachen werden auf unterschiedliche Weise in die deutsche

Sprache **aufgenommen**:

- **Fremdwörter**: Wörter, die **kaum** oder **gar nicht** an die deutsche Sprache **angepasst** werden. Sie werden **übertragen** und behalten die **Schreibweise der Fremdsprache** bei. → to like (engl.) → liken (nicht leiken)
- **Lehnwörter**: Wörter, die an die deutsche Sprache **angepasst** werden. Man schreibt sie **nach den Regeln der deutschen Sprache**. → bureau (frz.) → Büro (nicht Bureau)

Erbwörter sind Wörter, die bereits in den **Vorstufen der deutschen Sprache** vorhanden waren. → muoter (Althochdeutsch) → Mutter

Entwicklungstendenzen der deutschen Gegenwartssprache

Seite 161

Die Sprachentwicklung der jüngsten Zeit weist folgenden Tendenzen auf:

- **Vereinfachungen und Kürzungen**, z. B. Abkürzungen → LG, Info …
- **Internationalisierung**, z. B. Entlehnungen aus dem Englischen (Anglizismen) → E-Mail, shoppen, Sale …
- **geschlechtergerechte** oder -sensible **Sprache**, z. B. Formulierungen als Ausdruck für die Gleichstellung der Geschlechter (anstatt nur der männlichen Form, des generischen Maskulinum) → Schülerinnen und Schüler, Schüler*innen, SchülerInnen, Schüler_innen, Schülerschaft …

Sprachvarietäten in der deutschen Sprache

Seite 159

Man unterscheidet:

- **Standardsprache** (Hochsprache): Ist eine einheitliche und verbindliche Sprachform, wie sie in der **Öffentlichkeit**, besonders im **Schriftlichen**, verwendet wird (→ in Behörden, Schulen, Medien …).
- **Umgangssprache**: Ist die **Alltagssprache**, die vor allem in der mündlichen Kommunikation im privaten Umfeld verwendet wird.
- **Fachsprache**: Sprachform zur Verständigung unter Fachleuten in einem Fachgebiet. Die Sprache ist exakt sowie sachbezogen und verfügt über einen eindeutigen **Fachwortschatz**. (→ Fachsprache der Physik, der Medizin …)
- **Jugendsprache**: Sprachform, die von **Jugendlichen** untereinander verwendet wird. Sie verändert sich schnell und kann – je nach Gruppe und Region – sehr unterschiedlich sein. Merkmale der meist mündlichen Sprachform sind Vereinfachungen, Spontanität und Kreativität. (→ Untergruppen: Sprache des HipHop, Kiezdeutsch, …).
- **Dialekte**: Sprachform, die in bestimmten **Regionen** gesprochen wird (→ Schwäbisch, Hessisch, Sächsisch, Kölsch).

Denotation und Konnotation

Seite 71

Die **Denotation** ist die wörtliche Bedeutung oder **Grundbedeutung** eines Wortes. Man kann sie im **Lexikon** nachschlagen. → Herz = muskulöses Hohlorgan …

Die **Konnotation** ist die **Nebenbedeutung** eines Wortes. Sie entsteht durch unsere **Erfahrungen**, **Vorstellungen** und unser **Empfinden**. → Herz = Symbol für Liebe

Textartenverzeichnis

Autorenverzeichnis

Regner, Sven (geb. 1961), deutscher Musiker, Schriftsteller, Drehbuchautor. Gründer und Mitglied der Band „Element of Crime". Bekannt sind die Romane seiner „Lehmann"-Serie: „Herr Lehmann", „Neue Vahr Süd", „Der kleine Bruder", „Magical Mystery" und „Wiener Straße".
Herr Lehmann → Seite 146, 154 f.

Schiller, Friedrich (1759–1805), deutscher Dichter und Dramatiker des Sturm und Drang sowie der Klassik.
Kabale und Liebe → Seite 243
Maria Stuart → Seite 243
Wallenstein → Seite 243
Wilhelm Tell → Seite 241

Shakespeare, William (1564–1616), weltberühmter englischer Dramendichter von Werken wie „Ein Sommernachtstraum" (1595), „Romeo und Julia" (1595), „Macbeth" (1611).
Romeo und Julia → Seite 208–213, 216–221

Storm, Theodor (1817–1888), deutscher Schriftsteller des literarischen Realismus, Verfasser von Gedichten und Novellen.
Der Schimmelreiter → Seite 252

Tesich, Steve (1942–1996), serbisch-amerikanischer Schriftsteller und Drehbuchautor. Für sein Drehbuch zu „Vier irre Typen – Wir schaffen alle, uns schafft keiner" erhielt er einen Oscar. Seit 2005 gibt es in Serbien den Stojan Stiv Tešić-Literaturpreis.
Ein letzter Sommer → Seite 152 f.

von der Vogelweide, Walther (ungefähr 1170–1220), mittelhochdeutscher Minnesänger und Dichter, der bekannteste Autor des deutschen Mittelalters.
Ich saz ûf eime steine → Seite 246 f.

Epochen und Strömungen der deutschen Literatur

Aufklärung (1720–1800)

„Habe Mut, dich deines eigenen Verstandes zu bedienen." (Immanuel Kant)

Zeitgeschichte	Themen, Motive und Tendenzen der Literatur	Beispiele
1755: Erdbeben von Lissabon 1756–1763: Siebenjähriger Krieg (Preußen – Österreich, England – Frankreich) 1740–1786: Regierungszeit Friedrichs des Großen 1768: Erfindung der Dampfmaschine durch J. Watt; Beginn der industriellen Revolution 1789: Französische Revolution	Vernunftorientierung; Aufklärung als Kritik an bestehender gesellschaftlicher Ordnung (Ständesystem); Erziehung zur Mündigkeit und zum kritischen Denken des Menschen; tugendhaftes Handeln	• Gellert „Die Nachtigall und die Lerche" (Fabel) • Lessing „Emilia Galotti" (Drama) • Lessing „Die Pfauen und die Krähe" (Fabel) • E. Kant „Was ist Aufklärung?" (Philosophisches Essay)

↓

Sturm und Drang (1765–1785)

„Zurück zur Natur" (Jean-Jacques Rousseau)

Zeitgeschichte	Themen, Motive und Tendenzen der Literatur	Beispiele
(siehe Aufklärung – zeitgleich)	Abkehr von Vernunftsorientierung; Hinwendung zur Natürlichkeit, zum Gefühl; wichtig sind Freundschaft und Naturerlebnis; gefühlsbetonte Selbstwahrnehmung der jungen Generation, der Stürmer und Dränger; man betreibt Geniekult: herausragende Einzelpersönlichkeit, die Begeisterung für Natur, Liebe, Freundschaft und Poesie empfindet	• Goethe „Maifest" (Gedicht) • Goethe „Leiden des jungen Werthers" (Briefroman) • Lenz „Die Soldaten" (Drama) • Schiller „Kabale und Liebe" (Drama)

↓

Klassik (1786–1805)

„Edel sei der Mensch, hilfreich und gut!" (Johann Wolfgang Goethe)

Zeitgeschichte	Themen, Motive und Tendenzen der Literatur	Beispiele
siehe oben: 1789: Französische Revolution 1804–1814: Herrschaft Napoleon I. 1815: Wiener Kongress: Neuordnung Europas nach napoleonischer Herrschaft; Beginn der Restauration 1819: Karlsbader Beschlüsse: Beschränkung der Presse- und Meinungsfreiheit; Auflösung der Burschenschaften	Abkehr vom Natur-, Gefühls- und Geniekult; Neuorientierung auf Bildung und Vernunft; alle menschlichen Fähigkeiten wirken harmonisch im Einklang; Veredelung des Charakters; Humanität; Verehrung des alten Griechenlands	• Goethe „Iphigenie auf Tauris" (Drama) • Goethe „Faust I" (Drama) • Goethe „Erlkönig" (Ballade) • Schiller „Maria Stuart" (Drama) • Schiller „Das Lied von der Glocke" (Ballade) • Schiller „Der Handschuh" (Ballade)

↓

Romantik (1795–1830)

„Schläft ein Lied in allen Dingen, die da träumen fort und fort" (Joseph von Eichendorff)

Zeitgeschichte	Themen, Motive und Tendenzen der Literatur	Beispiele
(siehe Klassik)	Ablehnung des Rationalismus; Beschäftigung mit mittelalterlicher Literatur; Hinwendung zum Gefühl und zum Phantastischen;	• Brentano „Wenn die Sonne weggegangen" (Gedicht) • Brüder Grimm „Die kluge Gretel" (Märchen) • Eichendorff „Neue Liebe" (Gedicht)

	Auseinandersetzung mit Mystischem und mit Träumen; Verwandlung der Alltagswelt ins Wunderbare; intensives Naturempfinden; Themen sind immer wieder Sehnsucht, Liebe, Mond, Nacht	• Eichendorff „Meeresstille" (Gedicht) • Eichendorff „Aus dem Leben eines Taugenichts" (Novelle) • Hoffmann „Der Sandmann" (Erzählung) • Günderode „Zwei Augen wie Sterne" (Gedicht) • Mereau-Brentano „In Tränen geh ich nun allein" (Gedicht)

↓

Vormärz und Junges Deutschland (1830–1848)

„Ein Fluch dem König, dem König der Reichen" (Heinrich Heine)

Zeitgeschichte	**Themen, Motive und Tendenzen der Literatur**	**Beispiele**
(siehe Biedermeier)	Frühindustrialisierung, soziale Konflikte (z. B. Weberaufstand), Kritik an politischen und sozialen Verhältnissen; Forderung nach Freiheit und politischer Einheit; in der Lyrik: Überwindung des romantischen Tons	• Büchner „Woyzeck" (Drama) • Heine „Das Fräulein stand am Meere" (Gedicht)

↓

Realismus (1848–1890)

„Realismus ist die künstlerische Wiedergabe (nicht das bloße Abschreiben) des Lebens" (Theodor Fontane)

Zeitgeschichte	**Themen, Motive und Tendenzen der Literatur**	**Beispiele**
1870/71: Deutsch-Französischer Krieg 1871: Ernennung des preußischen Königs Wilhelm I. in Versailles zum dt. Kaiser 1871–1890: Otto von Bismarck wird dt. Reichskanzler 1888–1918: Wilhelm II. dt. Kaiser; Zeitalter des Imperialismus; Bemühung des Dt. Reiches um Kolonien	Der Mensch in der bürgerlichen Welt, Abwenden von politischen Themen, statt dessen werden Außenseiter und Sonderlinge oder die lokale Heimat mit ihrer bürgerlichen Lebenswelt in den Mittelpunkt gestellt; dabei Verwendung von kunstvoller Sprache; speziell in der Lyrik: ichbezogenes, also sehr subjektives, stimmungsvolles Empfinden	• Hebbel „Ich und du" (Gedicht) • Fontane „Effi Briest" (Roman) • Gottfried Keller „Kleider machen Leute" (Novelle) • Storm „Der Schimmelreiter" (Novelle) • Storm „Sommermittag" (Gedicht)

↓

Expressionismus und verwandte Strömungen (1910–1925)

Zeitgeschichte	**Themen, Motive und Tendenzen der Literatur**	**Beispiele**
(siehe Jahrhundertwende)	Opposition zur bürgerlichen Welt, zur „Welt der Väter"; Weltuntergang, Krieg, Sinnkrise, Welt soll von ihrer hässlichen Seite gezeigt werden	• Ball „Seepferdchen und Flugfische" (Gedicht) • Hoddis „Weltende" (Gedicht) • Kaiser „Die Bürger von Calais" (Drama) • Kafka „Die Verwandlung" (Parabel) • Kafka „Brief an den Vater" (Brief) • Lasker-Schüler „Ein alter Tibetteppich" (Gedicht) • Schwitters „Regen" (Gedicht)

Verzeichnis der Operatoren

Operatoren	Definitionen	AFB
analysieren	Zerlege einen Text in Einzelheiten des Inhalts und der Form. Erschließe die einzelnen Aspekte des Textes systematisch und strukturiert. Stelle die einzelnen Aspekte des Textes für sich dar und setze sie zueinander in Beziehung. Die Analyse ist bei literarischen Texten die Grundlage für eine Interpretation.	●
anwenden	Nutze eine bekannte Methode oder einen bekannten Sachverhalt, um eine Problemstellung zu lösen oder um ein Ziel zu erreichen.	◒
auswerten	Gewinne Informationen aus vorgegebenen Materialien und verarbeite sie zielgerichtet.	●
begründen	Gib einen oder mehrere Gründe für deine Meinung an.	●
belegen	Stütze eine Aussage durch ein Zitat oder durch einen Verweis.	◒
(be-)nennen/ angeben	Zähle Informationen auf, ohne sie zu bewerten.	○
berichten/ erzählen	Stelle jemandem ein Erlebnis, ein Geschehen oder einen Sachverhalt sachlich dar.	◒
berücksichtigen	Beziehe bekannte und neue Informationen ein, wenn du Zusammenhänge herstellst.	◒
beschreiben	Stelle einen Ort, einen Weg, einen Gegenstand, eine Person, einen Vorgang oder eine Situation sachlich dar. Eine Beschreibung enthält keine eigene Meinung und keine Wertung.	◒
bestimmen	Gib eindeutige und treffende Ursachen, Gründe oder Ziele an.	◒
beurteilen/ bewerten	Reflektiere und prüfe Textinhalte und Textgestaltungen, Sachverhalte, Aussagen, Maßnahmen, Lösungen usw. Ordne sie in ein ästhetisches und/oder ethisches Wertesystem ein. Begründe deine Einordnung.	●
beweisen/ nachweisen	Bestätige eine Aussage durch Verwenden von Schlussregeln oder stützende Argumente.	●
charakterisieren	Stelle Personen, Vorgänge oder Sachverhalte mit ihren Besonderheiten dar.	◒
darstellen/ darlegen	Gib ein Problem, eine Situation oder eine Begebenheit wieder. Umschreibe die Zusammenhänge oder die Merkmale, ohne sie zu bewerten.	○
diskutieren	Setze dich argumentativ mit einem Thema, einer Frage oder einem Problem auseinander. Eine Diskussion ist eine Variante der Erörterung. Ihre Struktur ist nicht so stark festgelegt.	●
einordnen	Stelle Textauszüge nach bestimmten Kriterien in einen Gesamtzusammenhang.	○/◒
entwickeln	Entwirf einen Lösungsvorschlag oder einen Gedankengang zu einem Thema.	●
erkennen/ erfassen	Verstehe ein Beurteilungs- oder Bewertungsproblem und stelle es dar. Untersuche die Voraussetzungen, Zusammenhänge und Bedeutungen. Ordne das Problem dann ein.	●
erklären	Teile einer anderen Person mit, was ein Wort oder eine Aussage bedeutet.	◒

Operatoren	Definitionen	AFB
erläutern	Veranschauliche einen Sachverhalt. Erkläre ihn genauer.	◒
erörtern	Wäge Pro- und Kontra-Argumente ab und formuliere ein begründetes Urteil zu einer Problemfrage.	●
erschließen	Arbeite aus Texten Sachverhalte nach bestimmten Kriterien heraus.	◒
formulieren	Drücke ein Ergebnis, einen Standpunkt oder einen Eindruck knapp und mit eigenen Worten aus.	◒
gestalten	Erarbeite einen Text inhaltlich und sprachlich (z. B. einen inneren Monolog, einen Tagebucheintrag, einen Brief usw.). Orientiere dich am Vorlagentext und arbeite eigenständig-kreativ.	●
gliedern	Strukturiere einen Text unter bestimmten Aspekten. Stelle ihn in gleichordnender Form und/oder unterordnend in seinen Teilen dar.	◒
herausarbeiten	Suche die Leitgedanken, bestimmte Strategien oder Strukturen aus einem Text heraus und stelle sie dar.	◒
klären	Suche bestimmte Positionen, Verhaltensweisen, Situationen usw. aus einem Text heraus. Hebe die wichtigsten Punkte hervor.	◒
kommentieren	Erläutere und bewerte einen Sachverhalt kritisch.	●
planen	Erstelle ein Grundkonzept zu einem Text, einem Schema, …	◒
präsentieren	Trage Informationen zu einem Thema strukturiert und adressatengerecht vor. Nutze zur Vorbereitung verschiedene Medien.	◒
problematisieren	Erfasse und benenne gegensätzliche Positionen und Wertekonflikte.	●
prüfen	Betrachte eine Argumentation, eine Auffassung, ein Ergebnis usw. Untersuche seine Schlüssigkeit, seine Gültigkeit und seine Berechtigung nach bestimmten Kriterien. Bewerte sie dann.	●
reflektieren	Prüfe etwas im Zusammenhang und anhand eigener oder vorgegebener Kriterien. Wäge ab und entwickle es ggf. weiter.	●
überarbeiten	Prüfe Textinhalte und/oder Textformen. Mache Verbesserungsvorschläge.	◒
untersuchen	Stelle zu einem Text oder Gegenstand gezielt Fragen, um Erkenntnisse deutlich zu machen.	●
verbessern/ korrigieren	Überprüfe einen Text, einen Satz oder Wörter auf Fehler. Berichtige anschließend die Fehler und schreibe die Lösung richtig auf.	●
vergleichen	Untersuche zwei oder mehrere Dinge. Suche Gemeinsamkeiten und Unterschiede.	◒
visualisieren/ver- anschaulichen	Mache inhaltliche Zusammenhänge und Gliederungen in Bildern oder in Strukturen sichtbar.	◒
wiedergeben	Fasse Inhalte in eigenen Worten strukturiert zusammen.	○
zeigen/aufzeigen	Lege Sachverhalte, Textinhalte und/oder Textformen sachbezogen dar. Beschreibe und analysiere sie.	○
zusammenfassen/ skizzieren	Gib Inhalte, Textzusammenhänge oder Texte verkürzt, strukturiert und fachsprachlich richtig wieder.	○/◒

Unregelmäßige Verben

Grundform	Präsens	Präteritum	Perfekt
befehlen	du befiehlst	ich befahl	ich habe befohlen
beißen	du beißt	ich biss	ich habe gebissen
biegen	du biegst	ich bog	ich habe gebogen
binden	du bindest	ich band	ich habe gebunden
bitten	du bittest	ich bat	ich habe gebeten
blasen	du bläst	ich blies	ich habe geblasen
bleiben	du bleibst	ich blieb	ich bin geblieben
brechen	du brichst	ich brach	ich habe gebrochen
bringen	du bringst	ich brachte	ich habe gebracht
denken	du denkst	ich dachte	ich habe gedacht
dürfen	du darfst	ich durfte	ich habe gedurft
empfehlen	du empfiehlst	ich empfehle	ich habe empfohlen
essen	du isst	ich aß	ich habe gegessen
fahren	du fährst	ich fuhr	ich bin gefahren
fallen	du fällst	ich fiel	ich bin gefallen
fangen	du fängst	ich fing	ich habe gefangen
finden	du findest	ich fand	ich habe gefunden
fliegen	du fliegst	ich flog	ich bin geflogen
fliehen	du fliehst	ich floh	ich bin geflohen
fließen	es fließt	es floss	es ist geflossen
fressen	es frisst	es fraß	es hat gefressen
frieren	du frierst	ich fror	ich habe gefroren
geben	du gibst	ich gab	ich habe gegeben
gehen	du gehst	ich ging	ich bin gegangen
geschehen	es geschieht	es geschah	es ist geschehen
gewinnen	du gewinnst	ich gewann	ich habe gewonnen
gießen	du gießt	ich goss	ich habe gegossen
graben	du gräbst	ich grub	ich habe gegraben
greifen	du greifst	ich griff	ich habe gegriffen
haben	du hast	ich hatte	ich habe gehabt
halten	du hältst	ich hielt	ich habe gehalten
hauen	du haust	ich haute	ich habe gehauen
heißen	du heißt	ich hieß	ich habe geheißen
helfen	du hilfst	ich half	ich habe geholfen
kennen	du kennst	ich kannte	ich habe gekannt
klingen	es klingt	es klang	es hat geklungen
kommen	du kommst	ich kam	ich bin gekommen
können	du kannst	ich konnte	ich habe gekonnt
kriechen	du kriechst	ich kroch	ich bin gekrochen
lassen	du lässt	ich ließ	ich habe gelassen
laufen	du läufst	ich lief	ich bin gelaufen
lesen	du liest	ich las	ich habe gelesen
liegen	du liegst	ich lag	ich habe gelegen
lügen	du lügst	ich log	ich habe gelogen
messen	du misst	ich maß	ich habe gemessen
mögen	du magst	ich mochte	ich habe gemocht
müssen	du musst	ich musste	ich habe gemusst
nehmen	du nimmst	ich nahm	ich habe genommen

Grundform	Präsens	Präteritum	Perfekt
pfeifen	du pfeifst	ich pfiff	ich habe gepfiffen
raten	du rätst	ich riet	ich habe geraten
reißen	du reißt	ich riss	ich habe gerissen
reiten	du reitest	ich ritt	ich bin geritten
rennen	du rennst	ich rannte	ich bin gerannt
riechen	du riechst	ich roch	ich habe gerochen
rufen	du rufst	ich rief	ich habe gerufen
schieben	du schiebst	ich schob	ich habe geschoben
schießen	du schießt	ich schoss	ich habe geschossen
schlafen	du schläfst	ich schlief	ich habe geschlafen
schlagen	du schlägst	ich schlug	ich habe geschlagen
schleichen	du schleichst	ich schlich	ich bin geschlichen
schließen	du schließt	ich schloss	ich habe geschlossen
schneiden	du schneidest	ich schnitt	ich habe geschnitten
schreiben	du schreibst	ich schrieb	ich habe geschrieben
schreien	du schreist	ich schrie	ich habe geschrien
schweigen	du schweigst	ich schwieg	ich habe geschwiegen
schwimmen	du schwimmst	ich schwamm	ich bin geschwommen
sehen	du siehst	ich sah	ich habe gesehen
sein	du bist	ich war	ich bin gewesen
singen	du singst	ich sang	ich habe gesungen
sinken	du sinkst	ich sank	ich bin gesunken
sitzen	du sitzt	ich saß	ich habe gesessen
sprechen	du sprichst	ich sprach	ich habe gesprochen
springen	du springst	ich sprang	ich bin gesprungen
stechen	du stichst	ich stach	ich habe gestochen
stehen	du stehst	ich stand	ich habe gestanden
stehlen	du stiehlst	ich stahl	ich habe gestohlen
steigen	du steigst	ich stieg	ich bin gestiegen
sterben	er stirbt	er starb	er ist gestorben
stinken	es stinkt	es stank	es hat gestunken
stoßen	du stößt	ich stieß	ich habe gestoßen
streichen	du streichst	ich strich	ich habe gestrichen
streiten	du streitest	ich stritt	ich habe gestritten
tragen	du trägst	ich trug	ich habe getragen
treffen	du triffst	ich traf	ich habe getroffen
trinken	du trinkst	ich trank	ich habe getrunken
tun	du tust	ich tat	ich habe getan
vergessen	du vergisst	ich vergaß	ich habe vergessen
verlieren	du verlierst	ich verlor	ich habe verloren
verzeihen	du verzeihst	ich verzieh	ich habe verziehen
wachsen	du wächst	ich wuchs	ich bin gewachsen
waschen	du wäschst	ich wusch	ich habe gewaschen
werden	du wirst	ich wurde	ich bin geworden
werfen	du wirfst	ich warf	ich habe geworfen
wissen	du weißt	ich wusste	ich habe gewusst
ziehen	du ziehst	ich zog	ich habe gezogen
zwingen	du zwingst	ich zwang	ich habe gezwungen

Konjunktivformen der Verben

Grundform/ Infinitiv	3. Person Präsens Indikativ	3. Person Konjunktiv I	3. Person Präteritum Indikativ	3. Person Konjunktiv II	Umschreibung mit würde
befehlen	er befiehlt	er befehle	er befahl	er befähle	er würde befehlen
beißen	er beißt	er beiße	er biss	er bisse	er würde beißen
biegen	er biegt	er biege	er bog	er böge	er würde biegen
binden	er bindet	er binde	er band	er bände	er würde binden
bitten	er bittet	er bitte	er bat	er bäte	er würde bitten
blasen	er bläst	er blase	er blies	er bliese	er würde blasen
bleiben	er bleibt	er bleibe	er blieb	er bliebe	er würde bleiben
brechen	er bricht	er breche	er brach	er bräche	er würde brechen
bringen	er bringt	er bringe	er brachte	er brächte	er würde bringen
denken	er denkt	er denke	er dachte	er dächte	er würde denken
dürfen	er darf	er dürfe	er durfte	er dürfte	er würde dürfen
empfehlen	er empfiehlt	er empfehle	er empfahl	er empfähle	er würde empfehlen
essen	er isst	er esse	er aß	er äße	er würde essen
fahren	er fährt	er fahre	er fuhr	er führe	er würde fahren
fallen	er fällt	er falle	er fiel	er fiele	er würde fallen
fangen	er fängt	er fange	er fing	er finge	er würde fangen
finden	er findet	er finde	er fand	er fände	er würde finden
fliegen	er fliegt	er fliege	er flog	er flöge	er würde fliegen
fliehen	er flieht	er fliehe	er floh	er flöhe	er würde fliehen
fließen	er fließt	er fließe	er floss	er flösse	er würde fließen
fressen	er frisst	er fresse	er fraß	er fräße	er würde fressen
frieren	er friert	er friere	er fror	er fröre	er würde frieren
geben	er gibt	er gebe	er gab	er gäbe	er würde geben
gehen	er geht	er gehe	er ging	er ginge	er würde gehen
geschehen	es geschieht	es geschehe	es geschah	es geschähe	es würde geschehen
gewinnen	er gewinnt	er gewinne	er gewann	er gewänne	er würde gewinnen
gießen	er gießt	er gieße	er goss	er gösse	er würde gießen
graben	er gräbt	er grabe	er grub	er grübe	er würde graben
greifen	er greift	er greife	er griff	er griffe	er würde greifen
haben	er hat	er habe	er hatte	er hätte	er würde haben
halten	er hält	er halte	er hielt	er hielte	er würde halten
hauen	er haut	er haue	er haute	er haute	es würde hauen
heißen	er heißt	er heiße	er hieß	er hieße	er würde heißen
helfen	er hilft	er helfe	er half	er hälfe/hülfe	er würde helfen
kennen	er kennt	er kenne	er kannte	er kennte	er würde kennen
klingen	es klingt	es klinge	es klang	es klänge	es würde klingen
kommen	er kommt	er komme	er kam	er käme	er würde kommen
können	er kann	er könne	er konnte	er könnte	er würde können
kriechen	er kriecht	er krieche	er kroch	er kröche	er würde kriechen
lassen	er lässt	er lasse	er ließ	er ließe	er würde lassen
laufen	er läuft	er laufe	er lief	er liefe	er würde laufen
lesen	er liest	er lese	er las	er läse	er würde lesen
liegen	er liegt	er liege	er lag	er läge	er würde liegen
lügen	er lügt	er lüge	er log	er löge	er würde lügen
messen	er misst	er messe	er maß	er mäße	er würde messen
mögen	er mag	er möge	er mochte	er möchte	er würde mögen
müssen	er muss	er müsse	er musste	er müsste	er würde müssen

Grundform/ Infinitiv	3. Person Präsens Indikativ	3. Person Konjunktiv I	3. Person Präteritum Indikativ	3. Person Konjunktiv II	Umschreibung mit würde
nehmen	er nimmt	er nehme	er nahm	er nähme	er würde nehmen
pfeifen	er pfeift	er pfeife	er pfiff	er pfiffe	er würde pfeifen
raten	er rät	er rate	er riet	er riete	er würde raten
reißen	er reißt	er reiße	er riss	er risse	er würde reißen
reiten	er reitet	er reite	er ritt	er ritte	er würde reiten
rennen	er rennt	er renne	er rannte	er rennte	er würde rennen
riechen	er riecht	er rieche	er roch	er röche	er würde riechen
rufen	er ruft	er rufe	er rief	er riefe	er würde rufen
schieben	er schiebt	er schiebe	er schob	er schöbe	er würde schieben
schießen	er schießt	er schieße	er schoss	er schösse	er würde schießen
schlafen	er schläft	er schlafe	er schlief	er schliefe	er würde schlafen
schlagen	er schlägt	er schlage	er schlug	er schlüge	er würde schlagen
schleichen	er schleicht	er schleiche	er schlich	er schliche	er würde schleichen
schneiden	er schneidet	er schneide	er schnitt	er schnitte	er würde schneiden
schließen	er schließt	er schließe	er schloss	er schlösse	er würde schließen
schreiben	er schreibt	er schreibe	er schrieb	er schriebe	er würde schreiben
schreien	er schreit	er schreie	er schrie	er schriee	er würde schreien
schweigen	er schweigt	er schweige	er schwieg	er schwiege	er würde schweigen
schwimmen	er schwimmt	er schwimme	er schwamm	er schwämme/schwömme	er würde schwimmen
sehen	er sieht	er sehe	er sah	er sähe	er würde sehen
sein	er ist	er sei	er war	er wäre	er würde sein
singen	er singt	er singe	er sang	er sänge	er würde singen
sinken	er sinkt	er sinke	er sank	er sänke	er würde sinken
sitzen	er sitzt	er sitze	er saß	er säße	er würde sitzen
sprechen	er spricht	er spreche	er sprach	er spräche	er würde sprechen
springen	er springt	er springe	er sprang	er spränge	er würde springen
stechen	er sticht	er steche	er stach	er stäche	er würde stechen
stehen	er steht	er stehe	er stand	er stünde	er würde stehen
stehlen	er stiehlt	er stehle	er stahl	er stähle	er würde stehlen
steigen	er steigt	er steige	er stieg	er stiege	er würde steigen
sterben	er stirbt	er sterbe	er starb	er stürbe	er würde sterben
stinken	es stinkt	es stinke	es stank	es stänke	es würde stinken
stoßen	er stößt	er stoße	er stieß	er stöße	er würde stoßen
streichen	er streicht	er streiche	er strich	er striche	er würde streichen
streiten	er streitet	er streite	er stritt	er stritte	er würde streichen
tragen	er trägt	er trage	er trug	er trüge	er würde tragen
treffen	er trifft	er treffe	er traf	er träfe	er würde treffen
trinken	er trinkt	er trinke	er trank	er tränke	er würde trinken
tun	er tut	er tue	er tat	er täte	er würde tun
vergessen	er vergisst	er vergesse	er vergaß	er vergäße	er würde vergessen
verlieren	er verliert	er verliere	er verlor	er verlöre	er würde verlieren
verzeihen	er verzeiht	er verzeihe	er verzieh	er verzeihe	er würde verzeihen
wachsen	er wächst	er wachse	er wuchs	er wüchse	er würde wachsen
waschen	er wäscht	er wasche	er wusch	er wüsche	er würde waschen
werden	er wird	er werde	er ward	er würde	er würde werden
werfen	er wirft	er werfe	er warf	er würfe	er würde werfen
wissen	er weiß	er wisse	er wusste	er wüsste	er würde wissen
ziehen	er zieht	er ziehe	er zog	er zöge	er würde ziehen
zwingen	er zwingt	er zwinge	er zwang	er zwänge	er würde zwingen

Register

Textquellen

8 Tattoos unter 18 sind erlaubt, aber rechtlich riskant. Interview v. Boris Glatthaar mit Jurist Urban Slamal. In: TätowierMagazin, März 2014. Unter: https://www.rockandroad.de/tattoo/szene/titel+tattoos+unter+18+jahre_142.html (Zugriff 25.03.2020); **22** 5 gute Gründe, Fashion Blogs zu lesen! (+ unsere Top 10 Modeblogs) (reni, 17.10.2017) Unter: https://whoismocca.com/fashion/trends/5-gute-gruende-fashion-blogs-lesen-unsere-top-10-modeblogs/ (Zugriff 25.03.2020, bearb.); Zur besseren altersgemäßen Verständlichkeit wurde der Originaltext verändert, ohne den Inhalt und/oder Sinn zu verändern.; **25** Fitness: „Es entstand ein neuer weiblicher Normkörper" Interview von Stefanie Sippel mit Sozial- und Körperhistoriker Jürgen Martschukat. (10.06.2018) Unter: https://www.zeit.de/sport/2018-06/fitness-jane-fonda-bikini-aerobic-emanzipation-frauen-befreiung (Zugriff 10.12.2018, gek.); **80** Kai Kupferschmidt: Insekten als Nahrung. Maden für Milliarden. (25.05.2013) Unter: http://www.tagesspiegel.de/wissen/insekten-als-nahrung-maden-fuer-milliarden/8251908.html (Zugriff 20.11.2018, bearb.); Zur besseren altersgemäßen Verständlichkeit wurde der Originaltext verändert, ohne den Inhalt und/oder Sinn zu verändern.; **82 f.** Victoria Scherff: Containern: Wenn Menschen Essen aus dem Müll retten .(18.07.2016) Unter: https://utopia.de/containern-lebensmittel-retten-25361/ (Zugriff 20.11.2018, gek.); **86 f.** Superfood: Hype um Früchte und Samen. (06.06.2018) Unter: https://www.verbraucherzentrale.de/wissen/lebensmittel/nahrungsergaenzungsmittel/superfood-hype-um-fruechte-und-samen-12292 (Zugriff 20.11.2018, gek.); **90 f.** Verbraucherschutz: Lebensmittel in Deutschland grundsätzlich gentechnikfrei. Unter: https://www.bundesregierung.de/breg-de/aktuelles/lebensmittel-in-deutschland-grundsaetzlich-gentechnikfrei-348862 (Zugriff 20.11.2018, gek.); **96** Andrew Müller: „Früher Maikäfer, heute Raupen". In: Schrot & Korn Ausgabe 05/2020, S. 34; **98** Verena Linde: Warum wir uns vielleicht bald von Insekten ernähren. Unter: https://www.geo.de/geolino/wissen/20824-rtkl-zukunft-warum-wir-uns-vielleicht-bald-von-insekten-ernaehren (Zugriff 01.06.2022, gek.); **99** Verena Linde: Warum wir uns vielleicht bald von Insekten ernähren. Unter: https://www.geo.de/geolino/wissen/20824-rtkl-zukunft-warum-wir-uns-vielleicht-bald-von-insekten-ernaehren (Zugriff 01.06.2022, gek.); **102** Mirjam Pressler: Nathan und seine Kinder. Beltz & Gelberg Weinheim 2011, S. 37 f., 45 f., 47 f.; **103** Mirjam Pressler: Nathan und seine Kinder. Beltz & Gelberg Weinheim 2011, S. 39; **104** Mirjam Pressler: Nathan und seine Kinder. Beltz & Gelberg Weinheim 2011, S. S. 69-71, 72, 221; **105** Mirjam Pressler: Nathan und seine Kinder. Beltz & Gelberg Weinheim 2011, S. 86 f., 97, 98, 156, 157, 160; **106 f.** Mirjam Pressler: Nathan und seine Kinder. Beltz & Gelberg Weinheim 2011, S. 162; **107** Mirjam Pressler: Nathan und seine Kinder. Beltz & Gelberg Weinheim 2011, S. 163; **108** Mirjam Pressler: Nathan und seine Kinder. Beltz & Gelberg Weinheim 2011, S. 24-27, 26, 36 f., 167, 171; **108** aus: Mirjam Pressler, Nathan und seine Kinder. © 2011 Gulliver in der Verlagsgruppe Beltz Weinheim Basel. (S. 31); **109** Mirjam Pressler: Nathan und seine Kinder. Beltz & Gelberg Weinheim 2011, S. 174; **110** Mirjam Pressler: Nathan und seine Kinder. Beltz & Gelberg Weinheim 2011, S. 76 f., 78, 93, 102, 150 f.; **110** Mirjam Pressler: Nathan und seine Kinder. Beltz & Gelberg Weinheim 2011, S. 220; Zur besseren altersgemäßen Verständlichkeit wurde der Originaltext verändert, ohne den Inhalt und/oder Sinn zu verändern.; **111** Mirjam Pressler: Nathan und seine Kinder. Beltz & Gelberg Weinheim 2011, S. 145, 220 f.; **112** Mirjam Pressler: Nathan und seine Kinder. Beltz & Gelberg Weinheim 2011, S. 47 f., 56, 66, 112, 204, 209 f.; **112 f.** Mirjam Pressler: Nathan und seine Kinder. Beltz & Gelberg Weinheim 2011, S. 211; **113** Mirjam Pressler: Nathan und seine Kinder. Beltz & Gelberg Weinheim 2011, S. 247; Zur besseren altersgemäßen Verständlichkeit wurde der Originaltext verändert, ohne den Inhalt und/oder Sinn zu verändern.; **113** Mirjam Pressler: Nathan und seine Kinder. Beltz & Gelberg Weinheim 2011, S. 243; **113** aus: Wilhelm Borcherding: Klausurtraining Gotthold Ephraim Lessing Nathan der Weise. Ernst Klett Verlag GmbH Stuttgart 2017, S. 38 (vereinfacht und gekürzt); **116** Unter: https://www.faz.net/aktuell/feuilleton/buecher/autoren/kinderbuchautorin-und-uebersetzerin-mirjam-pressler-gestorben-15991842.html, https://de.wikipedia.org/wiki/Mirjam_Pressler, https://www.planet-interview.de/interviews/mirjam-pressler/34896, https://mirjampressler.de; **121.1** Martin Luther: Etliche Fabeln aus Esopo. Von D. M. Luther verdeutscht. Christian Rödingers Erben Jena 1557; **121.2** Sabine Grunow: Erfahrene Erfindungen. Deutschsprachige Kurzgeschichten seit 1989. Editionen mit Materialien. Ernst Klett Schulbuchverlag Leipzig GmbH, Leipzig 2004, S. 136; **122** Catharina Bachem-Tonger: Weit gereist. Aus: Hans Heinrich: Schwank, Satire, Parabel, Anekdote. Ausgearbeitete Stundenblätter mit Texten, Arbeitsblättern und Bildmaterial. Auer, Donauwörth 2005, S. 35; **124** Bertolt Brecht:Ausgewählte Werke in sechs Bänden. Bd. 5: Prosa. Suhrkamp Frankfurt/M. 2005, S. 218 © Bertolt Brecht: Kalendergeschichten. Carl Weiß Verlag, Berlin 1949; **126** Selim Özdogan: Trinkgeld vom Schicksal. Aufbau, Berlin 2010, S. 163 f.; **128** Heinrich von Kleist: Sonderbarer Rechtsfall in England. In: Der Hirtenknabe. Märchen und Geschichten deutscher Dichter. Hrsg. v. Hans-Joachim Malberg Knabe Weimar 1968; **130.ff.** Gotthold Ephraim Lessing: Werke. Bd. 1: Gedichte, Fabeln, Dramen. Hrsg. von Kurt Wölfel. Insel Frankfurt/M. 1967, S. 531–534; **135** Fair. T: Nura Habib Omer © Hanseatic Musikverlag GmbH & Co. KG, Hamburg; Crispy Crust Publishing UG/Kobalt Music Publishing Ltd/Printrechte Hal Leonard Europe GmbH; **145** Herbert Paul Grice, in: Nicolas Kunkel: Die Theorie der Konversations-Implikaturen nach H. Paul Grice - Vom Sagen und Meinen. Übers. v. Jörg Meibauer. GRIN Verlag, München 2007; Zur besseren altersgemäßen Verständlichkeit wurde der Originaltext verändert, ohne den Inhalt und/oder Sinn zu verändern.; **146** Sven Regener: Herr Lehmann. Ein Roman. Goldmann, München 2003. S. 27; **150 f.** Carlo Manzoni: Der Hausschlüssel. Aus: 100 x Signor Veneranda. Aus dem Ital. von Maria Kern. Heyne Verlag, München 1984, S. 79; **152 f.** Steve Tesich: Ein letzter Sommer. Roman. List Berlin 2007, S. 81–83 © Kein und Aber Zürich 2005); **153** Rollo R. May: Power and Innocence. A Search for the Sources of Violence. W. W. Norton & Company, New York 1998; Zur besseren altersgemäßen Verständlichkeit wurde der Originaltext verändert, ohne den Inhalt und/oder Sinn zu verändern.; **154** Sven Regener: Herr Lehmann. Ein Roman. Goldmann, München 2003. S. 106f.; **155** Sven Regener: Herr Lehmann. Ein Roman. Goldmann, München 2003. S. 53; **166** Melanie Spies: Personalisierte Werbung - Benutzerfreundlich oder dreiste Spionage? Unter: https://www.teltarif.de/internet/personalisierte-werbung.html (Zugriff 01.11.2019, gek.); **168** Melanie Meyer: Diese Leichtathletik-WM ist schon jetzt ein Skandal. (29.09.2019) Unter: https://www.wr.de/sport/sportmix/diese-leichtathletik-wm-ist-schon-jetzt-ein-skandal-id227233191.html (Zugriff 01.11.2019, gek.); **168** Leichtathletik-WM startet in Doha: Marathon um Mitternacht. (26.09.2019) © dpa Deutsche Presse-Agentur GmbH; **170** Irena Güttel: Ignorieren, blockieren, sich wehren - Was tun gegen Hass im Netz? (29.10.2018) © dpa Deutsche Presse-Agentur GmbH; **172** Christina zur Nedden: Identität im Netz: Datenspur, Ego Updates und Selbstoptimierung. (03.03.2014) Unter: https://christinazurnedden.com/identitaet-im-netz-datenspur-ego-updates-und-selbstoptimierung/ (Zugriff 01.11.2019, gek.); **178** Medienstaatsvertrag (MStV) vom 14./28. April.2020 (in Kraft seit 7. November 2020) Unter: https://www.die-medienanstalten.de/fileadmin/user_upload/Rechtsgrundlagen/Gesetze_Staatsvertraege/Medienstaatsvertrag_MStV.pdf (Zugriff 01.06.2022, gek.); **179.1** ARD Selbstverpflichtung gem. § 31 (II) MStV (S. 3) Unter: https://www.daserste.de/ard/die-ard/ARD-

Selbstverpflichtung-2021-100.pdf (Zugriff 01.06.2022, gek.); **179.2** RTL Deutschland – Profil. Unter: https://www.mediengruppe-rtl.de/profil/ (Zugriff 01.06.2022, gek.); **186 f.** Katja Brandis, Hans-Peter Ziemek: Ruf der Tiefe. Beltz & Gelberg Weinheim 2011, S. 65 f.; **188** Katja Brandis, Hans-Peter Ziemek: Ruf der Tiefe. Beltz & Gelberg Weinheim 2011, S. 65 f., 76, 109; **189** Katja Brandis, Hans-Peter Ziemek: Ruf der Tiefe. Beltz & Gelberg Weinheim 2011, S. 320; **190** Kenneth Oppel: Wolkenpiraten. Übers. v. Anna Blankenburg. Beltz & Gelberg Weinheim 2006, S. 33f.; **190 f.** Kenneth Oppel: Wolkenpiraten. Übers. v. Anna Blankenburg. Beltz & Gelberg Weinheim 2006, S. 58 f.; **191** Kenneth Oppel: Wolkenpiraten. Übers. v. Anna Blankenburg. Beltz & Gelberg Weinheim 2006, S. 123, 345; **192** Kenneth Oppel: Wolkenpiraten. Übers. v. Anna Blankenburg. Beltz & Gelberg Weinheim 2006, S. 7 f., 121, 484; **193** Kenneth Oppel: Wolkenpiraten. Übers. v. Anna Blankenburg. Beltz & Gelberg Weinheim 2006, S. 42 f., 370; **194** Kirsten Fuchs: Mädchenmeute. Rowohlt Taschenbuch Berlin 2015, S. 14; **194 f.** Kirsten Fuchs: Mädchenmeute. Rowohlt Taschenbuch Berlin 2015, S. 138; **196** Kirsten Fuchs: Mädchenmeute. Rowohlt Taschenbuch Berlin 2015, S. 15; **196 f.** Kirsten Fuchs: Mädchenmeute. Rowohlt Taschenbuch Berlin 2015, S. 107; **198 f.** Garry Paulsen: Der Fluss. Übers. v. Thomas Lindquist. Carlsen Hamburg 2005, S. 37–40; **200** Garry Paulsen: Der Fluss. Übers. v. Thomas Lindquist. Carlsen Hamburg 2005, S. 10; **201** Garry Paulsen: Der Fluss. Übers. v. Thomas Lindquist. Carlsen Hamburg 2005, S. 41; **208** William Shakespeare: Romeo und Julia. Übers. v. Erich Fried. Suhrkamp Berlin 2011, S. 9; **209** William Shakespeare: Romeo und Julia. Übers. v. Erich Fried. Suhrkamp Berlin 2011, S. 10–13; **210 f.** William Shakespeare: Romeo und Julia. Übers. v. Erich Fried. Suhrkamp Berlin 2011, S. 66–70; **212 f.** William Shakespeare: Romeo und Julia. Übers. v. Erich Fried. Suhrkamp Berlin 2011, S. 113-116; **216 f.** William Shakespeare: Romeo und Julia. Übers. v. Erich Fried. Suhrkamp Berlin 2011, S. 32–34; **218 f.** William Shakespeare: Romeo und Julia. Übers. v. Erich Fried. Suhrkamp Berlin 2011, S. 39–43; **220** William Shakespeare: Romeo und Julia. Übers. v. Erich Fried. Suhrkamp Berlin 2011, S. 108–110; **221** William Shakespeare: Romeo und Julia. Übers. v. Erich Fried. Suhrkamp Berlin 2011, S. 111f.; **227** Gerhard Kaiser: Einheit der Epoche? In: Geschichte der deutschen Literatur. Bd. 3: Aufklärung. Empfindsamkeit. Sturm und Drang. Hrsg. v. Gerhard Kaiser. Francke München 1979, S.11f.; **228** Novalis. Werke in einem Band. Ausgew. u. eingel. v. Hans-Dietrich Dahnke. Aufbau-Verlag Berlin/Weimar 1989, S. 41; **228 f.** Joachim Scholl: Deutsche Schriftsteller. Von Grimmelshausen bis Grass. Gerstenberg Hildesheim 2011, S. 54, 56; **230** Novalis. Werke in einem Band. Ausgew. u. eingel. v. Hans-Dietrich Dahnke. Aufbau-Verlag Berlin/Weimar 1989, S. 111–114; **231** Novalis. Werke in einem Band. Ausgew. u. eingel. v. Hans-Dietrich Dahnke. Aufbau-Verlag Berlin/Weimar 1989, S. 5; **236** Nach: Wolfgang Pasche: Literatur des Realismus in der Reihe kurz gefasst Deutsch. Ernst Klett Verlag GmbH 2007, S. 9 und Schmidt, Jochen: Realismus . In: Rossipotti-Literaturlexikon; hrsg. von Annette Kautt; https://www.literaturlexikon.de/epochen/realismus.html; Stand: 18.06.2012. (angesehen am 15.06.22) Schmidt, Jochen: Realismus . In: Rossipotti-Literaturlexikon; hrsg. von Annette Kautt; https://www.literaturlexikon.de/epochen/realismus.html; Stand: 18.06.2012. (angesehen am 15.06.22); **236** Autorenlexikon: Fontane, Theodor. Unter: https://www2.klett.de/sixcms/list.php?page=lexikon_suchergebnis_artikel&extra=deutsch.kompetent%20Oberstufe-Online&inhalt=&mytitle=Autoren-Lexikon&titelfamilie=&artikel_id=426749 (Zugriff 23.06.2022, gek.); Zur besseren altersgemäßen Verständlichkeit wurde der Originaltext verändert, ohne den Inhalt und/oder Sinn zu verändern.; **236 f.** Theodor Fontane: Effi Briest. In: Ders.: Romane und Erzählungen in acht Bänden. Bd. 7: Effi Briest. Die Poggenpuhls. Mathilde Möhring. Hrsg. v. Peter Goldammer, Gotthard Erler, Anita Golz u. Jürgen Jahn. Aufbau Berlin 1969, S. 5–19; **237** Theodor Fontane: Sämtliche Werke, Bd. 21: Literarische Essays und Studien. Hrsg. v. Kurt Schreinert. Nymphenburger München 1963, S. 12 f.; **237** Nach: Wolfgang Pasche: Literatur des Realismus in der Reihe kurz gefasst Deutsch. Ernst Klett Verlag GmbH 2007, S. 7 f.; **238** Hans Gerd Rötzer: Geschichte der deutschen Literatur. Epochen, Autoren, Werke. Buchner Bamberg 1992, S. 223; **239** Nach: Hans Gerd Rötzer: Geschichte der deutschen Literatur, Bamberg 1992, S.224; Wolfgang Pasche: Literatur des Realismus in der Reihe kurz gefasst Deutsch. Ernst Klett Verlag GmbH 2007, S. 46; **240.1** Stefan Schäfer: Abiturvorbereitung Deutsch. Epochen der deutschen Literatur. Auer Donauwörth 2020, S. 14; **240.2** Hans Gerd Rötzer: Geschichte der deutschen Literatur. Epochen, Autoren, Werke. Buchner Bamberg 1992, S. 103; **241** Friedrich Schiller: Wilhelm Tell. Reclam Stuttgart 2000; **242** Friedrich Schiller. Unter: https://www.klett-sprachen.de/friedrich-schiller/p-1/3422 (Zugriff 23.06.2022, gek.); Zur besseren altersgemäßen Verständlichkeit wurde der Originaltext verändert, ohne den Inhalt und/oder Sinn zu verändern.; **243.1** Nach: Joachim Scholl: 50 Klassiker Deutsche Schriftsteller. © Gerstenberg Verlag Hildesheim, S. 38–43.; **243.2** Friedrich Schiller: Wallenstein. Ein dramatisches Gedicht. J. G. Cotta'sche Buchhandlung Tübingen 1800; **243.3** Friedrich Schiller: Maria Stuart. Ein Trauerspiel. J. G. Cotta'sche Buchhandlung Tübingen 1801; **243.4** Friedrich Schiller: Kabale und Liebe. Ein bürgerliches Trauerspiel in 5 Aufzügen. Schwanische Hofbuchhandlung Mannheim 1784; **244.1** Das Mittelalter in Europa – Überblick. Unter: https://www.lernhelfer.de/schuelerlexikon/geschichte/artikel/das-mittelalter-europa-ueberblick (Zugriff 25.09.2019, gek.) und nach: Eva-Maria Kabisch Literaturgeschichte - kurz gefasst. © Ernst Klett Verlag GmbH Stuttgart 1997, S. 4/5.; **244.2** Die Merseburger Zaubersprüche. Unter: https://www.merseburger-dom.de/dom-st-laurentius-und-johannes/merseburger-zaubersprueche.html (Zugriff 25.09.2019, gek.); **244.3** Zweiter Merseburger Zauberspruch. Unter: https://www.eichenstamm.com/merseburger-zauberspr%C3%BCche/ (Zugriff 04.12.2019), nach: Eduard Sievers (zitiert nach: Wikipedia); **244.4** Wolfgang Beck: Die Merseburger Zaubersprüche. Reichert, Wiesbaden 2003 (Imagines Medii Aevi 16); **245** Das Nibelungenlied. Neu erzählt von Franz Fühmann. Verlag Neues Leben, Berlin 1975; **245** Nibelungenlied-Handschrift C. Badische Landesbibliothek Karlsruhe, Cod. Hs. Don. Unter: https://www.blb-karlsruhe.de/sammlungen/unesco-weltdokumentenerbe-nibelungenlied/das-nibelungenlied/ (Zugriff 08.02.2020, gek.); **246** Die Gedichte von Walther von der Vogelweide. Hrsg. v. Carl von Kraus. Walter de Gruyter, Berlin 1959, S. 9 f.; **246** Walther von der Vogelweide: Ich saß auf einem Stein. Übers. v. Oliver Tekolf. In: deutsch.kombi plus 6. Erweiterte Allgemeine Ausgabe. Sprach- und Lesebuch Klasse 10. Ernst Klett Verlag, Stuttgart 2013, S. 195; **246** Walther von der Vogelweide. Unter: https://www.wissen.de/lexikon/walther-von-der-vogelweide (Zugriff 25.09.2019, gek.); **248** Unter: https://www2.klett.de/sixcms/list.php?page=lexikon_suchergebnis_artikel&extra=deutsch.kompetent%20Oberstufe%20-%20Autorenlexikon&artikel_id=450496&inhalt=&meinesuche=Autoren-Lexikon; **252** Nach: https://asset.klett.de/assets/df203abf/tb_lk_262690.pdf; **256** Was ist ein FSJ? Unter: https://www.bundesfreiwilligendienst.de/fsj-freiwilliges-soziales-jahr/was-ist-fsj.html (Zugriff 12.12.2019, gek.); **260** Lena Gürtler, Alexandra Ringling: Geschlechterrollen bei Kinderspielzeug. (19.05.2015) Unter: https://www.ndr.de/fernsehen/sendungen/panorama3/Geschlechterrollen-bei-Kinderspielzeug,geschlechterrollen100.html (Zugriff 13.12.2019, gek.); **264 f.** Robert Walser: Liebesgeschichten. Hrsg. v. Volker Michels. Suhrkamp Frankfurt/M. 1994. S. 31f.;

Bildquellen

6.1 Alamy stock photo, Abingdon (Nick Young); **6.2** Alamy stock photo, Abingdon (Jim Holden); **6.3** ShutterStock.com RF, New York (Africa Studio); **6.4** ShutterStock.com RF, New York (UfaBizPhoto); **6.5** Getty Images Plus, München (Rawpixel / iStock); **7** Thomas Luft, www.cartoonalarm.de, Schwerin; **8.1** Alamy stock photo, Abingdon (Danita Delimont); **8.2** Alamy stock photo, Abingdon (Dani Daniar); **8.3** Getty Images, München (De Agostini); **9** DrechslerLehmann, Leipzig nach: Hans J. Trampisch/ K. Brandau, Tattoos und Piercings in Deutschland. Eine Querschnittsstudie, Ruhr-Universität Bochum 2014, S. 3; **13.1** Drechsler, Kristin, Leipzig; **13.2** Anne Lehmann, Leipzig; **14** Ernst Klett Verlag GmbH, Stuttgart; **15** Grigo, Pe, Bielefeld; **16.1** Picture-Alliance, Frankfurt/M. (dpa / Ingo Wagner); **16.2** ShutterStock.com RF, New York (BLACKDAY); **16.3** Getty Images, München (UpperCut Images); **18** Drechsler, Kristin, Leipzig, Quelle: Vereinigung der Deutschen Ästhetisch-Plastischen Chirurgen (aus den jährlichen Pressemitteilungen); **19** Wiemers, Sabine, Düsseldorf; **20.1** Ernst Klett Verlag GmbH, Stuttgart; **20.2** Getty Images Plus, München (E+/Vladimir Vladimirov); **20.3** Getty Images Plus, München (E+/Lorado); **20.4** Getty Images Plus, München (E+/LeoPatrizi); **21** DrechslerLehmann, Leipzig, Quelle: styleranking; **22.1** Ernst Klett Verlag GmbH, Stuttgart; **22.2** ShutterStock.com RF, New York (tanuha2001); **22.3** Getty Images Plus, München (E+/Delmaine Donson); **22.4** ShutterStock.com RF, New York (Tuzemka); **22.5** stock.adobe.com, Dublin (chaiya); **24** stock.adobe.com, Dublin (Racle Fotodesign); **25** ShutterStock.com RF, New York (Stefanovic Mina); **26** Drechsler, Kristin, Leipzig, Quelle: Katholische Hochschule NRW 2015, SACHBERICHT für das Bundesministerium für Gesundheit, No Roids Inside - ein Programm zur Prävention des Medikamentenmissbrauchs in Fitnessstudios, S. 34; **27** Drechsler, Kristin, Leipzig, Quellen: Deloitte; DSSV e.V. Arbeitgeberverband deutscher Fitness- und Gesundheits-Anlagen; Deutsche Hochschule für Prävention und Gesundheitsmanagement; **28** Wiemers, Sabine, Düsseldorf; **30.1** Wiemers, Sabine, Düsseldorf; **30.2** Wiemers, Sabine, Düsseldorf; **30.3** Wiemers, Sabine, Düsseldorf; **32** 123rf Germany, c/o Inmagine GmbH, Nidderau (Soloviova Liudmyla); **33** stock.adobe.com, Dublin (sitthiphong); **34.1** Getty Images Plus, München (Blend Images / Don Mason); **34.2** stock.adobe.com, Dublin (auremar); **34.3** Alamy stock photo, Abingdon (agefotostock); **34.4** ShutterStock.com RF, New York (Alexander Raths); **34.5** stock.adobe.com, Dublin (Countrypixel); **34.6** stock.adobe.com, Dublin (Tyler Olson); **34.7** Alamy stock photo, Abingdon (Andrew Michael); **34.8** stock.adobe.com, Dublin (David Pereiras); **35** Oser, Liliane, Hamburg; **40** Oser, Liliane, Hamburg; **42.1** Oser, Liliane, Hamburg; **42.2** Oser, Liliane, Hamburg; **42.3** Oser, Liliane, Hamburg; **42.4** Oser, Liliane, Hamburg; **44.1** Oser, Liliane, Hamburg; **44.2** stock.adobe.com, Dublin (Fotolia RAW); **46** Oser, Liliane, Hamburg; **48** Oser, Liliane, Hamburg; **51.1** Goedelt, Marion, Berlin; **51.2** Goedelt, Marion, Berlin; **51.3** Goedelt, Marion, Berlin; **53** Goedelt, Marion, Berlin; **54** Getty Images Plus, München (E+ / kali9); **56.1** Alamy stock photo, Abingdon (Johner Images); **56.2** Oser, Liliane, Hamburg; **56.3** Oser, Liliane, Hamburg; **56.4** Oser, Liliane, Hamburg; **56.5** Oser, Liliane, Hamburg; **56.6** Oser, Liliane, Hamburg; **56.7** Oser, Liliane, Hamburg; **60.1** Getty Images Plus, München (DigitalVision / Tom Werner); **60.2** Getty Images Plus, München (DigitalVision / Hinterhaus Productions); **60.3** ShutterStock.com RF, New York (Halfpoint); **60.4** ShutterStock.com RF, New York (Twinsterphoto); **60.5** ShutterStock.com RF, New York (Robert Kneschke); **60.6** Getty Images Plus, München (DigitalVision / Compassionate Eye Foundation); **62.1** stock.adobe.com, Dublin (Oksana Kuzmina); **62.2** Getty Images, München (Juice Images); **62.3** Alamy stock photo, Abingdon (Sergey Novikov); **63.1** Goedelt, Marion, Berlin; **63.2** stock.adobe.com, Dublin (dglimages); **64.1** ShutterStock.com RF, New York (Nejron Photo); **64.2** ShutterStock.com RF, New York (Dmitry Kalinovsky); **64.3** ShutterStock.com RF, New York (LightField Studios); **65.1** Getty Images, München (Hero Images); **65.2** Alamy stock photo, Abingdon (GR / Photo); **66.1** ShutterStock.com RF, New York (Igor Tichonow); **66.2** Alamy stock photo, Abingdon (Frank Hecker); **66.3** stock.adobe.com, Dublin (Andreas); **66.4** stock.adobe.com, Dublin (OrthsMedien); **68** Getty Images, München (Moment / lOvE lOvE); **70** Goedelt, Marion, Berlin; **73** Goedelt, Marion, Berlin; **74.1** ShutterStock.com RF, New York (CK Bangkok Photography); **74.2** 123rf Germany, c/o Inmagine GmbH, Nidderau (Maksim Bejkow); **74.3** Alamy stock photo, Abingdon (Elena Schweitzer); **74.4** Alamy stock photo, Abingdon (Nina Firsova); **76** ShutterStock.com RF, New York (CK Bangkok Photography); **80** nach: FACT SHEET #01, ACADEMIA SUPERIOR, Linz 2017 (diverse Quellen); **80** F1online digitale Bildagentur, Frankfurt (Ingram); **82** Picture-Alliance, Frankfurt/M. (APA / picturedesk.com / Clemens Fabry); **85** Drechsler, Kristin, Leipzig, Quelle: © GfK, Helmut Hübsch für das Bundesministerium für Ernährung und Landwirtschaft: Systematische Erfassung des Lebensmittelabfalls der privaten Haushalte in Deutschland, Schlussbericht 2020; **86** Alamy stock photo, Abingdon (marcin jucha); **89** DrechslerLehmann, Leipzig, Quelle: © 2017 Information Resources Inc. (IRI), Foto: Chia-Samen: iStockphoto, Calgary, Alberta (Trexdigital); **90** 123rf Germany, c/o Inmagine GmbH, Nidderau (Marcin Balcerzak); **92** Picture-Alliance, Frankfurt/M.; **93.1** Drechsler, Kristin, Leipzig, Quelle: www.transgen.de (diverse Quellen), 2022; **93.2** Goedelt, Marion, Berlin; **94** Goedelt, Marion, Berlin; **96** Picture-Alliance, Frankfurt/M. (EPA/Mak Remissa); **98** Picture-Alliance, Frankfurt/M. (Keystone/Walter Bieri); **99** stock.adobe.com, Dublin (Animaflora PicsStock); **100.1** Mirjam Pressler: Nathan und seine Kinder © 2011 Gulliver in der Verlagsgruppe Beltz, Weinheim Basel; **100.2** Picture-Alliance, Frankfurt/M. (Sven Hoppe); **100.3** gemeinfrei; **100.4** Gotthold Ephraim Lessing: Nathan der Weise, FISCHER Taschenbuch, 2008 © S. Fischer Verlag GmbH; **100.5** Getty Images Plus, München (studiodr); **100.6** Picture-Alliance, Frankfurt/M. (rtn - radio tele nord); **102** Wiemers, Sabine, Düsseldorf; **104** Wiemers, Sabine, Düsseldorf; **106** Wiemers, Sabine, Düsseldorf; **108** Wiemers, Sabine, Düsseldorf; **110** Wiemers, Sabine, Düsseldorf; **112** Wiemers, Sabine, Düsseldorf; **116** Picture-Alliance, Frankfurt/M. (Sven Hoppe); **118** Ernst Klett Verlag GmbH, Stuttgart; **120.1** jani lunablau, Barcelona; **120.2** jani lunablau, Barcelona; **120.3** jani lunablau, Barcelona; **120.4** jani lunablau, Barcelona; **120.5** jani lunablau, Barcelona; **120.6** jani lunablau, Barcelona; **122** Wiemers, Sabine, Düsseldorf; **124** Wiemers, Sabine, Düsseldorf; **125** Drechsler, Kristin, Leipzig; **126** Wiemers, Sabine, Düsseldorf; **129** Wiemers, Sabine, Düsseldorf; **131** Wiemers, Sabine, Düsseldorf; **132** Wiemers, Sabine, Düsseldorf; **133** Drechsler, Kristin, Leipzig; **135** IMAGO, Berlin (Eibner); **137** Goedelt, Marion, Berlin; **139** Goedelt, Marion, Berlin; **140** Goedelt, Marion, Berlin; **141.1** Goedelt, Marion, Berlin; **141.2** Goedelt, Marion, Berlin; **141.2** Goedelt, Marion, Berlin; **142.1** Getty Images Plus, München (Stockbyte / Comstock); **142.2** Getty Images Plus, München (E+ / Alex Liew); **142.3** IMAGO, Berlin (Zink); **142.4** ShutterStock.com RF, New York (Flotsam); **142.5** Getty Images, München (PhotoAlto Agency RF Collections); **142.6** IMAGO, Berlin (Arnulf Hettrich); **144.1** ShutterStock.com RF, New York (Viachaslau Govorkov); **144.2** Drechsler, Kristin, Leipzig; **145** Gerd Bauer /Christiane Richter, Nürnberg; **150** Mantel, Michael, Barum/Tätendorf; **152** Mantel, Michael, Barum/Tätendorf; **154** Goldmann Verlag, München; **155** Grafik: Drechsler, Kristin; nach: Schulz von Thun;

156 Mantel, Michael, Barum/Tätendorf; **159** Rolfgang vong Goethe, Hallo i bims der Faust!, riva Verlag 2017; **160.1** ShutterStock.com RF, New York (Ariwasabi); **160.2** ShutterStock.com RF, New York (vsl); **160.3** ShutterStock.com RF, New York (GagliardiImages); **160.4** ShutterStock.com RF, New York (Caroxylase); **162.1** Getty Images, München (Jaap Arriens / NurPhoto); **162.2** Alamy stock photo, Abingdon (MBI); **162.3** laif, Köln (KEYSTONE / Martin Ruetschi); **162.4** Getty Images, München (Westend61); **162.5** Getty Images Plus, München (iStock / piola666); **162.6** Alamy stock photo, Abingdon (Kumar Sriskandan); **163** Quelle: ARD/ZDF-Langzeitstudie Massenkommunikation 1964-2015 © ARD-Werbung SALES & SERVICES / Media Perspektiven, Frankfurt; **165.1** Drechsler, Kristin, Leipzig; **165.2** Drechsler, Kristin, Leipzig; **165.3** Quelle: AK/ÖIAT-Studie „WEB-Billing, WAP-Billing und Mehrwert-SMS"; **165.4** (leer); **165.5** Screenshot Mimikama – Verein zur Aufklärung über Internetmissbrauch, Wien, https://www.mimikama.at/instagram-reagieren-sie-nicht-auf-diese-e-mails/; **165.6** (leer); **165.7** (leer); **166** Oser, Liliane, Hamburg; **168** Picture-Alliance, Frankfurt/M. (Laci Perenyi); **170** Google Germany GmbH / nichtegal.withyoutube.com; **173** IMAGO, Berlin (Eventpress); **174** Alamy stock photo, Abingdon (Panther Media GmbH); **176** Drechsler, Kristin, Leipzig, Quelle: ARD/ZDF-Massenkommunikation Trends 2021, S. 13; **178** Hochmann, Carmen, Gütersloh; **178** Hochmann, Carmen, Gütersloh; **179** IMAGO, Berlin (Future Image); **183.1** Goedelt, Marion, Berlin; **183.2** Goedelt, Marion, Berlin; **184.1** Alamy stock photo, Abingdon (Tetyana Kochneva); **184.2** Alamy stock photo, Abingdon (Bordeianu Andrei); **184.3** ShutterStock.com RF, New York (Aris Suwanmalee); **184.4** Alamy stock photo, Abingdon (robertharding); **185** Allgaier, Patrick /Weisser, Gwendolin, Ehrenkirchen; **186** Beltz & Gelberg in der Verlagsgruppe Beltz, Weinheim, Basel, Weinheim; **191** Getty Images Plus, München (E+ / MATJAZ SLANIC); **194** Rowohlt Verlag GmbH, Reinbek; **198** Getty Images Plus, München (Photos.com); **202.1** Getty Images Plus, München (E+ / NicolasMcComber); **202.2** Alamy stock photo, Abingdon (imageBROKER); **202.3** Alamy stock photo, Abingdon (imageBROKER); **202.4** Picture-Alliance, Frankfurt/M. (AP / Stephan Kogelman); **202.5** Getty Images, München (AFP / Jean-Michel André); **205.1** Goedelt, Marion, Berlin; **205.2** Goedelt, Marion, Berlin; **205.3** Goedelt, Marion, Berlin; **206.1** JupiterImages photos.com, Tucson, AZ; **206.2** Picture-Alliance, Frankfurt/M. (Eventpress Hoensch); **206.3** Wiemers, Sabine, Düsseldorf; **208** Schwarwel, Leipzig; **210** Schwarwel, Leipzig; **212** Schwarwel, Leipzig; **214.1** Schwarwel, Leipzig; **214.2** Schwarwel, Leipzig; **214.3** Schwarwel, Leipzig; **214.4** Drechsler, Kristin, Leipzig; **216** Schwarwel, Leipzig; **218** Schwarwel, Leipzig; **220** Schwarwel, Leipzig; **223** ullstein bild, Berlin (Lieberenz); **225** Picture-Alliance, Frankfurt/M. (Eventpress Hoensch); **226.1** akg-images, Berlin; **226.2** akg-images, Berlin; **226.3** Picture-Alliance, Frankfurt/M. (Costa/leemage); **226.4** ullstein bild, Berlin (Giribas); **228** Alamy stock photo, Abingdon (Historic Images); **229** akg-images, Berlin; **232** Wiemers, Sabine, Düsseldorf; **234** Ernst Klett Verlag GmbH, Stuttgart; **235.1** Wiemers, Sabine, Düsseldorf; **235.2** Ernst Klett Verlag GmbH, Stuttgart; **237** Mauritius Images, Mittenwald (Historic Collection/Alamy/Alamy Stock Photos); **238** akg-images, Berlin; **240** stock.adobe.com, Dublin (Jean-Jacques Cordier); **241** Picture-Alliance, Frankfurt/M. (CHROMORANGE/Ernst Weingartner); **242** akg-images, Berlin; **244** Alamy stock photo, Abingdon (Art Collection 2); **245** Goedelt, Marion, Berlin; **246** akg-images, Berlin; **248** BPK, Berlin (Nationalgalerie, SMB/Jörg P. Anders); **251** Picture-Alliance, Frankfurt/M. (Design Pics); **252** Schwarwel, Leipzig; **253.1** Schwarwel, Leipzig; **253.2** Schwarwel, Leipzig; **254.1** F1online digitale Bildagentur, Frankfurt (Fancy); **254.2** F1online digitale Bildagentur, Frankfurt (Stock4B); **255** Ernst Klett Verlag GmbH, Stuttgart; **257** Drechsler, Kristin, Leipzig; **258** Ernst Klett Verlag GmbH, Stuttgart